통일법
총서 I

개정판

통일법의 이해

이효원 저

박영사

개정판 서문

 2014년 통일법을 이해할 수 있는 기본이론서로 '통일법의 이해'를 발간하였다. 남북관계와 통일법의 기본적인 틀은 크게 변화되지 않았다. 하지만, 그동안 남북관계는 대내외적으로 많은 변화를 겪었다. 이에 변화된 법제도를 새롭게 반영할 필요가 있어 개정판을 준비하게 되었다.

 첫째, 북한은 2016년 6월 헌법을 개정하여 김정은 체제를 강화하기 위해 '국방위원회'를 '국무위원회'로 변경하였다. 또한, '최고검찰소'와 '최고재판소'를 '중앙검찰소'와 '중앙재판소'로 그 명칭을 변경하였다. 북한은 2016년 7월 '조선민주주의인민공화국 법전(증보판)'을 발간하여 2012년 7월부터 2015년 12월까지 사이에 제정되거나 개정된 총 137의 법을 공개하였다. 북한은 2017년 9월 제6차 핵실험을 성공했다고 발표하였으며, 2018년 3월에는 김정은이 중국의 시진핑 국가주석을 방문하여 회담을 하였다.

 둘째, 남한에서도 큰 정치적 변화가 있었다. 2014년 12월 헌법재판소가 통합진보당의 해산결정을 하였고, 2017년 3월에는 현직대통령이 헌법재판소의 탄핵심판을 통해 파면되었다. 2017년 5월 문재인 대통령이 당선되어 임기를 시작하였다. 남한은 2016년 3월 북한인권법을 제정하였다. 남한에서는 그동안 남북관계발전에 관한 법률, 북한이탈주민의 보호 및 정착지원에 관한 법률 등이 개정되었고, 남북교류협력에 관한 법률, 남북협력기금법 등 시행령도 개정되었다.

 셋째, 남북관계는 개선되지 않았다. 남한은 2016년 2월 북한의 제4차 핵실험에 대응하여 개성공단을 전면적으로 중단하였고, 북한은 개성공단을 폐쇄하고 남한기업의 자산을 동결하는 조치를 취하였다. 하지만, 2018년 2월 평창에서 개최된 동계올림픽에 북한이 선수단과 응원단을 보내고 여자 아이스하키경기에서는 남북단일팀을 구성하였다. 이를 계기로 남북관계는 새로운 국면을 맞고 있으며, 2018년 4월 27일 남북정상회담을 개최하게 되었다. 한편, 국제사회에서는 유엔 안보리를 중심으로 북한의 핵과 미사일 개발에 대해 지속적으로 대북제재결의안을 강화하고 있다.

이 책은 남북관계의 변화된 상황에 따라 연구한 성과를 반영하여 개정한 것이다. 남한과 북한의 개정법령을 전반적으로 보완하였다. 특히, 북한인권법의 제정에 따라 그 내용을 소개하고, 개성공단사업의 재개와 유엔 안보리의 대북제재와의 관계에 대한 분석을 추가하였다. 서울대학교 헌법·통일법센터를 중심으로 통일법을 함께 연구하는 제자들에게 깊이 감사한다.

2018년 4월 **이 효 원**

서 문

　남북통일은 정치적 통일만 의미하는 것이 아니라 남북한 주민의 사회심리적 통합을 포함하는 것입니다. 또한, 한반도에 단일한 국가를 형성하는 것으로 완성되는 '상태'가 아니라 그것을 만들어가는 '과정'입니다. 남북통일은 이미 시작되었고, 이제는 완성을 향해 나아가고 있는 것입니다. 남북분단이라는 역사적 사실이 더이상 국가공동체의 통합을 저해하는 원인이 아닐 때 남북통일은 완성될 것입니다. 우리 헌법은 남북통일의 규범적 기준으로 자유민주적 기본질서와 평화통일을 제시하고 있습니다. 이러한 헌법적 가치를 실현하기 위해서는 남북관계가 법치주의의 틀 안에서 관리되고, 남북통일도 헌법주의의 궤도에 따라 완성되어야 할 것입니다. 오랫동안 남북관계는 정치적 결단과 타협에 의하여 그 방향성이 좌우되어 왔습니다. 저는 자유민주적 기본질서와 평화통일이라는 헌법적 가치를 실현하는 구체적인 방법을 궁구하면서 이 책을 구상하게 되었습니다.

　통일국가를 창조하는 구체적인 방법을 모색하는 과정은 다음 세 가지를 전제로 하였습니다. 첫째, 무에서 유를 창조하는 것이 아닙니다. 남북한이 60년 이상 분단되어 온 역사적 현실을 인정하고, 이를 바탕으로 하여 새로운 국가공동체를 만들어야 합니다. 둘째, 통일한국의 미래상은 발견되는 것이 아니라 발명하는 것입니다. 어딘가에 있을지 모르는 이상적인 국가모델을 찾는 것이 아니라, 남북한이 함께 만들어 가야 한다는 것입니다. 셋째, 절대적으로 좋은 국가모델은 없지만, 절대적으로 나쁜 국가모델은 있습니다. 추상적인 선을 추구하기보다 구체적인 악을 제거하는 것이 새로운 국가모델을 건설하는 현실적인 방법입니다. 남북통일을 통해 남북한 주민 모두가 자유로운 평등과 평등한 자유를 누릴 수 있는 통일국가를 만들기를 기원합니다. 저는 이러한 통일국가의 기초가 되는 법적 쟁점들을 해결하는 제도적 장치를 제시하면서 '통일법의 이해'라는 이름으로 이 책을 준비하였습니다.

통일법은 남북관계와 평화통일을 규율하는 일련의 규범체계를 의미합니다. 통일법은 남북관계에서 발생하는 다양한 법적 쟁점을 법치주의에 따라 해결하는 수단입니다. 이와 동시에 통일한국을 건설할 수 있도록 남북관계를 견인하는 규범적 기준이기도 합니다. 통일법은 남북관계에 대해 법적 안정성과 예측가능성을 부여하며, 남북관계가 통일한국의 길에서 이탈하지 않도록 잡아 주는 역할을 할 것입니다. 통일법으로부터 도출되는 규준은 남북관계를 안정적이고 지속가능하게 발전시킬 수 있는 법제도적 장치가 될 것입니다. 이것이 통일법을 연구하고 그 규범체계를 확립해야 하는 이유입니다.

이 책의 내용은 크게 네 부분으로 구성되어 있습니다. 첫째, 제1장(통일법이란 무엇인가)과 제2장(통일법 연구의 현황과 과제)에서 통일법의 개념과 연구범위를 구체적으로 설정하였습니다. 둘째, 제3장(남북관계의 법적 의미)과 제4장(남북관계에 대한 규범체계)에서는 현재 남북관계를 규율하는 규범을 체계화하고 교류협력을 위한 구체적인 기준을 제시하였습니다. 셋째, 제5장(남북합의서의 법적 성격과 효력), 제6장(북한이탈주민의 이혼소송과 북한주민의 법적 지위), 제7장(북한주민의 기본권 보장과 북한인권법)에서는 북한과 북한주민의 헌법적 지위를 분석하고, 북한주민의 기본권을 보장하기 위한 제도를 구상하였습니다. 넷째, 제8장(개성공업지구 지원에 관한 법률의 체계적 지위), 제9장(개성공단에 대한 행정법 적용 기준), 제10장(개성공단의 법질서 확보를 위한 법제도), 제11장(DMZ 세계평화공원 조성을 위한 법적 과제)에서는 현재 남북관계의 핵심적인 현안인 개성공단에 관한 법률체계를 분석하고, DMZ 세계평화공원을 성공적으로 추진하기 위해서 필요한 법적 과제와 해결방안을 제시하였습니다.

이 책은 법무부 특수법령과에 검사로 근무하던 2004년 '남북합의서의 법적 성격과 효력'(북한법연구 제7호)을 시작으로 'DMZ 세계평화공원 조성을 위한 법적 기초'(서울대학교 법학 제55권 제1호, 2014)에 이르기까지 남북관계의 법적 쟁점에 대해 연구하여 발표한 논문들을 기초로 한 것입니다. 그 동안 학생들로부터 통일법을 공부하고 싶지만 구체적으로 어떻게 시작해야 할지를 모르겠다는 말을 자주 들었습니다. 지금까지 통일법을 체계적으로 정리한 책이나 논문도 발견하기 어려웠습니다. 이 책을 통해 남북통일에 관한 법률체계를 공부하고자 하는 학생과 신진학자에게 통일법을 이해할 수 있는 기본이론을 보여주기를 희망합니다. 이 책에서는 그동안의 연구성과를 주제에 맞게 체계화하면서 변화된 남북관계를 반영하였으며, 기존의 논문을 수정·보완하면서 주석도 대폭 줄여 가독성을 높이고자 하였습니다. 앞으로도 통일법에 대한 연구성과를 주제별로 선별하여 책자로 계속 발간할 계획입니다.

통일법을 학문으로 연구할 수 있도록 길을 열어주신 金哲洙 선생님과 서울대학교의 헌법·통일법센터를 통해 연구의 장을 만들어주신 成樂寅 선생님께 깊이 감사드립니다. 올해 제가 자신에게 이르는 질정으로 이 책을 시작하는 글을 마무리하고자 합니다. "자강불식(自强不息), 지어지선(止於至善)"

2014년 3월 **이 효 원**

차 례

제 1 장

통일법이란 무엇인가

1. 통일법의 개념

가. 통일법의 정의

통일법이란 무엇인가? 통일법은 법학에서 독자적인 학문분과로 정립되어 있지 않아서 그 개념이 명확하지 않다. 그럼에도 불구하고 통일법을 학문으로서 연구하기 위해서는 잠정적으로나마 통일법의 개념과 연구범위를 명확하게 설정하는 것이 필요하다. 모든 학문이 그렇듯이 그 대상을 정확하게 이해하고 범위를 설정하는 것이 연구의 출발점이어야 한다. 그렇지 않으면 학문의 방향성을 잃게 되어 체계적이고 튼실한 연구 성과를 기대하기 어렵기 때문이다.

통일법에 대해서는 우선 그것이 어떤 대상을 통일하는 법인지, 아니면 수많은 법을 통일시켜 놓은 법인지가 의문이다. 이 책에서 말하는 통일법이란 어떤 대상을 통일하는 법이며, '어떤 대상'이란 한반도에서 국가체제를 형성하고 있는 대한민국과 조선민주주의인민공화국을 의미하는 것으로 설정한다. 남한과 북한은 각각 상대방에 대하여 국가승인을 하였거나 국가로서의 법적 지위를 부여하지 않고 있다. 그러나 남한과 북한은 국제사회에서는 각각 독립된 국제법적 주체로서 인정되고 있고, 남북한 사이에도 일정한 영역에서는 서로 그 법적 지위를 인정하고 있다. 남북교류협력에 관한 법률을 비롯하여 통일과 관련된 법령에서도 남한과 북한이라고 규정하고 있는 점을 고려하여 대한민국과 조선민주주의인민공화국의 명칭은 원칙적으로 '남한'과 '북한'이라고 부르기로 한다. 한편, '통일'이란 나누어진 것들을 합쳐서 하나로 만드는 것 또는 서로 다른 것을 같거나 일치되게 맞추는 것을 말한다. 따라서 통일법이란 '한반도에서 분단국가로 존재하는 남한과 북한을 단일한 국가공동체로 통일하는 것을 목적으로 하는 일련의 법규범체계'라고 정의할 수 있다.

통일법은 통일과 관련된 구체적 상황에 따라서 다음과 같이 다양한 의미로 사용되고 있다. 첫째, 남북통일을 달성하기 위하여 현재 남북한 사이에 이루어지는 교류협력을 규율하는 법률체계이다. 통일은 미래의 추상적인 상황이어서 법학연구의 대상으로 삼기에는 적당하지 않으므로 통일법은 남북분단이라는 현재의 구체적인 상황을 규율하는 법률체계로 한정해야 한다는 것이다. 둘째, 통일국가의 법률체계이다. 이는 남북한이 정치적 통일과 법률통합을 달성한 통일한국에 적용되는 법률체계를 의미한다. 셋째, 통일국가의 법률체계뿐만 아니라 남북통일을 구체적으로 실현하는 과정에서 제기되는 법적 사항과 절차를 규율하는 법률체계이다. 넷째, 남북한의 분단에서 비롯되는 모든 법적 쟁점을 규율하는 법률체계이다. 이는 남북한의 통일과 직접적 또는 간접적으로 관련된 법제도를 총괄하는 것이다. 이외에도 오랫동안 북한법을 통일법의 의미로 사용하기도 하였다. 1990년까지는 남북관계에 관한 법률체계가 거의 존재하지 않았고, 북한의 법령도 확인하기 어려워 남북관계와 통일에 관하여 연구할 자료조차 없었다. 그러나 남북교류협력에 관한 법률을 비롯하여 다양한 법령들이 제정되면서 통일법은 북한법의 범위를 넘어 남북관계와 통일을 대상으로 연구할 수 있게 되었다.

나. 통일법의 개념적 요소

통일법을 남북통일을 목적으로, 그와 관련된 일련의 법규범체계로 이해할 경우에 그 개념적 요소로는 다음 세 가지를 들 수 있다.

첫째, '통일국가'에 관한 법률체계이다. 법규범의 측면에서 통일국가란 분할되어 있는 국가가 하나로 합쳐져 만들어진 국가를 의미하며, 남북통일이란 '제2차 세계대전의 종말과 함께 38도선으로 양단되어 있는 남한과 북한을 통일하여 하나의 국가로 만드는 일'이다. 따라서 통일법은 원래 하나인 국가조직이 남한과 북한이라는 국가조직으로 나누어졌다는 것, 한반도에는 이와 같이 상이한 국가조직이 현실적으로 존재한다는 것, 그리고 남한과 북한이라는 국가조직을 합쳐서 하나의 국가조직으로 만든다는 것을 전제로 하는 법률체계이다. 이때 통일국가는 남한과 북한이 동일한 헌법적 이념과 가치를 공유하면서 단일한 헌법체제로 통합되는 국가공동체를 의미한다. 이러한 국가공동체는 한반도 전체에 동일한 헌법이 적용되고 남북한 주민 전체가 주권자로서 기본권을 행사할 수 있는 국가이다. 따라서 통일법은 한반도에 남한과 북한이라는 정치적 실체가 현실적으로 병존하는 분단상황을 극복하고, 원래 하나로 존재하였던 단일한 국가공동체를 달성하는 것을 목적으로 하는 법률체계라고 할 수 있다. 이러한 의미에서 통일법은 통일국가를 달성하는 과정에서 발생하는 다양한 법적 쟁점을 합리적으로 해결할 수 있는 규범적 기준을 마련하는 것을 그 사명으로 한다.

둘째, '남한과 북한의' 통일과 관련된 법률체계이다. 통일법이 대상으로 하는 통일은 다른 나라의 통일이 아니라 남한과 북한의 통일이며, 일반적인 사회단체나 조직이 아니라 정치체제로서의 국가공동체를 하나로 만드는 작업을 의미한다. 이는 분단이 되기 이전 오랫동안 한반도에는 하나의 국가조직이 존재하였으나 제2차 세계대전 이후 새로운 국가공동체를 건설하는 과정에서 남한과 북한으로 분단되었다는 것을 전제로 한다. 남한과 북한은 한반도에서 1천년 이상 단일한 민족국가를 형성하고 있다가 1910년 일본에 의해 강제로 합병되었다. 제2차 세계대전 이후 국제정세와 그에 따른 국내 정치세력의 분열로 1948년 남한과 북한으로 분단되었으며, 1950년에는 6.25전쟁이라는 동족상잔의 비극을 경험하면서 분단상황이 고착화되었다. 따라서 역사적 관점에서 한반도에는 단일의 민족국가가 형성되고 유지되는 것이 정상적인 상태이므로 남북통일은 원래의 상태로 회복한다는 의미도 포함되어 있다고 할 수 있다. 이것은 오랫동안 분단국가의 형태를 유지하다가 제국의 형태로 통일(Einheit)을 달성한 경험을 가진 독일의 경우에는 동서독의 통일을 재통일(Wiedervereinigung)로 이해하는 것과 비교된다. 이러한 의미에서 통일법은 국가공동체의 실체를 가지고 현실적으로 존재하는 남한과 북한의 법률에 대한 비교법적 연구와 분석을 기초로 하여야 한다.

셋째, 남북통일을 목적으로 하고, '그와 관련된 일련의 법률체계'이다. 통일법은 헌법, 민법, 형법 등과 같이 단일한 법률 형식을

취하고 있지 않다. 남북통일을 직접 규율하는 법률 형식은 남한에
도 북한에도 존재하지 않는다. 남한과 북한은 각각 헌법을 비롯하
여 다양한 개별적 법률과 그 시행령 등에서 직접적 또는 간접적으
로 남북통일과 관련된 규정을 두고 있을 뿐이다. 통일법에는 '통일
법'이라는 법률 형식은 없으나, 헌법을 정점으로 직접적 또는 간접
적으로 남북통일과 관련된 다양한 법률체계를 포함하고 있어 그
범위가 매우 광범위하다. 남북통일이란 남북한이 분단 이전의 상
태로 돌아가는 것이 아니라 분단된 이후의 상이한 역사적인 현실
과 조건을 인정하고, 이를 바탕으로 새로운 국가공동체를 창조하
는 것이다. 이러한 남북통일은 정치적으로 대립되었던 국가체제를
하나로 통합하는 것뿐만 아니라 상이한 경제체제와 이질화된 문화
를 단일한 경제체제와 동질적인 민족문화로 재구성하는 사회경제
적 통합을 포함한다. 따라서 남북통일을 달성하는 것은 정치적으
로 단일한 국가체제를 수립하는 것으로 종결되는 '상태'가 아니라
경제·사회·문화적 통합을 완수하는 '과정'으로 이해해야 한다. 이
러한 의미에서 남한의 헌법과 남북관계를 규율하는 법률은 물론
남북교류협력과 남북통일을 달성하는 과정을 규율하는 다양한 분
야의 법률도 모두 통일법의 영역에 포함된다고 하겠다.

2. 통일법의 이념

가. 통일의 필요성

남북통일이 되어야 하는가? 왜 남북통일이 되어야 하는가? 남
북통일의 당위성에 대한 질문에 대해서는 다양한 관점이 있을 수
있다. 2017년 통일연구원에서 실시한 통일의식조사에서는 통일이

필요하다는 답변이 57.8%, 평화적 공존이 가능하다면 통일이 필요하지 않다는 답변이 46.0%로 나타났다. 분단과 통일은 내 생활에 영향을 미치지 않는다는 답변도 58.6%로 나타났다. 특히, 남한보다 부유한 서독이 북한보다 월등하게 부유한 동독과 통일하면서도 통일비용으로 인해 사회적 갈등을 겪은 것을 사례로 들면서 "통일이 되면, 통일비용이 많이 들어 남북한이 모두 망하게 된다"는 의견도 많이 제기되고 있다. 그러나 통일한국을 달성하는 것은 한반도가 세계를 선도하는 선진국가로 도약하기 위해 반드시 필요한 과제라고 할 것이다.

한반도가 분단된 이후 남한은 산업화와 민주화를 성공적으로 달성하였으나, 북한은 전체주의 독재와 식량난 등으로 정상국가로서 기능하지 못하고 있다. 남북통일은 남북한 주민으로 하여금 전쟁의 공포와 이산의 고통으로부터 벗어나 자유민주주의를 실현함으로써 인간으로서의 존엄과 가치를 바탕으로 자유와 행복을 누릴 수 있도록 하는 것이다. 통일비용의 그 개념과 범위를 설정함에 있어서도 통일을 달성함으로써 분단으로 인하여 지출되는 비용을 줄일 수 있고, 통일로 인하여 발생하는 편익도 증가한다는 것을 함께 고려해야 한다. 통일비용에서 부담의 측면만 강조하여 통일 자체를 반대할 것은 아니라고 생각한다. 따라서 남북통일을 달성하는 것은 소극적으로 분단으로 인한 고통과 비효율성을 제거하는 것에 머무는 것이 아니라, 적극적으로 남북한이 정치·경제적 선진국가로 도약할 수 있는 여건을 만드는 것이라고 할 수 있다. 이외에도 남북통일은 북한주민의 기본적 인권을 보장하고, 동북아시아를 포함한 세계평화를 실현하는 초석이 된다고 할 것이다.

남북통일은 이와 같은 현실적인 필요성 이외에도 민족사적 당위성을 가진다. 최근에는 지구촌의 세계화와 지역적 분권체제가 가속화되어 19세기 이후 형성된 근대 민족국가(State Nation)의 역할과 기능이 변하고 있다. 또한, 한반도를 둘러싼 국제사회의 여건도 남북통일에 대한 각국의 이해관계에 따라서 복잡한 양상을 보이고 있다. 그럼에도 불구하고 남북통일은 한(韓)민족의 국가공동체를 원래대로 회복한다는 열린 민족주의에서 그 정당성과 당위성을 찾을 수 있을 것이다. 즉, 한반도는 오랫동안 단일한 민족국가를 유지하였다가 외부의 침략에 의해 식민화되었고, 제2차 세계대전 이후 해방과 건국의 과정에서 국제적 역학관계에 의해 촉발된 국내적 정치분열로 인하여 남한과 북한으로 분단되었다. 남북한의 분단상황은 냉전시대의 이념적 갈등의 부산물로서, 동족상잔의 전쟁을 겪으면서 상호 불신과 반목을 거듭하는 가운데 남북한 각각 정치권력의 이해관계에 따라서 정권유지의 수단으로 이용되기도 하였다. 그러나 1990년 소련의 사회주의 국가체계가 붕괴되고 2000년 남북정상회담이 개최된 이후에는 개성공단을 비롯한 다양한 분야에서 교류협력을 획기적으로 발전시키기도 하였다.

북한은 2010년 이후에도 핵무기 개발, 천안함 폭격과 연평도 포격사건 등을 도발하여 한반도에 정치군사적 긴장을 고조시키기도 하였고, 최근에는 김정은이 3대 세습정권을 이어받아 전체주의 독재체제를 강화하고 있다. 이러한 분단의 현실에서도 남한과 북한은 모두 한반도에서의 분단상황을 극복하고 한민족공동체의 통일을 달성하는 것을 민족적 지상과제로 삼아왔다. 이러한 의미에서 남북통일은 민족자결주의에 기초하여 한민족의 자율적인 의지에 따라 단일한 국가공동체를 회복하는 것이므로 국제적으로도 그 정당성과 당위성이 인정된다고 하겠다.

나. 통일법의 이념

통일법은 남북한을 통일하여 한반도에 하나의 단일한 국가공동체를 형성하는 것을 목적으로 하며, 이러한 목적을 달성하기 위한 법률체계를 말한다. 통일법의 이념은 통일법이 달성하려고 하는 통일국가의 이상적 모델에 의하여 설정된다. 통일국가의 이상적인 모델이란 어떠한 수단과 형식에 따르더라도 통일만 달성하면 된다는 통일지상주의를 전제로 하는 가치중립적인 것이 아니다. 오히려 통일법의 이념은 통일법이 지향하는 통일국가의 이상적인 모델을 달성하는 것이라고 할 수 있다. 통일법은 통일국가의 이상적인 모델에 의하여 제한되며, 이러한 의미에서 통일법은 헌법규범적 이념과 가치에 의하여 엄격하게 규율되는 규범학이다. 이와 같이 통일법은 그 연구의 대상이 되는 남북통일의 모델을 구상하고 실현하는 것을 그 이념으로 한다. 그러므로 남북통일의 모델을 어떻게 설정하느냐 하는 것은 통일법의 핵심적 연구대상이며, 그에 따라서 통일법의 기본방향과 범위가 구체적으로 결정된다.

남북통일은 남북한 주민으로 하여금 전쟁의 공포와 이산의 고통으로부터 벗어나 자유민주주의를 실현함으로써 인간의 존엄과 가치를 바탕으로 자유와 행복을 향유하도록 하는 것을 목표로 한다. 이러한 의미에서 통일법의 이념은 가치종속적이라고 할 수 있다. 통일법은 남북한 주민 모두에게 자유와 평등을 비롯한 기본적 인권을 보장하고, 인간으로서 존엄과 가치를 실현할 수 있도록 하는 법질서를 확립하는 것이다. 한편, 국가작용에 민주적 정당성을 부여하고 효율적인 기능분배를 내용으로 하는 권력분립의 원칙은 그 자체가 목적이 아니라 헌법의 이념을 실현하기 위한 수단으로서 기능한다. 따라서 통일국가의 정부형태, 의회의 구성원리 등 구체적인 형태는 남북한의 합의에 따라서, 또는 국민의 주권적 의사에 따라서 헌법정책적으로 선택될 수 있다. 그러나 통일국가의 이념과 기본원리는 통일의 과정에서 임의로 선택할 수 있는 것이 아니라 개인, 사회, 국가의 관계에 대한 구성원리에 의하여 제한된다고 하겠다.

통일법이 지향하는 이상적인 국가공동체의 이념은 우리 남한의 헌법에 자세하게 나타나 있으며, 통일법의 기본원리도 이로부터 도출된다. 우리 헌법은 전문과 총 130개 조문으로 구성되어 있는데, 제1조에서는 국민주권원리를, 제2조에서는 국민을, 제3조에서는 영토에 대하여 규정하고 있다. 국가를 구성하는 요소인 주권, 국민, 영토에 대하여 가장 먼저 규정하고 있는 것이다. 그 다음으로 헌법은 제4조에서 평화통일에 대하여 규정하고 있는데, 이를 통해 통일에 대한 헌법적 가치와 중요성을 가늠할 수 있다. 이러한 의미에서 통일법은 우리 헌법과 불가분의 관계를 가진다. 즉, 국가의 조직과 구성에 관한 기본법으로서 개인의 자유와 권리를 보장하는 헌법은 통일법의 이념과 가치를 부여하는 근거규범이며, 동시에 통일법의 이념에 한계를 설정하는 제한규범이라고 하겠다.

3. 통일법의 기본원리

가. 기본원리의 내용

통일법은 우리 헌법이 지향하는 국가공동체의 이념과 가치질서를 바탕으로 하고 있다. 통일법의 기본원리로는 다음의 네 가지를 들 수 있다.

첫째, 자유민주주의를 지향한다. 우리 헌법은 제4조에서 "대한민국은 통일을 지향하며, 자유민주적 기본질서에 입각한 평화적 통일정책을 수립하고 이를 추진한다"고 규정하고 있다. 이는 헌법이 추구하는 통일은 자유민주적 기본질서를 바탕으로 하며, 자유민주적 기본질서에 위배되는 통일을 배제한다는 것을 의미한다. 1948년 제정된 헌법은 제4조에서 "대한민국의 영토는 한반도와 그 부속도서로 한다"고 규정하여 법규범적으로 국토의 분단상황을 인정하지 않았다. 그러나 1987년 현행 헌법은 위 영토조항을 제3조에서 그대로 유지하면서도 제4조에 위와 같은 내용을 신설함으로써 법규범적으로도 국토의 분단상황을 전제하고, 통일의 기본원리로서 자유민주적 기본질서를 선언한 것이다. 우리 헌법재판소도 "헌법상 통일 관련 규정들은 통일의 달성이 우리의 국민적·국가적 과제요 사명임을 밝힘과 동시에 자유민주적 기본질서에 입각한 평화적 통일원칙을 천명하고 있는 것이다. 따라서 우리 헌법에서 지향하는 통일은 대한민국의 존립과 안전을 부정하는 것이 아니고, 또 자유민주적 기본질서에 위해를 주는 것이 아니라 그것에 바탕을 둔 통일인 것이다"라고 밝히고 있다(1990. 4. 2. 89헌가113, 2000. 7. 20. 98헌바63).

자유민주적 기본질서란 그 개념상 자유주의와 민주주의를 바탕으로 한다. 그러나 이러한 가치에 관한 모든 요소를 포괄하는 것이 아니라, 중요하고 핵심이 되는 기본질서만을 의미한다. 우리 헌법재판소는 자유민주적 기본질서에 대하여 "모든 폭력적 지배와 자의적 지배, 즉 반국가단체의 일인독재 내지 일당독재를 배제하고 다수의 의사에 의한 국민의 자치, 자유·평등의 기본원칙에 의한 법치주의적 통치질서"라고 판단하였다(2001. 9. 27. 2000헌마238·

302). 또한, 이는 기본적 인권의 존중, 권력분립, 의회제도, 복수정당제도, 선거제도, 사유재산과 시장경제를 골간으로 한 경제질서 및 사법권의 독립 등으로 구체화된다고 하였다. 통일법의 기본원리로서의 자유민주적 기본질서는 자본주의 시장경제에 기초하여 무한한 경쟁과 자유방임만을 인정하는 편협한 자유지상주의가 아니라 자유와 평등이 조화를 이루는 사회공동체의 구성원리를 포함한다. 따라서 자유민주적 기본질서를 바탕으로 하는 사회민주주의는 허용하지만, 정치적 다원주의를 부정하는 전체주의나 북한이 지향하는 공산당 독재체제와 그 이론적 바탕이 되는 인민민주주의는 배제한다. 자유민주적 기본질서는 자유민주주의에 입각한 사회복지국가원리를 포함하고, 이는 정치질서와 경제질서를 포괄하는 원리로 작용한다.

둘째, 평화주의에 바탕을 두고 있다. 우리 헌법은 제4조에서 "대한민국은 통일을 지향하고"라고 규정하고, 제72조에서는 "통일 기타 국가안위에 관한 중요정책"을 규정하고 있다. 이는 국가목표로서의 통일과 국민투표의 대상인 통일의 수단과 방식에 대하여는 아무런 제한을 받지 않는 개방적 통일을 의미하는 것으로 해석될 수도 있다. 그러나 우리 헌법은 전문에서 "평화적 통일의 사명에 입각하여"라고 선언하고 있으며, 제4조에서 "자유민주적 기본질서에 입각한 평화적 통일정책을 수립하고 이를 추진한다"고 규정하고 있다. 또한, 제66조 제3항에서는 "대통령은 조국의 평화적 통일을 위한 성실한 의무를 진다"고 규정하고, 제69조에서는 대통령 취임선서의 내용에 "조국의 평화적 통일"을 포함시키고 있다.

남북통일의 유형과 방식은 그 구별기준에 따라서 다양하게 예상할 수 있다. 시기를 기준으로 일회적·완결적 통일과 점진적·단계적 통일로 구분할 수 있다. 형식을 기준으로는 남북한의 체제 가운데 일방을 선택하고 다른 일방을 배제하는 이른바 흡수통일과 남북한이 합의하여 새로운 체제를 형성하는 합의통일로 구분할 수 있다. 통일의 수단과 방법을 기준으로는 평화적 통일과 무력사용 등을 통한 비평화적 통일로 구분할 수 있다. 또한, 통일 이후의 국가형태를 기준으로 국가연합 또는 연방형 통일과 단일국가형 통일로 구분할 수도 있다. 남북통일의 구체적인 유형과 방식은 통일을 달성할 당시의 남북관계와 국제여건 등 역사적 현실에 따라서 결정될 것이다. 하지만, 통일의 수단과 방법에 있어서는 통일법의 기본원리가 평화주의에 바탕을 두고 있으므로 우리 헌법이 예정하고 있는 통일은 평화적 통일만을 의미하며, 무력이나 강압에 의한 비평화적 통일을 배제하고 있다고 해석하여야 한다. 이러한 의미에서 평화주의는 우리가 지향하는 통일의 구성요건적 개념요소이지 임의로 선택할 수 있는 다양한 수단과 방법 가운데 하나가 아닌 것이다. 따라서 우리가 지향하는 통일은 물론, 헌법 제72조에서 규정하고 있는 국민투표의 대상이 되는 통일도 평화통일을 전제로 하고 있다고 해석하여야 한다.

셋째, 법률에 의한 통치를 의미하는 법치주의를 바탕으로 한다. 법치주의는 인간에 대한 불신을 전제로 하여 인간에 의한 통치를 배격하고, 그 대신 국민의 대표기관인 의회가 제정한 법률에 의한 통치를 원칙으로 한다. 남북한이 분단된 이후 오랫동안 남북관계와 통일에 대한 사항은 법률을 비롯한 규범이나 제도에 의하여 규율되지 않고, 남북한 정부의 정치적 이해관계에 의하여 규율되었다. 통일법은 남북한의 통일과 관련된 사항을 규율하는 법률체계이므로 법치주의를 실현하는 수단으로 작용한다. 남북관계는 통일법에 의하여 규율됨으로써 비로소 법적 안정성과 예측가능성을 확보할 수 있다. 법치주의는 형식적으로 국회에서 제정한 법률에 의하여 통치되어야 하는 것만을 의미하는 것이 아니라, 그 법률의 목적과 내용도 자유, 평등, 정의로 대표되는 헌법에 합치하는 정당한 것이어야 한다. 법치주의는 체계정당성의 원칙을 포함하는데, 이는 규범 상호간의 구조와 내용 등이 모순됨이 없이 체계와 균형을 유지함으로써 예측가능성과 법적 안정성 그리고 법규범에 대한 신뢰를 확보하는 것을 의미한다. 또한, 법치주의는 주권자인 국민의 대표기관에 의하여 법률이 제정되었다는 사실로부터 민주적 정당성을 가지며, 이는 국민의 기본적 인권을 보장한다는 것을 이념적 기초로 한다. 이러한 의미에서 법치주의는 국민주권주의와 민주주의, 그리고 기본적 인권의 보장과 불가분의 관계를 가진다. 따라서 통일법은 실질적 법치주의에 따라서 그 내용이 자유, 평등, 정의에 합치하여야 하고, 규범 상호간에도 체계정당성을 갖추어야 한다. 즉, 통일법의 제정, 해석과 적용은 법치주의에 바탕을 두어야 하고, 이러한 의미에서 법치주의는 통일법의 규범적 기준이자 한계가 된다.

넷째, 남북한 주민이 단일한 '한(韓)민족'이라는 민족주의에 기초하고 있다. 민족주의란 민족에 기반을 둔 독립국가의 형성을 지상목표로 하고, 이를 유지하고 확대하려는 이데올로기이다. 남북한에게 있어서 민족주의는 19세기 이후 일제에 의한 식민지를 거쳐 근대국가를 형성하는 과정에서 강력한 이념체계를 형성하였다. 이는 남북한이 냉전 이데올로기를 바탕으로 전쟁을 치르면서도 분단을 극복하고 통일을 달성해야 한다는 정당성과 정통성을 부여하고 있다.

남북통일은 역사적으로 한반도에 한(韓)민족이 단일국가를 형성하고 유지하였으나 현재는 남한과 북한으로 분단되어 각각 국가로서의 실체를 가진 통치질서가 병존하고 있다는 것을 전제로 하고 있다. 통일이란 것도 남북한 분단 이전에 존속하고 있던 '하나의 전체국가'의 구성원인 한민족의 자율적 의사를 기초로 하고 있어 그 구체적인 형식과 내용은 민족자결에 의하여 결정된다. 국제법에 있어서 민족자결의 원칙은 하나의 민족이 독립적인 주권국가를 건설하는 것을 포함하여 정치적 지위에 대한 자유로운 결정을 보장하며, 법적 구속력을 지닌 강행규범이자 일반원칙으로 인정되고 있다. 따라서 한민족이 자율적 의사에 따라 통일국가를 달성하고 이를 위한 교류협력을 추진하는 것은 국제법적으로 제3국에 대해서도 자신의 자결을 주장할 수 있는 대세적인 효력을 가지며, 제3국은 이를 존중하여야 할 국제법적 의무가 있다. 민족자결의 원칙은 남북관계가 국제법적 영역에서 규율될 경우에 국제법원칙을 적용함에 있어서 남북관계의 특수성을 반영할 수 있는 근거가 된다.

남북한이 하나의 민족이라는 것은 남북관계를 국가간 관계로 보지 않고, 남북한 거래를 민족내부의 거래로 인정하는 것으로서 국제법 주체로서 '한민족 전체국가'를 전제로 하고 있다. 이러한 '한민족 전체국가'는 남한과 북한의 상위개념으로서 통일의 법적 근거가 된다. 이러한 민족주의와 이에 바탕을 둔 민족자결주의는 남북한이 체결한 각종 합의서에 민족내부의 거래성을 강조하고 있고, 남북관계발전에 관한 법률 제3조 제2항에서 "남한과 북한의 거래는 국가간의 거래가 아닌 민족내부의 거래로 본다"고 규정하고 있는 것에도 반영되어 있다. 이러한 현실을 고려할 때 통일법은 민족주의를 기본원리로 하고 있다고 볼 수 있다.

한편, 민족주의는 본질적으로 배타적이고 폐쇄적인 성격을 가지고 정치적 이데올로기로 왜곡될 수 있는 위험성이 있다. 역사적으로도 자민족중심주의로 발전하여 다른 민족에 대하여 배타적이고 자신의 확대를 위하여 다른 나라를 침략하는 것을 정당화하는 기능을 하기도 하였다. 이데올로기로서의 민족주의는 이러한 위험성으로 인하여 21세기 정보화 사회와 세계화 시대에는 어울리지 않는 측면이 있다. 그러나 민족주의는 이와 같은 위험성에도 불구하고 남북통일에 있어서는 여전히 유효하고 강력한 정당성의 기초를 제공하고 있다. 이러한 의미에서 민족주의는 남북관계의 특수성과 통일의 정당성을 이념적으로 뒷받침하는 것으로서 통일을 달성하는 과정에서 유용한 수단이라고 하겠다. 다만, 통일법의 기본원리로서의 민족주의는 닫힌 민족주의가 아니라 열린 민족주의임을 명심하여야 한다. 또한, 이러한 민족주의는 인간의 존엄과 가치를 존중하는 인권보장과 국제평화주의와 조화롭게 발현되어야 할 것이다.

나. 규범적 성격

통일법의 기본원리는 우리 헌법에 바탕을 두고 헌법으로부터 직접 도출되는 것이어서 헌법의 기본원리가 가지는 일반적인 성격을 갖는다. 우리 헌법재판소는 "헌법의 기본원리는 헌법의 이념적 기초인 동시에 헌법을 지배하는 지도원리이다. 헌법의 지도원리가 구체적 기본권을 도출하는 근거로 될 수는 없으나 기본권의 해석 및 기본권 제한입법의 합헌성심사에 있어 해석기준의 하나로 작용한다"고 밝히고 있다(2001. 9. 27. 2000헌마238, 1996. 4. 25. 92헌바47). 그러나 통일법의 기본원리에는 통일법의 특성이 반영되어야 한다. 즉, 통일법은 이와 같이 남북한의 분단과 통일이라는 '사실(Sein)'의 영역과 밀접한 관련을 가지고 있으면서 이를 규율하는 '당위(Sollen)'로서 기능하는 법규범이라고 할 수 있다. 따라서 통일법은 남북한의 분단 과정, 현재의 남북관계, 그리고 남북통일의 방식과 절차를 결정하는 현실적이고 역사적인 조건에 의하여 제한을 받는다. 이와 동시에 통일국가의 미래상에 따라서 남북관계와 통일에 대한 역사적인 조건을 형성하기도 한다.

이러한 통일법은 남북관계를 바라보는 관점과 규범영역에 따라서 상이한 규범적 의미를 가지게 된다. 즉, 남북관계는 남한의 관점, 남북한의 상호 주관적 관점, 국제적 관점에 따라서 구체적인 규범적 의미가 달라지며, 그 규범적 의미는 본질적으로 북한의 법적 지위와 성격을 어떻게 파악할 것인지에 따라서 다르게 설정된다. 결국, 통일법은 남북관계를 바라보는 다양한 관점을 모두 아우를 수 있는 법률체계로서 정합성을 가져야 하며, 구체적 사안에 따라서 다르게 적용될 수 있는 탄력성을 가지는 법률규범이라는 특수성을 가진다고 하겠다. 통일법의 규범적 의미는 통일법의 기본원리에 바탕을 두고 있으며, 이는 다음과 같은 규범적 성격을 갖는다.

첫째, 통일법의 기본원리는 단순히 정치적 선언이거나 추상적인 프로그램이 아니다. 이는 앞에서 살펴본 바와 같이 법적 구속력을 갖는 규범으로서 국가기관에 대하여 구체적이고 현실적으로 적용된다. 즉, 입법·행정·사법 등 모든 국가작용에 정당성을 부여하고 한계를 설정하며, 그 합헌성을 판단하는 심사기준이 된다.

둘째, 통일법의 기본원리는 남북한의 분단상황에서 교류협력을 추진하면서 통일을 준비하는 과정에서는 물론이고 통일합의서를 체결하는 등 구체적으로 통일을 실현하는 과정, 나아가 통일 이후에 법률통합과 사회문화적 통합을 통하여 국가공동체를 형성하는 과정에서도 적용되는 규범적 기준이라고 하겠다. 따라서 남북한의 교류협력에 있어서도 일정한 경우에 북한을 정치적 실체 또는 평화통일을 달성하기 위한 대화와 협력의 동반자로 인정할 필요가 있다고 하더라도 통일법의 기본원리의 한계 내에서 인정되어야 한다. 헌법재판소도 "제6공화국헌법이 지향하는 통일은 평화적 통일이기 때문에 마치 냉전시대처럼 빙탄불상용의 적대관계에서 접촉·대화를 무조건 피하는 것으로 일관할 수는 없는 것이고, 자유민주적 기본질서에 입각한 통일을 위하여 때로는 북한을 정치적 실체로 인정함도 불가피하게 된다. 북한집단과 접촉·대화 및 타협하는 과정에서 자유민주적 기본질서에 위해를 주지 않는 범위 내에서 때로는 그들의 주장을 일부 수용하여야 할 경우도 나타날 수 있다"고 선언하였다(1990. 4. 2. 89헌가113).

셋째, 통일법의 기본원리는 헌법의 핵심적 내용을 구성하므로 헌법해석과 헌법개정에 있어서 헌법내재적 한계로 작용한다. 따라서 헌법의 다른 조항을 해석하는 경우와 헌법을 개정하는 경우에도 통일법의 기본원리를 준수해야 한다. 헌법해석과 헌법개정의 방법으로 통일법의 기본원리에 위반되는 내용을 채택할 수는 없는 것이다. 우리 헌법에서 규정하는 통일법의 기본원리는 헌법개정의 한계를 설정하는 '헌법의 동일성 여부'를 판단하는 중요한 기준이 된다. 그러나 통일법의 기본원리는 헌법해석과 개정에 있어서 절대적인 기준이 될 수는 없으며, 헌법의 다른 기본원리와 서로 보완하고 조화할 수 있도록 적용되어야 한다. 특히, 남북통일은 남북관계나 국제적 여건에 따라서 가변적이고 동태적 발전성을 가지므로 통일법의 기본원리는 국민주권주의, 자유민주주의, 법치주의,

권력분립주의 등 다른 기본원리에 비하여 상대적이고 탄력적인 성격을 갖는다.

다. 구체적 기능

통일법은 남북한을 통일하여 한반도에 하나의 단일한 국가공동체를 형성하는 것을 목적으로 한다. 남북한이 통일국가를 창조하는 것은 새로운 국가공동체의 조직과 규범체계를 확립하는 것으로서 이를 달성하기 위해서는 그 과정과 결과에 있어서 법제도의 통합은 필수불가결한 요소이다. 따라서 통일법의 기본원리는 통일한국을 만들어 나가는 과정을 규율하는 헌법적 규범원리라고 할 수 있다. 우리 헌법으로부터 도출되는 통일법의 기본원리는 국민의 주권적 합의에 의하여 헌법의 기본적 가치질서로 수용된 것이다. 따라서 이는 통일법을 제정하고, 집행하며, 해석하고, 적용하는 규범적 기준이 된다. 다만, 북한에 대하여는 현실적으로 국가권력의 관할권이 미치지 않으므로 남한의 법률과 남북합의서 등 남한의 통일법에 대해서만 실효적인 기능을 가진다. 통일법의 기본원리는 다음과 같은 규범적 기능을 가진다.

첫째, 통일과 관련된 입법작용에 있어서는 통일정책의 기본방향을 제시하며, 입법권의 범위와 한계를 설정하는 기준이 된다. 의회와 정부가 통일에 대한 법령을 제정하거나 개정할 때에는 통일법의 기본원리의 목적과 취지에 따라야 한다. 또한, 통일법의 기본원리에 위반되는 내용으로 법령을 제정하거나 개정하는 것이 금지된다. 만약 통일법이 그 기본원리에 위반될 경우에는 헌법재판소의 위헌법률심판에 의하여 무효가 된다.

둘째, 통일에 대한 행정작용에 있어서는 국가기관과 이를 구성하는 공무원의 정책결정이나 집행에 대해 법적 근거와 정당성을 부여한다. 국가기관이 통일법을 구체적으로 집행할 때에는 통일법의 기본원리에 어긋나지 않아야 한다. 만약 국가의 행정처분이 통일법의 기본원리에 위반되는 경우에는 법원에 의하여 무효가 되거나 취소되며, 국민의 기본권을 침해할 경우에는 헌법재판소의 헌법소원에 의하여 구제될 수 있다.

셋째, 사법작용에 있어서도 통일법을 해석하고 적용하는 기준이 되며, 관련 법령의 흠결시에는 이를 보완하는 기능을 담당한다. 특히, 헌법재판에 있어서는 통일법이 헌법에 위반되는지 여부를 심사함에 있어서 심사기준으로 작용한다. 따라서 통일법의 기본원리에 위반되는 통일법은 위헌법률심판 또는 헌법소원에 의하여 그 효력을 상실하게 된다.

넷째, 국가기관뿐만 아니라 모든 국민으로 하여금 통일과 관련하여 헌법과 법률을 존중하고 준수하도록 하는 지침이 된다. 통일법의 기본원리는 국가기관뿐만 아니라 국민도 수범자로 예정하고 있으므로 주권자인 동시에 국가권력작용의 대상인 국민도 통일법을 준수하여야 할 법적 의무가 있다.

다섯째, 특정 정당의 목적이나 활동이 통일법의 기본원리를 위반하였을 경우에 이를 사유로 그 정당이 헌법재판소의 심판에 따라 위헌정당으로 해산될 수도 있다. 우리 헌법은 제8조 제4항에서 정당의 목적이나 활동이 민주적 기본질서에 위배될 때에는 헌법재판소의 심판에 의하여 해산된다고 규정하고 있다. 통일법의 기본원리로서 자유민주적 기본질서는 정당해산사유인 민주적 기본질서와 적용되는 규범영역과 관점이 완전히 동일한 것은 아니지만, 특정 정당이 무력사용 등 비평화적 방법에 따른 통일이나 북한의 인민민주주의혁명노선에 따른 통일을 목적으로 하여 활동하는 경우에는 헌법재판소의 심판에 따라서 해산될 수 있을 것이다. 그러나 평화통일의 원칙과 위헌정당에 대한 해산사유로서의 민주적 기본질서는 기본적으로 별개의 구성요건적 개념이라고 할 수 있다. 따라서 자유민주적 기본질서에 입각한 평화통일의 원칙을 위반한다고 하여 그것이 바로 위헌정당해산의 사유가 되는 민주적 기본질서에 위배되는 것이라고 할 수는 없다고 할 것이다.

4. 통일법의 영역과 범위

남한에는 통일법이라는 명칭의 단일한 법률이 존재하지 않는다. 북한에서도 마찬가지이다. 남북한이 통일을 위하여 공동으로 적용되는 법률을 통일법으로 제정한 것도 아니다. 통일법을 남북한의 통일에 관련된 법률체계로 이해하는 경우에도 구체적으로 어떠한 법령이 통일법에 포함되는지는 명백하지 않다. 통일법은 남북통일에 직접 또는 간접적으로 관련되는 영역에서 적용될 뿐만 아니라, 그에 관한 법률체계 전체를 의미하므로 통일법의 연구를 위해서는 통일법의 영역을 구체적으로 설정하는 것이 우선적으로 필요하다. 통일법의 영역은 남북관계와 통일을 바라보는 관점에 따라서 다양하게 설정될 수 있다. 즉, 남북관계와 통일을 조망하는 관점에 따라 국내법적 관점, 국제법적 관점, 그리고 남북관계적 관점으로 구분할 수 있으며, 각 관점에 따라 상이한 법률체계를 설정하고 있다.

첫째, 남북한이 각각 자신의 내부적 관점에서 남북관계와 통일을 바라보는 경우에는 상호 상대방을 불법적으로 영토의 일부를 점령하고 있는 단체로 인정하고 있다. 따라서 우리 헌법체계에 따를 경우에는 북한은 국가보안법상 반국가단체 또는 불법단체로서의 성격을 가지고 있으며 북한지역과 북한주민에 대하여도 우리 헌법의 규범력이 미친다. 따라서 이와 모순되는 북한체제와 법률체계는 그 효력을 인정할 여지가 없다. 북한도 남한의 법률에 대하여도 동일한 입장을 취하고 있다. 이러한 관점에서는 남북관계와 통일에 관한 남한의 법률만 통일법의 영역에 포함되고, 북한의 법률은 통일법의 영역에 포함되지 않는 것으로 해석된다. 그러나 통일을 새로운 국가공동체를 창설하는 과정으로 이해할 경우에는 통일 이후의 남북한 법률통합을 예정하고 있다. 또한, 뒤에서 보는 바와 같이 남북관계적 관점에 따라서 북한에 대하여 이중적 지위를 인정할 경우에는 북한의 법률도 통일법의 영역에 포함된다고 하겠다.

둘째, 남북관계와 통일을 국제법적 관점에서 바라보는 경우에는 남북한은 각각 국제법상 주체로서 지위를 가지고 국제사회에서 활동하고 있다. 즉, 2018년 3월 현재 세계 158개국이 남북한과 동시에 수교하여 남한과 북한을 모두 국가로 승인하고 있으며, 미국, 일본 등 32개국은 남한만을, 리비아, 쿠바, 마케도니아 등 4개국은 북한만을 국가로 승인하고 있다. 따라서 남북한은 제3국과의 외교관계, 국제조약, 국가승인, 그리고 국제기구에의 가입 등에 따라서 상대적이고 다양한 법률관계를 형성하게 된다. 이러한 관점에서는 남북관계와 통일과 관련하여 남북한이 제3국과 체결하는 국제조약과 남북합의서, 그리고 국제사회에서 적용되는 국제법원칙도 통일법의 영역에 포함된다고 해석된다. 이러한 것은 우리 헌법이 제5조와 제6조에서 국제평화주의와 국제법존중의 원칙을 채택하고 있는 것과도 부합한다.

셋째, 남북관계와 통일을 남북관계적 관점에서 바라보는 경우에는 사실적으로나 규범적으로 복잡하고도 상이한 의미를 가지게 된다. 즉, 남북한은 서로 상이한 체제와 이념을 바탕으로 하고 있어 상대방을 국가로 인정할 수 없지만, 현실적으로는 통일을 위한 대화와 협력의 실체로서 인정하지 않을 수가 없다. 따라서 국가의 안전보장과 체제수호를 위해서는 북한에 대하여 대남적화통일노선을 따르는 불법단체로 인정하면서도 남북교류협력과 평화통일을 위한 대화와 협력의 동반자로 인정하여야 할 필요성이 있다. 이러한 관점에서는 남북한의 국가안보에 관한 법률은 물론, 남북한이 교류협력을 추진하는 것에 관련한 법률은 모두 통일법의 영역에 포함된다. 또한, 통일국가의 법률통합을 위하여 북한의 법률체계도 남한의 법률체계와 비교하여 연구할 필요가 있으므로 통일법의 영역에 포함된다고 할 것이다.

넷째, 비교법적으로 외국의 사례에 대한 연구도 통일법의 영역에 포함될 것이다. 분단국가의 통일은 세계사적으로도 그 사례가 드물고, 각 사례마다 역사적 현실과 환경이 다양하여 일반적으로 유형화하기도 어렵다. 그러나 바로 그러한 이유 때문에 분단국가의 사례를 연구하는 것은 남북통일을 준비하는 우리에게 정면교사든지 반면교사로든지 유익한 시사점을 제공할 수 있다고 판단된다. 동서독은 제2차 세계대전 이후 분단되었다가 통일을 달성하였는데, 그 분단의 원인과 통일의 환경에서 우리와는 많은 차이점이 있다. 그렇지만 동서독이 지속적으로 교류협력을 확대하면서 통일의 여건을 조성하고, 당시의 국제적 상황을 적절히 활용하여 평화적으로 통일을 달성한 것은 우리에게 중요한 교훈을 주고 있다.

또한, 중국과 대만의 경우에도 1980년대 후반부터 다양한 분야에서 교류협력을 확대하고, 반관반민의 성격을 가진 중국의 해협양안관계협회와 대만의 해협교류기금회를 설치하여 중국과 대만의 관계를 안정적으로 관리하고 있다. 특히, 중국은 사회주의를 유지하면서 경제분야에서는 시장경제질서를 도입하여 경제특구를 적극적으로 운영하고, 홍콩과 마카오에 대해서도 행정특구를 인정하고 있다.

이외에도 분단을 경험하였다가 통일을 달성한 예멘과 베트남의 사례와 통일국가를 달성하기 위해 노력하고 있는 키프로스의 사례도 우리에게 유용한 시사점을 제공할 수 있을 것이다. 통일법의 연구영역으로서 특별히 주목해야 할 분야는 러시아를 포함한 중동부유럽의 체제전환국가의 사례라고 할 수 있다. 이들 국가는 1990년 이후 사회주의에서 자본주의로 국가체제를 전환하였는데, 그 과정에서 다양한 법적 쟁점과 문제점이 노정되었다. 남북한이 평화통일을 안정적으로 달성하기 위해서는 남한의 국가체제를 개선하는 것도 필요하지만, 근본적으로는 북한의 체제전환이 절실히 요구된다. 남북한이 통일한국을 건설하는 과정에서 북한이 체제전환을 성공적으로 수행하여 남북한의 국가체제에 있어서 차이점을 최소화한다면, 통일의 후유증을 줄이고 통일의 효과를 최대화할 수 있을 것이다. 따라서 체제전환을 경험한 국가들의 사례를 연구하여 북한의 체제전환을 지원할 수 있도록 법제도를 정비하는 것은 통일법의 중요한 연구대상이 되어야 할 것이다.

통일법의 영역은 남북관계와 통일을 조망하는 관점에 따라서 상이한 법적 의미와 규범체계를 가지는 특수성이 있지만, 이러한 관점을 모두 포괄하여 규범조화적으로 체계화시킬 것이 요구된다.

통일법은 남북관계와 통일을 바라보는 관점에 따라서 상대적으로 다양한 규범적 의미를 가진다. 즉, 국내의 정치 및 군사상황, 남북관계의 발전 양상, 그리고 한반도를 둘러싼 국제정세 등에 따라서 여러 관점을 동시에 고려하여 탄력적으로 적용할 것이 필요하다. 결국, 통일법의 영역은 남북관계와 통일을 규율하고 그 과정에서 구체적으로 적용될 수 있는 법률체계를 모두 포함한다고 하겠다. 그러나 학문으로서 통일법의 연구범위는 이러한 통일법의 영역 가운데 남북관계와 통일과 실질적인 관련성을 갖는 부분으로 제한된다고 하겠다. 현재 남한과 북한에서 적용되는 모든 법률체계는 남북관계와 통일과 무관하지 않고 잠재적으로 통일법의 연구범위에 포함될 수는 있다. 그러나 이러한 모든 법률체계를 통일법의 연구범위에 포함시키게 되면 독자적인 학문분야로서의 통일법을 확정할 수 없게 된다. 따라서 통일법의 연구범위는 남한과 북한에 적용되는 모든 법률체계 가운데 남북관계와 통일과 실질적으로 관련되는 부분으로 제한하는 것이 타당하다.

통일법의 범위는 구체적으로 남한의 법률, 북한의 법률, 남북합의서, 국제법원칙으로 구분될 수 있다. 남한과 북한의 법률은 그 전체가 일률적으로 통일법의 범위에 포함되는 것은 아니며, 그 가운데 남북관계와 통일을 전제로 제정되거나 그에 관한 특별규정이 포함된 경우에만 통일법의 범위에 포함되는 것이라고 하겠다. 남한의 남북교류협력에 관한 법률이나 북한의 북남경제협력법과 같이 각각 남북한 사이에만 적용되는 법률도 있으나 이들은 남북관계와 통일과 실질적으로 관련된다. 이러한 법률들은 남북한의 분단을 전제로 하고 있으나 분단을 고착화시키는 것이 아니라 남북한의 헌법에서 규정하는 통일을 달성하기 위한 것으로 해석된다.

또한, 남한의 국가보안법이나 북한의 형법도 각각 국가공동체의 안전보장과 질서유지를 목적으로 하지만 그 적용과정에서 북한과 남한을 상대방으로 규율하는 영역에서는 통일과 간접적으로 관련되므로 통일법의 범위에 포함된다고 하겠다. 특히, 북한의 법률은 비록 남북관계와 통일을 직접적으로 규율하지 않더라도 광범위하게 통일법의 범위에 포함된다고 하겠다. 북한의 모든 법률은 평화통일의 과정이나 그 이후에 통일한국을 형성함에 있어서 필요한 법률과 사법통합을 완성하기 위해서는 반드시 연구되어야 하기 때문이다.

남북한이 체결한 남북합의서는 비록 그 법적 성격과 효력에 있어서 다양한 해석이 가능하지만, 남북관계를 직접적으로 규율하는 규범체계이므로 통일법의 범위에 포함된다고 하겠다. 남북한의 법이념과 법률체계가 상이한 상황에서 남북교류협력을 강화하고 평화통일을 달성하는 데에는 남북합의서가 매우 중요한 역할을 담당하게 될 것이다. 한편, 국제법원칙은 그 전체가 일률적으로 통일법의 범위에 포함되는 것이 아니다. 하지만 남북관계의 특수성을 고려할 때 국제법원칙은 남북교류협력을 확대하고 평화통일을 달성하는 과정에서 남북관계를 안정적으로 규율하는 규범체계이므로 통일법의 범위에 포함된다고 하겠다.

남북한의 통일은 하나의 정치적·법적 통합으로 달성되는 것이 아니다. 통일은 경제적·사회문화적·심리적 통합을 통하여 단일한 국가공동체를 형성하는 것이다. 통일은 시기적으로 남북한의 분단 상황에서 남북교류협력을 통하여 통일을 준비하는 단계, 통일합의서를 체결하는 등 통일이 추진되는 통일과정의 단계, 그리고 법제도적 통합과 사회문화적 통합을 통한 실질적인 통일국가를 완성하는 단계로 구분할 수 있다. 통일을 정치·경제·사회문화적 통합을 완성하는 과정으로 이해할 경우에는 현재의 분단상황에서부터 통일국가를 완성하는 시기까지 모든 단계를 규율하는 법률체계가 통일법의 영역과 범위에 포함된다고 하겠다. 즉, 남북한이 분단된 상황에서는 한반도에 평화를 정착시켜 안정적으로 남북관계를 관리하는 법제도를 연구해야 한다. 이를 바탕으로 다양한 분야에서 남북교류협력을 확대하고 발전시키는 법률체계를 확립하여 평화통일을 준비해야 한다. 통일을 달성하는 과정에서는 통일합의서를 체결하는 것을 비롯하여 잠정적으로 북한지역을 특별히 관리하여 혼란을 예방하고, 국제법적 쟁점을 합리적으로 해결함으로써 통일의 과정을 안정적으로 견인하는 규범체계를 확립해야 한다. 마지막으로 통일 이후에 실질적인 통일국가를 완성하는 단계에서는 남북한 주민의 사회심리적인 통합을 달성할 수 있도록 법률과 사법통합을 완성할 수 있도록 대비해야 할 것이다.

제 2 장

통일법 연구의 현황과 과제

1. 통일법 연구의 필요성

한반도에서 남북통일이란 남북한 분단 이전의 상태로 되돌아가는 것이거나 남한과 북한이 단일한 정치적 통일체를 형성하는 것으로 완성되는 것이 아니다. 남북통일은 남북한이 현재의 분단상황을 극복하고 새로운 국가공동체를 창조하는 과정이라고 할 수 있다. 이는 남북한이 상이한 정치·경제체제와 이질화된 사회·문화질서를 단일하고 동질적인 민족문화로 재구성하는 작업이며, 정치적 통합뿐만 아니라 사회·경제적인 통합을 포함하는 것이다.

남북한이 분단된 현재의 상황에서 통일법을 연구하는 것은 우리 헌법이 지향하는 평화통일을 달성하기 위한 방법이자 수단을 준비하는 것이며, 이와 동시에 통일국가의 미래상을 설정하고 실천하는 작업이라고 할 수 있다. 통일법을 적실성 있게 연구하기 위해서는 남북관계의 규범적 의미를 이해하여야 한다. 남북관계는 국내법적으로 평화통일을 위해 교류협력을 지향하면서도 현실적으로 정치적 이념과 체제에 의하여 상대방을 규범적으로 수용할 수 없는 한계를 가지고 있다. 또한, 국제사회에서도 남북한이 각각 엄연히 국가적 실체를 가지고 국제법의 주체로서 활동하고 있어 헌법을 비롯한 국내법을 국제법적 규범영역에 그대로 적용할 수도 없다.

남북관계의 법적 성격은 기본적으로 북한의 법적 지위와 성격에 의하여 확정되는데, 북한의 법적 지위에 대하여는 헌법 제3조와 제4조의 해석을 둘러싸고 많은 논란이 있다. 이에 대해서는 남북한특수관계론에 따라서 헌법규범과 헌법현실, 남북한의 국내법적 지위와 국제법적 지위의 모순적 괴리현상을 합리적으로 설명할 수 있을 것이다. 즉, 북한은 국내법적으로는 헌법상 불법단체 또는 국가보안법상 반국가단체로서의 지위와 동시에 평화통일을 위한 대화와 협력의 동반자로서의 지위를 이중적으로 가진다. 한편, 국제법적으로는 대한민국과의 관계에 대하여 논란이 있을 수 있으나, 현실적으로 국제사회에서 독립된 주권을 가진 국가로서 활동하고 있는 것을 인정해야 한다. 따라서 한반도에 사실상 두 개의 국가가 존재하고 있으며, 북한은 독립된 국제법상 주체로서 인정된다고 평가해야 할 것이다.

통일법은 이러한 남북관계의 특수성을 바탕으로 해석되고 운영되고 있으나, 아직까지 구체적인 사안에 적용하여 법적 쟁점을 해결하기에는 체계적으로나 내용적으로 부족한 것이 현실이다. 이는 남북관계의 현실과 그에 대처한 법규범을 정립하는 방식에 기인한 것으로 판단된다. 즉, 한반도의 분단 이후 남북한 사이에 발생한 다양한 법률적 분쟁에 대하여 이를 사법적 판단이 아닌 정치적 결단과 타협에 의하여 해결하여 왔다. 또한, 통일법에 해당하는 개별적인 법령도 거시적인 관점에서 전체를 조망하면서 체계적으로 만들어진 것이 아니라 그때그때의 필요성에 따라서 현안 문제를 해결하기 위하여 만들어졌다. 이러한 여건에서 남한은 통일정책을 수립하고 집행하는 과정에서 유효하고 적절하게 실현할 수 있는 수단을 가질 수가 없었다. 뿐만 아니라, 통일법의 기본원리에서 제시하는 규범적 한계를 넘어서는 내용과 방법으로 통일정책을 추진하기도 하였다. 통일법은 남북관계와 평화통일을 규율하는 일련의 규범체계이므로 남북관계에서 발생하는 다양한 법적 쟁점을 법치주의에 따라 해결하는 수단이다. 또한, 남북통일의 과정에서 발생할 수 있는 혼란을 예방하고, 통일국가를 안정적으로 완성할 수 있도록 남북관계를 견인하는 강력한 규범이기도 하다. 통일법은 이와 같이 남북관계에 대해 법적 안정성과 예측가능성을 부여하며, 남북관계가 통일한국의 길에서 이탈하지 않도록 잡아 주는 역할을 할 것이다. 결국, 통일법을 연구하고 그 규범체계를 확립하는 것은 남북관계를 안정적이고 지속가능하게 발전시킬 수 있는 법제도적 장치를 마련하는 것이며, 여기에 통일법을 연구해야 할 필요성이 있는 것이다.

남북통일은 더 이상 정치적 선언이나 추상적인 이념이 아니라 한반도를 둘러싼 국제정세나 남북관계에 따라서 현실화될 수 있는 것이라고 하겠다. 2000년 이후 남북한은 교류협력을 확대하였으며, 개성공단사업과 금강산관광사업을 추진하면서 남북한의 인적·물적 교류도 추진하였다. 그 과정에서 남북한은 다양한 남북합의서를 체결하였을 뿐만 아니라 관련 법령을 제정하는 등 통일법제를 정비하고 있다. 남북한 이산가족의 상봉과 북한이탈주민의 증가에 따라 이혼·상속과 관련된 다양한 판례도 나오고 있다. 따라서 남북한의 평화통일을 실천적으로 준비하기 위해서는 통일법을 체계적으로 연구하여 남북교류협력은 물론 통일의 과정이나 그 이후의 법제도의 통합을 위한 규범적 기준을 제시할 필요가 있다.

현재 남북관계는 2000년 이후에도 국가안보와 교류협력의 양극단을 사이에 두고 구체적인 정치상황에 따라서 발전과 후퇴를 반복하고 있다. 그 과정에서 남북한 사이에 발생하는 다양한 법적 쟁점을 안정적이고 합리적으로 해결하기 위한 노력을 기울이고 있다. 그러나 남북한의 상이한 법률체계로 인하여 구체적 사안에 적용되는 법률의 모순과 충돌을 피할 수가 없는 실정이다. 이러한 현상은 기본적으로 남북한이 각각 한반도에서 정통성과 합법성을 주장하면서도 현실적으로는 상대방 지역과 주민에 대해서 주권과 통치력을 행사하지 못하고 있는 분단체제에서 비롯된 것이라고 할 수 있다. 이러한 현실에서 남북관계를 규율하는 규범체계를 개괄적으로 검토하는 것은 통일법 연구의 출발점이 된다고 할 것이다.

2. 통일법 연구의 현황

가. 국가기관의 연구

정부차원에서 통일법제에 대하여 전담부서를 마련하고 체계적으로 연구를 시작한 것은 법무부이다. 1990년 들어 소련을 비롯한 사회주의 국가의 붕괴와 독일과 예멘의 통일 등 국제적인 냉전체제가 종식되자 법무부는 남북통일과 남북교류협력을 대비하여 1991년 통일법연구단을 발족하였다. 1992년에는 법무실에 특수법령과를 창설하여 통일대비 법무계획의 수립과 추진, 남북교류협력에 대한 법적 지원, 북한법제 및 통일관련 외국법제에 대한 연구 등 업무를 담당하면서 '북한법연구', '통일법무 기본자료' 등 많은 자료집을 발간하였다. 법무부는 2008년 남북교류협력의 확대에 따라 특수법령과의 명칭을 통일법무과로 바꾸었으며, 남북법령연구특별분과위원회를 운영하고 있다. 또한, 통일법의 현안과 쟁점에 대해 통일부를 자문하는 한편, 베니스위원회 활동에 적극 참여하는 등 다양한 분야에서 통일에 대비한 법제 정비를 위해 연구하고 있다. 법무부는 2009년부터 정기학술지인 '통일과 법률'을 발간하고 있으며, 2013년에는 통일법 관련 논문과 저서 등 관련 자료를 총 망라하여 수집하고 분류하는 데이터베이스 작업을 완료하여 통일법 연구를 위한 기반조성을 확립하였다. 2014년부터는 대한변호사협회와 공동으로 통일법제 전문가를 양성하기 위한 프로그램으로 '통일과 법률 아카데미'를 개설하여 운영하고 있다.

통일부는 통일정책에 대한 주무부처로서 남북교류협력에 관한 법률 등 다양한 통일 관련 법률의 제정과 남북합의서의 체결 등을 통하여 통일법제를 구체화하고 있다. 통일부는 통일연구원과 통일교육원의 활동을 통해 법제도뿐만 아니라 다양한 통일관련 연구를 추진하고 있으며, 통일법 연구를 위해서 법무부, 법제처 등과의 협력체제를 강화하고 있다. 통일부는 정책실 산하의 통일기반조성과에서 통일과정 및 통일 이후를 대비한 법령의 정비 및 제도의 수립을 위하여 통일법제추진위원회를 운영하고 있다. 특히, 통일부는 개성공단사업의 법률적 쟁점을 합리적으로 해결하기 위하여 개성공단법률자문회의를 운영하고 있으며, 개성공업지구 지원재단과 협력하여 개성공단 관리위원회를 실질적으로 운영하고, 사업준칙의 제정 등을 통해 개성공단의 법제도를 정비하고 있다.

법제처는 1990년 이후 북한법제연구반을 구성하여 통일에 대비한 법제연구를 시작한 이후 '북한법제 개요', '남북법제연구보고서'

등 자료집을 매년 발간하고, 1999년부터 남북법제자문위원회를 운영하면서 정기적으로 통일법 연구를 위한 세미나를 개최하고 있다. 특히, 법제처는 2006년부터 북한법제에 대하여 총론적이고 개괄적인 연구가 아닌 행정교육법령·재정경제법령·환경문화법령 등 개별법제에 대한 세부적인 비교법제를 연구하고 있다. 또한, 최근에는 남북법제 관련 발간자료의 데이터베이스화작업을 추진하고 있으며, 법제지원단을 중심으로 남북한 법제통합 준비를 위한 중장기계획을 수립하는 등 남북법제연구사업을 강화하고 있다.

사법부에서도 통일법제에 대하여 연구 활동을 진행하고 있다. 대법원은 1994년 사법정책연구실을 신설하여 그 업무에 북한사법제도 및 통일대비 사법정책에 대한 조사연구를 포함시켰으며, 1995년 특수사법제도연구위원회를 구성하여 통일법제를 연구하고 있다. 대법원은 2005년 사법정책연구실의 명칭을 사법정책실로 변경하고, 그동안의 연구 성과물을 '남북교류와 관련한 법적 문제점' 등 자료집으로 발간하였으며, 특수자료실을 설치하여 통일법 관련 자료를 수집하고 있다. 특히, 2006년부터 통일법제에 관심이 있는 판사들을 주축으로 '통일사법정책연구반'을 구성하여 통일법제에 대하여 연구하고 그 성과물을 자료로 발간하고 있다. 사법연수원에서도 통일법 과목을 개설하여 사법연수생을 상대로 통일법 교육을 강화하고 있다. 2014년 3월에는 사법정책연구원을 개원하였는데, 통일사법센터를 중심으로 북한의 법제도와 사법제도에 대해 연구하고 있다.

한국법제연구원도 1990년 이후 북한법률용어사전을 발간한 것을 비롯하여 북한의 환경보호법제·지하자원법제·회계법제 등 개별법령과 중국·러시아·베트남·몽골 등 체제전환국가의 법제도 등 통일법제에 대한 연구 자료를 발간하고 있다. 헌법재판소도 최근 헌법연구원을 개설하여 통일헌법 등 통일법제에 대한 연구 활동을 추진하고 있다. 이외에도 외교부, 국방부, 기획경제부, 국가정보원 등 관련 부처에서도 주무업무와 관련한 통일법제에 대하여 연구하고 있다.

나. 민간단체의 연구

대한변호사협회는 그 산하에 통일문제연구위원회를 설치하여 2004년부터 통일법포럼을 개최하고 정기적으로 통일정책 세미나를 개최함으로써 통일법제의 연구성과를 공유하고 있다. 특히, 대한변호사협회는 북한이탈주민법률지원위원회를 설치하여 북한이탈주민을 지원하고 있으며, 2011년부터 변호사들의 통일법제 연구를 지원하고 통일법 전문가를 양성하기 위해 '통일법제 사이버 아카데미'를 개설하여 운영하고 있다. 특히, 2014년부터는 법무부와 공동으로 '통일과 법률 아카데미' 프로그램을 개설하여 사법연수생, 법학전문대학원 학생, 그리고 변호사를 대상으로 통일법 전문가 양성과정을 운영하고 있다.

고려대 아세아문제연구소와 법학연구소는 1970년대부터 북한자료를 수집하기 어려운 여건에서도 통일법제를 연구하여 '북한법령연혁집', '북한법률행정논총' 등을 발간하였다. 경남대 극동문제연구소도 북한학의 일부로 북한법제를 연구하였고, 2005년에는 북한대학원대학교를 설립하여 북한문제에 대해 전반적으로 연구하고 있다. 국민대 북한법연구회는 1993년 창설되어 정기학술대회, 월례발표회 등을 통하여 폭넓은 주제에 대하여 통일법제를 연구하고 연구성과를 모아 매년 학술지 '북한법연구'를 발간하고 있다. 국민대는 북한법연구회와 함께 2001년 북한법연구센터를 설립하여 통일법제를 연구하고 있으며, 한국법학교수회 산하의 북한법연구특별위원회, 한국공법학회 등 학술단체와 공동으로 학술대회를 개최하는 등 꾸준하게 활동하고 있다. 2018년 3월 북한법연구회는 학회명을 '통일과 북한법학회'로 변경하였다.

서울대학교는 2010년 헌법·통일법센터를 설립하여 개성공단 법률체계 확립방안을 주제로 학술대회를 개최한 것을 시작으로 본격적인 통일법 연구 활동에 착수하여 정기적으로 학술대회, 세미나, 워크샵 등을 개최하고 있다. 헌법·통일법센터는 서울대학교 통일평화연구원은 물론 법무부, 통일부 등과 협력하는 한편, 매년 통일법제 인프라 확충을 위한 쟁점과 과제라는 학술대회를 개최하여 사법연수원, 법학전문대학원, 법과대학원 등 신진 연구자들의 연구 활동을 지원하고 있다. 또한, 2012년부터 정기 학술지인 '헌법과 통일법'을 발간하고 있으며, 교과과정에 통일법을 독립된 전공분야로 신설하여 운영하고, 대학원과 법학전문대학원에서 통일법 과목을 개설하여 교육하고 있다. 2014년부터는 통일법 연구에 관심이 있는 대학생과 대학원생들을 대상으로 '통일법강좌'를 개설하고 있다.

3. 통일법 연구의 활성화와 과제

가. 통일법 정비의 기본방향

남북한이 분단된 이후 오랫동안 이념적으로 냉전적 대립과 갈등이 계속되었으며, 이에 따라 통일법에 대한 학문적인 연구활동은 그 범위와 깊이에 본질적인 한계가 있었다. 이러한 현실은 통일법에 대한 연구활동 자체를 방해하는 요인으로 작용하였다. 즉, 그동안 통일법에 대한 자료가 부족하고 접근성이 어려웠을 뿐만 아니라 남북관계를 법치주의의 틀로 규율하지 못하여 통일법에 대해 연구를 하더라도 적실성을 가지지 못하였던 것이다. 그러나 2000년 이후 남북교류협력이 확대되면서 그에 관한 법률이 제정되고, 남북합의서가 체결되고 있으며, 남북관계에 관한 판례도 축적되고 있다. 이에 따라 통일법을 학문으로 연구할 수 있는 여건이 많이 개선되었다. 통일법을 연구하는 것은 남북한 평화통일과 교류협력을 추진하는 기본방향과 원리를 구체적으로 설정하는 작업이므로 그 규범적 기준도 남북한특수관계론을 바탕으로 도출될 수 있다. 통일법을 연구하고 정비하는 기본방향으로 다음 사항을 제시할 수 있다.

첫째, 법치주의에 바탕을 두어야 한다. 이는 우리 헌법이념인 자유민주적 기본질서와 법치주의를 바탕으로 법제도를 정비할 것이 요구되며, 남북관계를 정치적 타결이 아닌 법제도적 규범적 틀 안으로 끌어들임으로써 법적 안정성과 예측가능성을 부여하는 것이다. 따라서 국민의 권리와 의무에 관한 입법사항이나 국가공동체의 유지와 존속에 본질적으로 중요한 사항에 대해서는 반드시 국회가 제정한 법률의 형식으로 규정해야 한다. 또한, 법적 안정성을 유지하기 위해서는 남북관계의 특수성을 인정하고, 그로 인하여 발생한 신뢰에 대하여 그것이 법적으로 보호할 가치가 있는 경우에는 이를 적극 보호해야 한다. 이러한 의미에서 남북관계의 특수성을 고려하여 남북관계의 변화에 따라 탄력적이고 유연한 대응이 필요한 사항에 대해서는 포괄위임입법에 해당하지 않는 범위에서 행정명령을 통한 입법적 규제가 유용한 경우가 많을 것이다.

둘째, 남북교류협력에 기여해야 한다. 남북교류협력법제는 남북교류협력을 실질적으로 증진하고 지원하는 방향으로 진행되어야 한다. 남북한교류협력의 과정에서 발생하게 될 다양한 법적 분쟁에 있어서 인적·지역적·사항적 적용범위에 대하여 남한의 법률만을 일방적으로 적용할 것을 주장하는 것은 비현실적일 뿐만 아니라 남북교류협력에도 장애가 될 것이다. 따라서 남북한 법률충돌과 모순을 합리적으로 해결하여야 하고, 이를 위해서는 북한의 법률과 제도에 대하여도 일정한 영역에서 규범적 효력을 인정할 필요가 있을 것이다.

셋째, 체계정합성의 원칙에 따라야 한다. 이는 남북관계와 남북교류협력을 규율하는 법과 제도들 사이에 내용적으로 서로 모순되고 충돌되는 점이 발생하지 않도록 하고, 형식적으로도 법규범들 상호간에 상위규범과 하위규범간의 체계가 정합하도록 체계화시켜야 한다는 것이다. 다만, 남북관계는 그 규율대상이 매우 가변적이고 정치적으로 고려해야 할 부분이 많을 뿐만 아니라, 입법기술적으로도 모든 경우를 법률에 규정하기 곤란한 경우가 있으므로 행정입법을 통해 탄력적으로 규율하는 것도 필요할 것이다. 특히, 북한의 법령체계는 남한과 달리 공법과 사법의 구별이 명확하지 않고, 헌법, 부문법, 규정, 시행세칙의 단계로 구분되므로 이러한 점도 고려하여 법률의 규범력이 제고될 수 있도록 하여야 할 것이다.

넷째, 유연한 상호주의를 바탕으로 해야 한다. 이는 남북한의 상호관계성에 대응하여 상호주의를 원칙으로 하되, 교류협력을 위하여 영역에 따라서 상호주의를 완화할 필요성이 있다는 것이다. 특히, 개성공단의 경우에는 남북한이 동등한 조건이 아니므로 일정한 영역과 분야에서는 상호주의의 적용을 배제하는 것도 필요할 것이다. 이때 상호주의 적용과 배제의 요건과 범위를 어떠한 기준에서 설정할 것인지가 중요하다. 특히, 남북한의 사법공조가 필요한 경우에는 상호주의를 엄격하게 적용할 경우에 교류협력에 장애가 될 수 있으므로 실질적으로 남북교류협력에 도움이 될 수 있도록 완화하여 적용하는 것도 필요할 것이다.

나. 통일법 연구의 활성화

1990년 이후 사회주의의 몰락과 냉전체제의 해소로 인하여 남북한의 교류협력이 확대되고, 2000년 이후에는 남북정상회담의 개최로 인하여 남북한의 경제협력이 강화되었다. 이에 따라 다양한 분야에 남북합의서가 체결되고, 남북교류협력을 규율하는 규범체계도 체계화되고 있다. 특히, 개성공단과 금강산관광사업으로 인하여 남북한의 지역적·인적 교류를 규율하는 새로운 형태의 규범체계도 등장하였으며, 이산가족의 상봉과 북한이탈주민의 증가로 인하여 발생하는 법적 쟁점을 해결하기 위한 법제도도 정비되고 있다. 그러나 통일법에 대한 연구활동은 아직까지 많이 부족하며, 통일법 역시 남북관계의 발전과 현실을 효과적으로 규율하기에는 어려움이 있는 것이 현실이다. 따라서 통일법에 대한 연구를 활성화하기 위해서는 다음과 같은 사항이 개선될 필요가 있다.

첫째, 통일법의 연구주체를 다변화해야 한다. 통일법에 대하여는 오랜 기간의 냉전적 대립구조와 남북한의 갈등으로 인하여 주로 정부나 국가기관이 주도하여 연구하여 왔다. 이러한 경우도 북한체제에 대한 비판 등 체제우위를 선전하거나 남북한의 현안문제를 해결할 목적으로 그 연구범위도 제한되었다. 따라서 국가기관이 아닌 대학이나 민간의 연구기관에서 다양한 분야의 통일법에 대하여 객관적이고 체계적으로 연구할 수 있는 여건을 마련함으로써 통일법 연구의 편향성과 편협성을 극복하여야 할 것이다. 이를 위해서는 국가기관에서 관리하고 있는 통일법에 관련된 다양한 자료를 연구기관과 공유하여 학문적 연구활동을 통하여 현실적으로 유용한 방안으로 발전할 수 있도록 하는 것이 필요하다.

둘째, 통일법에 대한 연구주제, 대상, 범위를 확대함으로써 그 연구분야를 다양하게 할 필요가 있다. 그동안 통일법에 대한 연구는 북한의 헌법, 형사법, 민사법, 대외개방법제 등 북한법제와 남북교류협력에 관한 법률, 개성공업지구법 등 남북교류협력법제를 중심으로 진행되었다. 통일과정과 그 이후의 사법·법률통합에 대하여도 통일헌법과 독일·예멘의 사례를 중심으로 총론적인 수준에서 연구되어 왔다. 따라서 통일법의 연구범위를 확대하여 남북교류협력을 준비하고 통일 이후 법률통합에 대비하여 다양한 분야에서 북한법제를 연구해야 한다. 또한, 분단국가의 통일과 관련하여서도 독일, 예멘, 중국과 대만의 사례를 각론적으로 연구해야 할 뿐만 아니라 러시아 등 중동부 유럽국가의 체제전환 등에 대해서도 연구를 심화해야 한다.

셋째, 정부는 통일법에 대한 연구활동의 필요성을 깊이 인식하고 그에 대한 지원을 확대해야 한다. 평화통일은 대한민국의 미래를 결정하는 가장 중요한 과제이므로 공익적 차원에서 통일법의 전문가를 양성하고 이들을 관련부처에 채용함으로써 연구활동에 전념할 수 있도록 해야 한다. 이를 위해서는 통일법을 전문적으로 연구하는 연구단체를 안정적으로 지원하며, 대학생들에 대한 통일법 교육도 강화해야 할 것이다. 이와 함께 대학과 연구기관 등 민간단체도 통일법에 대한 학술활동의 확대, 국가기관과의 협력체제

구축, 통일법에 대한 교육프로그램 개발, 통일법 전공과목 개설 등을 통해 통일법에 대한 관심을 제고하고 통일법을 연구할 수 있는 구체적인 장을 마련해야 할 것이다.

남북관계의 변화를 대비하여 법적 측면에서 통일을 준비함에 있어서는 남북관계에 대한 헌법적 기초이론인 남북한특수관계론을 정합성 있게 정비하는 작업이 중요하다. 향후 남북관계가 변화할 경우에는 지금까지의 남북관계의 공과를 종합적으로 고려하여 남북관계를 발전적으로 정초할 수 있는 법적 장치를 마련하는 것이 필요하다. 통일법에 대한 연구에 있어서는 남북관계의 발전과정에 따라서 다양한 과제를 설정할 수 있다. 남북교류협력을 확대하고 평화통일을 준비하기 위해서는 모든 분야에 걸쳐 연구를 해야 할 것이지만, 일응 시간적 순서에 따라 우선적으로 연구해야 할 과제를 구분할 수 있다. 다만, 이러한 과제는 남북관계와 통일여건의 변화에 따라서 변경될 수 있을 것이다.

다. 현안 과제

남북관계는 국제관계와 남북한의 정치환경에 따라 변화되고 있다. 북한의 핵실험 등으로 2016년 2월 개성공단이 중단되면서 남북관계는 전면적으로 교착상태에 놓여 있다. 국제사회도 2006년 이후 대북제제를 지속적으로 강화하고 있다. 2018년 2월 강원도 평창에서 개최된 동계올림픽에 북한의 선수단과 응원단이 참석한 것을 계기로 남북관계의 개선을 모색하고 있다.

남북관계의 안정적 발전을 목표로 남북교류협력의 장애와 문제점을 시급히 해결하기 위한 현안과제로서는 다음 사항을 들 수 있다.

첫째, 신변안전의 보장이다. 남북교류협력의 기본전제는 주민 상호간 출입의 자유로운 보장과 체류기간 중의 신변안전보장이다. 이와 같이 신변안전의 보장이 남북교류협력에 미치는 중요성과 영향은 2008년 금강산 관광객에 대한 총격 사망사건과 2009년 개성 공단에서의 남한 주민에 대한 억류사건에서 여실히 나타난 바가 있다. 현재 방북하는 남한주민의 신변안전과 관련해서는 북한 당국의 신변안전과 무사귀환의 내용이 기재된 초청장이 유일하다. 개성공단과 금강산 지역에 있어서는 '개성·금강산지구 출입·체류 합의서'는 제10조에서 남한주민의 신변안전에 대하여 원칙적으로 북한의 형사사법권과 재판관할권을 배제하는 것을 규정하고 있다.

이 합의서는 제10조 제1항에서 "북측은 인원의 신체, 주거, 개인재산의 불가침권을 보장한다", 제2항에서 "북측은 인원이 지구에서 적용되는 법질서를 위반하였을 경우 이를 중지시킨 후 조사하고 대상자의 위반내용을 남측에 통보하며 위반정도에 따라 경고 또는 범칙금을 부과하거나 남측지역으로 추방한다. 다만 남과 북이 합의하는 엄중한 위반행위에 대해서는 쌍방이 별도로 합의하여 처리한다", 제3항에서 "북측은 인원이 조사를 받는 동안 그의 기본적인 권리를 보장한다"고 각각 규정하고 있다. 이는 남한주민의 형사범죄와 신변안전보장에 대해서는 속지주의의 예외로서 속인주의를 채택하여 남한이 재판관할권 등 원칙적인 형사사법권에 대한 집행관할권을 가지도록 한 것이다.

한편, 법무부는 개성공단사업과 금강산관광사업을 추진하는 과정에서 남한주민의 형사사건이 발생하고 있는 현실적인 상황을 고려하여 2005년 '개성공업지구 및 금강산관광지구에서 발생한 형사사건 처리지침'을 제정하여 시행하고 있다. 그러나 이것만으로는 부족하고, 후속합의서와 후속조치를 통하여 남북공동위원회의 구성, 남한주민에게 보장되는 기본적 권리의 내용과 범위, 범칙금 부과와 추방의 구체적인 절차, 북한 당국이 행하는 조사의 절차와 한계, 엄중한 위반행위의 범위, 남북한 형사사법공조 등 위 합의내용을 구체화할 것이 요구된다.

둘째, 신속하고 효율적인 절차규정을 마련해야 한다. 이것은 개성공단의 경우에 특별히 요구되는데, 일반적인 남북교류협력과 달리 그 특수성을 반영하여 절차규정에 대하여도 이를 획기적으로 개선해야 한다. 즉, 국가안전보장에 위협이 되거나 정치적 목적이 개입된 경우 등 남북교류협력에 해당하지 않는 경우에는 엄정하게 차단하되, 법적으로 인정되는 교류협력에 대해서는 과감하게 지원하고 보호하는 방향으로 전환함으로써 법제도와 집행의 안정성을 확보해야 한다. 특히, 통신·통행·통관 등 절차를 간소화하고, 물류활성화를 보장할 수 있도록 남한물자의 반출범위를 확대하는 한편, 반출입의 승인제도에 있어서도 탄력성을 부여하는 등 법제도를 개선할 필요가 있을 것이다. 남북한의 교류협력에 있어서 절차를 간소화하는 것에 대해서는 통일 이전 동독과 서독의 교류협력과 중국과 대만의 교류협력의 사례를 참고할 수 있을 것이다.

셋째, 합리적 분쟁해결절차를 구축해야 한다. 남북교류협력에서는 법률체계의 상이성으로 인하여 다양한 법적 분쟁을 신속하게 해결하는 공통의 사법제도를 도출하기가 어렵다. 남북한은 상사분쟁해결절차합의서 등을 통하여 원칙적으로 중재(arbitration)에 의한 해결절차를 예정하고 있으나 그 후속조치가 전혀 이행되지 않고 있다. 즉, 합의서가 발효된 날부터 6개월 내에 구성하도록 되어 있는 남북상사중재위원회도 구성되지 않았으며, 쌍방이 초안을 교환하기로 한 중재규정도 마련되지 않은 상태이다. 또한, 개성공단의 재산에 대해서는 남한의 판결에 따른 강제집행에 대한 법제도 마련되어 있지 않았을 뿐만 아니라, 남북한간 송달, 증거조사 등 사법공조도 없는 상태이다. 따라서 남북한 당국이 조속히 회담을 재개하여 남북상사중재위원회를 구성하는 후속조치를 이행하고, 그에 필요한 입법조치를 하고, 추가합의서도 체결해야 한다.

라. 중기 과제

남북교류협력을 발전시키고 평화통일을 준비하기 위해서는 중기 과제로서 다음 사항을 제시할 수 있다. 이는 남북교류의 협력을 활성화시키고 평화통일의 기초를 닦는 작업이라고 할 수 있다. 이것은 지금까지의 연구성과를 바탕으로 보다 넓은 분야에서 통일법을 깊이 있게 연구하는 것이다.

첫째, 남북교류협력을 대비하여 남북한의 현실을 반영하면서도 평화통일을 견인하는 규범으로 기능할 수 있는 법제도를 구축해야 한다. 우리가 지향하는 평화통일은 남북한의 교류협력을 바탕으로 하고 있다. 따라서 통일의 과정에서 예상되는 다양한 분야에서의 교류협력을 실효적으로 규율할 수 있는 통일법제를 준비해야 하며, 남북한특수론을 경제분야는 물론 정치, 군사, 외교, 사회, 문화 등 개별적인 분야에 적용하여 활용할 수 있도록 하여야 한다. 이를 위해서는 일반원칙에 대하여 개별분야의 법적인 특수성을 반영할 수 있는 규범적 기준도 마련하여야 한다. 이러한 규범적 기준을 기초로 남북교류협력에 관한 관련 법령을 정비하여 그 규범력을 제고하여야 한다. 앞에서 검토한 바와 같이 남북교류협력을 규율하는 법체계가 미흡하므로 남북교류협력의 법제화에 필요한 목록을 그 내용과 체계에 따라서 북한법령 또는 남한법령에 반영할 사항, 남북합의서를 통하여 규율할 사항으로 구분하여 정리해야 한다. 이러한 목록을 기초로 하여 남북관계의 발전양상과 필요에 따라 우선순위를 정하여 입법형식에 적합한 법령을 제정하거나 개정하여야 할 것이다. 이때 관련 법령들은 상호 체계정합성을 유지하여 상위법, 특별법, 한시법 등 형식과 효력에 모순과 충돌이 없도록 유의하면서 법제도적 인프라를 종합적이고 지속적으로 구축하여야 할 것이다. 또한, 남북교류협력을 위하여 남한법령의 제정과 개정이 필요한 경우에는 법제도와 현실을 함께 고려하여 보완·보충이 필요한 것, 개선되어야 할 것, 폐지하여야 할 것 등을 구분하여 순차적으로 정비해야 한다. 또한, 북한법령과 남북합의서의 경우에도 북한의 협력을 전제로 하여야 하므로 한계가 있을 것이지만, 북한과 협의하여 보완과 개선이 필요한 부분에 대해서는 남한의 법령과 부합할 수 있도록 정비해야 할 것이다. 그 과정에서 필요한 경우에는 법학뿐만 아니라 관련 학문과 서로 연계하는 학제간 연구도 수행해야 할 것이다.

둘째, 경제협력을 비롯하여 남북교류의 분야별로 남북합의서를 보완해야 한다. 남북한은 정치, 경제, 사회·문화 등 분야별로 기존에 체결된 남북합의서의 이행상황을 점검하여 남한에서 입법 등 후속조치가 필요한 사항에 대해서는 이를 이행하고, 남북한 사이에 합의가 필요한 사항에 대하여도 정비방안을 준비해야 한다. 남북교류협력의 확대와 발전에 대비하여 4개 경협합의서와 후속합의서, 개성공단에 적용되는 합의서 등 기존에 체결된 합의서를 바탕으로 남북통행합의서 등 남북한 사이에 일반적으로 적용되는 남북합의서를 분야별로 체결해야 하므로 이를 준비할 필요가 있다.

남북합의서는 향후 평화통일의 과정에서 법률 및 사법통합에 매우 중요한 선례로서 입법자료 등으로 활용될 것이 예상되므로 합의서의 형식, 내용, 용어, 체결주체, 효력범위, 발효절차 등에 대하여 통일적이고 기본적인 모델을 마련하고 이를 기준으로 사항별로 변용하여 적용하는 것도 검토할 필요가 있다.

셋째, 국제사회와 연계하여 관련 법제도를 정비해야 한다. 남북관계와 통일은 국제적 협조와 지원이 필수적으로 요구된다. 남북교류협력을 국제질서에 편입시킴으로써 남북관계의 안정성을 국제적으로 담보할 수 있으므로 북한을 국제사회의 일원으로 참여하도록 하는 노력을 경주할 것이 요구된다. 특히, 전략물자반출에 대한 미국 등 국제기구와 협력하여 남북교류협력의 특수성을 반영될 수 있도록 해야 한다. 원산지 문제에 대해서도 현실적으로 미국 등과의 자유무역협정(FTA)을 체결할 때에 이를 반영하도록 하고, 물품의 반출입 절차를 대폭 간소화하도록 계속 노력해야 한다. 남북교류협력에 대하여는 일반적으로 승인된 국제법 원칙을 적용하면서도 남북관계의 특수성을 반영할 수 있도록 국제법과 국내법의 체계를 정비하고, 국제법원칙을 남북관계에 실효적으로 적용할 수 있는 제도적 장치도 마련해야 한다.

넷째, 개성공단과 금강산관광사업에 대한 법제도를 정비하는 것이 필요하다. 2018년 현재 개성공단과 금강산관광사업은 전면적으로 중단된 상태이지만, 이들은 남북교류협력의 가장 큰 결실이자 남북관계를 개선시킬 수 있는 계기가 될 것이므로 이들 사업을 재개할 것을 대비하여 준비할 필요가 있다. 개성공단과 금강산관광사업에서는 남북한 법령이 다면적·중층적으로 적용되고, 그 법률체계도 정합적으로 정비되어 있지 않은 상태이다. 또한, 개성공단과 금강산관광사업은 남북한의 정치적·법률적인 경계접점으로 중요한 의미가 있고, 향후 북한의 체제전환과 통일 이후의 법률통합을 위한 교육장으로서 역할도 담당할 수 있다. 따라서 개성공단과 금강산관광사업의 법제에는 이러한 특수성을 반영하여 남북한 법률체계의 차이로 인하여 발생하는 다양한 법적 분쟁을 효율적으로 해결할 수 있는 내용을 포함시켜야 할 것이다. 특히, 개성공단의 경우에는 시행세칙과 사업준칙을 마련함에 있어서 개성공업지구법, 하위규정, 개성공업지구 지원에 관한 법률, 남북합의서 등과 형식 및 내용면에서 체제정합성을 기할 수 있도록 법제도 마련의 시스템을 확보해야 한다. 또한, 임금직불제 등 법령의 규정대로 이행되지 않는 부분을 개선하여 법제도가 실질적으로 기능할 수 있도록 규범력을 제고할 필요가 있다.

마. 장기 과제

남북통일을 통해 사회심리적인 통합을 완성하기 위해서는 구체적으로 평화통일에 착수하여 통일한국을 건설하는 과정에서 해결해야 할 장기적인 법적 과제로서 다음 사항을 제시할 수 있다. 이것은 통일한국의 미래상을 새로운 국가공동체로 실현하기 위한 종합적이고 체계적인 법적 장치를 마련하는 것이다.

첫째, 평화통일의 과정에 대비하여 신속하고 안정적으로 통일의 과정을 관리할 수 있는 법제도를 준비해야 한다. 남북통일은 법제도적 통합을 통하여 시작되고 완성되는 것이므로 통일과정에서의 다양한 시나리오를 대상으로 각각의 경우에 필요한 법제도적 조치를 예상하여 준비하는 것이 필요하다. 특히, 통일의 과정에서는 정치군사적 긴장과 사회혼란이 발생할 가능성도 있으므로 이를 예방하고 문제점을 최소화할 수 있도록 신속하고 안정적인 관리방안이 수립되어야 할 것이다. 통일과정을 규율하는 법제도를 마련하기 위해서는 그에 관한 헌법적 근거가 필요할 것이며, 이는 통일합의서와 부속합의서를 통해서 마련할 수 있을 것이다. 통일합의서에는 통일한국의 국가형태의 기본적인 틀을 확정하고, 통일헌법의 제정 여부, 통일헌법에 포함될 국가제도의 기본원리, 정부형태, 국회의 구성, 사법조직 등을 규정해야 한다. 이와 동시에 통일의 과정에서 발생할 수 있는 혼란을 방지하고 남북한 주민을 안정적으로 통합하기 위하여 필요한 특별한 입법조치에 대해서도 규정해야 할 것이다. 또한, 통일 이후에 극복해야 될 과제로서 체제불법범죄의 청산, 정치적 피해자의 구제, 몰수재산의 처리 등을 해결하고, 새로운 국가공동체를 규율하는 헌법원리와 이념체계, 그리고 이를 바탕으로 한 국가조직과 법률의 통합에 대하여도 폭넓은 연구가 요구된다.

둘째, 남북통일을 달성한 이후에 남북한의 법률·사법통합 작업을 준비해야 한다. 통일국가에서는 정치적 통합에 필요한 헌법과 행정법적 차원에서 국가기구와 정부구성에 관한 입법조치가 우선적으로 필요하다. 이를 바탕으로 민사·형사·사회 등 각 영역별로 남한법률과 북한법률을 통합하는 기본원리를 수립하고 필요한 경우에는 특별법을 제정하거나 관련 법률을 개정할 수도 있을 것이다. 또한, 남북한이 각각 외국과 체결한 국가조약과 채무관계를 처리하는 기준도 마련해야 하고, 경제·사회·문화적 통합을 달성하는 법제도 역시 정비해야 한다. 이와 함께 법치주의에 위배되는 과거 공산주의에서의 체제불법을 극복하기 위해 정치적 피해자에 대한 사면과 복권 등 사법·행정적 구제절차, 이산가족의 혼인과 상속에 대한 특례, 북한지역의 토지와 재산권의 처리 등을 위한 법제도적 정비도 준비해야 할 것이다.

넷째, 북한의 체제전환에 대비하여 관련 법제도의 정비를 지원해야 한다. 북한은 김정은 체제가 출범한 이후 여러 가지 변화를 시도할 것으로 예상되는데, 기본적으로는 북한의 공산주의 체제를 유지하는 것을 전제로 식량난과 에너지난을 해결하는 등 경제발전을 달성할 수 있는 방안을 모색할 것으로 보인다. 북한의 체제전환은 한반도를 둘러싼 국제정세의 변화, 남북관계의 획기적 발전과 진전, 그리고 북한 내부의 정치경제적 상황에 따라서 다양한 가능성이 있지만, 언제든지 개방개혁정책을 가속화할 가능성이 있다. 북한이 체제전환을 시도할 경우에는 중국 또는 베트남을 모델로 하여 정치적으로는 사회주의를 유지하면서 경제적으로는 시장경제질서를 부분적으로 도입할 것이 예상되므로 이를 대비하여 시장경제질서에 관한 법제도 정비를 지원할 수 있는 시스템 구축을 준비하는 것이 필요할 것이다.

북한이 체제전환을 진행할 경우 남북교류협력은 획기적인 변화를 맞이하게 될 것이고, 특히 경제분야에서는 북한의 법률체계에 대한 근본적인 개혁이 불가피할 것이다. 이러한 기회를 평화통일을 위한 여건으로 조성하고 남북한 사회통합을 달성하기 위한 기초작업으로 활용하기 위해서는 법제도의 통합에 관한 규범적 기준을 확립하여야 한다. 이러한 작업은 통일한국을 위한 정치적 통합뿐 아니라 경제적 통합과 사회심리적 통합을 완성하는데 기여할 것이다.

넷째, 분단국가의 통일법에 대하여도 보다 깊이 있는 연구를 해야 한다. 그동안 분단국가로서 통일을 달성한 독일의 사례에 대하여는 다양한 분야에서 연구활동이 진행되었다. 그러나 독일통일에 대한 정치적·정책적 연구가 중심이 되었고 통일법제에 대한 연구는 상대적으로 미흡하였으며, 대부분 총론적인 수준에서 소개되었다. 향후 동서독과 남북한의 공통점과 차이점에 유의하면서 다양한 분야에서 진행된 사례를 중심으로 교류협력 단계에서의 법령정비, 통일과정 단계에서의 법제도적 장치, 통일 이후의 법률통합에 대하여 구체적이고 각론적인 연구활동을 통해 우리에게 도움이 되는 시사점을 도출하여야 할 것이다. 또한, 중국과 대만의 사례에 대하여도 교류협력을 안정적으로 추진하기 위한 법적 장치, 홍콩과 마카오의 행정특구제도, 그리고 경제특구의 운영을 위한 법제도를 보다 실증적으로 연구하여야 한다. 특히, 북한의 체제전환을 실효적으로 지원하기 위해서는 세계사적으로 이미 체제전환과 개혁개방을 경험한 러시아를 포함하여 체코·헝가리·폴란드 등 중동부 유럽국가의 체제전환과 몽골 등 아시아 국가의 법제도 개혁의 성과와 문제점을 분석하여 참고하여야 할 것이다. 특히, 경제분야에서 개방개혁을 추진하고 있는 중국과 베트남의 사례를 참고하여 북한의 체제전환에 시사점을 도출할 수 있도록 비교법적으로 연구할 것도 필요하다.

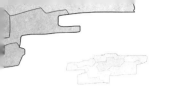

제 3 장

남북관계의 법적 의미

1. 한반도의 분단

한국은 1910년 한일합병조약에 의해 일본의 식민지가 되었다. 제2차 세계대전이 진행 중이던 1943년 11월 연합군측인 미국, 영국, 중국은 카이로선언을 통해 한국을 일본으로부터 독립시키기로 약속하였고, 이는 1945년 7월 포츠담선언에서 다시 확인되었다. 1945년 8월 15일 일본은 포츠담선언의 수락을 전제로 연합군에 무조건 항복을 하였고, 이로써 한국은 일본의 불법통치로부터 해방되었다. 그러나 전승국인 미국과 소련은 일본군의 무장을 해제시키고 항복을 받기 위한 군사적 조치가 필요하다는 이유로 38도선을 경계로 한반도를 분할하여 군정을 실시하였다. 그 이후 미국과 소련은 한국에 대한 영향력을 행사하기 위해 서로 대립하였고, 한국 내부에서도 좌우 이념에 따라 다양한 정치세력이 서로 갈등하고 분열하였다. 결국 한국은 단일국가를 형성하지 못하였고, 1948년 남한과 북한이 독자적으로 정부를 수립함으로써 한반도는 분단되었다.

당초 한반도의 문제를 처리하기 위해 구성된 미소공동위원회가 미국과 소련의 대립과 한반도 정치세력의 갈등으로 인하여 적절한 해결책을 마련하지 못하게 되자, 미국은 이 문제를 국제연합(UN)을 통해 해결하기로 하였다. 1947년 11월 유엔은 남북한 전지역에서 유엔의 감시 하에 인구비례에 의한 자유선거를 실시하여 제헌국회를 구성하고, 통일정부가 구성되면 90일 이내에 미국군과 소련군이 남북한에서 완전히 철수할 것을 결의하였다. 1948년 1월 유엔한국임시위원단이 총선거를 감시하기 위해 서울에 왔으나, 소련의 거부로 북한지역에는 들어가지 못하여 한반도 전체에서 총선거를 실시하는 것이 어렵게 되었다. 이에 1948년 2월 유엔은 총회를 개최하여 총선거가 가능한 지역에서만 유엔의 감시 하에서 총선거를 실시하기로 결의하였다. 남한에서는 1948년 3월 공포된 미군정 법령인 국회의원선거법에 따라 5월 10일 국회의원 총선거를 실시하여 총 198명으로 구성된 제헌국회를 만들었다. 제헌국회는 7월 17일 건국헌법을 공포하여 이 날부터 시행하였으며, 1948년 8월 15일 남한에는 대한민국 정부가 수립되었다. 그러나 건국헌법은 규범적으로 볼 때 다음 두 가지의 문제점을 해결해야 했다.

첫째, 새로운 헌법을 제정한 이후 제헌국회를 어떻게 할 것인가. 제헌국회는 헌법을 제정할 목적으로 만들어진 국민의 대표기관이지 헌법에 의해 만들어진 것이 아니다. 국회를 비롯한 국가의 모든 헌법기관은 국가의 근본규범인 헌법에 근거하여 만들어져야 한다. 즉, 주권자인 국민이 제정한 헌법에 기초하여 구성된 국가기관만이 민주적 정당성을 가질 수 있다. 원래 제헌국회는 헌법을 만드는 임무를 부여받고 구성되었는데, 헌법을 제정함으로써 그 임무는 완수되므로 해산되어야 하고, 새로 제정된 헌법에 의하여 국회가 구성되어야 민주적 정당성을 가질 수 있다. 이러한 문제점을 해결하기 위해 건국헌법은 제10장 부칙 제102조에서 "이 헌법을 제정한 국회는 이 헌법에 의한 국회로서의 권한을 행하며, 그 의원의 임기는 국회개회일로부터 2년으로 한다"고 규정하였다. 즉, 제헌국회는 헌법을 제정하는 임무를 완수한 이후에도 해산하지 않고 헌법에 의해 구성된 국가기관으로 민주적 정당성을 확보하기 위해 헌법에 직접 위와 같은 규정을 둔 것이다. 다만, 국회의원의 임기를 4년으로 규정하면서도 제헌국회에 대해서는 그 임기를 2년으로 제한하였다. 그러나 제헌국회는 자신이 제정한 헌법의 부칙에 위와 같이 자신의 법적 지위에 대한 헌법적 근거를 규정하였다는 점에서 체계정합성이 부족하다는 한계를 갖게 되었다.

둘째, 건국헌법이 어떻게 한반도 전체에 규범력을 갖는가. 건국헌법은 남북의 분단을 규범적으로 인정하지 않았다. 대한민국 정부가 북한지역에 대해서는 실효적인 통치권력을 행사할 수 없음에도 불구하고 건국헌법은 한반도 전체에 규범력을 미치는 것을 전제로 하였다. 이에 따라 건국헌법은 제4조에서 "대한민국의 영토는 한반도와 그 부속도서로 한다"고 규정한 것이다. 대한민국은 제헌국회를 구성하는 과정에서 북한지역에서는 총선거를 실시하지 못하였으며, 이때 한반도의 전체적 대표성을 부여하기 위해 제헌국회에 북한지역 대표의 몫으로 국회의원 의석 100석을 유보시켜 두었다. 그러나 제헌국회는 실질적으로 남한지역에서만 실시된 총선거에서 당선된 국회의원만으로 구성되었다. 건국헌법은 이러한 제헌국회에 의해 제정되었으므로 북한지역에 거주하는 주민들의 주권적 의사는 반영되지 않았다는 한계를 지니고 있었다. 헌법의 규범력은 주권자인 국민의 실질적인 의사에 기초한다는 민주주의 원칙에 비추어 볼 때 건국헌법이 북한지역과 북한주민에게 적용되기에는 그 민주적 정당성이 취약하다고 판단된다.

한편, 북한지역에서는 1946년 2월 북한의 소련군과 북조선공산당이 중앙행정기관으로 북조선인민위원회를 설립하여 토지개혁법령, 선거법령, 노동법령, 국유화법령 등 이른바 '민주기지건설'을 위한 법령을 발표하였다. 1948년 9월 8일 조선최고인민회의는 조선민주주의인민공화국 헌법을 채택하였으며, 9월 9일 북한에는 조선민주주의인민공화국이 수립되었다. 이로써 한반도에는 남한지역과 북한지역에 상이한 정치적 통일체가 형성됨으로써 남한과 북한으로 분단되고 말았다. 북한헌법도 남한을 포함한 한반도 전체에 규범력을 가진다는 것을 전제로 제정되었으나, 그 과정에서 남한주민의 주권적 의사가 배제되었다는 한계가 있다. 북한은 남북에서 선거가 실시되었고, 그 대표가 대의원을 선출하여 헌법을 제정하였다고 주장하였다. 그러나 조선최고인민회의에 참가할 대의원을 선출한 남조선인민대표자들은 남한지역에서 비밀선거로 이루어져 실질적으로 남한주민의 의사가 반영되었다고 할 수가 없었다.

소련은 1948년 10월 북한을 승인하였다. 그러나 1948년 12월 제3차 유엔총회는 찬성 48, 반대 6, 기권 1로 다수결에 의하여 대한민국을 승인하였다. 이와 함께 "유엔총회는 유엔한국임시위원회가 선거를 감시하고 자문할 수 있었으며, 모든 한국인의 압도적 다수가 살고 있는 한국의 그 부분에 대해 효과적인 통제권과 관할권을 갖는 합법적 정부가 수립되었다는 것, 이 정부는 한국의 그 부분에 거주하는 유권자들의 자유의사의 유효한 표현인 선거에 기초하고 있다는 것, 그리고 이 정부는 한국에서 유일한 그러한 정부라는 것을 선언한다"는 결의문을 채택하였다. 이 결의문은 대한민국 정부가 한반도 전체에 유효한 지배와 관할권을 미치는 유일의 합법정부라는 것을 직접적으로 선언한 것은 아니다. 그러나 대한민국 정부가 한국 전체에서 유권자의 절대 다수가 거주하고 있으며, 유권자가 자유롭게 투표한 그 지역에서 수립된 합법적 정부이며, 그러한 정부는 한국에서 유일하다는 것을 명확하게 선언하고 있다. 이에 반하여 북한은 유엔으로부터 승인을 받지 못하였다. 따라서 위 결의문은 오늘날까지 대한민국 정부에 정치적 정통성(legitimacy)과 규범적 합법성(legality)을 부여하는 근거가 되어 대한민국이 한반도에서 유일한 합법정부라는 주장의 강력한 근거가 되고 있다.

남북한이 분단된 이후 남한과 북한은 남북관계와 통일에 대해 근본적으로 상이한 인식을 바탕으로 대응하여 왔다. 그동안 남북관계는 남북한의 정치적 상황과 국제사회의 변화에 따라서 다양하게 형성되어 왔다. 남북관계를 어떻게 이해하는지에 따라서 남북통일의 구체적인 방안도 달라질 것이다. 따라서 통일법이 남북관계와 통일을 적실성 있게 규율하기 위해서는 남북한이 각각 남북관계를 규범적으로 어떻게 인식하고 있는지를 역사적인 발전상황에 따라 검토하는 것이 필요하다.

2. 남북한 헌법의 변화

가. 남한의 헌법

(1) 1948년 헌법

1948년 제정된 건국헌법은 통일에 대해 아무런 규정을 두지 않앞으며, 제4조에서 "대한민국의 영토는 한반도와 그 부속도서로 한다"고 규정하였다. 이는 북한의 실체를 인정하지 않고, 북한지역도 대한민국 영토의 일부라는 것을 선언한 것이다. 건국헌법의 초안자인 유진오 박사도 이 조항에 대해 "대한민국의 헌법은 결코 남한에서만 시행되는 것이 아니라 우리나라 고유의 영토전체에 시행되는 것이라는 것을 명시하기 위하여 특히 본조를 설치한 것이다"라고 하였다. 이러한 입장에 따르면, 남한의 대한민국이 한반도의 유일한 합법정부이며 북한은 불법적으로 대한민국의 영토의 일부인 북한지역을 점령하고 있는 불법단체가 된다. 남북통일이라는 것도 규범의 영역에서는 분단국가가 아니므로 당연한 것이고, 사실의 영역에서만 달성해야 하는 것으로 인식되었다.

남북관계에 대한 이러한 현실인식에 기초하여 건국헌법은 통일에 대해 아무런 규정을 두지 않았다. 따라서 이승만 정부가 무력 북진통일을 주장한 것이나 6.25전쟁 이후 승공통일론을 통일정책으로 채택한 것은 남한 정부가 정치적으로 선택한 통일정책에 불과할 뿐 헌법으로부터 도출되는 통일에 대한 기본원리에 바탕을 둔 것은 아니라고 하겠다. 그 이후 1952년 헌법, 1954년 헌법, 1960년 헌법에서도 통일에 관한 규정을 두지 않았으며, 위와 동일한 내용의 영토조항이 그대로 유지되었다. 1960년 4.19혁명으로 집권한 민주당 정부는 승공통일론을 폐기하고 유엔 감시 하의 인구비례에 의한 남북한 총선거를 통한 통일방안을 제시하였다. 1961년 5.16군사혁명을 통하여 집권한 박정희 정부는 경제성장을 통해 북한을 압도할 수 있는 실력을 쌓은 이후에 남북통일을 달성하자는 이른바 '선 건설, 후 통일론'을 주장하였다. 그러나 이러한 통일정책들은 모두 대한민국의 정통성과 합법성을 바탕으로 북한의 실체를 규범적으로 인정하지 않는다는 기본적 입장을 유지하고 있는 것이다. 한편, 1962년 헌법은 제4조의 영토조항을 제3조로 바꾸었을 뿐 그 내용을 그대로 유지하였다. 다만, 부칙 제8조에서 "국토수복 후의 국회의원의 수는 따로 법률로 정한다"고 규정함으로써 한반도가 분단되어 있다는 사실을 처음으로 헌법에 반영하였다. 이는 영토조항을 통해 북한에도 대한민국의 통치권력이 미친다는 입장을 그대로 유지하면서도 남북한이 분단되었다는 현실을 인정하고 헌법에 규정하였다는 점에서 의미가 있다. 그러나 북한 지역은 대한민국 국토의 일부이며, 이는 수복되어야 할 대상이라고 규정함으로써 한반도의 유일한 합법정부는 대한민국이라는 것을 명확하게 선언하였다. 한편, 1969년 헌법도 영토 및 통일에 대해 1962년 헌법과 동일한 내용으로 규정하였다.

(2) 1972년 헌법

1972년 헌법은 제3조의 영토조항을 그대로 유지하면서도 그 전문에서 "조국의 평화적 통일의 역사적 사명에 입각하여"라고 규정하였다. 이는 조국의 평화통일이 역사적 사명이며 새로운 국가공동체를 형성하는 이념적 토대와 정당성의 기초가 된다는 것을 선언한 것이다. 제3장에서는 조국의 평화적 통일을 추진하기 위한 국민의 주권적 수임기관으로서 통일주체국민회의를 헌법기관으로 설치하였다. 제43조 제3항에서는 대통령에게 조국의 평화적 통일을 위한 성실한 의무를 부과하고, 제46조에서는 그 취임선서에 조국의 평화적 통일을 위하여 대통령의 직책을 성실히 수행할 것을 포함시켰다. 또한, 부칙 제10조에서는 "이 헌법에 의한 지방의회는 조국통일이 이루어질 때까지 구성하지 아니한다"고 규정하여

지방의회에 관한 헌법규정의 효력을 정지시켰다.

1972년 헌법은 한반도가 남한과 북한으로 분단되어 있다는 현실을 인정하고 평화통일을 민족의 역사적 사명으로 명시하였다는 점에서 남북관계와 통일에 있어서 중요한 의미를 가진다. 여기에는 동서냉전의 화해라는 국제적 정세와 경제발전을 통해 남북한 사이에 힘의 균형이 달성되었다는 남한의 국내적 상황이 작용한 것으로 보인다. 이러한 국내외의 변화에 따라 남북한은 남북대화를 적극적으로 추진하였으며, 그 성과가 헌법에 반영되었다. 즉, 1972년 7.4남북공동성명에서 천명한 자주·평화통일·민족대단결이라는 통일의 3대 원칙을 헌법에 반영한 것이다. 또한, 1973년에는 6.23특별선언을 통해 남북한 긴장완화와 국제협조에 도움이 되고 통일에 장애가 되지 않는다는 전제 하에 남한과 북한이 함께 유엔에 가입하는 것을 반대하지 않는다는 입장을 표명하였다. 그러나 이는 통일이 성취될 때까지 과도기적인 잠정조치로서 하는 것이지 북한을 국가로 인정하는 것은 아니라는 점을 분명히 한다고 선언하였다. 1972년 헌법개정은 통일을 명분으로 초헌법적 조치를 단행함으로써 박정희 대통령의 통치권 강화를 위해 정치적으로 이용되었다는 측면이 있다. 이러한 점에서 남북관계와 통일에 관한 헌법규정이 실질적으로 규범력을 갖는 데에는 한계가 있었다.

1980년 헌법은 조국의 평화적 통일에 대한 전문규정, 영토조항, 그리고 대통령에게 영토보전의 책무와 조국의 평화적 통일을 위한 성실한 의무를 부과하고 선서하도록 한 내용을 그대로 유지하였다. 그러나 통일주체국민회의를 폐지하고 그 대신 대통령 자문기구로서 평화통일정책자문회의를 임의적 헌법기관으로 신설하였다.

또한, 대통령의 국민투표회부권의 대상으로 '기타 국가안위에 관한 중요정책'을 예시하면서 통일에 관한 내용을 신설하여 이에 포함시켰다. 또한, 부칙 제10조를 개정하여 "이 헌법에 의한 지방의회는 지방자치단체의 재정자립도를 감안하여 순차적으로 구성하되, 그 구성 시기는 법률로 정한다"고 규정함으로써 지방의회의 구성과 통일과의 관련성을 배제하였다. 한편, 1982년에는 전두환 정부가 '민족화합민주통일방안'을 발표하였는데, 여기에서는 민족자결의 원칙에 기초하여 통일헌법을 제정하고, 남북한 총선거를 통해 통일민주공화국을 건설하는 방안을 제시하였다.

(3) 1987년 헌법

1987년 개정된 현행헌법은 조국의 평화통일에 대한 전문규정, 영토조항인 제3조, 대통령에게 영토보전의 책무와 조국의 평화적 통일을 위한 성실한 의무를 부과하고 선서하도록 한 제66조 제2항과 제69조, 대통령의 통일정책에 대한 국민투표회부권을 규정한 제72조의 기본적 내용을 그대로 유지하고 있다. 1980년 헌법은 그 전문에서 조국의 평화적 통일을 역사적 사명이라고 규정하고, 제3조에서 "대한민국의 영토는 한반도와 부속도서로 한다"라고 규정하였으나, 1987년 현행헌법은 그 전문에서 '평화적 통일의 사명'이라고 규정하고, 제3조에서 1960년 헌법 이전과 같이 "대한민국의 영토는 한반도와 그 부속도서로 한다"라고 규정함으로써 '그' 자를 추가하였다. 또한, 제92조에서 평화통일정책자문회의의 명칭을 '민주평화통일자문회의'로 변경하였다. 통일에 관한 현행헌법의 가장 큰 변화와 특징은 제4조에서 "대한민국은 통일을 지향하며, 자유민주적 기본질서에 입각한 평화적 통일정책을 수립하고 이를 추진한다"고 규정한 것이다. 이 규정은 통일에 대한 기본원리와 방법을 구체적으로 제시하고 있으며, 제3조의 영토조항과 관련하여 그 규범적 의미에 대한 다양한 해석과 이론의 기초를 제공하고 있다. 특히, 1990년 이후 사회주의 붕괴 등에 따른 국제환경의 변화, 남북한의 유엔 동시가입, 그리고 남북교류협력의 확대와 진전에 따라 이 규정의 실질적 규범력이 강화되고 있다.

1987년 헌법은 건국헌법에서부터 규정한 제3조의 영토조항을 그대로 유지하면서 제4조에서 평화통일조항을 신설하였다. 이로써 한반도의 분단과 통일에 관한 사항을 헌법상 기본원리로 수용하였으며, 이를 바탕으로 1989년 노태우 정부는 '한민족공동체통일방안'을 발표하였다. 한편, 1990년 이후 소련을 비롯한 동구권 사회주의 국가체제의 몰락과 남북한의 유엔 동시가입, 남북기본합의서의 체결에 따라서 남북관계와 통일은 새로운 전환기를 맞이하게 되었다. 1994년 8월 15일 김영삼 정부는 '한민족공동체 건설을 위한 3단계 통일방안'을 발표하였다. 이는 하나의 민족공동체를 건설하는 것을 목표로 통일의 과정을 화해협력단계, 남북한 연합단계, 통일국가 완성단계 등 3단계로 구별하여 점진적으로 통일국가를 완성하자는 내용으로 구성되어 있다. 이 통일방안은 현재까지 남한의 공식적인 통일방안으로 인정되고 있다.

한편, 1998년 2월 김대중 정부는 '무력도발 불용, 흡수통일 배제, 화해와 협력 추진'이라는 대북정책 3원칙을 발표하고, 통일방안으로서 3단계 통일론을 제시하였다. 이는 남북연합체를 결성하는 제1단계(2국가, 2체제, 2독립정부), 남북한이 연방국가를 형성하여 중앙정부가 외교와 군사에 관한 권한과 내정의 중요한 권한을 행사하고, 국제기구에는 하나의 국가로 가입하는 제2단계(1국가, 1체제, 2지역정부), 그리고 남북한의 국민적 합의에 의해 단일국가 또는 연방국가를 형성하는 제3단계(1국가, 1체제, 1중앙정부)로 구성되어 있다. 이를 바탕으로 2000년 6월 15일 제1차 남북정상회담을 거쳐 6.15남북공동선언을 발표함으로써 남한의 국가연합제와 북한의 낮은 단계의 연방제의 공통성을 인정하였으며, 2007년에는 제2차 남북정상회담과 10.4남북공동선언을 통하여 그 내용을 다시 확인하였다. 이 3단계 통일론은 남한정부가 공식적으로 채택한 통일방안이 아니라 김대중 대통령이 대통령에 당선되기 이전에 제시한 개인적인 통일방안이다. 그러나 이것은 남한의 공식적인 통일방안인 '한민족공동체 건설을 위한 3단계 통일방안'을 바탕으로 하면서 이를 구체화시킨 통일정책이라고 평가할 수 있다.

나. 북한의 헌법

(1) 1948년 헌법

1948년 9월 8일 제정된 조선민주주의인민공화국헌법은 남북관계와 통일에 대해 직접적으로 규정하지 않았다. 그러나 제103조에서 "조선민주주의인민공화국의 수부는 서울시다"라고 규정하였으며, 제7조에서 "아직 토지개혁이 실시되지 아니한 조선 안의 지역에 있어서는 최고인민회의가 규정하는 시일에 이를 실시한다"고 규정하였다. 또한, 제53조에서는 "내각에서 공포한 결정 및 지시는 조선민주주의인민공화국 영토 안에서 의무적으로 집행된다"고 규정하여 남북관계에 대하여 간접적으로 밝히고 있다. 이때 조선 안의 지역과 조선민주주의인민공화국 영토에는 남한지역도 포함되는 것으로 인정하고 있으며, 북한헌법은 북한지역뿐만 아니라 남한지역을 포함한 한반도 전체가 조선민주주의인민공화국의 영토라는 것을 선언한 것으로 해석된다.

북한은 1945년 10월 조선공산당 북조선분국을 조직하기 위해 개최된 서북5도 당대회에서 혁명적 민주기지론을 제시하였다. 이는 미군의 남한 점령으로 전국적 범위의 혁명을 동시에 추진할 수 없다고 판단하고, 보다 유리한 조건이 형성된 북한지역의 혁명역량을 강화한 다음 이를 바탕으로 전 한반도의 공산혁명을 완수한다는 전략이었다. 북한은 혁명적 민주기지론을 기초로 하여 남북한의 모든 정당과 사회단체가 참석한 연석회의와 지도자협의회의 결의에 따라 한반도 전체 인민의 의사를 대표하는 합법적 통일정부가 수립되었기 때문에 북한이 한반도에서 유일한 합법성과 정통성을 가진다고 주장하였다. 북한은 남북관계를 이와 같이 이해하여 통일에 대해서도 공산주의 혁명과 남조선 해방을 이룩하는 것이라고 인식하였다.

1954년 헌법은 제5장 지방주권기관을 수정 및 보충하면서 "1952년 말 북반부 전 지역에 걸친 행정체계 및 행정구역개편을 실시하였다", "최고인민회의 제8차 회의 제3일 회의는 공화국 북반부지역에 있어서"라고 규정하였다. 이 규정도 남한지역에 대한 북한의 통치권을 인정한 것으로 해석되며, 1955년 헌법과 1956년 헌법도 동일한 내용을 유지하고 있다. 1962년 헌법은 제7조의 토지개혁조항을 그대로 유지하고 있는데, 이때 '아직 토지개혁이 실시되지 아니한 조선 안의 지역'이란 곧 남한지역을 의미하는 것으로 해석된다. 북한은 1946년 3월 북조선 토지개혁에 관한 법령을 근거로 무상몰수와 무상분배를 원칙으로 토지개혁을 단행하여 1958년까지 토지국유화를 완료하였음에도 토지개혁에 관한 조항을 그대로 유지하였던 것이다.

북한은 1956년 4월 조선노동당 제3차 대회에서 처음으로 평화통일론을 제기하였고, 1960년 8월 통일을 위한 과도기적 조치로서 연방제를 제의하였다. 이는 남북한 자유총선거를 실시하여 통일국가를 건설한다는 것을 목표로 설정하고, 이를 위한 과도기적 조치로서 남한과 북한이 각각 내정권, 외교권, 국방권을 침해받지 않는 상태에서 남북한 정부당국의 대표기구인 최고민족위원회를 구성하자는 것이다. 그 이후 북한은 남북한의 분단이 고착화되면서 북한에 의한 무력적화통일이 점점 어렵게 된다는 것을 인식하고, 1965년부터 새로운 대남전략으로 민족해방인민민주주의혁명론 또는 남조선혁명론을 제시하였다. 이는 남조선혁명은 남한의 혁명세력이 주체가 되어 수행하여야 한다는 지역혁명론으로서 우선 1단계로 남한에서 민족해방인민민주주의혁명을 수행한 다음, 2단계로 사회주의혁명을 진행시킨다는 단계적 혁명론이었다. 이러한 민족해방인민민주주의혁명론은 혁명적 민주기지론을 보다 발전시킨 것으로 1970년 제5차 노동당대회에서 공식적으로 채택되었으며, 남조선혁명을 완성하는 실천적인 요소로서 이른바 '3대 혁명역량 강화'를 포함하고 있었다.

(2) 1972년 헌법

1972년 북한은 남한과 마찬가지로 동서냉전의 화해와 남북관계의 변화에 대응한다는 명분을 내세워 헌법을 개정하였다. 제5조에서 "조선민주주의인민공화국은 북반부에서 사회주의의 완전한 승리를 이룩하며, 전국적 범위에서 외세를 물리치고 민주주의적 기초 우에서 조국을 평화적으로 통일하며, 완전한 민족적 독립을 달성하기 위하여 투쟁한다"고 규정하였다. 이는 처음으로 규범적으로 한반도의 분단 상황을 인정한 것으로서 조국의 평화적 통일과 완전한 민족적 독립을 국가목표로 명시하였다. 또한, 제149조를 개정하여 "조선민주주의인민공화국의 수도는 평양이다"라고 규정하여 한반도가 분단되었다는 것을 전제로 북한의 통치권력이 북한지역에만 실효성을 가진다는 현실을 헌법에 반영하였다.

한편, 헌법 제1조를 개정하여 "조선민주주의인민공화국은 전체 조선인민의 이익을 대표하는 자주적인 사회주의국가이다"라고 규정하고, 제11조에서 "사상혁명을 강화하여 온 사회를 혁명화·노동계급화한다"고 규정하였다. 이는 국가의 영토에 대하여는 직접 규정하지 않으면서도 국가의 정체성에 대하여 조선민주주의인민공화국이 한반도에서 합법성과 정통성을 가진 유일한 국가로서 그 영토주권이 남한지역에도 미친다는 입장을 그대로 유지한 것으로 해석된다. 남한과 북한은 1972년 7월 2일 7.4남북공동선언을 통해 자주·평화통일·민족대단결이라는 통일의 3대 원칙을 발표하였고, 그해 같은 날인 12월 27일 각각 헌법을 개정하였으며, 1973년 6월 23일 남한은 '6.23평화통일외교정책'을, 북한은 '조국통일 5대 강령'을 각각 발표하였다. 1972년 헌법에 대하여는 남한의 1972년 헌법과 마찬가지로 남북한의 분단과 평화통일을 명목으로 북한 내부의 권력을 강화하기 위해 정치적으로 이용되었다는 비판이 일반적이다.

북한은 1973년 6월 발표한 '조국통일 5대 강령'을 통해 남북한이 단일 국호로 유엔에 가입할 것과 통일방안으로 고려연방공화국을 창설할 것을 제시하였다. 이는 종전의 최고민족위원회를 폐기하고 통일전선전술에 따라 대민족회의를 전면에 부각시킨 것이다. 북한은 1980년 10월 10일 제6차 조선노동당대회에서 남북한의 평화공존원칙이 반영된 통일방안으로 '고려민주연방공화국(Confederal Republic of Koryo) 창립방안'을 발표하였다. 여기에서 북한은 과도기 조치가 아닌 통일국가의 형태로서 고려민주연방공화국을 창립할 것을 제안하고, 이와 함께 통일 이후 실시할 '10대 시정방침'을 발표하였다. 이는 북한이 이른바 '하나의 조선'을 지향하는 대남통일 정책을 구체화시킨 것으로서 '1민족 1국가 2체제 2정부' 통일방안에 해당한다.

북한이 1972년 헌법개정을 통해 제5조에서 통일원칙을 명시하고, 토지개혁에 관한 제7조와 내각의 결정 및 명령이 의무적으로 집행되는 지역적 관할을 규정하는 제53조를 삭제한 것은 국제정세와 남북관계의 변화에 따른 상황인식이 반영된 것이라고 할 수 있다. 1972년 헌법은 북한이 한반도에서 유일하게 정통성을 지닌 합법정부라는 것을 전제로 하고 있는 것에는 변화가 없다. 그러나 한반도가 남북한으로 분단되어 있으며, 북한의 통치권이 남한지역에는 미치지 않는다는 현실을 헌법에서 명시적으로 규정하고, 평화통일을 국가적 목표로 설정한 것은 의미가 있다고 하겠다. 그이후 1991년 1월 1일 김일성은 신년사를 통해 '하나의 민족, 하나의 국가, 두 개의 제도, 두 개의 정부에 기초한 연방제'를 주장하였다. 이는 고려민주연방공화국 창립방안을 유지하면서도 남북한이 좀 더 쉽게 합의를 이루기 위해 남북한의 제도를 그대로 두고 두 지역의 자치정부에 더 많은 권한을 부여하는 연방통일국가를 제안한 것이었다.

(3) 1992년 헌법

1992년 헌법은 평화통일에 대하여 규정하였던 제5조를 개정하여 제9조에서 "조선민주주의인민공화국은 북반부에서 인민정권을 강화하고 사상·기술·문화의 3대 혁명을 힘 있게 벌려 사회주의의 완전한 승리를 이룩하며, 자주·평화통일·민족대단결의 원칙에서 조국통일을 실현하기 위하여 투쟁한다"고 규정하였다. 이는 1972년 헌법에서 조국통일의 기본원칙으로 규정한 '전국적 범위에서 외세를 물리치고' '민주주의적 기초' 위에서의 '평화적 통일'을 통한 '완전한 민족적 독립'의 달성이라는 내용을 개정하여 '자주·평화통일·민족대단결의 원칙'으로 수정한 것이다. 그러나 1992년 헌법은 사회주의혁명을 통한 통일이라는 기본원칙을 그대로 유지하고 있어 실질적인 내용에는 변화가 없다고 하겠다.

1992년 북한은 남한과 남북기본합의서를 발효시키고, 남한과 동시에 유엔에 가입함으로써 한반도에 서로 다른 두 정부가 존재한다는 현실을 인정하고 평화공존의 바탕 위에서 통일방안을 도출하겠다는 입장을 대내외적으로 선언하였다. 북한은 1993년 '전민족대단결 10대 강령'을 발표하여 대남전략을 민족대단결론으로 수정하였다. 민족대단결론은 반미·자유와 연공(聯共)·연북(聯北)을 기반으로 남한 내에 광범위한 통일전선조직을 구축하는 것이다. 한편, 1994년 7월 남북한 정상회담을 앞두고 김일성이 사망하였으나 김정일은 고려민주연방공화국 통일방안을 승계하였다. 김정일은 1997년 8월 '조국통일 3대헌장'을 발표하여 고려민주연방공화국 통일방안을 기초로 하면서 부분적으로 수정한 '1민족 1국가 2제도 2정부' 형태의 연방제통일방안을 주장하였다. 조국통일 3대헌장은 '조국통일 3대원칙', '전민족대단결 10대강령', '고려민주연방공화국 창립방안'으로 구성되어 있다.

(4) 1998년 헌법

1998년 헌법은 처음으로 서문을 두었는데, 서문에서 통일에 대해 "위대한 수령 김일성 동지는 민족의 태양이시며, 조국통일의 구성이시다. 김일성동지께서는 나라의 통일을 민족지상의 과업으로 내세우시고, 그 실현을 위하여 온갖 노고와 심혈을 다 바치시였다. 김일성동지께서는 공화국을 조국통일의 강유력한 보루로 다지시는 한편, 조국통일의 근본원칙과 방도를 제시하시고 조국통일운동을 전 민족적인 운동으로 발전시키시여 온 민족의 단합된 힘으로 조국통일위업을 성취하기 위한 길을 열어 놓으셨다"고 규정하고 있다. 이 헌법은 김일성 사망 이후 이른바 '유훈통치'의 차원에서 김일성을 찬양하고 그 공적을 기리기 위해 서문을 신설한 것으로 보인다.

이 서문에서는 조국통일의 과업을 제시한 김일성의 뜻을 받들어 통일을 달성할 것을 다짐하는 내용을 추가하였을 뿐, 통일에 관한 기본원칙은 여전히 사회주의혁명을 바탕으로 자주·평화·민족대단결을 통한 통일을 견지하고 있다. 한편, 북한은 2009년, 2010년, 2012년, 2013년, 2016년 헌법을 개정하였는데, 남북관계와 통일에 대해서는 서문과 국가의 정체성을 규정한 제1조, 평화통일조항인 제9조, 해외 조선동포의 권리보호를 규정한 제15조를 그대로 유지하고 있다.

북한은 2000년 6월 15일 남북정상회담을 개최하고 6.15남북공동선언을 발표함으로써 통일방안으로서 남한의 국가연합제와 북한의 낮은 단계의 연방제의 공통성을 인정하였다. 북한이 주장하는 '낮은 단계의 연방제'는 종전의 연방제에서 주장하는 자치정부의 권한과 범위를 구체화하여 두 개의 정부가 정치·군사·외교권을 비롯한 현재의 기능과 권한을 그대로 갖는다는 것이다. 이는 남북한 각각 정부가 대내외적인 주권을 가진다는 것을 인정하고, 이를 기초로 상호 공존과 협력을 제도화해 나가는 것이 바람직하다는 인식에 바탕을 두고 있는 것으로 보인다. 6.15남북공동선언은 김대중의 3단계 통일론과 고려민주연방공화국 통일방안의 공통성을 기초로 하고 있다. 그러나 3단계 통일론은 남북연합단계와 연방제단계를 거쳐 통일국가를 완성하는 것을 주장하고 있는 반면, 고려민주연방공화국 통일방안은 두 개의 지역정부가 그대로 유지되는 상태를 통일의 완성된 형태로 인정하는 점에서는 차이가 있다.

북한은 지금까지 헌법에 영토조항을 두고 있지는 않으나 남한 지역도 북한의 영토에 포함된다는 것을 전제로 북한이 한반도에서의 유일한 정통성을 가진 합법정부라는 입장을 견지하고 있다. 또한, 통일이라는 것도 미수복지구인 남조선을 미제국주의로부터 해방하는 것이라는 인식을 바탕으로 하고 있다. 다만, 1972년 헌법과 1992년 헌법개정을 통하여 남한의 실체를 규범적으로 인정하면서 통일에 대한 기본원칙을 일부 수정하였다. 북한은 2000년 이후에도 5차례에 걸쳐 헌법을 개정하였으나, 남조선혁명에 바탕을 둔 통일원칙을 현재까지 그대로 유지하고 있는 것으로 평가할 수 있다.

3. 통일의 헌법적 의미

가. 남한의 관점

(1) 통일의 유형

남북통일의 문제는 한민족 내부의 민족문제인 동시에 국제문제의 성격을 함께 갖는다. 따라서 남북통일을 하나의 국가공동체를 형성하는 과정으로 이해할 경우, 남북통일의 문제는 국내법적 측면과 국제법적 측면에서 모두 검토되어야 한다. 남북통일을 달성하는 통일의 유형은 이론상으로는 다양하게 제시될 수 있으나 규범적으로는 국가공동체를 만들어가는 근본규범인 헌법에 의하여 엄격하게 제한된다. 남북통일의 유형은 그 구별기준에 따라서 두 가지로 구분된다.

첫째, 통일의 방식을 기준으로 남북한 전체 한민족이 자율적 총의에 따라 새로운 국가공동체를 창설하는 방안과 남한과 북한의 어느 일방이 소멸하고 나머지 일방이 이를 승계·포섭하는 방안으로 구별할 수 있다. 후자는 다시 일방이 소멸하는 원인과 과정을 기준으로 하여 일방의 자발적인 의사에 의한 경우와 다른 일방의 무력 등 강제력에 의한 경우로 구별할 수 있다. 우리 헌법은 제4조의 평화통일조항에서 "대한민국은 통일을 지향하고"라고 규정하고, 제72조의 국민투표조항에서 "통일 기타 국가안위에 관한 중요 정책"에 대해 규정하고 있다. 이때 국가목표로서의 통일과 국민투표에 회부하는 대상으로서의 통일은 통일방식에 있어서는 아무런 제한을 받지 않는 개방적 통일개념이라고 해석할 수 있다. 따라서 새로운 통일국가를 창설할 것인지, 남북한 어느 일방이 소멸할 것인지에 대한 구체적인 통일방식은 북한사회의 변화, 남북관계의 발전양상과 국제사회의 변동에 따라서 통일을 실현하는 당시의 역사적인 조건에 의해 결정될 수 있을 것이다. 다만, 어떠한 통일방식을 채택하더라도 이는 남북한 주민 전체의 주권적 의사가 실질적으로 반영되도록 하여 민주적 정당성을 확보해야 할 것이다.

둘째, 통일을 달성하는 방법이 평화적인지 여부를 기준으로 평화적 통일과 비평화적 통일로 구별할 수 있다. 이러한 구별기준은 우리 헌법이 규범적인 기준을 제시하고 있어 중요한 의미를 갖는다. 즉, 우리 헌법이 기본적으로 개방적 통일개념을 채택하고 있음에도 불구하고 헌법을 규범조화적으로 해석할 경우에는 우리 헌법이 예정하는 통일은 평화적 통일만을 의미하며 비평화적 통일은 배제하고 있다고 해석하여야 한다. 즉, 헌법 전문에서 규정하는 "평화적 통일", 제4조의 "평화적 통일정책", 제66조의 대통령의무와 제69조의 대통령취임선서에서 규정하는 "조국의 평화적 통일", 제5조의 "국제평화의 유지"와 "침략적 전쟁의 부인"의 규범적 의미를 고려할 때 우리 헌법이 예정하는 통일은 평화적 통일을 의미한다고 해석된다.

이러한 의미에서 평화적 방법은 우리 헌법이 지향하는 통일을 달성하기 위하여 임의로 선택할 수 있는 다양한 방법과 수단의 하나가 아니라 통일의 구성요건적 개념요소라고 하겠다. 헌법재판소도 "헌법상 통일관련 규정들은 통일의 달성이 우리의 국민적·국가적 과제요 사명임을 밝힘과 동시에 자유민주적 기본질서에 입각한 평화적 통일원칙을 천명하고 있는 것이다. 따라서 우리 헌법에서 지향하는 통일은 대한민국의 존립과 안전을 부정하는 것이 아니고, 또 자유민주적 기본질서에 위해를 주는 것이 아니라 그것에 바탕을 둔 통일인 것이다"라고 판시하여 우리 헌법에서 천명하고 있는 통일의 의미를 확인하고 있다(1990. 4. 2. 89헌가113, 2000. 7. 20. 98헌바63).

(2) 통일의 기본원칙

헌법 제4조는 남북통일의 기본원칙과 통일을 실현하는 방법 및 수단을 직접적으로 규정하고 있다. 남북통일의 기본원칙으로는 '자유민주적 기본질서에 입각한 평화적 통일'을 천명하고, 이와 함께 통일을 실현하는 방법과 수단으로는 '평화적 통일'을 선언하고 있다. 자유민주적 기본질서란 "모든 폭력적 지배와 자의적 지배, 즉 반국가단체의 일인독재 내지 일당독재를 배제하고 다수의 의사에 의한 국민의 자치, 자유·평등의 기본원칙에 의한 법치주의적 통치질서"를 말하며, 구체적으로는 기본적 인권의 존중, 권력분립, 의회제도, 복수정당제도, 선거제도, 사유재산과 시장경제를 골간으로 한 경제질서 및 사법권의 독립 등을 의미한다(헌법재판소 2001. 9. 27. 2000헌마238·302). 이때 자유민주적 기본질서는 자유민주주의에 입각한 사회복지주 또는 사회민주주의를 포함하는 것으로 이해할 수 있으나, 정치적 다원주의를 부정하는 전체주의와 북한이 지향하는 공산당 독재체제와 인민민주주의는 배제하는 개념이다.

통일의 기본원칙으로서 자유민주적 기본질서는 북한이 지향하는 인민민주주의가 아니라 자유민주주의로서 국민주권의 이념과 정의사회의 이념이 존중되는 통치질서에 입각한 통일을 지향하는 것이어야 한다. 따라서 통일한국이 지유민주적 기본질서를 부정하는 사회주의 또는 공산주의를 수용하거나 통일의 과정에서 자유민주적 기본질서를 부정하는 경우에는 헌법에 위반된다고 하겠다.

그러나 통일을 실현하기 위하여 통일정책을 수립하고 추진하는 과정에서 공산주의 체제를 채택하고 있는 북한의 실체를 인정하고 평화적인 방법으로 통일을 달성하기 위하여 북한과 협상하는 것은 헌법에 위반된다고 할 수는 없다.

자유민주적 기본질서에 입각한 통일은 통일을 실현하는 구체적인 방법과 내용도 기속한다. 우리 헌법은 평화적 통일만 예정하고 있으므로 무력에 의한 통일이나 강압에 의한 통일을 허용하지 않는다. 남북통일의 기본원칙과 통일을 실현하는 방법과 수단으로서의 평화주의는 통일정책을 수립하고 추진하는 과정뿐만 아니라 남북통일을 통해 창설되는 새로운 국가공동체의 모델을 설정하는 기본원리가 된다. 이러한 통일의 기본원칙은 남북한이 통일을 달성하기 위해 교류협력을 진행하는 남북관계를 설정함에 있어서 준수하여야 할 규범적 기준인 동시에 그 헌법적 한계가 된다. 따라서 남북교류협력에 있어서도 북한을 정치적 실체 또는 평화통일을 달성하기 위한 대화와 협력의 동반자로 인정할 필요가 있다고 하더라도 위와 같은 범위와 한계 내에서 인정되어야 한다.

헌법재판소도 "제6공화국헌법이 지향하는 통일은 평화적 통일이기 때문에 마치 냉전시대처럼 빙탄불상용의 적대관계에서 접촉·대화를 무조건 피하는 것으로 일관할 수는 없는 것이고, 자유민주적 기본질서에 입각한 통일을 위하여 때로는 북한을 정치적 실체로 인정함도 불가피하게 된다. 북한집단과 접촉·대화 및 타협하는 과정에서 자유민주적 기본질서에 위해를 주지 않는 범위 내에서 때로는 그들의 주장을 일부 수용하여야 할 경우도 나타날 수 있다"고 판시하였다(1990. 4. 2. 89헌가113). 결국 이와 같은 통일의 기본원칙은 남북통일과 남북교류협력에 있어서 그 헌법적 근거임과 동시에 그에 대한 헌법적 한계를 제시하고 있다고 하겠다.

우리 헌법은 자유민주주의를 헌법의 기본원리로 채택하고 있지만, 그 규범적 의미는 적용되는 규범영역에 따라 다소 다르게 나타날 수 있다. 헌법은 통일원칙으로서는 '자유민주적 기본질서'로, 정당해산사유로서는 '민주적 기본질서'로 각각 표현하고 있다. 헌법재판소는 민주적 기본질서에 대해서는 "모든 폭력적·자의적 지배를 배제하고 다수를 존중하면서도 소수를 배려하는 민주적 의사결정과 자유·평등을 기본원리로 하여 구성되고 운영되는 정치적 질서를 말하며, 구체적으로 말하면 국민주권주의, 기본적 인권의 존중, 권력분립제도, 복수정당제도 등이 현행 헌법상 주요한 요소라고 볼 수 있다"라고 판단하였다(2014. 12. 19. 2013헌다1).

(3) 통일조항의 규범적 의미

우리 헌법에서 규정하는 평화통일의 원칙은 헌법의 기본원리의 하나이다. 따라서 이는 입법·행정·사법에 관한 모든 국가작용을 규율한다. 즉, 평화통일의 원리는 입법의 방향과 지침을 제시하며, 입법권의 범위와 한계를 설정하는 기준이 된다. 행정에 있어서도 평화통일의 원칙에 부합하도록 국가정책을 설정해야 하고, 평화통일의 원칙은 공무원을 비롯한 모든 국가기관의 권한행사를 통제하는 기준이 된다. 또한, 사법에 있어서도 헌법조항을 비롯한 모든 법령의 해석기준을 제공할 뿐만 아니라 헌법조항 내지 법령의 흠결 시에는 이를 보완하는 원리가 된다. 이러한 통일조항은 구체적으로 다음과 같은 규범적 의미를 갖는다.

첫째, 평화통일에 관한 헌법규정은 단순히 정치적 선언이나 프로그램이 아니라 법적 구속력을 갖는 구체적이고 현실적인 규범이다. 따라서 입법, 사법, 행정 등 모든 국가작용의 정당성을 부여하는 기초가 된다. 국가기관은 국가정책수립에 있어서 평화통일을 우선적인 과제로 인식하여 이를 달성하기 위하여 노력하여야 한다. 뿐만 아니라 평화통일에 역행하거나 이를 저해하는 국가작용을 해서는 안 된다는 헌법적 의무를 부담한다. 특히, 대통령은 국가원수이자 국정의 최고책임자로서 통일정책을 수립하고 추진하는 최종적인 권한과 책임을 가진다. 국가기관 이외에 대한민국 국민도 조국의 평화적 통일을 위하여 노력할 헌법적 권리와 의무가 있다.

헌법은 통일정책에 대하여 예외적으로 국민투표를 통해 국민적 정당성을 확보할 수 있는 방안을 마련하고 있다. 이에 따라 국민은 통일정책에 관한 한 최종적인 결정권을 행사할 수 있는 헌법적 권한을 부여받고 있다. 이는 통일정책의 수립은 국회나 대통령의 의사보다는 주권자인 국민적 합의를 통하여 결정해야 한다는 것을 의미한다. 따라서 통일정책의 수립과 집행에 있어서는 대통령 또는 정부의 배타적 권한행사에 한계가 있으며, 국민의 주권적 의사와 대통령 사이에 민주적 절차에 의한 합의가 요구된다고 하겠다.

둘째, 평화통일의 원칙은 국가기관의 권한행사가 평화통일을 위한 헌법적 의무에 부합한 것인지를 심사하는 위헌성 판단을 위한 심사기준이 된다. 그러나 평화통일의 원칙을 적용함에 있어서는 다른 헌법의 기본원리와는 달리 남북관계의 특수성과 통일정책에 대한 특수한 상황을 고려할 필요가 있다. 즉, 남북관계에 대해서는 국내적 상황, 남북교류협력의 내용과 정도, 그리고 한반도를 둘러싼 국제정세에 따라서 다양한 정책적 판단이 필요하다. 또한, 북한은 불법단체임과 동시에 평화통일을 위한 대화와 협력의 동반자로서 활동하는 이중적 지위를 가지고 있다. 따라서 통일정책을 수립하고 추진함에 있어서는 고도의 정치적 판단과 합목적적인 통일정책이 필수적으로 요구된다.

국가의 평화통일을 위한 헌법적 의무의 내용은 이와 같이 역사적 상황과 조건에 따라서 다양하게 나타날 수밖에 없다. 이러한 의미에서 평화통일의 원칙이 재판규범 또는 통제규범으로서 작용함에 있어서는 광범위한 입법형성의 자유와 행정재량이 인정된다. 평화통일의 원칙이 갖는 이러한 특성은 헌법규정이 갖는 규범력의 한계로 나타난다. 즉, 국가기관의 작용에 대한 위헌성 여부에 대한 심사에 있어서는 적극적으로 평화통일의 원칙을 준수하였는지를 판단하기보다는 소극적으로 평화통일의 원칙에 위반되었는지를 심사하게 된다. 국가기관의 작용이 평화통일의 원칙에 위반된다는 것이 명백히 인정되지 않는 한 그 작용은 합헌적이라는 추정을 받게 될 것이다. 따라서 대통령 등 고위공직자가 그 직무집행에 있어서 평화통일의 헌법적 의무를 위반하였다는 사유로 탄핵소추 또는 심판을 받는 경우에도 평화통일의 원칙이 갖는 특수성을 고려하여 그 탄핵심판의 사유를 엄격하게 해석할 필요가 있다.

셋째, 평화통일의 원칙은 국민에게 국가기관에 대해 평화통일을 추진할 것을 요구하는 구체적인 권리를 부여하는 것은 아니다. 헌법이 평화통일의 원칙을 규정하고 있으므로 국가기관은 평화통일을 추진해야 할 헌법적 의무를 부담한다. 하지만, 헌법이 평화통일을 요구하는 것을 국민의 기본권으로 인정한 것은 아니므로 국민이 국가기관을 상대로 평화통일을 위하여 특정한 행위를 요구하거나 행정·입법 등 국가작용의 부작위에 대해 헌법위반을 이유로 헌법소송을 제기할 수는 없다고 하겠다.

헌법재판소가 "헌법의 기본원리는 헌법이나 법률해석에서의 해석기준으로 작용한다고 할 수 있지만, 그에 기하여 곧바로 국민의 개별적 기본권을 도출해 낼 수는 없다고 할 것이므로 헌법소원의 대상인 헌법상 보장된 기본권에 해당하지 아니한다"고 판시한 것도 동일한 취지로 이해된다(2001. 3. 21. 99헌마139). 이러한 의미에서 국가의 평화통일을 위한 노력의무에 대한 사법적 판단기준은 국가의 기본권 보장의무에 대한 사법적 판단기준인 '과소보호금지의 원칙'보다 더 완화된 기준이 적용된다고 하겠다. 다만, 헌법을 구체화하는 법률이 국민에게 평화통일에 관한 권리를 인정하는 경우에는 국가기관에 대해 평화통일을 추진할 법적 의무를 요구할 수 있는 구체적인 권리를 갖는다고 하겠다.

국민의 기본권과 관련하여, 국가기관이 평화통일의 원칙을 이유로 기본권을 제한할 수 있는지도 문제될 수 있다. 헌법 제37조 제2항은 일반적으로 기본권 제한의 헌법적 근거이자 한계설정 규정으로 이해되고 있다. 따라서 평화통일을 이 조항에서 기본권의 제한사유로 규정하는 공공복리의 내용으로 이해할 경우에는 법률의 규정에 따라 기본권을 제한하는 사유가 될 수는 있다. 그러나 평화통일 그 자체를 독자적인 헌법상의 기본권 제한사유로 인정할 수는 없다고 할 것이다. 다만, 평화통일의 원칙은 헌법의 기본원리로서 국민의 기본권을 제한하는 법률의 위헌성 여부에 대한 심사기준이 될 수는 있을 것이다.

넷째, 평화통일의 원칙이 헌법의 기본원리로서 재판규범성을 가진다고 하더라도 그 자체가 위헌정당해산의 사유가 되는 것은 아니다. 즉, 특정 정당의 목적이나 활동이 평화통일의 원칙에 위반된다고 인정될 경우에도 이러한 사유만으로는 그 정당이 헌법재판소의 심판에 따라 위헌정당으로 해산되는 것은 아니다. 정당의 목적이나 활동이 평화통일의 원칙에 위반되는 경우로는 남북통일 자체를 반대하는 경우, 새로운 국가공동체로서 국가연합의 방식을 지향하는 경우, 통일의 방법과 수단을 불문하고 민족통일을 추구하는 경우, 무력사용 등 비평화적 방법을 통한 통일을 추구하는 경우, 북한의 인민민주주의 혁명노선에 따라 통일을 추구하는 경우 등 통일방안과 관련하여 다양한 상황을 상정할 수 있다. 이는 헌법 제8조 제4항이 위헌정당의 해산사유로 규정하는 민주적 기본질서의 해석에 관한 문제로서 특정 정당이 평화통일의 원칙에 위반하는 내용을 주장하고 활동하는 것은 정당의 국가 및 헌법질서 준수의무 등을 고려할 때 대부분 민주적 기본질서에 위반되는 경우에 해당할 것이다. 그러나 자유민주적 기본질서에 입각한 평화적 통일의 원칙을 위반한다고 하여 그것이 바로 위헌정당해산의 사유가 되는 민주적 기본질서에 위배되는 것이라고 할 수는 없다. 따라서 규범적 의미에서 평화통일의 원칙과 위헌정당에 대한 해산 사유로서의 민주적 기본질서는 기본적으로 별개의 구성요건적 개념이라고 하겠다.

나. 북한의 관점

(1) 헌법체제의 특징

북한은 수령의 유일적 영도와 사회주의 일당독재에 의하여 지배되는 수령유일·일당독재체제로서 모든 국가권력이 조선노동당에 집중되어 있다. 북한에서의 법이란 계급투쟁과 사회주의 국가관리의 수단이고, 혁명에서 싸워 이겨 얻은 전취물을 지키기 위한 무기로 인식되고 있다. 따라서 법은 프롤레타리아 독재를 실현하고 사회의 주체사상화에 적극 이바지하는 것을 그 사명으로 하고 있다. 북한에서의 최고규범은 주체사상과 김일성·김정일 교시이며, 이를 실천하기 위한 조선노동당의 강령·규약과 정책결정이 사회주의헌법을 비롯한 모든 법률의 상위규범으로 기능하고 있다. 헌법에 의하여 구성되는 모든 국가기관은 노동당에 의하여 결정되는 국가정책을 집행하는 집행기구에 불과하므로 입헌민주주의에서 인정되는 헌법의 규범성과 법치주의는 인정되지 않는다고 평가할 수 있다.

북한헌법은 그 서문에서 "조선민주주의인민공화국 사회주의헌법은 위대한 수령 김일성동지의 주체적인 국가건설 사상과 국가건설 업적을 법화한 김일성헌법이다"라고 밝히고 있다. 이에 따라 국가조직의 구성과 국민의 기본권에 대한 기본원리로서 민주적 중앙집권제 원칙과 집단주의 원칙을 채택하고 있으므로 헌법규정의 해석과 규범적 의미도 이를 바탕으로 이해해야 한다.

북한헌법 제5조는 "조선민주주의인민공화국에서 모든 국가기관들은 민주주의 중앙집권제 원칙에 의하여 조직되고 운영된다"고 규정하여 민주적 중앙집권제 원칙을 선언하고 있다. 이는 모든 국가기관은 민주적 선거를 통해서 선출되고, 선거한 기관에 대하여 책임을 지는 민주주의 원칙과 하부조직은 상부조직에, 소수는 다수에 절대적으로 복종함으로써 집단지도체제에 통일성을 부여하는 중앙집권제 원칙이 결합된 것이다. 따라서 모든 국가권한을 최고주권기관인 최고인민회의에 통합시켜 최고인민회의가 상임위원회와 함께 입법권을 행사하며, 모든 중앙행정기관구성권, 정책결정권, 집행감독권을 보유하고 그 대의원들을 모든 행정 및 사법기관에 파견하여 그 국가기관들을 장악한다. 따라서 국가의 행정기관은 물론 사법기관도 그 상급기관, 최고인민회의, 노동당의 관리와 감독을 받는 제한적 수임기관으로 기능할 뿐이다.

북한헌법 제63조는 "조선민주주의인민공화국에서 공민의 권리와 의무는 '하나는 전체를 위하여, 전체는 하나를 위하여'라는 집단주의 원칙에 기초한다"고 규정하고 있고, 제81조는 "공민은 인민의 정치사상적 통일과 단결을 견결히 수호하여야 한다. 공민은 조직과 집단을 귀중히 여기며 사회와 인민을 위하여 몸바쳐 일하는 기풍을 높이 발휘하여야 한다"고 규정함으로써 집단주의 원칙을 천명하고 있다. 이에 따라 공민의 권리는 전(前)국가적이고 대(對)국가적인 기본권 또는 인권이 아니라 집단인 국가가 보장하는 범위 내에서만 그 권리성이 인정된다. 개인이 국가를 위하여 희생하는 것을 전제로 국가가 개인의 권리를 보장하므로 공민의 권리는 동시에 공민의 의무가 된다. 따라서 북한헌법은 제62조부터 제86조까지 공민의 기본권리와 의무에 대하여 규정하고 있으나 위와 같은 집단주의 원칙에 의하여 그 실질적 의미와 내용은 공허한 것이 될 수밖에 없는 한계가 있다.

북한에서는 이와 같이 사회주의 법체제에 따라서 법의 역할과 기능이 결정되고, 헌법을 비롯한 법규범도 주체사상과 김일성·김정일 교시, 그리고 조선노동당의 강령·규약이 정하는 내용을 통일적이고 효율적으로 집행하기 위한 수단으로서 의미가 강조되고 있다.

(2) 통일의 의미

북한은 헌법과 조선노동당 규약을 통하여 조국의 평화적 통일의 의의와 기본원칙을 선언하고 있다. 북한헌법은 한반도에 남한과 북한이 분단되어 있다는 현실을 인정하고 김일성이 제시한 조국통일의 근본원칙과 방도에 따라 조국통일을 완수하여야 할 것을 민족적 과제라고 천명하였다. 조국통일을 달성하기 위해서는 인민정권을 강화하고 사상·기술·문화의 3대 혁명을 강화하여 사회주의의 완전한 승리를 이룩해야 한다고 규정하고 있다. 한편, 남한은 미국의 식민지이므로 우선적으로 미제국주의의 침략군대를 남한에서 몰아내어 식민지 통치를 청산하고, 남한주민들의 사회민주화와 생존권투쟁을 통하여 사회주의혁명을 완수하는 것이 반드시 필요하다고 강조하고 있다. 이와 같이 남한과 북한에서 모두 사회주의혁명을 달성한 이후, 남북한 주민들이 민족대단결의 원칙에 따라서 조국을 평화적으로 통일할 것을 제시하고 있다.

북한의 통일원칙은 남북관계와 통일에 대한 전략적 목표를 반영하고 있는 것이므로 북한의 대남인식과 전략·전술을 함께 고려하여 분석하여야 한다. 북한은 8.15 해방 이후 남한을 미국의 정치·경제·군사적 식민지이자 북한에 대한 침략적 군사기지로 파악하였다. 북한은 남북분단과 통일문제에 대해 "조국통일은 나라의 한 부분을 제국주의자들이 강점함으로써 국토와 민족이 인공적으로 분열된 특수한 조건에서 제기되는 문제이다. 우리나라에서 조국통일 문제가 생기게 된 것은 미제의 남조선 강점과 관련되어 있다"고 밝히고 있다. 북한은 남북통일을 분단된 국토와 민족을 재결합하는 것으로 파악하는 것이 아니라 미제와 남한 내부의 매판세력이라는 내외의 분열주의 세력을 분쇄하고 그들에 의하여 강요된 분단조국을 다시 통일된 조국으로 만드는 것이라고 파악하고 있는 것이다.

김일성은 "남조선혁명은 미제국주의 침략자들을 반대하는 민족해방혁명인 동시에 미제의 앞잡이들인 지주, 매판자본가, 반동관료

배들과 그들의 파쇼통치를 반대하는 인민민주주의혁명입니다"라고 선언하였다. 이는 미국으로부터의 민족해방과 파쇼적 반동세력에 대한 혁명을 통해 남한에서 공산정권을 수립하는 것을 통일을 달성하기 위한 대남전략의 목표로 삼은 것이라고 평가할 수 있다.

1980년 후반부터 동유럽 사회주의 국가가 몰락하면서 독일이 통일되었으며, 북한의 핵개발에 대해 미국이 경제제재를 통해 압박하는 등 국제정세가 변화하였다. 남한은 우월한 경제력을 바탕으로 동북아시아에서 적극적인 북방정책을 추진하기 시작하였지만, 북한은 1994년 김일성 사망 이후 자연재해와 식량난이 계속되면서 남북관계의 여건도 크게 변화하였다. 이에 따라 북한은 남조선혁명을 통해 공산화통일을 달성한다는 궁극적 목표에 앞서 당면한 생존전략의 차원에서 체제유지에 주력하는 전술적인 변화를 모색하게 되었다. 북한은 연방제 통일방안에 대해서도 이를 남한과의 관계개선을 통해 체제유지를 위한 수단으로 이용하고자 하는 노력을 기울이고 있다. 북한은 김일성 사후인 1998년 4월 '민족대단결 5대 방침'을 통해 남북한의 공존·공영·공리를 도모하면서 조국통일의 길을 열어나가야 한다고 주장하는 등 연방제를 체제유지를 위한 수단으로 이용하려는 것을 보다 분명하게 나타냈다.

특히, 2000년 6월 15일 남북정상회담에서 발표한 6.15남북공동선언에서 이른바 '낮은 단계의 연방제'를 제시하면서 큰 변화를 보이고 있다. 이와 같은 북한의 태도는 체제생존과 경제난을 극복하기 위해서는 남북한의 관계개선이 절대적으로 필요하다는 인식을 바탕으로 하고 있다. 그러나 이러한 현상만으로는 북한이 지금까지 유지하여 온 전 한반도의 공산화라는 원래의 전략적 목표를 포기한 것으로 보기는 어렵다. 현재까지 북한은 남한을 흡수통일에 대한 경계의 대상으로 인식하면서도 북한체제를 유지함에 있어서 실질적인 도움을 줄 수 있는 상대방으로 인식하고 있는 상황이라고 할 수 있다. 따라서 북한은 이러한 대남인식과 전술변화에도 불구하고 한반도 전체의 공산화를 통해 통일을 달성한다는 기본적 입장을 수정한 것은 아니라고 하겠다.

요컨대, 북한은 사회주의 혁명을 기초로 하여 우선적으로 국가체제와 이념을 달리하고 있는 북한과 남한을 사회주의 체제와 이념으로 통합한 다음, 하나의 민족공동체를 형성하는 것을 통일로 이해하고 있다고 하겠다. 따라서 남북통일이란 한반도에서의 사회주의 혁명을 완성하는 과정에서 달성하여야 할 전제조건이자 그 결과물로 이해하고 있다고 평가할 수 있다.

(3) 통일의 기본원칙

북한은 조선노동당 규약과 헌법 9조에서 조국통일의 기본원칙으로서 자주·평화통일·민족대단결의 원칙을 선언하고 있는데, 이는 1972년 7월 남북한이 발표한 7.4남북공동선언에서 밝힌 조국통일 3대원칙의 핵심내용이다. 조국통일 3대원칙은 북한이 제시하는 통일방안에도 반영되어 있다. 즉, 1980년 10월 10일 제6차 조선노동당대회에서 채택한 고려민주연방공화국 창립방안은 자주적 평화통일을 위한 선결조건으로 남한에서의 군사파쇼정권의 청산과 사회민주화 실현, 평화협정체결과 미군 철수, 자주·평화통일·민족대단결의 3대원칙에 기초한 통일실현을 그 내용으로 포함하고 있다. 1993년 4월 김일성이 제시한 '전민족대단결 10대강령'의 제1항에도 "민족대단결로 자주, 평화, 중립적 통일국가 창립"이 규정되어 있다.

북한의 조국통일 3대원칙은 이와 같이 남한과 북한이 서로 합의하여 발표한 7.4남북공동선언 제1항에서 규정된 내용이지만, 그 구체적이고 규범적 의미는 남한에서 해석하는 것과는 많은 차이가 있다. 7.4남북공동성명 제1항은 "쌍방은 다음과 같은 조국통일 원칙들에 합의를 보았다. 첫째, 통일은 외세에 의존하거나 외세의 간섭을 받음이 없이 자주적으로 해결하여야 한다. 둘째, 통일은 서로 상대방을 반대하는 무력행사에 의거하지 않고 평화적 방법으로 실현하여야 한다. 셋째, 사상과 이념·제도의 차이를 초월하여 우선 하나의 민족으로서 민족적 대단결을 도모하여야 한다"고 규정하고 있다.

남한에서 '자주'는 남한과 북한이 통일과 민족공동체의 운명을 결정하는 당사자로서 통일의 문제를 민족자결의 원칙에 따라 민족 스스로의 정치적 합의와 결단에 의하여 결정되어야 한다는 것을 의미한다. '평화'는 모든 종류의 무력이나 강제에 의한 방법이 아닌 대화와 협력을 통한 평화적인 방법으로 통일정책을 수립하고 추진하여야 한다는 것이다. 그리고 '민족대단결'은 남북한이 상대방을 상호 정치적 실체로서 인정하고 민족공동체를 형성한다는 목표 하에 전체 한민족의 의지와 의사를 결집하여 통일을 달성한다는 것으로 이해하고 있다.

한편, 북한에서는 '자주'를 남한을 식민지로 통치하는 미제국주의를 남한에서 몰아냄으로써 한민족 스스로의 운명을 결정할 수 있는 토대를 마련한다는 것으로 해석한다. '평화'에 대하여는 남한에서 미제국주의의 식민지 통치를 담당하는 주한미군을 철수하게 함으로써 한반도에서 전쟁의 위험을 없앨 수 있다고 한다. '민족대단결'도 남한에서 사회주의혁명을 완성하여 모든 정당·사회단체 등 대표자들과 연대하여 한반도에 하나의 사회주의국가인 한민족 공동체를 형성한다는 것으로 이해한다.

조국통일 3대원칙에 대해서는 조선노동당 규약, 헌법규정, 연방제통일방안의 실천방안 등을 종합하여 그 규범적 의미를 평가해야 한다. 북한은 자주와 평화를 통하여 연방제 창립을 위한 선결조건을 관철한 다음, 민족대단결을 통한 합작공산화를 완성함으로써 통일을 달성한다는 것이므로 결국 남조선혁명전략을 의미한다고 할 수 있다. 따라서 자주·평화통일·민족대단결의 통일원칙은 문언적으로는 7.4남북공동선언에서 밝힌 통일원칙과 동일하지만 그 실질적인 내용은 남한이 해석하고 있는 내용과는 달리 사회주의혁명을 통한 통일을 실현하기 위한 실천방안으로서의 의미를 가진다고 할 수 있다.

요컨대, 남한헌법상 통일은 민족공동체의 재통합으로서 새로운 국가공동체를 건설하는 것이며, 통일에 대한 기본원칙은 자유민주주의, 법치주의, 국제평화주의에 바탕을 둔 평화통일을 지향하는 것이다. 이에 반하여, 북한헌법과 조선노동당 규약에서 규정하고 있는 통일은 남한에서의 사회주의 혁명을 완성하는 것이며, 통일에 대한 기본원칙은 대남적화를 위한 통일전선전술의 내용을 구성하는 것에 불과하다고 평가할 수 있다. 다만, 2000년 남북한 최고책임자가 정상회담을 개최하고, 6.15남북공동선언을 통해 통일방안과 이를 위한 남북관계의 개선에 관한 기본원칙을 합의하였다는 것은 중요한 의미가 있다.

이에 대해서는 남북한이 분단과 통일에 대한 공통적인 인식을 바탕으로 남북교류협력의 강화 등을 통한 평화적 통일을 지향하는 새로운 기본원칙을 마련한 것으로 평가하는 견해도 있다. 그러나

6.15남북공동선언은 그 구체적인 후속조치가 제대로 실천되지 못하였으며, 북한은 개성공단과 금강산관광사업 등을 추진하기도 하였으나 2010년 천안함 폭침과 연평도 포격 등을 통해 군사적 긴장을 도발하였다. 이러한 점에 비추어 북한이 채택하고 있는 통일의 기본원칙은 근본적으로 변화가 없다고 평가할 수 있다.

다. 국제법적 관점

남북관계는 일제로부터의 해방, 남북분단, 그리고 6.25전쟁을 겪으면서 현재까지 국제사회와 밀접하고도 직접적인 관련성을 가지고 있다. 남북한의 분단은 국내적 요인과 함께 국제적 요인에서 비롯되었으므로 남북관계와 통일도 국제적 조건과 협조가 없이는 어려운 것이 현실이다. 따라서 남북관계가 국제법적으로 어떻게 평가되고 인식되고 있는지를 규명하는 것은 통일을 위한 기초적 작업이라고 할 수 있다. 해방 이후 한반도 문제는 기본적으로 자주화와 국제화라는 두 개의 커다란 흐름 속에서 해결이 모색되었으며, 남북관계와 통일방안도 이러한 두 가지 축을 중심으로 동태적으로 변화하였다는 입장도 있다. 남북관계를 국제법적 관점에서 평가하기 위해서는 우선적으로 남한과 북한의 정부가 수립되어 국제사회의 일원으로 참여하게 된 과정과 그 내용을 검토해야 한다. 이때 남한과 북한이 분단되기 이전에 단일한 국가공동체로서 존재하였다는 것을 인정할 수 있는지 여부, 그리고 대한제국과 남북한과의 관계에 대한 분석도 필요할 것이다. 이는 한민족의 국가공동체 형성에 있어서 수반되는 민족사적 정통성과 직접적으로 관련된 문제로서 그 평가에 따라 남북관계는 물론 통일국가 형성에 있어서 남한 또는 북한이 상대방에 대해 우월한 지위를 부여할 수 있다.

대한제국은 1905년 을사보호조약을 시작으로 1907년 정미7조약을 거쳐 1910년 한일합병조약을 통해 일본의 불법적 통치지배를 받았다. 이 조약은 일본군대가 대한제국의 왕성을 포위한 상태에서 억압으로 체결되었으며, 대한제국의 황제가 조약체결을 위한 전권위임장도 발부한 사실이 없고, 위 조약에 직접 비준서명을 하지도 않았다. 따라서 이 조약은 일본 제국주의의 강요된 협박에 따라 강박에 의해 이루어진 것으로 평가할 수 있다. 이는 국제법상 당연히 무효(null and void ab initio)이며, 이러한 사실은 1965년 체결된 한일기본관계에 관한 조약 제2조에서 "1910년 8월 22일 및 그 이전에 대한제국과 대일본제국간에 체결된 모든 조약 및 협정이 이미 무효임을 확인한다"는 규정을 통해 공식적으로 확인되었다.

일본의 불법적 식민지배를 법규범적 관점에서 분석하면, 대한제국은 일본의 불법적 강압에 의해 점령당하여 정상적인 주권행사가 사실상 방해된 상태에 놓여 있었을 뿐 대한제국의 주권이 일본에게 양도된 것은 아니라고 평가할 수 있다. 그러나 근대역사를 객관적으로 바라보면, 비록 대한제국의 주권이 일본에 양도된 것이 아니라고 하더라도 일본의 식민지배를 통해 대한제국의 주권자인 황제가 폐위되고 독립국가로서 기능하지 못한 것은 엄연한 사실이다. 일본의 식민지배를 통해 대한제국이 소멸하였다고 볼 여지도 있다. 그러나 1910년 체결된 합일합병조약이 무효로서 법적 효력이 없는 이상 그에 따라 취해진 황제제도의 폐지 등 사실행위도 모두 무효라고 해야 할 것이다. 따라서 법규범적 의미에서는 일제의 식민지배를 받는 기간 동안에도 대한제국은 국제(國制) 제2조와 제3조에 따라 주권자인 '무한한 군권을 향유하는 대황제'를 통해 그대로 존속하였다고 할 수 있다.

대한제국은 해방 이후에도 존속하였으나 미군과 소련군의 군정에 의해 실효적인 통치권을 행사하지 못하였다가 대한민국의 정부를 수립함으로 인하여 비로소 소멸한 것으로 평가할 수 있을 것이다. 그러므로 1948년 수립된 남한과 북한의 정부는 신생국가의 정부가 아니라 남한과 북한 가운데 어느 정부가 합법적으로 정통성을 이어받았느냐의 문제가 있을 뿐, 대한제국과 무관한 것이 아니라 대한제국의 법통성을 이어받은 정부라고 해석하여야 할 것이다.

대한제국의 법통성은 1945년 8월 일본의 패전과 함께 단일의 국가공동체를 형성함으로써 승계될 기회가 있었다. 그러나 국내 정치세력의 좌우대립, 미국과 소련의 정치적 이해관계에 의해 남한과 북한이 각각 정부를 수립함으로써 단일한 국가공동체를 형성하지 못하고 말았다. 이러한 현상은 대한제국의 주권이 황제로부터 국민으로 이전되고 대한제국을 승계하는 국가를 형성하는 과정으로 파악할 수 있다. 이때 대한제국의 전체 국민이 남한과 북한으로 나뉘어져 주권을 행사하고 두 개의 이질적인 사실상의 국가공동체를 창설한 것으로 평가할 수 있다. 이에 따라 남한과 북한은 각각 자신이 창설한 국가공동체가 대한제국의 법통을 승계한 유일한 합법정부이며 상대방을 비합법적인 정부라고 주장하고 있는 것이다.

대한제국의 법통성에 대해서는 이와 같이 남한 또는 북한이 단독으로 이를 승계하였다는 견해 이외에도 이론적으로는 다양한 주장이 제기될 수 있다.

첫째, 남한과 북한은 한반도에 신생국가로 탄생하여 어느 일방도 대한제국의 법통을 승계한 것이 아니라는 것이다. 이 견해는 남한과 북한은 분단국가를 형성함으로써 대한제국과 단절하였다는 것으로서 일본의 식민지배와 분단과정에 있어서 발생한 역사적 현실을 인정해야 한다는 것에 기초하고 있다. 그러나 이 견해는 한반도에 두 개의 주권국가가 존재한다는 것을 전제로 하고 있어 평화통일을 지향하는 우리의 헌법이념에 부합하지 않고, 남북관계를 국가와 국가의 관계로 보지 않는 남한과 북한의 의사에도 일치하지 않는다는 문제점이 있다.

둘째, 대한제국은 남북한의 분단에 의해 완전히 승계되지 못하였고, 남한과 북한은 대한제국의 부분국가로서 존재하고 있다는 것이다. 남한과 북한의 정부수립에도 불구하고 법규범적인 의미에서는 대한제국이 여전히 권리능력을 가지고 존재한다는 것이다. 이 견해는 통일 이전 독일의 사례를 참고한 것으로서 한지붕이론, 부분동일이론 등 분단국가의 특수관계에 관한 이론에 기초한다. 즉, 동서독은 독일제국의 부분국가로서 존재하였다가 통일을 달성함으로써 독일제국의 법통성을 회복하였다는 것이다. 동서독이 분단되어 있는 동안에 독일제국은 비록 행위능력을 상실하였으나 권리능력은 여전히 보유하고 있다는 것을 전제로 하고 있었다.

이 견해에 대하여는 남북한의 경우는 동서독의 경우와 차이가 있어서 독일의 사례를 적용하기 어렵다는 비판이 가능하다. 즉, 독일의 경우에는 제2차 세계대전 이후 연합국은 '독일문제의 처리에 관한 조약'을 통해 독일의 처리와 통일문제를 전승 4대국의 책임과 권한으로 유보하였고, 이에 대한 아무런 결정이 없어서 독일제국이 소멸하지 않고 여전히 존속하는 것으로 이론구성할 수 있었다. 그러나 남북한의 경우에는 독일의 경우와 같은 국제법상 제한이 없어 대한제국의 존속을 규범적으로 설명하기가 어렵다. 또한,

남한과 북한이 각각 유일한 합법정부임을 주장하고 있으므로 당사자의 의사에도 반한다는 문제점도 있다.

셋째, 남한과 북한 어느 일방도 대한제국의 법통을 완전히 승계하지 못하였으므로 남북한을 하나의 분단체(divided entity)로 보는 견해도 있다. 이 견해는 분단국가의 현실을 인정하면서도 분단의 고착화를 막기 위해 고안된 것으로서 분단국가를 구성하는 정치적 실체에 대해 국가와 교전단체의 중간에 해당하는 법적 지위를 인정하고 있다. 그러나 이 견해는 분단체의 법적 성격이 모호하고, 앞의 견해들과 마찬가지로 남북한 당사자의 의사에도 반한다는 문제점이 있다.

요컨대, 한민족의 국가공동체 형성에 대하여는 당사자인 남한과 북한의 자율적인 의사를 존중한다는 민족자결주의를 고려할 때, 이념과 체제가 상이한 남한과 북한이 서로 대한제국의 법통성을 주장하는 상황에서 이를 나누어 가지는 것으로 의제할 수는 없을 것이다. 남한과 북한의 정부수립 과정에서 주권자인 국민의 정치적 의사결정에의 참여와 기회보장 등을 비교할 때 대한민국이 대한제국의 법통을 승계한 유일한 합법정부라고 해석하는 것이 타당하다. 즉, 북한정부는 북한지역에 거주하는 주민에 의한 정치적 의사결정의 기회가 소련 및 김일성 정권에 의하여 박탈되거나 제한된 상태에서 수립되었다. 이에 반하여 대한민국 정부는 한민족의 과반수가 남한지역에 거주하면서 주권자로서 정치적 의사결정에 참여한 상태에서 수립되었으므로 대한제국의 법통을 승계하였다고 평가할 수 있다. 또한, 유엔총회도 대한민국 정부를 유일한 합법정부로 인정하고 국제법적으로 국가승인을 하였다. 따라서 대한민국은 법규범적 의미에서 영토적으로나 인적으로나 대한제국의 법통을 승계하였으며, 대한제국이라는 군주국이 1948년 대한민국이라는 공화국의 형태로 승계되었다고 해석하는 것이 타당하다.

한편, 대한민국은 건국헌법 이전에 이미 대한민국이라는 국호를 사용하고 있어서 대한제국을 승계한 것은 아니라는 주장도 제기될 수 있다. 건국헌법은 전문에서 "대한민국은 기미삼일운동으로 대한민국을 건립하여"라고 규정하고, 현행헌법도 전문에서 "대한민국은 3.1운동으로 건립된 대한민국 임시정부의 법통"이라고 규정하고 있다. 그러나 일본의 식민지배를 받는 동안 활동한 임시정부는 당시의 다양한 독립운동세력을 포괄하는 대표성이 부족했을 뿐만 아니라 국제법적으로 임시정부로서 승인을 받지 못하였다. 따라서 1948년 수립된 대한민국이 식민지배에서의 임시정부의 법통을 이어받았다고 주장하기에는 한계가 있다. 또한, 대한민국이라는 국호는 건국헌법을 제정하고 정부를 수립하는 과정에서 공식적으로 채택되었으므로 건국헌법 이전에 대한민국이라는 용어를 사용하였다고 하더라도 이러한 사실이 대한제국의 법통을 승계하였다는 것을 부인하는 근거가 될 수는 없다고 하겠다. 다만, 남북한이 분단된 이후 남한과 북한이 각각 국제사회에서 국제법의 주체로서 활동하고 있는 현실을 법규범적으로 어떻게 설명할 수 있는 것인지의 문제는 남게 된다. 이 문제는 남북관계에 대한 헌법규범적 이론을 통해 해결할 수 있으며, 남북한특수관계론은 외국에 의한 남한과 북한에 대한 국가 또는 정부승인, 남북한의 유엔에의 동시 가입, 남북합의서 체결에 대한 국제법적 평가 등을 적절하게 설명할 수 있을 것이다.

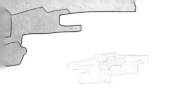

제 4 장

남북관계에 대한 규범체계

1. 남북한특수관계론

가. 남북관계에 관한 헌법이론적 기초

남한과 북한은 자신을 한반도의 유일한 합법정부임을 주장하면서, 상대방을 규범적으로 인정하지 않고 있다. 남한의 입장에서 남북관계를 법규범적으로 분석함에 있어서 북한의 법적 지위를 어떻게 인정할 것인지가 핵심적 쟁점이다. 남북한 사이에 발생하는 다양한 법률충돌을 합리적으로 해결하기 위해서는 우리 헌법상 북한의 법적 지위를 어떻게 파악할 것인지를 분석하고, 이를 중심으로 남북관계를 규범적으로 명확하게 설정하는 것이 필요하다. 대한민국 헌법은 규범적으로 북한을 인정하지 않고 있어 남북관계에 대해서는 국제법을 적용할 수 없으며, 분단상황으로 인하여 한반도 전체에 단일한 국내법을 적용할 수도 없는 것이 현실이다. 이와 같이 남북관계는 국내법적으로 평화통일을 위하여 교류협력을 지향하면서도 현실적으로 정치적 이념과 체제에 의하여 상대방을 규범적으로 수용할 수 없는 한계를 가지고 있다. 국제사회에서도 남북한이 각각 엄연히 국가적 실체를 가지고 국제법의 주체로서 활동하고 있어 헌법을 비롯한 국내법을 국제법적 규범영역에 그대로 적용할 수도 없다. 이러한 의미에서 남북관계는 국내법 또는 국제법원칙의 적용만으로는 설명될 수 없는 특수성을 가지고 있다.

그동안 남북관계의 특수성에 대하여는, 그 개방성과 동태적 발전성을 이유로 "개별적 사건에 있어서 북한의 법적 지위 또는 남북관계의 특수성에 따라서 국내법 또는 국제법원칙이 적용되어야 한다"는 총론적 논의만 존재했다. 즉, 남북관계 그 자체를 비롯하여 남북한이 교류협력을 추진하는 과정에서 발생하는 법률적 쟁점들에 대해서 이를 법리적으로 해결할 수 있는 기준을 제시하지 못하였다. 남북한특수관계론은 남북관계의 특수성을 규범적 측면에서 설명하는 헌법이론이다. 이는 남북관계에서 발생하는 법률의 충돌과 모순을 해결하는 이론적 도구이며, 헌법규범과 헌법현실, 그리고 남북한의 국내법적 지위와 국제법적 지위의 모순적 괴리현상을 합리적으로 설명할 수 있는 유용한 규범적 분석틀이다. 따라서 남북한특수관계론이 규범으로서 기능하기 위해서는 구체적이고 각론적인 규범적 내용을 가져야 하고, 남북관계에서 실제로 발생하거나 발생이 예상되는 법률문제에 대한 해결방안과 규범적 기준을 제시하여야 한다. 즉, 남북한특수관계론이 남북관계를 규정하고, 이를 규율하는 법규범을 마련하는 기초이론으로 기능하기 위해서는 일정한 기본원리에 따라 구체적인 규범적 기준을 제시할 수 있어야 한다.

남북한특수관계론은 남북한 사이의 법률충돌과 모순을 해결하는 헌법이론적 기초가 된다고 할 것이다. 남북교류협력에 관한 법률, 남북관계발전에 관한 법률, 북한이탈주민의 보호 및 정착지원에 관한 법률, 남북협력기금법, 개성공업지구지원에 관한 법률, 남북주민 사이의 가족관계와 상속 등에 관한 특례법 등 남북관계를 규율하는 법률과 하위법령들은 남북한특수관계론에 따라 제정된 것이 아니다. 하지만 이들 법령들에서 규정하는 특별한 내용들은 모두 남북한특수관계론에 의해 설명될 수 있다. 이러한 법령들과 남북한 사이에 체결되는 각종 남북합의서는 물론 북한의 법령도 모두 헌법과 이를 바탕으로 한 남북한특수관계론을 기초로 해석되고 적용되어야 한다. 남북관계발전에 관한 법률은 제3조 제1항에서 "남한과 북한의 관계는 국가간의 관계가 아닌 통일을 지향하는 과정에서 잠정적으로 형성되는 특수관계이다"라고 규정하고, 제2항에서 "남한과 북한간의 거래는 국가간의 거래가 아닌 민족내부의 거래로 본다"고 규정하고 있다. 남북교류협력에 관한 법률도 제1조에서 "남한과 북한간의 상호교류와 협력을 촉진하기 위하여" 제정된 것이라고 규정하고, 제3조에서 "남북교류와 협력을 목적으로 하는 행위에 관하여는 다른 법률에 우선하여 적용한다"고 규정하고 있다. 또한, 남북주민 사이의 가족관계와 상속 등에 관한 특례법도 제2조에서 "이 법을 해석·적용할 때에는 남한과 북한의 관계가 국가 사이의 관계가 아닌 평화적 통일을 지향하는 과정에서 잠정적으로 형성되는 특수관계임을 고려하여야 한다"고 규정하고 있다. 이 규정들은 모두 남북한특수관계론에 기초하고 있다고 판단된다.

나. 구체적 내용

남북관계의 법적 성격은 기본적으로 북한의 법적 지위와 성격에 의하여 확정되는데, 남한헌법상 북한은 국내법적으로 이중적 지위를 가지는 동시에 국제법적으로도 특수한 지위를 갖는다고 하겠다. 즉, 북한은 국내법적으로는 헌법상 불법단체 또는 국가보안법상 반국가단체로서의 지위와 동시에 평화통일을 위한 대화와 협력의 동반자로서의 지위를 이중적으로 가진다. 한편, 국제법적으로는 국제사회에서 독립된 주권을 가진 국가로서 활동하고 있어 독립된 국제법상 주체로서 인정되고 있다.

남북한특수관계론을 헌법규범적으로 분석할 경우에는 남북관계가 적용되는 규범영역에 따라서 상이한 규범적 의미를 부여할 수 있고, 이는 국내법적 규범영역과 국제법적 규범영역으로 구분하여 설명할 수 있다.

첫째, 남북관계가 국내법적 규범영역에서 적용될 경우 그 소극적인 의미는 남북관계가 나라와 나라 사이의 관계가 아니라는 것을 의미하므로 남북관계에 대하여는 국제법원칙을 적용할 수 없다. 그러나 이는 정치적으로는 남북한이 하나의 민족국가를 달성하기 위하여 노력한다는 것을 대내외적으로 선언한 것에 불과하다. 즉, 규범적으로는 남북관계가 국가간 관계가 아니므로 국가승인을 한 것이 아니라는 것을 의미할 뿐 남북관계를 직접 규율하는 기준을 제시하는 것은 아니다. 따라서 이는 남북관계에 적용하는 법규범은 남북관계가 국가간 관계가 아니므로 가급적 이러한 특수성을 고려하여 결정되어야 한다는 대원칙을 선언한 것으로 이해하여야 한다.

둘째, 남북관계가 국내법적 규범영역에서 적용될 경우 그 적극적인 의미는 북한의 이중적 지위가 반영된다. 즉, 북한이 반국가단체로서 활동하는 규범영역에서는 헌법 제3조와 국가보안법 등 국내법이 적용되고 그러한 범위에서는 국제법원칙이 적용되지 않으며, 헌법 제4조와 이를 근거로 하여 제정된 남북교류협력에 관한 법률 등 국내법률과 각종 남북합의서도 적용될 여지가 없다. 이에 반하여, 북한이 남한의 평화통일을 위한 노력에 대응하여 남북교류협력 등 그에 부합되는 활동을 하면서 평화통일을 위한 대화와 협력의 동반자로서 활동하는 규범영역에서는 북한의 실체를 규범적으로도 인정하고 있으므로 원칙적으로 국제법원칙이 적용되어야 한다.

특히, 남북관계에 있어서 국제법원칙을 그대로 적용할 경우에는 남북관계가 국가간 관계가 아니라는 대원칙의 취지에 반하게 된다. 따라서 남북관계의 특수성을 반영하여 국제법원칙을 변용하거나 탄력적으로 적용할 수 있도록 법적 근거를 법률에 명시적으로 규정하는 것이 바람직하다. 이러한 규범영역에서는 헌법 제3조, 제4조와 이를 근거로 하여 제정된 남북교류협력에 관한 법률 등 국내법률과 각종 남북합의서도 북한을 평화통일을 위한 대화와 협력의 동반자로 인정하고 제정된 것으로서 남북관계에 그대로 적용된다고 하겠다.

셋째, 남북관계가 국제법적 규범영역에서 적용될 경우에는 국제사회에서 남북한이 각각 국제법의 주체로서 활동하고 있는 현실과 국내법을 이유로 국제법의 적용을 배제할 수 없다는 국제법원칙을 고려해야 한다. 따라서 남북한 일방 또는 쌍방이 각각 특정한 제3국 또는 국제기구와 법률관계를 형성할 경우에는 국제법원칙이 적용된다. 또한, 남북관계가 원칙적으로는 국내법적 규범영역에 속하지만 일정한 범위에서 제3국 또는 국제기구와 관련성을 갖는 경우에는 그러한 범위 내에서는 원칙적으로 국제법원칙이 적용되어야 할 것이다. 이러한 경우에도 남북관계의 특수성을 최대한 반영하여 국제법원칙을 변용 또는 탄력적으로 적용하는 방안을 마련할 필요가 있다. 이때에는 우리 헌법은 물론 남북교류협력에 관한 법률, 국가보안법 등 법률체계와 정합성을 유지할 수 있도록 하여야 할 것이다.

다. 헌법적 근거

(1) 헌법 제3조와 제4조의 규범조화적 해석

남북한특수관계론은 통일정책을 수립하고 추진하는 규범적 기준으로서 통일정책에 대한 정당성의 기초이자 통일정책을 구체적으로 추진함에 있어서 준수해야 할 규범적 한계가 된다. 따라서 그 헌법적 근거는 헌법제정권력자인 국민의 의사에 의하여 정립된 국가의 근본가치와 발전방향을 규정하고 있는 헌법규정에서 찾아야 한다. 우리 헌법은 남북관계에 대해 직접적으로 규정하고 있는 것은 아니지만 영토조항이나 그 밖의 통일관련 조항을 통해 북한의 법적 지위에 대하여 그 규범적 의미를 밝히고 있다.

북한의 법적 지위를 비롯한 남북관계에 대한 기본적이고 제1차적인 헌법상 근거규정은 헌법 제3조와 제4조라고 할 것이며, 전문 등 기타 헌법조항에도 그 정신이 반영되어 있다. 남북한특수관계를 규명하기 위해서는 헌법 제3조와 제4조에 대한 심층적인 법이론적·규범적 분석이 반드시 필요하며, 이와 동시에 헌법에서 지향하는 정치적 이념과 가치체계와의 통일적이고 조화로운 규범체계를 정립할 것이 요구된다. 헌법 제3조와 제4조의 관계에 있어서는 북한의 법적 지위와 관련하여 제3조의 영토조항이 현실적으로 규범력을 가지고 기능하느냐 하는 문제가 핵심적인 쟁점이다.

헌법 제3조의 효력에 대해서는 그 규범력을 부인하는 견해와 이를 인정하는 견해로 구분할 수 있다. 먼저, 남북관계에서 북한의 국가성을 규범적으로 인정할 경우에는 제3조의 규범력을 인정하기 어려울 것이다. 제3조의 규범력을 부인하는 입장도 그 규정이 국제법 또는 헌법현실과 부합되지 않으므로 규범력을 상실한 명목적인 규정이라는 견해에서부터 헌법에 규정된 이상 규범력 자체를 부정할 수는 없으나 제4조와의 관계를 고려할 때 결과적으로 남북관계에 있어서는 현실적으로 규범력을 갖지 못한다는 견해까지 다양하다. 한편, 제3조의 규범력을 인정하는 입장에 따르면 남북한의 분단은 법률상의 분단이 아니라 사실상의 분단이므로 대한민국의 주권 또는 헌법의 효력이 당연히 한반도 전체에 미치는 것이라고 한다. 다만, 남북한 분단의 현실적 상황에 의하여 북한지역에 대한 효력이 사실상 제약당하고 있을 뿐이라는 것이다. 따라서 헌법 제3조는 대한민국의 영토를 법률상 회복하여야 할 통일의 책무를 부과하고 있는 규정이며, 제4조는 이러한 통일의 책무에 대한 기본적인 추진방식과 수단을 규정하고 있으므로 제3조와 제4조는 목적과 수단의 관계에 있다고 한다.

헌법 제3조는 북한지역도 대한민국의 주권이 미치는 영토라고 규정하고 있지만, 제4조는 분단국가의 현실을 인정하고 평화통일을 추구하고 있어 서로 모순되는 내용을 담고 있다. 헌법은 통일된 이념과 가치체계를 그 내용으로 하지만 원래 다양한 이해관계의 갈등과 대립을 바탕으로 상호 공존을 위한 타협의 결과로서 성립된 것이다. 따라서 헌법은 그 자체로서 개방성·미완성성·역사성을 그 특성으로 하며, 헌법규정들 상호간에 부조화 현상이 발생할 수 있어 상반구조적 입법기술에 따라 명문화되는 특징을 가진다. 헌법 제3조와 제4조도 이러한 헌법의 특성을 고려하여 헌법규정을 통일적이고 규범조화적으로 해석함으로써 그 규범적 의미를 명확하게 밝힐 수 있다.

결론적으로, 헌법 제3조는 역사적 측면에서나 규범적 측면에서 통일에 관한 핵심적 규정으로서 대한민국의 영토를 법률상 회복하여야 할 책무를 부과하고 있는 목적적이고 가치적인 규정이며, 평화통일이 실현되었을 경우에 성립하는 통일국가의 최종적인 영토의 범위를 설정한 것이다. 이 규정을 근거로 하여 북한주민에게 대한민국 국적을 당연히 인정할 수 있고, 남북한 사이의 물자교역도 민족내부거래로 인정하여 북한에 대해 특혜조치를 할 수 있다. 이 규정은 북한주민의 인권을 보호하기 위하여 대한민국이 개입할 수 있고, 나아가 북한의 체제전환 또는 급변사태로 인한 통일과정에서 대한민국이 북한지역에 대하여 주권과 통치권을 행사할 수 있는 헌법적 근거가 될 수 있을 것이다.

한편, 헌법 제4조는 제3조에서 천명한 통일의 책무를 현실적으로 실천하기 위한 방법론적이고 수단적 성격을 가지며, 대한민국의 분단된 현실을 극복하고 통일을 달성하기 위하여 평화적인 방법을 추구하고 있음을 선언한 것이라고 할 수 있다. 따라서 헌법 제3조가 국가의 본질적 요소인 영토의 범위를 규정한 것으로 목적적이고 가치적인 규범력을 가지고 있는 반면, 제4조는 그러한 범위와 조화를 이루면서 그 범위 내에서 실천적이고 수단적 규범으로서 의미를 가지는 것이다. 이러한 의미에서 규범체계적으로나 법논리적으로나 제3조가 제4조에 비하여 우월한 효력을 가진다고 할 수 있다. 헌법 제3조와 제4조를 위와 같이 해석하는 것이 헌법규범의 특징과 그 상반구조적 입법기술을 고려하여 남북한의 특수한 현실적인 관계를 반영함과 동시에 이를 헌법규범적으로 조정하고 통합할 수 있는 합리적인 해석이라고 할 수 있다.

(2) 남북합의서

현행 헌법규정 이외에도 남북한이 체결한 합의서는 남북한특수관계론에 대한 규범적 근거가 될 수 있다. 즉, 남북합의서는 남북한 당국이 통일의 당사자로서 남북관계와 통일문제에 대한 기본원칙을 합의한 것으로서 남북관계와 통일에 대한 규범적 기준을 제시하고 있다. 또한, 남북합의서를 통해 남북한특수관계에 대한 남북한의 의사를 직접적으로 확인할 수도 있다.

남북한이 1972년 체결한 7.4남북공동성명은 남북한의 정부 당국자가 분단 이후 처음으로 직접 만나 자주·평화통일·민족대단결의 3대 원칙에 합의한 것이다. 이것은 남북한이 서로 상대방의 실체를 인정하는 것을 전제로 교류협력과 통일의 상대방으로 받아들였다는 점에서 남북관계에 중요한 의미가 있다. 7.4남북공동성명에 대하여는 공동선언이 발표된 이후 양측이 통일을 실현한다는 명목으로 정치권력을 강화하는 조치를 취함으로써 정치적으로 이용되었다는 비판이 있다. 통일의 3대 원칙의 구체적인 내용도 남북한이 상이한 정치이념과 정책적 판단에 따라 서로 다르게 해석함으로써 그 실효성이 상실되어 규범적 의미를 기대하기 어렵다는 문제점도 있다. 그러나 남북한이 공동성명을 통하여 발표한 통일의 3대 원칙은 남북한이 상대방의 실체와 존재를 공식적으로 확인한 것으로서 사실상 남북관계와 통일방안을 기속할 수 있다는 점에서 그 규범적 의미가 있다고 할 수 있다.

남북한이 분단된 이후 남북한 당국이 남북관계를 명문으로 정의

하고 상대방의 체제를 적극적으로 인정한 것은 1992년 2월 19일 발효된 '남북 사이의 화해와 불가침 및 교류협력에 관한 합의서(이하 '남북기본합의서'라고만 한다)'이다. 남북기본합의서는 서문에서 7.4 남북공동성명에서 천명된 조국통일 3대 원칙을 재확인하고 남북관계에 대하여 "쌍방 사이의 관계가 나라와 나라 사이의 관계가 아닌 통일을 지향하는 과정에서 잠정적으로 형성되는 특수관계"라고 규정하였다. 또한, 남북한이 물자교류, 합작투자 등 경제교류와 협력을 추진할 것을 규정하고, 이를 민족내부의 교류로 인정하였다. 남북기본합의서는 제1조에서 "남과 북은 서로 상대방의 체제를 인정하고 존중한다", 제2조에서 "남과 북은 상대방의 내부문제에 간섭하지 아니한다"고 규정하였다.

이를 전제로 남북화해와 군사분야에 있어서의 남북불가침을 선언하였다. 즉, 남북한은 상대방에 대한 비방·중상·파괴·전복 등을 금지하고(제3조, 제4조), 현재의 군사정전협정을 준수하며(제5조), 국제무대에서 서로 협력할 것을 규정하였다(제6조). 또한, 남북한 주민들의 자유로운 왕래와 접촉(제17조)을 비롯하여 경제·우편·철도·도로 등 다양한 분야에서의 남북교류협력을 실시할 것도 규정하였다. 남북기본합의서는 제25조에서 "이 합의서는 남과 북이 각기 발효에 필요한 절차를 거쳐 그 문본을 서로 교환한 날부터 효력을 발생한다"고 규정하고 대한민국 국무총리와 조선민주주의인민공화국 정무원 총리가 당사자로 서명함으로써 상대방에 대하여 국가로서의 실체를 인정하였다.

남북기본합의서에 대하여 헌법재판소와 대법원은 "이는 한민족공동체 내부의 특수관계를 바탕으로 한 당국간 합의로서 남북당국이 성의 있는 이행을 상호 약속하는 일종의 공동성명 또는 신사협정에 준하는 성격을 가짐에 불과하여 법률이 아님은 물론 국내법과 동일한 효력이 있는 조약이나 이에 준하는 것으로 볼 수 없다"고 하여 법적 구속력을 인정하지 않고 있다(헌법재판소 2000. 7. 20. 98헌바63, 대법원 1999. 7. 23. 98두14525). 하지만 그 기본정신과 내용은 그 이후 남북한이 체결한 4개 경협합의서 등 법률적 효력을 갖는 남북합의서에 그대로 반영되고 있으며, 남북한의 실질적인 책임자들이 인정한 것으로 향후 평화통일정책을 수립하고 추진하는 기본원칙으로서 중요한 의미를 가진다고 하겠다.

2000년 6월 15일 발표된 6.15남북공동선언과 2007년 10월 4일 발표된 '남북관계발전과 공동번영을 위한 남북정상 공동선언(이하 '10.4남북공동선언'이라고만 한다)'은 남북한이 평양에서 정상회담을 개최하고 공동발표하였다. 남북한은 이 공동선언을 통해 상호 상대방의 체제를 인정하는 것을 바탕으로 한반도 통일문제를 당사자 사이의 대화를 통해 풀어나가기로 합의하였다. 특히, 6.15남북공동선언은 남북한이 최초로 정상회담을 통하여 통일방안에 있어서 공통성을 인정하고 확인하였다는 점에서 큰 의미가 있다. 이들 남북합의서는 정치적 선언에 불과할 뿐 법률적 효력을 갖는 조약으로서 성격을 갖는다고 인정하기는 어려우나, 7.4남북공동성명과 남북기본합의서의 기본원칙과 정신을 이어 받아 이를 재확인한 것이다. 따라서 실질적인 의미에서는 향후 남북관계와 통일방안에 대한 기본원칙으로 기능할 수 있다는 점에 규범적인 의미를 부여할 수 있다.

(3) 법원의 판결과 헌법재판소의 결정

법원과 헌법재판소는 남북관계의 규범적 의미를 확인하고 있는 것은 아니지만, 국가보안법 등 구체적인 사안을 적용하면서 북한의 법적 지위에 대해 규범적인 판단을 하고 있다. 법원의 판결과 헌법재판소의 결정은 헌법에 대한 최고의 유권적 해석으로서 북한의 법적 지위에 관한 규범적 해석을 통해 남북한특수관계를 추론할 수 있다는 의미에서 중요한 헌법적 근거의 하나가 된다.

대법원의 판결은 현행헌법의 개정을 기준으로 그 이전과 그 이후를 구분하여 검토할 필요가 있다. 즉, 현행헌법이 제4조에서 평화통일을 규정하기 이전까지는 제3조의 규범력을 철저하게 인정하여 국가보안법 판결 등을 통해 북한의 반국가단체성을 인정하였다(1983. 3. 22. 82도3036, 1986. 10. 28. 86도1784, 1987. 7. 21. 87도1081). 대법원은 1987년 개정된 현행헌법 제4조에 평화통일조항을 신설한 이후에도 제3조의 규범력을 그대로 인정하였으나, 2000년 6.15남북공동선언 이후 남북관계의 변화를 수용하여 북한의 이중적 지위에 따라 북한을 평화통일을 위한 대화와 협력의 당사자로 인정하고 이것을 바탕으로 북한과 평화통일을 달성하기 위한 교류협력에 헌법적 정당성을 부여하고 있다(2000. 9. 29. 2000도2536). 특히, 대법원이 2008년 판결에서 평화통일 정책에 대해 헌법 제4조를 헌법적 근거로 제시한 것은 북한의 이중적 지위를 인정한 것으로 평가할 수 있다(2008. 4. 17. 2003도758).

헌법재판소는 현행헌법에 의하여 헌법기관으로 구성되었는데, 북한의 법적 지위에 대해 남북한의 유엔(UN)에의 동시가입, 남북기본합의서의 체결에도 불구하고 북한의 반국가단체성이나 국가보안법의 필요성에 관하여는 아무런 상황변화가 없다고 판단하여 대체로 대법원의 입장을 그대로 유지하고 있다. 다만, 헌법재판소는 헌법 제3조와 제4조의 규범조화적 해석을 바탕으로 일찍부터 북한의 이중적 지위를 인정하였다. 즉, 헌법재판소는 1993년부터 남북관계의 특수성을 반영하여 북한의 이중적 지위를 인정하고 북한을 대화와 협력의 일방 당사자로 인정하는 헌법적 근거로서 제4조를 직접적으로 제시하였다(1993. 7. 29. 92헌바48 등). 이는 남북한특수관계를 헌법적 차원에서 인정한 것으로 남북교류협력에 관한 법률에 대한 헌법적 근거를 제시하는 동시에 북한과의 교류협력정책에 헌법적 정당성을 부여하였다는 점에서 큰 의의가 있다.

헌법재판소는 대법원과는 달리 북한의 이중적 지위를 인정하면서도 북한을 반국가단체 또는 불법단체로서 보는 법적 근거로 '국가의 안전과 국민의 자유보장, 자유민주적 기본질서의 유지라는 헌법적 가치를 위협하고 있는 객관적 실체라는 점'을 제시하고 있을 뿐, 헌법 제3조를 직접적인 근거로 제시하지 않고 있다. 헌법재판소가 북한의 반국가단체성의 근거로 헌법 제3조를 제시하지 않은 것은 제3조의 현실적인 규범력을 제4조와의 관계 속에서 상대적인 것으로 이해하려고 하는 노력으로 판단된다. 즉, 제3조의 규범력은 우리 헌법이념과 통일원칙에 있어서 확정적이고 고정적인 것이 아니라 남북한 헌법가치의 근본적인 변화, 남북교류협력의 확대와 발전양상, 국제사회에서의 남북한의 지위 변화 등에 따라 유동적이고 가변적일 수 있다는 것을 인정한 것으로 평가할 수 있다.

대법원과 헌법재판소는 법리적 접근방식과 강조하는 부분을 다소 달리하고 있으나, 기본적으로는 헌법 제3조의 규범력을 인정한다는 전제 하에 헌법 제4조와의 규범조화적 해석을 통해 북한의 이중적 지위를 인정하고 있다. 또한, 북한의 반국가단체성 또는 불법단체로서의 지위를 인정하는 근거로서 공통적으로 '북한이 여전히 적화통일의 목표를 버리지 않고 자유민주주의체제를 전복할 것을 완전히 포기하였다는 명백한 징후를 보이지 않고 있는 엄연한 현실'을 제시하고 있다. 이러한 태도는 북한이 적화통일의 목표를 버리고 자유민주주의체제를 전복할 것을 완전히 포기하였다는 것이 명백하게 된다면 북한은 더 이상 반국가단체 또는 불법단체가 아닐 수 있다는 것을 의미한다.

이러한 의미에서 북한의 법적 지위, 특히 반국가단체성과 불법단체성은 헌법 제3조, 또는 제3조와 제4조의 관계로부터 직접적이고 무조건적으로 도출되는 것이 아니라 북한의 실체와 활동내용에 따라 결정되므로 제3조와 제4조의 실질적 규범력도 이러한 헌법현실의 변화에 따라 탄력적으로 인정되는 것으로 평가된다. 특히, 대법원이 "남북관계가 더욱 진전되어 남북 사이에 화해와 평화적 공존의 구도가 정착됨으로써 앞으로 북한의 반국가단체성이 소멸되는 것은 별론으로 하고"라고 판시하고 있고(2003. 5. 13. 2003도 604), 헌법재판소도 북한의 반국가단체성의 근거로 헌법 제3조를 제시하지 않고 있는 것은 위와 같은 해석을 뒷받침하고 있다.

라. 규범체계의 특징

남북한특수관계론은 남북관계의 규범적 원칙과 기준을 제시하는 헌법적 규범이라고 하겠다. 이는 남한의 통일정책을 수립하고 추진하는 정당성을 부여하며, 남북관계에 관한 국가권력의 행사를 통제하는 기능을 한다. 또한, 남북한 주민들에게 인간의 존엄과 가치를 보장하고 국민으로서 자유와 기본권을 보장하는 근본규범으로 작용한다. 남북한특수관계론은 통일과 남북관계에 관한 국내법령을 제정하고, 남북합의서를 체결하는 기준과 지침을 제공한다. 따라서 남북교류협력에 관한 법률과 남북기본합의서가 남북한특수관계를 규정하고 있다고 하더라도 남북한특수관계론이 위 규정들로부터 도출되는 것이 아니다. 오히려 위 규정들이 헌법규정의 해석을 통해 도출되는 남북한특수관계론을 선언적으로 확인한 것이라고 하겠다.

남북한특수관계는 한반도에서 역사적으로 형성되어 온 하나의 민족이 당사자의 자율적인 의사에 따라서 평화적으로 재통일하겠다는 것을 그 이념적 기초로 하고 있다. 이는 국제법주체로서 '한(韓)민족 전체국가'의 존속을 전제로 하고 있으며 남한과 북한의 상위개념으로서 한(韓)민족 전체국가는 통일의 법적 근거를 이루게 된다. 따라서 통일방안과 정책의 수립은 물론 남북교류협력의 구체적인 내용·방식·절차에 대하여는 남북한이 합의하여 자율적으로 결정할 수 있을 것이다. 이러한 민족자결의 원칙은 국제사회에서 국제법원칙을 적용하는 경우에 남북관계의 특수성을 반영할 수 있는 근거가 된다. 다만, 민족자결의 원칙은 당사자인 남한과 북한이 자유로운 의사에 따라 결정한 내용을 존중한다는 것이므로 남북한의 의사가 일치하지 않을 경우에는 국내법적 규범영역에서는 물론 국제법적 규범영역에서도 적용되지 않을 것이다.

남북한특수관계는 남북한이 한민족 전체국가로 통일을 달성하는 과정에서 상호 대등한 입장에서 양자의 관계를 법적으로 규정하고 통일을 달성할 때까지 잠정적으로 양자의 관계를 규율하는 법적 원리이다. 이러한 의미에서 남북한특수관계론은 남북한 상호주의와 대등성을 바탕으로 하며, 통일지향성과 통일달성을 위한 잠정성을 그 규범적 성격으로 갖는다. 또한, 남북한특수관계론은 헌법 제3조와 제4조와의 관계로부터 도출되는 북한의 지위를 바탕으로 하고 있으므로 북한의 이중적 지위와 남북관계에 적용되는 규범영역에 따라서 그 법적 성격과 적용범위가 다르게 나타난다. 남북관계는 남북교류협력과 국제사회의 변화 등에 따라서 유동적이고 가변적인 것이 될 수 있는데, 남북한특수관계론은 개방성과 동태적 발전성을 가진다고 하겠다.

2. 남북관계를 규율하는 법률체계

가. 남북합의서

남북한의 법률체계가 상이한 상황에서 남북한 법률의 모순과 충돌을 해결하면서 남북관계를 규율하는 법률체계를 확립하는 것은 쉬운 일이 아니다. 남북관계의 현실을 고려할 때 남한 또는 북한 일방의 법률을 타방을 포함하는 한반도 전체 또는 남북한 주민 전체에 적용하는 것은 불가능하다. 남북한 각각의 법률체계 이외에 남북관계를 규율하는 공통의 법률체계를 별도로 형성하는 것도 기대하기 어렵다. 또한, 통일을 지향하는 분단국가이기 때문에 남북관계를 전적으로 국제법체계로 규율하는 것도 바람직하지 않다. 따라서 현재의 관점에서 남북관계를 규율하는 법률체계로서는 남북한이 각각 자신의 법률을 제정하여 자신의 지역과 주민에게 적용하면서 남북관계의 발전과 평화통일을 위해 필요한 사항에 대해서는 남북합의서를 체결하여 적용하는 것이 가장 현실적이고 바람직한 방안이라고 할 수 있다.

남북한은 1991년 남북기본합의서를 체결하였는데, 남북관계를 쌍방 사이의 관계가 나라와 나라 사이의 관계가 아닌 통일을 지향하는 과정에서 잠정적으로 형성되는 특수관계라고 전제하였다. 남북기본합의서는 남북한이 서로 상대방에 대하여 국가적 실체를 인정하여 상대방의 내부문제에 대하여는 간섭하지 않고, 현재의 군사정전협정을 존중하여 상호 비방, 중상 등을 하지 않을 것을 규정하였다. 남북기본합의서의 법적 성격과 효력에 대하여 논란이 있었으나, 헌법재판소와 대법원은 그 법적 효력을 인정하지 않고 단지 정치적 공동성명 내지 신사협정에 불과하다고 하였다(헌법재판소 2000. 7. 20. 98헌바63, 대법원 1999. 7. 23. 98두14525).

우리 사법부가 판단한 것에 따르면 남북기본합의서는 법률 또는 국내법과 동일한 효력이 있는 조약으로 인정되지 아니하여 법규범으로서는 한계를 가지므로 남북한을 구속하지 못한다고 하겠다. 그러나 남북기본합의서는 남북분단의 상황을 현실적으로 인정하고, 이를 바탕으로 경제·사회·문화 등 다양한 분야에서의 교류협력을 추진하는 기본원칙과 내용을 구체적으로 담고 있는 기본계획의 성격을 가지고 있다. 남북기본합의서의 정신과 그 이행방안은 남북한이 2000년 이후 체결한 각종 남북합의서에 대부분 반영되고 있어 사법부의 판단에도 불구하고 현실적으로는 남북교류협력과 통일방안을 실천하는 중요한 기준으로 작용하고 있다고 평가할 수 있다.

남북기본합의서 이외에 남북교류협력에 있어서 중요한 의미를 갖는 것은 이른바 '조약'으로서의 법적 효력이 인정되는 남북합의서라고 할 수 있다. 이러한 남북합의서에는 남북한이 각각 발효에 필요한 절차를 경료하여 문본을 교환함으로써 발효 중인 남북간 투자보장, 이중과세방지, 청산결제, 상사분쟁해결절차 등 4개 경협합의서와 그에 대한 후속조치로 체결된 '개성·금강산지구 출입·체류합의서' 등 9개 후속합의서가 있다. 그 중 4개 경협합의서는

2000년 12월 16일 제4차 남북장관급회담에서 서명되어, 2003년 6월 30일 남북한간 합의문건으로서는 최초로 대한민국 국회에서 그 체결동의안이 정식으로 통과되고, 같은 해 8월 20일 남북한간 발효통지문을 교환함으로써 정식으로 발효되었다. 북한도 2002년 7월 24일 최고인민회의 상임위원회에서 4개 경협합의서를 채택하는 결정을 함으로써 합의서의 발효에 필요한 절차를 거쳤다고 남한에 통보하였다.

또한, 위 4개 경협합의서를 구체적으로 이행하기 위하여 체결된 개성·금강산지구 출입·체류합의서 등 9개 남북합의서도 모두 국회의 동의절차를 거치고, 그 발효절차에 따라 문건을 교환함으로써 발효되었다. 이러한 남북합의서들은 헌법 제6조 제1항, 제60조 제1항, 제73조에 따라 국회의 동의절차를 이행하였을 뿐만 아니라 정부조직법, 법령 등 공포에 관한 법률 등이 정하는 절차에 따라서 공포되었고, 관보에 게재됨으로써 조약으로서 법적 효력을 가진다고 할 수 있다.

4개 경협합의서에 해당하는 투자보장합의서는 상대방 투자자의 자산을 보호하고 최혜국대우를 보장하도록 하고 있으며, 남북한 일방이 자의로 상대방의 투자자산을 국유화 또는 수용하거나 재산권을 제한하지 못하도록 하고 있다. 이중과세방지합의서는 기업소득에 대하여 사업활동을 통해 얻은 이윤이 발생한 곳에서 세금을 부과하되, 관리장소 등의 고정사업장에 귀속되는 이윤에 대해서만 부과하고, 일방이 소득에 대하여 세금을 부과하면 상대방 지역에서는 세금을 부과하지 않는 것을 원칙으로 하고 있다. 한편, 청산결제합의서는 남북교역의 과정에서 발생하는 환전과 송금에 있어서 제3국 은행을 거치지 않고 지정된 청산결제 은행을 통해 거래상품 대금과 임금 등 용역거래대금을 직접적으로 결제하도록 하였다. 또한, 상사분쟁해결절차합의서에서는 남북한의 상사분쟁에 대하여 중재위원회를 구성하여 중재의 방법을 통해 해결하는 것을 원칙으로 하고, 그 후속조치로 상사중재위원회 구성운영합의서를 체결하여 중재위원회의 구성과 중재규칙 등에 대하여 자세하게 규정하였다. 특히, 남북한은 개성공단에 대해서는 특별한 내용의 합의서를 체결하여 규율하고 있는데, 개성·금강산지구 출입·체류합의서 이외에 '개성공업지구 통신합의서', '개성공업지구 통관합의서', '개성공업지구 검역합의서'를 통해 개성공단의 특수성을 반영하고 있다.

남북한이 이와 같이 체결한 4개 경협합의서와 9개의 후속합의서는 남북기본합의서와는 달리 법적 효력을 갖는다고 할 것이다. 즉, 이들 남북합의서들은 법적 구속력을 부여하려는 남북한 당국의 의사에 따라 체결되었다. 남북한 당국이 각각 조약과 동일한 방식으로 합의서를 체결하고 그 후속조치를 취하였으므로 그 내용과 형식에 있어서도 조약성을 인정할 수 있다. 특히, 이들 남북합의서들은 남북한이 각각 국회의 동의와 최고인민회의 상임위원회의 결정 등 최고입법기관의 동의 또는 승인을 받았다. 이는 위 남북합의서의 효력발생 규정에 따라서 발효에 필요한 절차를 거쳐 남북기본합의서가 국회의 사전동의를 거치지 않았다는 약점을 극복하기 위한 것이었다. 이외에도 남한은 법률적 효력이 있다는 것을 전제로 법률제정 절차에 관한 법령에 따라 공포하고 관보에 게재하였다는 것을 고려할 때 이들 남북합의서들은 법적 구속력이 있는 조약이라고 평가할 수 있다.

남북한은 2000년 6월 최초로 남북한 정상회담을 개최하고 6.15

남북공동선언을 발표하였고, 이에 기초하여 남북교류협력을 확대하고, 그 과정에서 각종 남북합의서를 체결하였다. 2007년 10월 4일에는 남북한이 제2차 정상회담을 개최하고 10.4남북공동선언을 발표하여 6.15남북공동선언의 정신을 재확인하였다. 남북기본합의서와 남북정상회담의 결과로서 발표된 남북공동선언은 남북관계의 발전에 있어서 정치적으로 매우 중요한 의미가 있다고 할 것이다. 그러나 규범적인 측면에서는 법률적 구속력을 갖는 조약으로서의 성격을 인정하기 어려워 그 이행은 물론 이행위반에 대하여 아무런 법적 조치를 취할 수 없는 한계를 가진다.

4개 경협합의서 등에 대해서도 법률적 효력을 부여하기 위하여 노력하는 것은 남한주민이 북한지역에 투자한 자산을 보호하고, 남북교류협력을 안정적으로 발전시키기 위한 것이라고 평가할 수 있다. 즉, 북한이 아직까지 세계무역기구(WTO), 국제투자보증기구(MIGA), 국제분쟁해결센터(ICSID) 등 국제기구나 협정에 가입하지 않고 있는 상황에서 남북합의서를 체결하고 법률적 효력을 부여하는 것은 남북관계에 대한 규범체계를 보충하는 것이라고 할 수 있다. 그러나 남북한은 그 합의내용을 그대로 실천하지 못하였고, 남북합의서에 대한 후속합의서를 제대로 체결하지도 못하였다. 또한, 남북합의서의 내용을 실천하고 이행하기 위한 국내법적 입법조치도 취하지 못하여 이들 남북합의서는 추상적인 원칙을 제시하는데 그치고 남북관계를 실효적으로 규율하는 규범으로서 역할을 수행하지 못하고 있다.

남북한이 법률적 효력을 부여한 것으로 평가되는 남북합의서의 경우에도 남북공동위원회 구성, 남북상사중재위원회 구성과 중재규칙의 제정 등 후속조치를 이행하지 아니하고 있어 실질적으로 법규범으로 기능하지 못하고 있는 것이 대표적인 사례이다. 다만, 남북한이 2013년 이후 개성공단사업을 재가동하면서 남북합의서를 이행하기 위한 후속합의서를 체결한 것은 고무적인 일이다. 즉, 2013년 8월 28일 개성공단 남북공동위원회 구성 및 운영에 관한 합의서를, 같은 해 9월 11일 개성공단 남북공동위원회 사무처 구성 및 운영에 관한 합의서를 각각 체결하여 남북공동위원회와 사무처를 구성하여 운영하고 있다. 또한, 2013년 9월 11일 '개성공단에서의 "남북상사중재위원회 구성·운영에 관한 합의서" 이행을 위한 부속합의서'를 체결하여 개성공단에서 남북상사중재위원회도 구성하였다. 이러한 조치는 비록 개성공단에 국한된 것이지만, 남북합의서의 규범력을 제고함에 있어서 중요한 의미가 있다고 판단된다.

한편, 국제법 영역에서는 북한이 국제기구나 국제사회의 일원으로 참석하는 것에 소극적이어서 국제법원칙을 적용함으로써 남북교류협력을 증대시키는 데에도 어려움이 있다. 남한은 그동안 특정한 외국과 자유무역협정(FTA)을 체결하는 것을 통해 개성공단에 대한 특수성을 반영하기 위해 노력하고 있으나, 전략물자통제나 원산지 표시 등과 관련된 법제도적 장애를 아직까지 해결하지 못하고 있는 실정이다.

남북합의서가 남북관계를 규율하는 규범력을 갖기 위해서는 헌법과 남북관계발전에 관한 법률에 따라 규율되어야 한다. 특히, 남북합의서의 법적 성격과 효력에 대해서는 남북관계발전에 관한 법률에서 자세히 규정하고 있다. 이러한 의미에서 남북한이 체결한 남북합의서가 남북관계를 실효적으로 규율하는 법규범으로 기능할 수 있기 위해서는 실체법적으로나 절차법적으로 헌법과 관련 법률 규정을 준수하여야 한다. 이와 동시에 남북한이 진정성 있는 의지를 가지고 남북합의서를 실질적으로 이행하겠다는 것을 담보할 수 있도록 관련 사항에 대한 국내법적 입법조치와 후속합의서의 체결 등 이행조치가 필요할 것이다. 우리 헌법재판소와 법원도 남북합의서가 이와 같이 실효적으로 기능할 때에라야 비로소 구체적 사건에서 법적 효력을 인정할 것이다. 실제로 2011년 청주지방법원은 이중과세방지 합의서에 대해 남북한특수관계를 전제로 하면서도 그 조약으로서의 효력을 인정하지 않는 판결을 선고하였다. 이는 남북합의서가 헌법과 관련 법률에 따라 제정되었음에도 불구하고 그 이후 남북관계의 경색으로 인하여 남북합의서가 제대로 이행되지 않은 현실을 고려하여 그 법적 효력을 인정하기 어렵다고 판단한 것으로 보인다.

나. 남한의 법률

남북관계를 규율하는 남한의 법률로는 남북관계발전에 관한 법률, 남북교류협력에 관한 법률과 그 시행법령, 남북협력기금법과 그 시행법령, 형법과 국가보안법, 북한이탈주민의 보호 및 정착지원에 관한 법률, 남북 이산가족 생사확인 및 교류촉진에 관한 법률, 남북주민 사이의 가족관계와 상속 등에 관한 특례법 등을 들 수 있다. 이러한 법률들은 그 인적 범위를 북한이탈주민으로 제한하거나, 장소적 범위를 남한으로 제한하거나, 사항적 범위를 가족관계 또는 상속 등으로 제한하는 등 그 규율 대상을 다양하게 규정하고 있다. 그러나 모두 남북관계에서 비롯되는 다양한 법률관계를 규율하고 있다는 점에서 공통점을 가진다. 이들 법률들은 남북관계에서 발생하는 구체적인 사안의 성격에 따라서 그 적용범위를 달리하게 된다. 즉, 남북한특수관계론에 따라 북한이 불법단체 또는 반국가단체로 활동하는 규범영역에서는 형법과 국가보안법이 적용될 것이고, 평화통일을 위한 대화와 협력의 상대방으로 활동하는 규범영역에서는 남북교류협력에 관한 법률 등이 적용될 것이다.

2005년 12월 29일 제정된 남북관계발전에 관한 법률은 남북관계의 발전에 관하여 필요한 사항을 규정하고 있다. 남북관계발전에 관한 법률은 제3조 제1항에서 "남한과 북한의 관계는 국가간의 관계가 아닌 통일을 지향하는 과정에서 잠정적으로 형성되는 특수관계이다", 제2항에서 "남한과 북한간의 거래는 국가간의 거래가 아닌 민족내부의 거래로 본다"고 각각 규정하여 남북기본합의서와 같은 내용으로 남북관계의 특수성을 명문으로 인정하고 있다. 이 법률은 평화통일을 구현하기 위해 남북관계발전의 기본원칙을 제시하고 있다. 즉, 남북관계의 발전은 자주·평화·민주의 원칙에 입각하여 남북한 공동번영과 한반도의 평화통일을 추구하는 방향에서 국민적 합의를 바탕으로 투명과 신뢰의 원칙에 따라 추진되어야 하다. 또한, 남북관계는 정치적·파당적 목적을 위한 방편으로 이용되어서는 아니 된다(제4조).

이 법률은 남북관계의 발전을 위한 정부의 책무를 규정하고 있는데, 한반도의 평화증진, 남북경제공동체의 구현, 민족동일성의 회복, 인도적 문제의 해결, 북한에 대한 지원과 국제사회에서의 협력증진을 제시하고 있다. 특히, 정부는 남북관계발전위원회를 구성하여 5년마다 남북관계발전에 관한 기본계획을 수립하고, 통일부장관은 연도별 시행계획을 수립하며, 이를 국회에 보고할 의무를 진다(제13조, 제14조). 이 법률은 그동안 남북회담대표의 임명과 활동에 있어서 법적 근거가 불명확하다는 문제점을 시정하기 위하여 그 법적 근거를 마련한 것이다. 즉, 남북회담대표의 임명절차에 대하여 구체적으로 법적 근거를 마련하였으며, 그 활동 범위와 지휘 및 감독에 대하여도 자세하게 규정하고 있다. 특히, 공무원을 일정한 기간 동안 북한에 파견하여 근무하도록 할 수 있는 법적 근거규정을 마련함으로써 남북관계의 투명성을 제고하였다(제15~17조).

또한, 남북합의서의 체결, 비준과 공포에 대한 절차를 자세하게 규정하여 법적 효력을 부여할 수 있는 근거를 마련하였으며, 남북합의서의 내용에 따라서 국회의 동의 등 필요한 절차를 달리 규정하였다. 특히, 남북합의서의 효력범위에 대하여도 남북한 사이에 효력을 미친다는 것을 명확하게 하고, 남북관계의 중대한 변화 등이 발생한 경우에는 남북합의서의 효력의 전부 또는 일부를 정지시킬 수 있는 근거도 마련하였다(제21~23조).

남북관계발전에 관한 법률은 국가기관이 대북정책을 집행함에 있어서 적법절차를 준수함으로써 민주적 정당성과 투명성을 제고하기 위한 목적에서 제정되었다. 이 법률은 평화통일과 대북정책의 법적 근거를 제시하는 기본법이며, 남북관계의 특수성을 반영하는 특별법이자 남북합의서의 규범력을 확보하기 위한 절차법으로서 기능하고 있다. 이러한 의미에서 남북관계와 평화통일을 위한 규범적 기초가 된다고 하겠다. 그러나 남북관계발전에 관한 법률은 남북관계의 기본원칙만 제시하고 있을 뿐 구체적인 특징을 반영하지 못하고 있으며, 남북합의서의 법적 효력에 대하여도 명확하게 규정하지 않고 있는 것이 문제점으로 지적될 수 있다.

1990년 8월 1일 제정된 남북교류협력에 관한 법률은 남북한의 상호교류와 협력을 촉진하고, 한반도의 평화와 통일에 기여함을 목적으로 하고 있다. 이 법률은 제3조에서 "남북교류와 협력을 목적으로 하는 행위에 관하여는 이 법률의 목적 범위 안에서 다른 법률에 우선하여 이 법을 적용한다"고 규정하고 있어 남북교류협력에 관한 기본법으로 기능하여 왔다. 이 법률을 제정한 것은 그 동안 정치적 통치행위로 다루어 왔던 남북관계를 법치주의적 틀로 끌어들여 규율함으로써 북한을 교류협력의 상대방으로 인정하고 남북교류협력에 대한 개인의 권리를 보장하였다는 점에서 큰 의미가 있다. 이 법률이 제정된 이후 남북관계는 크게 변화하였으며, 이에 대응하여 교류협력사업을 법제도적으로 지원하기 위하여 13차에 걸쳐 개정되었다. 특히, 2000년 남북정상회담 이후 남북교류협력이 크게 증가하고 그 내용도 다양하게 확대됨에 따라 2005년과 2009년 두 차례에 걸쳐 이 법률을 대폭 개정하면서 행정절차를 간소화하고 지원사업을 확대하였다.

남북교류협력에 관한 법률은 남북교류협력 추진협의회와 실무위원회를 설치하여 남북교류협력에 대한 정책이나 기본원칙을 수립하고 교류협력사업을 총괄적으로 조정하도록 함으로써 남북교류협력을 안정적으로 지원하도록 하는 제도적 장치를 마련하였다(제4~8조). 이 법률은 남북한 주민의 왕래와 접촉 등 인적 교류에 대하여 남북한의 방문에 대해서는 통일부장관의 승인을 받도록 하고, 남북한 주민의 접촉에 대해서는 원칙적으로 사전신고를 하도록 규정하여 엄격하게 통제하고 있다. 또한, 물품의 반출·반입 등 물적 교류에 대하여도 남북한의 거래를 국가 사이의 거래가 아닌 민족내부의 거래로 보면서도 이를 엄격하게 규율하고 있다. 즉, 남북한 주민의 물적 교류에 있어서 그 물품 등의 품목, 거래형태와 대금결제 방법 등에 대하여 통일부장관의 승인을 받도록 하고, 필요한 경우에는 교역에 관한 조정명령을 할 수 있도록 규정하고 있다(제9조, 제10조, 제13조, 제15조).

한편, 남북교류협력사업에 대하여도 이를 경제협력사업과 사회문화협력사업으로 구분하여 일정한 요건을 갖춘 자에 대하여 통일부장관의 승인을 받도록 하고, 소액투자 등의 경우에는 통일부장관에게 신고할 수 있도록 규정하고 있다(제17조, 제18조). 남북교류협력에 관한 법률은 국가기관이 아닌 민간분야에서의 교류협력을 규율하기 위하여 제정되었다. 그동안 남북교류협력을 뒷받침하는 법제도적 장치로서 큰 기능을 하였으며, 남북관계의 변화를 반영하여 수차례 개정을 통하여 남북교류협력의 절차가 개선되었다. 그러나 남북한이 군사적으로 대치하고 있다는 현실을 고려하여 남북교류협력을 지원하는 것보다 남북관계를 통제하고 규율하는 것을 기본으로 하고 있어 평화통일의 기본원칙으로 채택하기에는 본질적인 한계가 있다고 하겠다.

남북교류협력에 관한 법률이 남북관계를 구체적으로 규율함에 있어서 국가보안법과의 관계가 중요하다. 북한이 반국가단체로서 활동하면서도 교류협력을 추진하고 있는 현실에서 남북관계를 규율하는 법률적용에 대한 규범적 기준이 필요하므로 이들 법률의 적용범위와 효력을 명확하게 할 필요가 있다. 헌법재판소는 국가보안법과 남북교류협력에 관한 법률의 관계에 대하여 양 법률은 상호 그 입법목적과 규제대상을 달리 하는 것이라고 하였다(1993. 7. 29. 92헌바48). 즉, 국가보안법은 국가의 안전을 위태롭게 하는 반국가활동을 규율하기 위한 법률이고, 남북교류협력에 관한 법률은 자유민주적 기본질서에 입각한 평화적 통일정책을 수립하고 이를 추진하기 위한 법률이므로 헌법의 규범조화적 해석을 통하여 서로 양립할 수 있다고 전제하고 있는 것이다. 이에 대해서는 남북교류협력에 관한 법률과 국가보안법을 일반법과 특별법의 관계로 파악해야 한다는 반론이 있다.

남북교류협력에 관한 법률과 국가보안법은 그 입법취지와 입법체계는 서로 상이하지만, 남한에 대하여 이중적 지위를 갖는 북한과 관계를 가지는 일정한 사항에 대해서는 동일한 규율대상에 대하여 적용되므로 이러한 범위에서는 일반법과 특별법의 관계에 있다고 해석하는 것이 타당하다. 남북교류협력에 관한 법률은 "이 법의 목적범위 안에서 다른 법률에 우선하여 이 법을 적용한다"고 규정하여 그 입법형식은 다른 법률의 특별법으로서 성격을 갖는 것으로 표현하고 있다. 그러나 남북교류협력에 관한 법률이 국가보안법과 동일한 규율대상에 대해 적용하는 경우에는 위와 같이 일반법과 특별법의 관계로 해석하는 것이 체계적이고 규범조화적인 해석이라고 하겠다.

1990년 남북교류협력에 관한 법률과 함께 제정된 남북협력기금법은 남북교류협력에 관한 법률에서 규정하는 남북교류협력을 지원하기 위해 남북협력기금을 설치하고 그 운영과 관리에 관하여 규율하는 법률이다. 이 법률은 정부 등의 출연금, 장기차입금, 공공자금관리기금법에 따른 공공자금관리기금으로부터의 예수금, 기금의 운용수익금 등을 재원으로 남북협력기금을 조성하도록 규정하고 있다(제4조). 남북협력기금은 통일부장관이 운용·관리하며, 통일부장관은 이에 관한 사무를 금융기관에 위탁할 수도 있다. 남북협력기금의 운영·관리에 관한 기본정책, 기금운용계획, 결산보고 사항 등에 대해서는 남북교류협력 추진협의회의 심의를 거쳐야 한다(제7조). 또한, 남북협력기금의 용도를 엄격히 제한하여 남북한 주민의 왕래, 문화·학술 등 협력사업, 교역과 경제협력사업, 손실 보상보험금 등 민족의 신뢰와 민족공동체 회복에 이바지하는 남북 교류협력을 증진하기 위한 사업에만 사용하도록 하고 있다(제8조). 이 밖에도 남북협력기금의 운영관리규정 등을 통해 남북한의 인적·물적 교류, 교역과 수송, 인도적 대북 지원사업 등을 규율하고 있다.

2007년 5월 25일 제정된 개성공업지구지원에 관한 법률은 개성공단사업을 활성화시키는 것을 목적으로 하고 있다. 이 법률은 정부차원에서 필요한 각종 행정적·재정적 지원을 가능하게 하고, 개성공업지구에 투자하는 현지기업과 남한주민이 실체법적·절차법적으로 특별한 지원과 보호를 받을 수 있도록 규정하고 있다. 즉, 개성공업지구의 개발과 투자를 지원하기 위하여 도로, 용수, 철도 등 기반시설의 공급, 산업안전보건, 환경보전 등에 있어서 남한에서 적용되는 산업입지 및 개발에 관한 법률, 산업안전보건공단법 등을 동일하게 적용할 수 있도록 하고 있다(제6~12조의4). 또한, 개성공업지구 현지기업과 그에 고용된 남한주민에 대하여도 국민연금법 등 사회보험, 의료시설의 이용과 근로조건에 관한 법률을 동일하게 적용하도록 하고 있다. 특히, 개성공업지구에 투자하는 기업에 대해서는 남북협력기금이나 중소기업진흥에 관한 법률에서 규정하는 중소기업 창업 및 진흥기금을 사용할 수 있도록 하고, 조세감면과 출입체류절차의 특례를 인정하고 있다(제13~17조). 특히, 2014년 법률을 개정하여 외국인투자기업이 개성공업지구 현지기업을 설립하는 경우에는 남북협력기금을 지원하는 등 행정적·

재정적 지원을 할 수 있도록 하였다.

이 법률은 남한법률임에도 북한지역인 개성공업지구에 적용하는 것을 직접적으로 규정하고 있다. 또한, 북한법률에 의하여 설립된 개성공업지구 관리기관에 국가의 행정권한을 위임하고 자금과 인력의 지원 등을 하도록 규정하고 있다. 이 법률은 입법목적, 지역적·인적 적용대상을 개성공업지구 및 그와 직접 관련된 범위로 제한하고 있는 것이 특징이다. 개성공업지구지원에 관한 법률은 개성공업지구에 진출한 남한주민과 기업에 대한 법적 지원의 근거를 마련하고 있다. 그러나 그 내용이 포괄적이지 못하고 그때그때 현안으로 제기된 사안을 중심으로 제한적이고 열거적으로 규정되어 통일적이고 체계적인 법제도적 장치로서는 한계가 있다는 지적이 있다.

2012년 5월 11일 제정된 남북주민 사이의 가족관계와 상속 등에 관한 특례법은 남북교류협력의 확대에 따라 이산가족 사이에 발생하는 법적 분쟁을 안정적으로 해결하고, 북한주민이 상속이나 유증 등으로 소유하게 된 남한 내 재산을 효율적으로 관리하는 것을 목적으로 한다. 이 법률도 남북 사이의 관계가 국가 사이의 관계가 아니라 평화적 통일을 지향하는 과정에서 잠정적으로 형성되는 특수관계라는 것을 선언하고 있다. 또한, 이 법률은 남북주민 사이의 가족관계에 대하여 중혼의 성립, 친생자관계존재확인의 소, 인지청구의 소에 있어서 특례를 인정하고 있다. 즉, 6.25전쟁으로 인하여 이산된 남한 또는 북한 일방의 배우자가 타방의 지역에서 혼인을 한 경우에는 중혼으로 인정하되, 혼인의 취소를 청구할 수 없도록 제한하고 있다(제6조). 친생자관계존재확인의 소 등에 있어서도 남북한 분단상황의 특수성을 고려하여 분단의 종료, 자유로운 왕래, 그 밖의 사유로 인하여 소의 제기에 장애사유가 없어진 날부터 2년 이내에 소를 제기할 수 있도록 예외규정을 두고 있다(제8조).

이 법률은 남북주민 사이의 상속에 있어서도 상속재산반환의 청구, 상속회복청구, 상속의 단순승인 간주에 대해서도 특례를 규정하여 분단으로 인하여 행사할 수 없었던 권리를 행사할 수 있도록 허용하였다(제10조, 제11조). 또한, 남북주민 사이의 가족관계와 상속 등에 있어서 재판관할에 대해 당사자 또는 분쟁이 된 사안이 남한과 실질적 관련이 있는 경우에는 재판관할권을 인정하는 것을 원칙으로 하고, 남북관계의 특수성을 반영하여 가정법원의 전속관할권을 인정하고 있다(제4조, 제5조). 특히, 이 법률은 북한주민이 상속 또는 유증 등으로 남한지역에 있는 재산에 관한 권리를 취득한 경우에 재산관리인을 선임하여 법률행위를 하도록 하고, 상속재산 등의 처분 등에 있어서 법무부장관의 허가를 받도록 함으로써 북한주민의 재산권행사를 제한하고 있다(제13조, 제18조). 이 법률을 제정할 당시 남북한 주민 사이에 발생하는 가족관계와 상속 등에 적용되는 준거법 등에 대하여 국제사법을 유추적용한다는 조항이 포함되었으나, 국회에서 심의하는 과정에서 삭제되었다.

다. 북한의 법률

남북관계를 규율하는 북한의 법률로는 북남경제협력법, 개성공업지구법령, 금강산관광지구법령, 사회주의형법 등을 들 수 있다. 북한은 남한의 국가보안법에 대응하는 특별법을 두지 않고 국가안보범죄에 대하여는 사회주의형법을 통하여 규율하고 있다. 즉, 제3장 반국가 및 반민족범죄에서 국가전복음모죄, 반국가선전·선동

죄, 조국반역죄, 간첩죄, 민족반역죄 등에 대하여 자세하게 규정하고 있다.

북한은 2005년 7월 6일 최고인민회의 상임위원회 정령 제1182호로 '조선민주주의인민공화국 북남경제협력법'을 제정하였는데, 남북한 경제협력에서 제도와 질서를 엄격히 세워 민족경제를 발전시키는 것을 목적으로 하고 있다. 이 법률은 총 27개 조항으로 구성되어 있는데, 전 민족의 이익, 민족경제의 균형적 발전, 호상존중과 신뢰, 유무상통을 기본원칙으로 채택하고 있다(제4조). 이 법률은 중앙민족경제협력기관을 설치하여 남북한의 경제협력사업을 통일적으로 지도하고, 북남경제협력계획안의 작성, 북남경제협력의 승인, 남한 당사자의 출입보장, 원산지증명서의 발급 등 임무를 부담하도록 하고 있다. 또한, 북남경제협력사업은 남북한 사이의 합의와 해당 법규에 따라 직접거래의 방법으로 진행하며, 사회의 안전 등 일정한 영역에서는 그 사업의 진행을 금지하고 있다. 이 법률은 협력사업의 승인, 남북한 주민의 출입·체류·거주 등 인적교류, 물자의 반출입과 재산권 보호 등 물적 교류, 노력채용 방법, 세금과 결제방식 등 남북한 사이에 진행되는 경제협력 분야의 전반을 규율하고 있다. 즉, 이 법률은 남한의 남북교류협력에 관한 법률에 대응하는 것으로 남북한 경제협력을 총괄하여 규율하는 기본법이라고 평가할 수 있다.

북남경제협력법은 북남경제협력에 있어서 그 장소적 효력범위에 대하여 북한지역은 물론 남한지역과 제3국도 포함하며, 인적 효력범위에 대해서도 북한의 기관 등은 물론 남한의 법인과 개인에게도 적용된다고 규정하고 있다(제3조). 또한, 북남경제협력에 관한 분쟁해결수단으로 협의의 방법을 원칙으로 하되, 협의의 방법으로 해결할 수 없을 경우에는 남북상사분쟁해결을 위하여 설치되는 남북상사중재위원회를 이용할 수 있는 근거를 마련하고 있다 (제27조). 북한은 이 법률을 통하여 사회문화협력의 분야를 총괄하여 규율하지 않고 경제협력의 분야만 규율하고 있을 뿐이다. 하지만 남북한 경제협력을 위하여 기본법을 제정한 것은 법치주의에 따라 남북관계를 규율하려는 움직임으로 중요한 의미가 있으며, 향후 남북관계의 법제화와 활성화에 기여할 수 있는 계기가 될 수 있다고 평가된다. 그러나 북남경제협력법은 현실적으로 그 시행여부가 불분명하여 규범력에 있어서 실효성이 의문시되고, 그 내용에 있어서도 개성공업지구법령 등 다른 법률과의 관계가 불명확하다. 또한, 남북한의 경제협력을 지원하는 구체적인 절차규정이 미비하다는 것이 문제점으로 지적될 수 있다.

북한은 2002년 11월 13일 최고인민회의 상임위원회 정령으로 '조선민주주의인민공화국 개성공업지구를 내옴에 대하여'를 제정하고, 같은 달 20일 '조선민주주의인민공화국 개성공업지구법'을 제정하였다. 이 법률은 개성공업지구에는 북한의 주권이 행사된다는 것을 전제로 개성공단을 국제적인 공업, 상업, 금융, 관광지역으로 설정하고 있다. 개성공단에는 원칙적으로 북한의 법률이 적용되고, 북한주민은 물론 남한주민에 대해서도 북한의 법률이 적용된다는 것을 선언하고 있다. 이에 따라 중앙공업지구 지도기관에게 공업지구 법규의 시행세칙을 작성할 권한을 부여하고, 부칙에서는 개성공업지구법의 해석권한을 북한의 최고인민회의 상임위원회에 부여하고 있다.

이 법률은 개성공단에서의 경제활동에 관한 영역에 대하여는 북한법률의 적용을 배제하고 있는데, 제9조에서는 "공업지구에서 경제활동은 이 법과 그 시행을 위한 규정에 따라 한다. 법규로 정하지 않은 사항은 중앙공업지구 지도기관과 공업지구 관리기관이 협의하여 처리한다"고 규정하고 있다. 이때 개성공업지구에서의 경제활동의 범위에 관하여 해석상 논란이 있을 수 있으나 이 영역에 있어서는 북한의 일반적 법률적용을 배제하고 있어 개성공업지구법과 그 시행을 위한 하위규정, 그리고 중앙공업지구 지도기관이 제정한 시행세칙이 적용될 것이다.

북한은 개성공단에서의 경제활동을 규율하기 위하여 2003년 4월부터 2018년 3월 현재까지 모두 16개의 하위규정을 제정하였다. 위 하위규정들은 개성공업지구법 제9조에서 규정하는 경제활동의 범위에 대한 해석과 관련하여 '기업창설·운영규정' 등 경제활동과 직접 관련된 내용뿐만 아니라 '노동규정', '관리기관설립·운영규정', '환경보호규정' 등 경제활동과 간접적으로만 관련된 내용도 폭넓게 포함하고 있다. 이들 하위규정들은 북한법률인 공민등록법, 무역법, 민법, 보험법, 사회주의노동법, 세관법, 외국인기업법 등에 대하여 특별법적 성격을 가지고 개성공단에 적용된다. 따라서 위 하위규정이 적용되는 범위에서는 위 북한법률은 적용되지 않는다고 하겠다. 이외에도 중앙공업지구 지도기관은 2006년 11월부터 2018년 3월 현재까지 총 16개의 시행세칙을 제정하였다.

한편, 개성공업지구법은 개성공단의 관리를 위하여 개성공업지구 관리기관과 중앙공업지구 지도기관을 설립할 것을 규정하고 있다. 이 법률에 따라 원칙적으로 개성공업지구 관리기관이 개성공단을 관리하고, 중앙공업지구 지도기관은 관리기관의 사업을 통일적으로 지도하는 임무를 담당한다. 개성공단에는 개성공업지구 관리기관으로 개성공단 관리위원회를 두고, 중앙공업지구 지도기관으로는 중앙특구개발 지도총국을 두고 있다. 개성공단 관리위원회는 이사장을 비롯하여 대부분 남한주민으로 구성되어 있으며, 개성공단의 유지 및 운영에 있어서 필요한 행정적 관리업무를 담당하는 특수한 기관이다. 개성공단 관리위원회는 개성공업지구법 제25조에 근거하여 2004년 11월부터 2018년 3월 현재까지 총 51개의 사업준칙을 제정하여 시행하고 있다. 이 사업준칙은 북한의 법률체계를 고려할 때 관리위원회의 업무수행을 위한 내부적 지침으로서의 성격을 가질 뿐 독립적인 법규범의 형식은 아닌 것으로 해석된다. 그러나 개성공업지구법과 하위규정 등이 완비되지 않은 상태에서 중앙공업지구 지도기관이 시행세칙을 제정하지 않자 관리위원회가 그 입법공백을 메우기 위하여 위 사업준칙을 제정하여 시행하고 있는 것으로 평가된다.

이와 같이 사업준칙의 법적 성격과 효력에 대하여는 논란이 있을 수 있으나 기업창설·운영준칙을 비롯하여 총 51개의 사업준칙을 제정하여 시행하고 있고, 북한도 이를 규범으로 수용하고 있다. 따라서 개성공단 관리위원회가 제정하는 사업준칙도 개성공단에 있어서 적용되는 법규범으로 인정하는 것이 현실적으로도 필요하다고 판단된다. 2005년 2월 개성공단 관리위원회는 '개성공업지구 준칙 제·개정 절차 및 공포에 관한 준칙'을 제정하여 시행함으로써 규범체계로서 형식과 절차를 구비하였다. 개성공업지구법, 하위규정, 사업준칙은 현실적으로 규범력을 가지고 적용되고 있으며, 구체적인 내용도 대부분 남한과 사전협의를 통해 제정되고 있다. 그러나 중앙공업지구 지도기관이 제정하는 시행세칙에 대해서는 남북한 사이에 합의가 잘 이루어지지 않아 제대로 시행되지 못하고 있다. 또한, 개성공업지구법령은 내용이 개괄적이고 불명확할 뿐만 아니라 규율하는 규범영역도 매우 제한되어 있어서 양적으로나 질적으로나 남북교류협력을 규율하는 법규범으로서 기능하는 데에는 한계가 있다.

북한은 2002년 11월 13일 최고인민회의 상임위원회 정령으로 '조선민주주의인민공화국 금강산관광지구법'을 제정하였으며, 개성공업지구법과 마찬가지로 제4조에서 "관광지구에서 관광과 관광업 그 밖의 경제활동은 이 법과 그 수행을 위한 규정에 따라야 한다. 법규로 정하지 않은 사항은 중앙관광지구 지도기관과 관광지구 관리기관이 협의하여 처리한다"고 규정하고 있다. 이에 따라 중앙관광지구 지도기관과 관광지구 관리기관을 설치하고, 그 하위규정과 시행세칙을 제정할 수 있도록 규정하였다. 북한은 2003년 5월 이후 '개발규정', '기업창설·운영규정' 등 총 9개의 하위규정을 제정하였으나, 시행세칙이나 사업준칙은 전혀 제정하지 않았다. 또한, 개성공업지구와는 달리 관리위원회도 구성하지 않았으며, 2008년 금강산관광객인 남한주민이 총격으로 사망한 사건이 발생하여 금강산관광사업이 중단되었다. 그 이후 북한은 2011년 4월 현대아산의 독점권을 취소한다고 발표하였고, 2011년 4월 29일 금강산관광지구를 국제관광특구로 지정하고, 5월 31일 금강산국제관광특구법을 채택함으로써 금강산관광사업의 추진에 대하여 변화를 시도하고 있다.

한편, 북한은 2002년 9월 12일 '조선민주주의인민공화국 신의주특별행정구기본법'을 제정하여 신의주에 특별행정구역을 설치하고 입법권, 행정권, 사법권을 인정하는 등 광범위한 자치권을 부여하고자 하였다. 그러나 특별행정구 초대 장관으로 임명된 양빈이 중국에 의하여 탈세 등 혐의로 체포되면서 특구개발은 중단되고 말

앗다. 이외에도 북한은 2011년 12월 3일 나선경제무역지대법을 전면개정하고, 황금평·위화도 경제지대법을 제정하여 중국과의 공동개발형식으로 새로운 경제특구를 추진하고 있다. 이는 중국의 경제특구의 경험과 북한의 개성공업지구의 법제도를 참고한 것으로 판단된다. 북한이 추진하고 있는 나선경제무역지대와 황금평·위화도 경제지대에 관한 법령도 행정소송제도를 도입하는 등 진전된 내용이 포함되어 있으나 전반적으로 내용과 체계의 정합성이 떨어진다는 것이 문제점으로 지적되고 있다.

제 5 장

남북합의서의 법적 성격과 효력

1. 남북합의서의 법적 의미

가. 체결 현황

남북한은 1972년 7월 7.4남북공동성명과 '남북 직통전화 가설 및 운용에 관한 합의서'를 발표하였다. 남북한은 그 이전인 1971년 9월 29일 '제2차 예비회담 합의사항'과 '조선민주주의인민공화국 적십자회와 남조선적십자사간의 예비회담 제2차 회의 합의문'을 발표하였다. 그러나 이는 남북한 적십자회담을 위한 것으로 그 체결권자가 양측의 적십자 대표들이었다. 또한, 남북한이 각각 제시한 합의서를 그대로 채택하여 그 체계 및 용어 등에서 상호 많은 차이가 있었다. 남북한은 1991년 12월 남북기본합의서를 체결하였고, 2000년 6월에는 6.15남북공동선언을 발표하였다. 그 이후 남북한은 적극적으로 남북회담을 진행하여 수많은 남북한간 합의문건들을 체결하였다. 특히, 북한은 2002년 7월 1일 경제관리개선조치 이후 개성공단사업 등 경제개방을 적극적으로 추진하여 경제분야에 있어 각종 합의문건을 채택할 수 있었다.

2000년 12월 제4차 남북장관급회담을 통해 체결된 4개 경협합의서에 대해서는 2003년 6월 국회의 동의절차를 거쳐 같은 해 8월 20일 발효통지문을 교환함으로써 효력이 발생하였다. 남북한은 2002년 12월부터 2004년 1월까지 4개 경협합의서를 이행하기 위한 후속합의서를 체결하였는데, 개성·금강산지구 출입·체류합의서 등 9개 후속합의서에 대해서도 2004년 9월부터 2005년 12월까지 국회동의절차를 거치고, 2005년 8월 5일 남북한의 문건을 교환함으로써 발효되었다. 이와 같은 과정을 거쳐 남북한은 2018년 3월 1일 현재까지 공식적으로 총 249건의 남북합의서를 체결하였으며, 6.15남북공동선언 이후에 체결한 것이 대부분을 차지하고 있다(남북회담본부 통계자료(http://dialogue.unikorea.go.kr)).

남북합의서는 체결 당사자, 대상 분야, 명칭, 효력 등을 기준으로 다양한 방식으로 유형화할 수 있다.

먼저 체결 당사자를 기준으로 분류하면, 남북한 당국간 합의서와 당국에 준하는 민간단체간 합의서로 구분할 수 있다. 남북한 당국간 합의서는 정상회담, 장관급회담, 특사회담, 경제협력추진위원회 회담, 실무협의회 또는 실무접촉 회담 등의 결과로 체결한 합의서를 말한다. 한편, 민간단체간 합의서는 적십자 단체간 적십자회담의 합의서와 아시아경기조직위원회 등 체육회담의 합의서를 포함하여 당국이 아닌 민간단체가 체결한 합의서를 말한다. 여기에는 경제협력분야에서 남한의 현대아산과 북한의 조선아시아태평양평화위원회 등 민간의 사업주체들이 체결한 것도 있다.

2000년 이후 체결된 남북합의서 가운데 당국간 합의서가 대부분이고, 민간단체간 합의서는 10여건에 불과하다. 그러나 민간단체간 합의서도 실질적으로는 남북한 당국이 깊이 관여하여 합의서 작성을 주도하거나 당사자들의 의사도 당국간 합의서 작성과 차이를 인정하고 있지 않고 있는 것이 대부분이다. 따라서 민간단체가 체결한 합의서라도 그 실질적 성격이 당국간 체결한 합의서와 유사한 경우에는 당국간 합의서에 준하는 효력을 인정할 수 있을 것이다.

남북합의서를 대상 분야를 기준으로 분류하면, 경제분야의 합의서가 105건으로 가장 많고, 정치분야의 합의서가 68건, 군사분야의 합의서가 12건, 사회문화·인도분야의 합의서가 52건, 기타 12건이다. 장관급회담은 정치분야로 분류할 수 있으나, 장관급회담에서는 정치뿐만 아니라 경제·사회문화 등에 대한 합의사항을 폭넓게 포함하고 있다. 실제로 경제분야의 경제협력추진위원회 또는 경제협력실무협의회에서 논의하여 채택한 합의서를 장관급회담에서 정식 서명하는 경우도 많다. 한편, 남북합의서를 그 명칭을 기준으로 분류하면, '합의서', '합의문', '공동보도문', '공동발표문', '공동선언' 등으로 구별되는데, 6.15남북공동선언 이후에는 모두 합의서, 합의문, 공동보도문의 형식을 취하고 있다. 그 중 합의문은 총 11차에 걸쳐 진행된 남북경제협력추진위원회 회의결과 체결한 것으로 제4차와 제11차 회의에서만 공동보도문 형식을 취하였다. 남북장관급회담은 모두 공동보도문 형식을 취하였으며, 제6차 장관급회담에서는 아무런 합의서를 체결하지 않았다.

나. 평가

남북합의서를 유형화하고 분석하는 것은 그 법적 성격을 명확히 하여 규범적 효력을 확정하기 위한 기준을 제시하기 위한 것이다. 남북합의서를 체결 당사자를 기준으로 구별하거나 그 명칭을 기준으로 유형화하는 것은 남북합의서의 법적 성격과 효력에 별다른 영향을 미치지 않는다. 즉, 민간단체간 체결한 합의서도 실질적으로는 당국간 합의서와 동일한 효력을 가질 수 있고, 합의서나 합의문 등 그 명칭에 따라 그 법적 효력이 달라지는 것도 아니다. 다만, 후술하는 바와 같이 법적 효력을 갖는 것은 모두 합의서 형식을 취하고 있고, 합의문과 공동보도문에는 법적 구속력을 인정할 만한 합의서는 발견되지 않는다. 그러나 실제로 합의서에 포함되는 내용을 공동보도문으로 발표하는 경우도 있고, 공동보도문에 해당되는 내용임에도 남북한이 합의내용을 적극적으로 이행하는 것을 강조하는 경우에는 합의서 또는 합의문으로 발표하기도 한다.

남북합의서를 대상 분야를 기준으로 구별하는 것은 남북교류협력의 현황을 파악하는데 유용하지만, 앞에서 검토한 바와 같이 그 구별기준이 명확하지 않을 뿐만 아니라 그 법적 성격과 효력에 차이를 발생시키는 것은 아니다. 한편, 남북합의서를 시기별로 분류하는 것도 남북합의서의 효력을 결정하는 유용한 기준을 제시하는 것도 아니다. 다만, 2000년 이후 남북합의서의 체결 현황을 분석하면 남북관계가 변화하는 양상을 파악할 수 있을 것이다. 즉, 2002년 북한의 경제관리개선조치 이후 남북합의서 체결이 급격히 증가하였으며, 2004년에는 김일성 조문 사건, 탈북자의 집단입국 등으로 남북회담이 중단되어 남북합의서가 감소하였다. 2008년 이후에는 금강산 관광객 총격 사건으로 남북관계가 경색되어 남북합의서가 거의 체결되지 못하였다가 2013년 이후 조금씩 회복하였다. 하지만, 2016년 개성공단이 전면 중단된 이후에 남북합의서가 체결되지 않았으며, 2018년 1월 이후 평창동계올림픽을 계기로 4개의 공동보도문을 발표하였다.

이와 같이 남북합의서를 체결 당사자, 대상 분야, 명칭, 그리고 시기에 따라서 유형화하는 것은 남북합의서의 법적 성격과 효력을 분석하고 규명하는 데에는 별다른 기준을 제시하지 못한다는 것을 알 수 있다. 따라서 남북합의서의 법적 성격을 명확히 하여 규범적 효력을 확정하기 위한 기준을 제시하기 위해서는 남북합의서를 위와 같은 기준으로 유형화하는 것과는 다른 방법이 필요하다고 판단된다. 즉, 남북합의서의 내용과 형식에 나타난 당사자의 의사를 추론하여 그 법적 성격과 효력을 규명하고 이를 기준으로 유형화하는 것이 필요하다. 이것은 남북합의서의 법적 성격과 효력이 남북합의서의 유형에 따라 달라지는 것이 아니라, 오히려 그 법적 성격과 효력에 따라 남북합의서를 유형화하는 것이다.

다. 규범적 의미

남북교류협력에 있어서 남북합의서는 남북관계를 규율하는 가장 중요한 규범체계의 형식이라고 할 수 있다. 현재 남북관계를 규율하는 규범체계는 앞에서 살펴본 바와 같이 남북합의서, 남북교류협력에 관한 법률을 비롯한 남한의 법률, 북남경제협력법을 비롯한 북한의 법률, 그리고 국제적 영역에서 적용되는 국제법원칙이 있다. 남한과 북한은 그 법률이념과 체계가 완전히 상이하여 남북관계를 규율하는 공통의 법제도를 갖기 어려우며, 남한과 북한이 각각 자신의 법률체계에 따라 상대방을 강제로 규율하는 것도 현실적으로 기대하기 어렵다. 또한, 국제법원칙은 남한과 북한이 국제사회에서 활동하는 제한된 영역에서 적용되는 것이고, 남북한은 국가 사이의 관계가 아니라 특수한 관계이므로 남북한 사이에 적용되기에는 한계가 있다. 따라서 남북관계를 법치주의의 틀 안에서 안정적으로 규율하기 위해서는 남북합의서를 체결하여 그 규범력을 제고하는 것이 가장 바람직하고 현실적인 방법이다.

2000년 이후 남북관계는 군사적 긴장과 갈등을 반복하면서도 장기적으로는 교류협력을 발전시켜 왔다. 이에 따라 경제분야를 중심으로 다양한 내용의 남북합의서가 체결되고 있으며, 국민의 권리와 의무에 직접적인 영향을 미치는 내용이 포함되는 경우도 증가하고 있다. 향후 남북한이 체결하는 각종 합의서 중에서 국회의 동의를 받아야 하는 경우도 증가할 것으로 예상되며, 남북교류협력의 확대에 따라서 남북합의서의 법적 효력에 관한 법적 판단이 요구되는 구체적인 사건이 발생하고 있다.

남북한은 분단 이후 다수의 남북합의서를 체결하였으나, 대부분은 통치행위의 결과로 나타나는 정치적 선언 또는 선언적 성격의 정치적 합의에 불과하였으며 법적 구속력을 가지고 남북관계를 규율하는 규범으로서 기능하지 못하였다. 7.4남북공동성명도 "쌍방은 … 이 합의사항을 성실히 이행할 것을 온 민족 앞에 엄숙히 약속한다"고 규정하였고, 각종 합의문건에서도 그 효력에 대하여 규정하였다. 그럼에도 불구하고 그 합의사항은 제대로 지켜지지 아니하였고, 합의사항에 대한 강제수단이나 위반내용에 대한 법적 제재수단도 없었다. 1991년 남북기본합의서가 체결되면서 그에 대한 법적 성격과 효력에 대하여 이론적인 검토와 논의가 있었으나 기본합의서의 내용이 제대로 지켜지지 않음에 따라 헌법재판소와 대법원은 기본합의서에 대하여 그 법적 효력을 인정하지 않고 단지 정치적 공동성명 내지 신사협정에 불과하다고 하였다(헌법재판소 2000. 7. 20. 98헌바63, 대법원 1999. 7. 23. 98두14525).

이와 같은 현실에서 남북관계를 법치주의의 틀 안에서 체계적으로 규율하기 위해서는 남북합의서의 법적 성격과 효력에 대한 이론적인 검토가 필요하다. 이러한 작업은 남북합의서가 남북한 당국 및 주민들에게 어떠한 법률적 의미가 있으며, 그에 따른 법적 권리와 의무의 내용이 무엇인지, 그리고 어떠한 후속조치를 취해야 할 것인지에 대한 지침을 제시할 수 있다. 또한, 남북합의서를 그 법적 효력에 따라서 규범적으로 분류하는 것은 남북합의서를 체결하는 절차와 형식에 대한 규범적 기준이 될 것이다. 이는 남북관계의 변화에 대한 예측가능성을 부여하고, 남북관계를 안정적으로 발전시킴으로써 통일정책과 통일방안을 수립하고 집행하는 데에도 기여할 수 있을 것이다.

2. 남북기본합의서의 법적 성격과 효력

가. 기본적 남북합의서

(1) 7.4남북공동성명

남북한은 1972년 7.4남북공동성명을 체결한 이후 40년을 지나는 동안 남북기본합의서, 6.15남북공동선언, 10.4남북공동선언을 발표하여 남북합의서의 기본적인 방향을 제시하였다. 이들 합의서들은 남북관계의 역사적 현실을 반영하는 기본적인 합의서로서 그 밖의 남북합의서를 체결하는 대원칙과 규범적 기준을 제시하고 있다. 그러나 이들 합의서들은 모두 국회의 비준동의를 받지 않았으며, 남북관계를 실질적으로 규율하는 규범력에는 한계가 있다는 문제점도 제기되었다.

7.4남북공동성명은 1970년대 초반 닉슨 독트린, 미국과 중국의

수교 등 동서냉전의 조정에 따른 국제정세와 남북한의 국내정치적 상황이라는 이해관계가 일치한 상황에서 분단 이후 처음으로 당국자가 만나 남북회담을 개최하여 그 성과로서 체결한 남북합의서이다. 이는 7개항으로 이루어져 있으며, 남북 사이의 오해와 불신을 풀고 긴장의 고조를 완화시키며, 조국통일을 촉진시키는 것을 그 목적으로 명시하였다. 이 합의서는 남북한이 서로 상대방의 실체를 인정하여 상대방을 교류협력과 통일의 당사자로 받아들였다. 즉, 남북한은 통일의 원칙으로서 '자주·평화·민족대단결'이라는 통일원칙을 제시하였다.

제1항에서 외세의 의존과 간섭을 배제하고 남북한이 직접 당사자가 되어 자주적으로 해결하고, 무력행사에 의하지 않고 평화적인 방법으로 실현하며, 하나의 민족으로서 민족대단결에 바탕을 둔다고 선언하였다. 또한, 상대방을 중상비방하지 않고 무장도발을 하지 않으며(제2항), 민족적 연계를 회복하고 통일을 달성하기 위하여 남북 사이에 다방면적인 제반 교류를 실시한다고 규정함으로써(제3항) 한반도에 남북한이 각각 정부를 수립하고 사실상 국가로서의 실체를 가지고 존재하고 있다는 것을 인정하였다. 그 구체적인 방안으로서는 서울과 평양 사이에 직통전화를 설치하고(제5항), 인도적 차원의 남북적십자회담을 조속하게 성사시키며(제4항), 정치적 차원의 남북조절위원회를 운영할 것을 선언하였다(제6항).

이 합의서는 당국자에 의한 남북회담의 결과물임에도 불구하고 그 체결주체에 대해 공식적인 직책의 표시도 없이 "상부의 뜻을 받들어" 이후락과 김영주가 서명한 것으로 표시하였다. 이에 따라 남북조절위원회가 구성되어 3차례에 걸쳐 전체회의가 진행되기도 하였으나, 1973년 8월 북한이 일방적으로 남북대화를 중단함으로써 구체적인 이행성과를 거두지 못하였다. 이 합의서는 남북한이 분단 이후 최초로 남북대화를 통해 통일을 위한 3대 원칙에 합의함으로써 평화통일의 가능성을 제시하였다는 점에서 중요한 의미가 있다.

그러나 남북한이 1972년 12월 27일 각각 헌법개정을 통해 자신의 권력을 공고화하였다는 것에서 알 수 있듯이 이 합의서는 냉전조정이라는 국제적 여건변화를 남북한의 권력유지에 이용하기 위하여 체결되었다는 비판이 있다. 통일의 3대 원칙의 구체적인 내용도 남북한이 상이한 정치이념과 정책적 판단에 따라 서로 다르게 해석함으로써 그 실효성이 상실되어 규범적 의미를 기대하기 어렵다는 비판도 있다. 또한, 이 합의서는 절차적인 측면에서도 특사의 파견을 통한 비밀회담의 결과로서 국민적 합의를 수렴하지 않은 상태에서 이루어져 투명성과 민주적 정당성을 갖추지 못했다는 것이 문제점으로 지적되었다. 그러나 남북한의 공동성명을 통해 발표한 통일의 3대 원칙은 남북한이 상대방의 실체와 존재를 공식적으로 확인하고 사실상 남북관계와 통일방안을 기속할 수 있다는 점에서 일정 부분에서는 규범적인 역할을 담당한다고 할 수 있다.

(2) 남북기본합의서

1991년 12월 13일 체결된 남북기본합의서는 1990년 초반 소련 사회주의의 붕괴, 동서독의 통일, 남한의 소련 및 중국과의 수교, 남북한 동시 유엔가입 등 세계사적 전환에 따라 남북한이 상호 실체를 인정하고 평화공존의 바탕 위에서 구체적인 통일방안을 도출하겠다는 입장을 제시하였다. 이 합의서는 서문과 제4장 총 25개조항으로 구성되었는데, 합의내용도 남북관계와 통일에 대한 기본 원칙은 물론 한반도의 평화정착과 교류협력을 위한 구체적인 합의사항을 포함하고 있다. 즉, 서문에서 남북관계에 대하여 "쌍방 사이의 관계가 나라와 나라 사이의 관계가 아닌 통일을 지향하는 과정에서 잠정적으로 형성되는 특수관계"라고 전제한 다음, 제1조에서 "남과 북은 서로 상대방의 체제를 인정하고 존중한다", 제2조에서 "남과 북은 상대방의 내부문제에 간섭하지 아니한다"고 규정하고, 이를 전제로 남북화해, 남북불가침, 남북교류협력을 실시할 것을 규정하였다. 이 합의서는 남북한이 상대방에 대한 비방 등 금지(제3조, 제4조), 군사정전협정의 준수(제5조), 국제무대에서의 협조(제6조) 등을 통해 상호 적대관계를 청산하고 평화공존을 수립할 것을 규정하였다. 또한, 남북한 주민들의 자유로운 왕래와 접촉(제17조), 경제·우편·철도·도로 등 여러 가지 분야에서의 남북교류협력을 실시할 것을 약속하였다. 특히, 제25조에서는 합의서의 효력에 대하여 "남과 북이 각기 발효에 필요한 절차를 거쳐 그 문본을 교환한 날부터 효력을 발생한다"고 규정하였다.

남북기본합의서는 남북한 당국간 고위급인 국무총리와 정무원 총리가 정식으로 서명하여 체결주체를 명확하게 하였고, 체결 직후 정부는 국무총리가 양당대표를 초청하여 보고하는 절차를 거쳤다. 1991년 12월 16일에는 국무총리가 국회 본회의에 출석하여 보고하였고, 주무장관인 통일원장관이 외무통일위원회와 통일정책특별위원회 합동회의에서 남북기본합의서에 관한 세부사항을 보고하였다. 그리고 1992년 2월 17일 대통령이 최종적으로 재가하였다. 여야는 당초에 남북기본합의서에 대해 지지결의안을 채택하기로 합의하였으나 그 이후 입장차이로 인하여 지지결의가 이루어지지 않았다. 한편, 북한은 발효를 위한 내부절차로 1991년 12월 24일 중앙인민위원회 전원회의에서 정무원 총리가 보고하고, 12월 26일 중앙인민위원회와 최고인민회의 상설회의 연합회의에서 심의 및 승인절차를 거친 것으로 알려졌다. 그러나 헌법재판소와 대법원은 앞에서 검토한 바와 같이 남북기본합의서에 대해 조약으로서의 법적 효력을 인정하지 않아 그 규범력에 한계가 있다.

(3) 6.15남북공동선언

2000년 6월 15일 남북한은 처음으로 정상회담을 개최하고 그 성과로서 6.15공동선언을 발표하였다. 이를 통해 남북한은 상호 상대방의 체제를 인정하는 것을 바탕으로 한반도의 통일문제를 당사자 사이의 대화를 통해 풀어나가기로 합의하였다. 이 합의서는 남한과 북한이 통일방안의 공통성을 인정하였다는 점에서 매우 큰 의미가 있다고 하겠다. 이 합의서는 모두 5개 항으로 구성되어 있는데, 제1항에서 "남과 북은 나라의 통일문제를 그 주인인 우리 민족끼리 서로 힘을 합쳐 자주적으로 해결해 나가기로 하였다", 제2항에서 "남과 북은 나라의 통일을 위한 남측의 연합제 안과 북측의 낮은 단계의 연방제 안이 서로 공통성이 있다고 인정하고 앞으로 이 방향에서 통일을 지향시켜 나가기로 하였다"고 규정하였다. 6.15남북공동선언은 그 체결 주체를 "대한민국 김대중 대통령"과 "조선민주주의인민공화국 김정일 국방위원장"이라고 명시하여 각각 상대방의 헌법에서 규정하는 국호와 지위를 공식적으로 인정하였다.

한편, 2000년 4월 8일 남북정상회담을 개최하기 위하여 체결된 '남북정상회담 개최 합의서 및 의제'에서 "남과 북은 역사적인 7.4

남북공동성명에서 천명된 조국통일 3대 원칙을 재확인하고"라고 규정하면서 남북기본합의서에 대해서는 아무런 언급이 없었다. 원래 남한은 이 합의서와 6.15남북공동선언에 7.4남북공동선언 이외에 남북기본합의서의 기본원칙을 존중한다는 내용을 포함시키고자 하였으나 북한의 반대로 그 내용을 포함시키지 못하였다고 한다. 그러나 6.15남북공동선언의 내용이 남북기본합의서의 내용과 기본적으로 일치하고 모순되지 않으므로 이로 인하여 남북기본합의서의 기본정신과 내용이 달라진 것은 아니라고 하겠다.

6.15남북공동선언에 대해서는 남북한의 통일방안에 대해 구체적이고 명확한 이해가 부족한 상태에서 막연히 그 공통성이 있다고 인정하였으며, 실제로 남북관계가 그 이전에 비하여 진전된 것도 없는 상황에서 기존의 남북교류협력에 대한 원칙적인 선언을 반복한 것에 불과하다는 비판이 있다. 즉, 이 합의서는 기존의 남북관계에 대한 새로운 내용이 포함된 것이 아니어서 남북관계의 발전을 반영한 것이 아니며, 향후 남북관계에 있어서 근본적인 변화를 초래하는 전기를 마련한 것도 아니라는 것이다. 그러나 남북한이 분단 이후 처음으로 정상회담을 개최하여 각각의 통일방안에 대해 그 공통성을 인정하는 바탕에서 현실적이고 가능한 실현방안을 도출하기 위하여 노력한다는 것을 선언한 것이라는 점에서 남북교류협력과 평화통일에 있어서 중요한 의미를 갖는다고 하겠다. 실제로 남북한은 이 합의서를 체결한 이후 3개의 부속합의서를 체결하였고, 개성공단사업을 비롯하여 교류협력을 획기적으로 발전시켜 4개 경협합의서를 비롯하여 많은 남북합의서를 체결하는 성과를 거두었다. 이러한 의미에서 6.15남북공동선언은 비록 정치적 선언에 불과하여 법률적 효력을 갖는 조약으로서 성격을 갖는다고 인

정하기는 어려우나, 실질적으로는 남북관계와 통일방안에 대한 기본원칙으로 기능할 수 있다는 점에서 그 규범적인 의미를 부여할 수 있을 것이다.

(4) 10.4남북공동선언

남북한은 2007년 10월 4일 제2차 남북정상회담을 개최하고 10.4 남북공동선언을 발표하였다. 이 합의서는 8개 조항으로 구성되었으며, 6.15남북공동선언을 존중하고 이에 기초하여 통일문제를 해결하기로 선언하였다(제1조). 또한, 남북관계를 통일 지향적으로 발전시켜 나가기 위하여 각기 법률적·제도적 장치들을 정비해 나가기로 하고, 남북관계 확대와 발전을 위한 문제들을 해결하기 위해 양측 의회 등 각 분야의 대화와 접촉을 적극 추진하기로 하였다(제2조). 특히, 서해에서의 우발적 충돌방지를 위해 공동어로수역을 지정하고 이 수역을 평화수역으로 만들고(제3조), 해주지역과 주변 해역을 포괄하는 서해평화협력특별지대를 설치하여 경제특구건설과 해주항 활용, 민간선박의 해주직항로 통과, 한강하구 공동이용 등을 적극 추진해 나가기로 하였다(제5조).

개성공단에 대해서도 2단계 개발에 착수하며 문산－봉동간 철도화물수송, 통행·통신·통관 문제를 비롯한 제반 제도적 보장조치, 개성－신의주 철도와 개성－평양 고속도로 공동이용, 안변과 남포에 조선협력단지의 건설, 백두산관광과 백두산－서울 직항로 개설 등에 대해 합의하였다(제5조, 제6조). 이를 위하여 남측 국방부 장관과 북측 인민무력부 부장간 회담을 11월 중에 평양에서 개최하기로 하고, 경제협력사업의 원활한 추진을 위해 남북경제협력 추진위원회를 부총리급의 남북경제협력 공동위원회로 격상하기로 하였다(제5조). 이외에도 남북한은 2008년 북경 올림픽경기대회에 남북응원단이 경의선 열차를 이용하여 참가하기로 규정하였다(제8조).

남북한은 2007년 11월 10.4남북공동선언을 이행하기 위해 남북 총리회담을 개최하여 '2007년 남북총리회담 합의서'와 '남북경제협력 공동위원회 구성·운영에 관한 합의서'를 채택하였다. 이 합의서들은 10.4남북공동선언을 이행하기 위해 남북경제협력 공동위원회, 서해평화협력특별지대 추진위원회, 남북사회문화협력 추진위원회를 구성하고, 각 위원회 산하에 분과위원회를 두기로 약속하였다. 10.4남북공동선언을 비롯한 이들 합의서는 노무현 대통령이 임기 종료를 약 4개월 앞두고 임기 중에 추진하여 온 남북관계의 기본 틀을 제도적으로 확보하기 위한 목적으로 체결되었다고 평가되고 있다. 이 합의서에 대하여는 대통령 선거와 임기 종료를 앞둔 노무현 대통령이 차기 정부에서 막대한 비용을 부담하고 추진하게 될 남북교류협력에 대해 구체적으로 합의한 것은 정치적으로 바람직하지 않다는 비판도 있다. 특히, 남북총리회담 합의서에 대하여는 남북관계발전에 관한 법률에 따라 국회의 비준동의를 받으려고 하였으나, 국회동의를 받지 못한 것에 대해서도 남북관계에 대한 국민적인 합의를 수렴하지 못한 것이라는 점도 문제점으로 지적되고 있다. 그러나 10.4공동선언은 비록 조약으로서의 성격을 인정하기는 어렵지만 남북한 사이에 평화통일을 위한 교류협력사업의 내용을 구체적으로 합의한 것으로서 향후 남북관계의 발전을 위한 과제를 제시하고 남북한의 의사를 확인한 것이라는 점에 의미가 있다고 하겠다.

나. 남북기본합의서의 법적 성격

남북기본합의서의 법적 성격에 대해서는 그것이 조약으로서의 법적 성격을 갖는지 여부가 핵심적인 쟁점이다. 남북기본합의서가 조약으로서 인정되는지는 그 체결 주체인 남북한이 합의서를 체결할 당시에 국제법적 효과를 창출하려는 의사가 있었는지 여부가 결정적인 기준이 된다. 남북기본합의서에는 남북한이 법적 효력을 부여하려는 의사가 명확하게 드러나 있지 않으므로 합의서의 내용, 합의서 체결의 형식과 절차는 물론 합의서 체결 이후의 상황을 종합적으로 고려하여 그 법적 성격을 판단하여야 할 것이다.

남한은 남북기본합의서에 대해 국회의 비준동의를 받지 않고 이를 체결하였는데, 국회의 동의절차는 남북합의서의 조약성을 인정한다는 전제 하에서 검토될 수 있는 것이다. 즉, 남북기본합의서는 그 내용으로 재정적 부담을 부과하는 파급효과를 가질 뿐만 아니라 국내법령의 정비를 위한 입법사항을 포함하고 있다. 따라서 남북기본합의서를 조약으로 인정할 의사가 있었다면, 헌법 제60조 제1항에 따라서 국회의 동의절차를 거쳐야 했다. 그럼에도 불구하고 국회의 동의절차를 거치지 않았다는 것은 남북합의서에 대하여 법적 효력을 부여할 의사가 없었다는 것을 간접적으로 뒷받침하는 것이다.

남북기본합의서를 체결하는 절차에 있어서도 그 조약성을 인정하기에 문제가 있다. 남한은 남북기본합의서를 체결함에 있어서 조약 체결절차를 따르지 않았다는 것인데, 대통령의 비준 없이 대통령의 결재만으로 발효시켰으며, 법령 등 공포에 관한 법률에 따라 공포하지 않고 대통령령으로 관보에 게재하였다. 법령 등 공포에 관한 법률 제6조(조약)는 "조약공포문의 전문에는 국회의 동의 또는 국무회의의 심의를 거친 뜻을 기재하고, 대통령이 서명한 후 대통령인을 압날하고, 그 일자를 명기하여 국무총리와 관계 국무위원이 부서한다"고 규정하고, 제11조(공포·공고절차)는 "헌법개정·법률·조약·대통령령·총리령 및 부령의 공포와 헌법개정안·예산 및 예산외 국고부담계약의 공고는 관보에 게재함으로써 한다"고 규정하고 있다. 즉, 남북기본합의서를 조약으로 인정하여 공포절차를 취하지 않았으며, 공고대상이 아님에도 불구하고 관보에 공고한 것이다.

한편, 북한도 당시 1972년 사회주의헌법상 조약의 비준·폐기권 자인 국가주석이 비준한 것이 아니라 중앙인민위원회와 최고인민회의 상설회의 연합회의에서 승인하였다. 특히, 남북기본합의서 및 그 부속합의서의 체결 이후에 실제로 그 합의사항을 제대로 지키지 않았으며, 그럼에도 불구하고 이에 대한 어떠한 법적 제재 등 수단을 행사하지 않았다. 따라서 남북기본합의서를 체결한 절차와 형식, 그리고 체결 이후의 현실적 상황 등을 종합적으로 고려할 때 조약으로서의 성격을 인정하기는 어렵다고 하겠다. 앞에서 살펴 본 바와 같이 헌법재판소와 대법원도 위와 같은 점을 고려하여 남북기본합의서에 대하여 일종의 공동성명 또는 신사협정에 준하는 성격을 가짐에 불과하며, 국내법과 동일한 효력이 있는 조약이나 이에 준하는 것으로 볼 수 없다고 하여 법적 구속력을 인정하지 않았다고 판단된다.

그러나 남북기본합의서는 남북한의 책임 있는 당국자가 합의하고 서명한 것으로서 우리 헌법에 근거한 남북한특수관계론을 구체화하여 남북합의서의 형태로 명문화하고 있다. 그 합의사항과 내용도 평화통일을 달성하기 위한 과정에서 남북관계를 규율하는 기본원칙을 제시하고 그 이후의 모든 남북합의서를 체결하고, 실천하는 기준을 제시하고 있는 것으로 평가할 수 있다. 따라서 이러한 범위 내에서는 남북한 당국이 평화통일을 지향하는 과정에서 성실하게 이행하고 준수하여야 할 규범으로의 성격을 가진다고 하겠다.

다. 동서독기본조약과 비교

동서독의 경우에는 남북기본합의서를 체결하기 약 20년 전인 1972년 12월 21일 동서독기본조약을 체결하였는데, 이는 전문과 10개조로 구성되었으며 특히 제10조에서 "이 조약은 양독의회의 비준을 요하며 비준 후 비준서의 교환과 함께 효력이 발생한다"고 규정하였다. 동서독기본조약에 대하여는 동독의 법적 지위와 동서독의 특수관계에 대하여 논란이 있었지만 연방의회는 1973년 5월 11일, 연방참사원은 같은 해 5월 25일 양독 기본조약 비준법률을 통과시켰다. 동독 인민회의도 같은 해 6월 13일 동서독기본조약을 비준동의하였으며, 같은 해 6월 30일 동서독이 비준서를 교환함으로써 동서독기본조약은 효력이 발생하였다. 서독연방헌법재판소는 1973년 6월 18일과 7월 31일 바이에른주 정부가 동서독기본조약에 대하여 서독기본법에 위반된다고 주장하면서 제기한 가처분신청과 본안신청에 대한 판결에서 현실적으로 동독의 정치적 실체를 인정하면서도 국제법적 국가승인을 배제함으로써 양독간의 특수관계를 명백히 하려고 하였다.

남북기본합의서와 동서독기본조약을 비교하여 그 공통점을 살펴보면, 첫째, 양자 모두 분단국가의 평화통일을 위한 기본원칙을 제시하고 있으며, 남북한 또는 동서독이 다양한 분야에서 합의서 또는 조약을 체결함에 있어서 규범적 기준과 준거틀이 되었다. 둘째, 분단국가의 법적 지위와 관련하여 대내적인 특수관계를 적극적으로 인정하여 이를 남북기본합의서와 동서독기본조약에 반영하였다. 셋째, 서문과 조문 형식의 본문으로 구성되어 있고 당국의 책임 있는 대표들이 서명하였다. 남북기본합의서의 경우에는 남한 국무총리 정원식과 북한 정무원 총리 연형묵이 서명하였고, 동서독기본조약의 경우에는 서독 수상청 차관 에곤 바(Egon Bahr)와 동독 내각청 차관 미카엘 콜(Micael Kohl)이 서명하였다. 넷째, 남북기본합의서 또는 동서독기본조약의 효력발생에 대하여 그 절차를 구체적으로 규정하였다.

한편, 남북기본합의서와 동서독기본조약은 다음과 같은 부분에서 차이가 있다.

첫째, 남북기본합의서가 "쌍방 사이의 관계가 나라와 나라 사이의 관계가 아닌 통일을 지향하는 과정에서 잠정적으로 형성되는 특수관계"라고 규정하여 남북한 특수관계의 내용을 직접적으로 명시하였다. 이에 반하여 동서독기본조약은 동서독의 특수관계를 "정상적인 선린관계"라고만 규정하였을 뿐이며, 서독정부의 성명서, 연방헌법재판소의 판결 등을 통하여 동서독 특수관계를 간접적으로 확인하고 있다. 다만, 동서독기본조약은 제1조에서 "쌍방은 동등자격의 원칙에 입각하여 상호 정상적 선린관계를 발전시킨다", 제6조에서 "쌍방은 양국의 대내외문제에 있어서 상호 그 독립성과 자주성을 존중한다"고 각각 규정하여 동서독관계를 적극적으로 인정한 측면도 있다.

둘째, 남북기본합의서가 동서독기본조약에 비하여 평화통일을 위한 기본원칙과 이를 구체적으로 조문화한 내용을 훨씬 많이 담고 있어 보다 강화된 법규범 형식을 취하고 있다. 남북기본합의서는 총 25개조에 걸쳐 남북화해·남북불가침·남북교류협력 등에 걸쳐서 구체적인 내용을 포함하고 있으나, 동서독기본조약은 총 10개조로 구성되어 동서독관계에 대한 기본원칙만을 선언하였다.

셋째, 합의문건의 효력 발생에 대하여 남북기본합의서는 "남과 북이 각기 발효에 필요한 절차를 거쳐 그 문본을 교환한 날부터 효력을 발생한다"고 규정하여 구체적인 의미내용이 불명확하고, 합의서라는 명칭을 사용하였다. 그러나 동서독기본조약은 "이 조약은 양독 의회의 비준을 요하며, 비준 후 비준서의 교환과 함께 효력을 발생한다"고 명확하게 규정하고 조약이라는 명칭을 사용하여 그 법적 성격을 분명히 하였다. 또한, 남북기본합의서는 합의서 체결의 주체에 대하여 국가로서의 실체를 가진 국제법 주체의 공식적인 대표성을 인정하지 않고 있으나, 동서독조약은 "독일연방공화국(die Bundesrepublik Deutschland)"과 "독일민주공화국(die Deutsche Demokratische Republik)"이라는 정식국호를 사용하여 국가로서의 실체를 가진 국제법주체의 공식적인 대표성을 인정하였다. 남북기본합의서는 그 체결주체로서 "남북고위급회담 남측 대표단 수석대표 대한민국 국무총리 정원식"과 "북남고위급회담 북측 대표단 단장 조선민주주의인민공화국 정무원총리 연형묵"이라고 표현하였다. 여기에는 공식 국호인 대한민국과 조선민주주의인민공화국이라는 용어를 포함하고 있다. 그러나 남북기본합의서 체결주체로서의 자격은 남북한이 각각 남북고위급회담 남측 대표단 수석대표와 북남고위급회담 북측 대표단 단장이며, 공식 국호는 정원식과 연형묵의 직책을 표현한 것에 불과한 것으로 해석할 수 있다.

넷째, 우리 헌법재판소와 대법원은 남북기본합의서에 대하여 조약성을 부인하였지만, 서독연방헌법재판소는 동서독기본조약에 대하여 동독과 서독의 내부관계를 규율하는 국제법상 조약으로서의 성격을 인정하여 법적 구속력을 부여하였다. 이와 같이 남북기본합의서가 동서독기본조약에 비하여 남북한특수관계를 명확히 규정하고 규범적 내용을 보다 구체화하고 있음에도 불구하고 법적 효과를 부여하려는 노력을 기울이지 않음으로써 결과적으로 남북관계를 법치주의의 규범영역으로 이끌지 못한 것은 매우 안타까운 일이라고 하겠다.

3. 남북합의서의 법적 성격

가. 조약성 인정 여부

남북한특수관계론에 의하면 남북한 당국이 남북합의서를 체결하는 것은 기본적으로 국내법적 규범영역에 해당하는 것으로서 남북합의서를 체결하는 당사자로서의 북한은 조국의 평화적 통일을 위한 대화와 협력의 동반자의 지위에서 남북합의서를 체결하는 것을 전제로 하고 있다. 따라서 북한과 체결한 남북합의서에 대하여 어떠한 법적 성격과 효력을 인정할 것인지를 검토할 필요가 있다. 우리 헌법은 국내법의 체계에 대하여 최고 상위규범으로서 헌법을 정점으로 법률, 명령, 규칙, 조례 등 자치법규를 피라미드식 단계구조로 설정하고 있다. 국내법이 아닌 규범형식으로는 제6조 제1항에서 "헌법에 의하여 체결·공포된 조약과 일반적으로 승인된 국제법규는 국내법과 같은 효력을 가진다"고 규정함으로써 조약과 일반적으로 승인된 국제법규만을 인정하고 있을 뿐이다.

남북합의서는 그 자체만으로는 국내법에 해당하지 않으며, 일반적으로 승인된 국제법규에도 해당하지 않으므로 그것이 조약에 해당하는가 여부에 따라서 그 법적 성격과 효력이 결정된다. 물론 남북합의서에 대하여 국내법적 효력을 부여하기 위하여 이행법률을 제정할 경우에는 남북합의서가 아니라 그 이행법률이 국내법 체계에 편입하게 될 것이다. 그러나 이는 남북합의서 자체의 법적 성격과는 구별되며, 조약체결 방식으로 법적 효력을 부여한 4개 경협합의서의 경우와도 구별된다.

국제법 주체간 체결되는 합의는 다양한 합의의 명칭과 관계없이 실질적인 내용과 법적 효력에 따라서 조약과 신사협정으로 구별되는데, 남북합의서의 유형도 법적 효력에 따라서 조약 또는 신사협정으로 구별될 수 있다. 일반적으로 조약은 법적 효력을 가지므로 법적인 권리와 의무의 효과를 발생시키고, 당사국을 법적으로 구속하는 구속력과 이를 국내적으로 집행하는 집행력을 가진다. 그러나 신사협정은 단순히 정치적 의사표명이나 협력의지를 표명하는 합의로서 당사국의 신의에 기반한 자발적인 이행에 의존하여 금반언의 효과를 가질 뿐 법적 구속력을 가지지 않는다.

조약이란 국가 또는 기타의 국제법 주체 상호간에 법적 구속력이 있는 권리와 의무의 발생, 변경, 소멸을 내용으로 하여 그 효과의 귀속을 목적으로 이루어진 국제적 합의를 의미하며, agreed minute, agreement, declaration, modus vivendi 등 그 명칭을 불문하고 실질적인 기준에 의하여 조약인지 여부를 결정하여야 한다. 따라서 조약이 되기 위해서는 첫째, 복수의 국제법 주체의 존재, 둘째, 당사자간의 의사의 합치, 셋째, 복수의 법주체에 귀속되는 의사의 합치, 넷째, 법적 효과를 창출하고자 하는 의도, 다섯째, 국제법상 법적 효과의 발생 등 5가지의 요소가 필요하다. 이때 북한이 조약을 체결하는 국제법상 주체로 인정될 수 있는지 여부가 문제되나 교전단체에 준하는 지방적 사실상의 정권(local de facto government)은 물론 분단국의 구성체도 국가유사단체(state like government)로서 조약체결능력을 가진다는 것은 일반적으로 확립된 국제법원칙이다. 이와 같은 사례는 1973년 베트남 평화협정, 1992년 캄보디아 평화협정, 1995년 이스라엘과 팔레스타인해방기구(PLO)의 평화협정, 1995년 KEDO와 북한의 경수로공급협정 등을 들 수 있으며, 1972년 동서독기본조약도 서독연방헌법재판소에 의하여 그 조약성이 인정되었다.

남북합의서는 위와 같은 조약의 요소에 비추어 볼 때, 복수의 국제법 주체들이 당사자들의 의사의 합치에 따라 체결하는 것임은 명백하다. 따라서 그 명칭 여하에 불구하고 남북한 당국이 당사자로서 국제법상 법적 효과를 창출하고자 하는 의도가 있었는지 여부에 따라 그 조약성 인정 여부가 결정될 것이다. 만약 합의서상에 그러한 의도가 명백히 규정되어 있는 경우에는 다툼이 없을 것이다. 그러나 합의서에 그러한 의도가 명백히 규정되어 있지 아니할 경우에는 합의서의 구체적인 내용을 중심으로 하여 체결 절차와 형식, 그리고 체결 이후의 후속조치 여부와 그 내용 등을 종합하여 판단하여야 한다.

남북합의서를 위와 같은 기준에 따라 구별하면, 현재까지 체결된 합의서는 조약으로서의 성격을 갖지 못하는 것이 대부분이나 4개 경협합의서와 비교하여 최소한 그와 유사한 법적 효력을 부여할 것을 예정하고 있거나 그 내용에 국민의 권리와 의무에 관한 입법사항을 포함하고 있는 합의서의 경우에는 조약으로서 법적 효력을 인정하여야 할 것이다. 즉, 투자보장합의서 등 4개 경협합의서에 대하여는 일부 이론이 있으나 일반적으로는 위에서 살핀 조약의 성립요건과 합의서들의 내용, 형식, 용어, 서명 등을 종합할 때 조약체결 방식을 통하여 위 합의서들을 체결한 것으로 보고 그 국내법적 효력을 인정하고 있는 것으로 볼 수 있다.

이들 합의서들은 남북한 당국이 법적 구속력을 갖는다는 의사에 따라 체결하였음을 인정할 수 있는 점, 남북한 당국이 조약체결 방식으로 합의서를 체결하고 그 후속조치를 취한 점, 남북한이 각각 국회의 동의와 최고인민회의 상임위원회의 결정 등 최고입법기관의 동의 또는 승인을 받는 등 합의서의 효력발생 규정에 따라 발효에 필요한 절차를 거친 점, 법률적 효력이 있다는 것을 전제로 법률제정 절차에 관한 법률에 따라 공포되고 관보에 게재된 점 등에 비추어 법적 구속력이 있는 조약으로서의 성격을 가진다고 하겠다.

이들 4개 경협합의서는 2003년 8월 23일 '남북합의서 제1호' 내지 '남북합의서 제4호'로 공포됨으로써 국내법적 효력부여 조치를 완성하였다. 4개 경협합의서에 대하여 조약번호를 부여하지 않고 새로운 형식으로 '남북합의서 제1호' 등을 부여한 것은 남북기본합의서의 법적 성격과 관련한 논란에서 비롯된 것으로 판단된다. 그러나 법령 등 공포에 관한 법률 제11조에서 공포의 대상을 헌법개정·법률·조약·대통령령·총리령 및 부령으로 제한하고 있어 위 합의서들의 조약성을 인정한 것으로 평가된다. 그 후 4개 경협합의서의 이행을 위하여 체결된 9개의 후속합의서도 이와 동일한 절차를 거쳐 발효되었다. 다만, 남북합의서가 남북관계를 실효적으로 규율하는 규범력을 갖기 위해서는 앞에서 검토한 바와 같이 헌법 등 관련 법률을 준수해야 할 것이다. 이와 함께 국내법적 입법조치와 후속합의서의 체결 등 이행조치도 필요할 것이다.

나. 북한에 대한 국가승인 여부

남북합의서 체결과 관련하여 북한과 남북합의서, 특히 조약을 체결하는 것은 명시적 또는 묵시적으로 북한을 국가로 승인하는 효과가 발생하는 것이며, 이는 헌법 제3조의 영토조항에 위반하는 것이 아닌가 하는 문제가 제기될 수 있다. 그러나 국가승인은 기본적으로 당사국의 의사의 문제로서 남북한간 합의를 하더라도 이것이 국가승인을 의미하지 않는다는 유보의사를 표시할 경우에는 국가승인의 효과를 발생시키지 않는다.

일반적인 국제법원칙상 포괄적인 양자조약을 체결할 경우에는 묵시적 국가승인으로 인정될 수 있으나 외견상 묵시적 승인으로 보이는 경우에도 승인의사를 명백히 유보하거나 반대하는 때에는 묵시적 승인으로 인정되지 않는다. 이러한 기준에 따를 경우 남북기본합의서는 남한과 북한 사이에 체결된 포괄적인 조약에 해당되고, 남북기본합의서 제1조가 "남과 북은 서로 상대방의 체제를 인정하고 존중한다"고 규정하였다. 그러나 남북기본합의서는 전문에서 남북관계가 "나라와 나라 사이의 관계가 아님"을 명시하고 있어 묵시적 국가승인의 효력을 분명히 배제하고 있다. 따라서 남북기본합의서 제1조의 내용은 북한이 정치적 실체 및 국제법적 주체로서 지방적 사실상의 정부라는 점을 인정하고 그 제도와 법질서를 인정한다는 의미일 뿐이며, 북한에 대해 국가승인을 한 것은 아니라고 하겠다.

남북합의서 체결이 북한에 대한 국가승인이 아님은 남북기본합의서뿐만 아니라 4개 경협합의서의 서문에서도 남북관계를 나라와 나라 사이의 관계가 아니라고 규정함으로써 이를 분명히 하였다. 또한, 남북한이 남북합의서를 체결하는 것은 남북관계에 대해 국제법원칙을 적용하는 것인데, 남북관계를 국가간 관계로 보지 않는다고 하더라도 남북합의서를 체결함에 있어서 국제법원칙을 적용하는 것은 가능하다고 판단된다.

헌법재판소도 "비록 남북한이 UN에 동시 가입하였다고 하더라도 이는 유엔헌장이라는 다변조약에의 가입을 의미하는 것으로 유엔헌장 제4조 제1항의 해석상 신규 가맹국이 UN이라는 국제기구에 의하여 국가로 승인받는 효과가 발생하는 것은 별론으로 하고, 그것만으로 곧 다른 가맹국과의 관계에 있어서도 당연히 상호간에 국가승인이 있었다고 볼 수 없다는 것이 현실 국제정치상의 관례이고 국제법상 통설적인 입장이다"라고 판시하여 남북한의 유엔 동시가입에 대해 이로써 남한이 북한에 대해 국가승인을 한 것은 아니라고 분명하게 밝히고 있다(1997. 1. 16. 92헌바6·26, 93헌바34·35·36).

다. 국회의 비준동의

헌법 제60조 제1항은 "국회는 상호원조 또는 안전보장에 관한 조약, 중요한 국제조직에 관한 조약, 우호통상항해조약, 주권의 제약에 관한 조약, 강화조약, 국가나 국민에게 중대한 재정적 부담을 지우는 조약 또는 입법사항에 관한 조약의 체결·비준에 대한 동의권을 가진다"고 규정하여 일정한 중요한 조약에 대하여는 반드시 국회의 동의를 받도록 하고 있다. 이 규정은 헌법 제6조 제1항에 의하여 헌법에 의하여 체결·공포된 조약은 국내법과 같은 효력을 가지도록 함으로써 국회의 입법권에 대한 예외를 인정하고 있는 것에 상응한 것이다. 즉, 국회의 입법권을 보장하고 대통령의 조약체결권에 대하여 권력분립의 이념에 따라 행정부를 통제하기 위하여 입법권의 본질적인 내용에 해당하는 중요한 조약에 대해서는 국민의 대표기관인 국회의 동의절차를 거치도록 한 것이다.

이에 따라 위와 같이 중요한 조약은 국회의 동의절차를 거쳐야 하지만, 같은 조약이라도 행정협정과 같이 조약의 위임에 의한 사항이나 조약의 실시를 위하여 필요한 사항이라든가, 정부의 행정권에 관한 사항은 국회의 동의를 필요로 하지 않는다고 하겠다. 한편, 남북관계발전에 관한 법률 제21조 제3항은 "국회는 국가나 국민에게 중요한 재정적 부담을 지우는 남북합의서 또는 입법사항에 관한 남북합의서의 체결·비준에 대한 동의권을 갖는다"고 규정하고 있다. 이는 기본적으로 헌법 제60조 제1항과 동일한 취지에서 규정한 것으로 남북관계에서 발생할 것으로 예상되는 내용만을 제한적으로 열거한 것으로 보인다. 한편, 위 법률 제21조 제4항은 "대통령이 이미 체결·비준한 남북합의서의 이행에 관하여 단순한 기술적·절차적 사항만을 정하는 남북합의서는 남북회담대표 또는 대북특별사절의 서명만으로 발효시킬 수 있다"고 규정하여 행정협정에 해당하는 남북합의서에 대해서는 국회의 동의를 필요로 하지 않는다는 점을 명확하게 하였다.

남북합의서에 대하여 국회의 비준동의가 필요한가 하는 문제는 우선 그 합의서가 조약으로서의 효력을 가질 것을 전제로 하고 있으며, 어떠한 조약이 위에서 열거하고 있는 조약에 해당하는지 결정하여 선별하는 것이 중요하다. 그러나 어떠한 합의서가 위에서 열거한 중요한 조약에 해당하는지 여부를 선별하는 것은 그 기준이 명확하지 않다. 또한, 남북합의서에 의하여 직접적으로 국가나 국민에게 중대한 재정적 부담을 지우는 것은 아니지만 간접적으로 파급효과에 따라서 그와 같은 결과를 초래하는 경우도 있다. 따라서 국회의 비준동의가 필요한 남북합의서를 결정하는 것은 실제에 있어서는 매우 어려운 일이다.

헌법에서 법률로 정하도록 한 사항이나 국민의 권리와 의무에 관한 사항인 입법사항을 포함하고 있는 남북합의서는 반드시 국회의 동의절차를 거쳐야 할 것이다. 한편, 국회는 헌법 제60조 제1항이 열거하는 중요한 조약이 아니라도 정부의 협조를 얻은 경우에는 권력분립의 원칙을 위반하지 않고 동의권을 행사할 수 있다고 하겠다. 따라서 남북관계에서 발생하는 중요한 정책입안과 집행에 대하여는 현재 이행입법절차를 거치지 않는 입법체계에서 민주적 정당성을 강화하기 위해서는 가급적 폭넓게 국회의 동의절차를 받도록 하는 것이 바람직하다고 생각된다.

4. 남북합의서의 법적 효력

가. 조약과 신사협정

남북합의서는 위에서 살핀 바와 같이 법적 효력이 인정되는 조약과 법적 효력이 없는 신사협정으로 대별되며, 조약은 다시 국회의 동의를 필요로 하는 조약과 국회의 동의가 필요 없는 조약으로 구별된다. 남북합의서가 법적 효력을 가지는 경우에 법률과 같은 효력을 갖기 위해서는 국회의 동의를 받아야 하고, 법률과 같은 효력을 갖지 않는 때에는 국회의 동의가 필요 없다. 한편, 남북합의서가 신사협정에 해당하는 경우에는 법적 효력이 없으므로 남북합의서의 법적 효력을 고려할 여지가 없다. 그러나 법적 효력을 갖지 않는 신사협정이라고 하더라도 전혀 규범력이 없거나 이를 무시할 수 있는 것은 아니다. 이는 남북한의 책임 있는 당국자들이 합의하고 서명한 것으로서 남북한 사이에 성실하게 이행하고 준수되어야 하므로 당사자 사이에는 금반언의 법적 효과가 있다고 하겠다.

남북관계발전에 관한 법률은 제4조 제3호에서 "남북합의서라 함은 정부와 북한 당국간에 문서의 형식으로 체결된 모든 합의를 말한다"고 규정하고, 제4장에서 남북합의서의 체결·비준, 국회동의, 공포절차, 효력범위 등에 대하여 자세히 규정하고 있다. 위 법률은 남북합의서에 대하여 조약으로서의 성격을 인정하고, 남북합의서에 법적 효력을 부여하기 위한 입법조치로 평가된다.

남북합의서의 효력과 관련하여 개인이 남북합의서를 원용하여 법원에 권리구제를 위하여 제소할 수 있는지 여부가 문제될 수 있다. 이는 남북한 당국 등이 남북합의서의 합의사항을 이행하지 않았거나 위반함으로 인하여 개인의 권리가 침해당하였을 경우에 그 개인이 이를 이유로 법원에 소송을 제기할 수 있는지 여부에 관한 것이다. 남북합의서가 조약으로서 국내법으로 효력을 갖는다 해서 당연히 관련 당사자가 남북합의서에 근거하여 권리주장을 할 수 있는 것은 아니다. 이는 개인의 조약의 원용가능성(invocability)에 관한 것으로 전통적으로 조약은 원칙적으로 조약 당사자인 국가에게 권리의무를 부여하는 것이지 개인을 대상으로 하는 것은 아니다. 따라서 개인은 단지 조약 당사국인 국가의 조약상 의무에 따른 작위 또는 부작위에 의하여 간접적으로 영향을 받게 될 뿐이라고 한다.

대법원은 조약의 효력과 개인의 원용가능성에 대하여 "지방의회의 조례가 WTO 협정에 위반되는 경우에는 그 효력이 없다"고 판단하였으나(2005. 9. 7. 2004추10), 2009년에는 "반덤핑 부과처분이 WTO 협정에 위반이라는 이유만으로 개인이 직접 국내법원에 WTO 회원국을 상대로 그 처분의 취소를 구하는 소를 제기하거나 위 협정을 위반하였다는 것을 그 처분의 독립적 취소사유로 주장할 수는 없다"고 판단하기도 하였다(2009. 1. 30. 2008두17936). 이와 같이 조약에 대하여도 개인의 원용가능성을 직접적으로 인정하여야 한다는 주장이 제기되고 있고, 남북합의서의 경우에는 남북한특수관계가 반영된다는 것을 고려할 때 향후 개별적인 사건이 발생할 경우에 사법부의 판결을 통하여 구체화될 것으로 예상된다. 이러한 사례는 특히 이행법률을 제정하지 않고 남북합의서를 직접 국내법으로 수용하여 그 법적 효력을 인정할 경우에 발생할 가능성이 크다.

나. 이행법률의 제정 여부

남북합의서의 효력과 관련하여 조약으로서의 성격을 갖는 경우에도 남북합의서 그 자체가 직접적으로 독립적인 효력을 갖는 것인지, 아니면 입법부로 하여금 이행법률을 제정할 의무를 부담하게 함으로써 간접적으로 효력을 갖는 것인지가 문제될 수 있다. 우리 헌법 제6조 제1항은 "헌법에 의하여 체결·공포된 조약과 일반적으로 승인된 국제법규는 국내법과 동일한 효력을 가진다"고 규정하고 있다. 조약의 국내적 효력에 대하여는 국제법상 일원론과 이원론이 존재하는데, 일원론은 국제법과 국내법은 하나의 통일된 법체계를 형성하고 있으므로 조약은 당연히 국내법의 일부이며 별도의 변형행위(transformation)를 거치지 않고 자동적으로 국내적 효력이 인정된다는 입장이다. 한편, 이원론은 국제법과 국내법은 타당성의 근거와 규율하는 대상이 다른 각각 별개의 법질서를 구성하고 있으므로 국제법이 직접 국내법으로 적용될 수는 없으며 그것이 국내에서 효력을 가지고 적용되기 위해서는 반드시 국제법을 변형하여 국내법으로 수용해야 한다는 것이다.

우리 헌법 제6조 제1항은 조약의 국내적 효력에 대하여 일원론과 이원론의 입장을 명백하게 표현하고 있지는 않으나, 일반적으로는 일원론에 따라서 헌법상 적법하게 체결된 조약은 공포만으로 국내법의 일부로 수용되어 국내적 효력이 발생한다는 것으로 해석되고 있다. 즉, 조약과 국내법의 효력우위에 대하여는 조약과 국내법 어느 일방의 우위가 아닌 동등한 효력을 가지고 있어 신법우선설, 특별법우선설에 따라야 하며, 헌법에 대하여는 헌법이 조약에 대하여 우월한 효력을 가진다고 해석하고 있다. 헌법재판소도 조약과 일반적으로 승인된 국제법규는 국내법과 동일한 효력이 있다고 결정하였다(2001. 4. 26. 99헌가13). 남북관계발전에 관한 법률도 남북합의서의 효력범위 등에 대하여 규정하면서 별도의 입법적 조치가 필요하다는 점에 대하여 아무런 규정을 두지 않고 있어 일원설의 입장에 따른 것으로 판단된다.

남북합의서에 대한 이행법률을 제정하여 국내법으로 수용하자는 입장이 있다. 이는 기본적으로 남북합의서를 조약으로 인정하지 않는다는 전제 하에 변화하는 남북관계에 탄력적인 대응을 하기 위해서 이행법률을 통하여 국내법으로 변형하는 것이 필요하다는 것이다. 그러나 앞에서 검토한 바와 같이 남북합의서는 유형에 따라 조약으로서의 성격을 가지지만 국회의 동의절차가 필요 없는 경우가 있어 모든 남북합의서에 대하여 국내법적 효력을 부여하기 위하여 이행법률을 제정하는 것은 적당하지 않다. 또한, 행정부가 체결한 조약의 내용에 따라 국회가 이행법률을 제정하는 것은 국회의 입법권을 침해할 우려가 있다. 우리 헌법 제6조 제1항의 해석으로도 별도의 이행법률을 제정하지 않고 조약을 국내법체계로 수용할 수 있으므로 이행법률을 제정하여야 하는 것도 아니다.

우리 정부도 위 4개 경협합의서를 비롯한 남북합의서에 대해서도 그 집행을 위하여 별도의 이행법률을 제정하지 않고 있다. 영국과 독일과 같은 이원론 국가의 경우에는 우리 헌법 제6조 제1항과 같은 규정이 없고 입법부인 국회가 조약의 체결과정에서 완전히 배제되어 있다. 따라서 조약을 이행법률 등 변형행위 없이 국내법으로 수용하는 것은 국회의 배타적인 입법권을 침해하는 결과가 되므로 이행법률을 통하여 국내법으로 수용하고 있는 것으로 이해할 수 있다.

특히, 개성공단에 관한 통신, 통관, 검역에 관한 3개 합의서는 "이 합의서는 쌍방의 관련 법규와 같은 효력을 가진다"고 규정하고 있다. 이 규정은 남북한 당국이 당사자의 의사의 일치로 그 합의서에 대하여 법적 효력을 부여한다는 강한 의지를 표현한 것으로 이해된다. 하지만 이 규정으로 인하여 비로소 그 합의서가 조약의 성격을 가지는 것은 아니므로 이 규정 자체가 권리창설적인 것은 아니라고 하겠다. 남북합의서가 조약의 성격을 갖는지 여부는 합의서의 내용 등 위에서 본 요건들에 의하여 최종적으로 판단하여야 한다. 이들 3개 합의서의 경우에는 비록 "관련 법규"의 개념이 명확하지는 않지만 조약성이 인정되는 4개 경협합의서 등에는 위와 같은 규정이 없는 점을 고려할 때, 위 규정은 이들 3개 합의서에 조약성을 부여한다는 것을 확인하는 선언적이고 주의적인 규정이라고 할 것이다. 따라서 이 규정은 우리 헌법 제6조 제1항과 마찬가지로 남북합의서에 대하여 직접적으로 법적 효력을 부여한다는 것으로 해석할 수 있다.

한편, 조약의 성격을 갖는 남북합의서를 체결하는 경우에도 이를 직접 국내에 적용하기가 적당하지 아니하여 새로운 법률의 제정이 필요하거나 법령의 정비 등 개정이 필요한 경우가 있다. 이는 남북합의서 자체의 효력 문제가 아니라 합의사항을 이행하는 과정에서 이루어지는 후속조치에 관한 문제이므로 그 본질을 달리한다.

다. 국내법적 효력부여 절차

남북합의서에 대하여 조약으로서의 성격을 인정하는 이상 헌법과 법률이 정하는 조약체결에 관한 절차규정에 따라야 한다. 4개 경협합의서를 비롯한 중요한 합의서의 경우에는 그 효력발생에 대하여 "쌍방이 서명하고 각기 발효에 필요한 절차를 거쳐 그 문본을 교환한 날부터 효력을 발생한다"고 규정하였다. 이때 "각기 발효에 필요한 절차"의 의미 내용이 명확하지 않아 그 해석을 둘러싸고 남북한 사이에 의견이 대립될 수가 있다. 또한, 남북한 사이의 법률체계의 차이로 인하여 혹은 일방이 발효에 필요한 절차를 이행하지 않음으로 인하여 합의서의 효력 자체에 대한 다툼이 발생할 우려도 있다. 이러한 관점에서 동서독기본조약이 발효에 필요한 절차를 명확하게 규정하고 있는 것은 우리에게 시사점을 주고 있다.

위 규정을 문리적으로 해석할 경우에는 남북합의서를 체결하고 대통령이 서명 등 절차를 거친 후, 이를 국내에 공포함으로써 발효에 필요한 절차를 완성하는 것이므로 그 절차를 종료한 이후에 그 문본을 교환하는 것이 합의서의 취지에 부합한다고 할 수도 있다. 즉, 남북한이 남북합의서를 체결한 경우에는 발효에 필요한 절차를 모두 완료하고 쌍방이 그 비준서인 문본을 교환함으로써 즉시 효력을 발생시키기로 합의한 것이라는 것이다. 일반적인 조약의 경우에는 조약의 쌍방 당사자가 조약에 서명한 이후 필요한 경우에 국회의 동의절차를 거쳐 비준서를 교환한 다음 국내에 공포함으로써 비로소 발효된다. 남북한은 남북합의서에 대해서는 이러한 통상의 절차와는 다른 절차에 따라 효력을 발생시키기로 합의한 것으로 해석한 것이다. 이는 헌법 제53조 제7항, 법령 등 공포에 관한 법률 제13조, 제13조의2에서 법률과 대통령령 등 행정입법은 특별한 규정이 없는 한 공포한 날부터 20일, 국민의 권리제한 또는 의무부과와 직접 관련되는 법률 등은 긴급히 시행하여야 할 특별한 사유가 있는 경우를 제외하고는 공포한 날부터 30일이 경과함으로써 효력을 발생하도록 규정하고 있는 것에 대한 예외가 된다.

법률을 공포한다는 것은 그 법률이 발효되는 것을 전제로 실효성 있는 집행을 위하여 대내외에 법률이 제정된 사실과 내용을 알리는 것이다. 그러나 남북합의서의 경우에는 남북합의서를 공포하고도 발효요건을 충족하지 못하여 효력이 발생되지 못하는 경우가 발생할 수가 있다. 따라서 남북합의서의 경우에도 남북합의서를 공포하기 이전에 그 문본을 교환하여 발효시키고, 그 이후에 이를 공포해야 하는 것으로 해석해야 할 것이다. 이러한 의미에서 4개 경협합의서에서 규정하는 "각기 발효에 필요한 절차"에는 남북합의서를 공포하는 것은 제외된다고 해석하는 것이 타당하다. 실제로 4개 경협합의서도 2003년 8월 20일 발효되었으나 같은 달 23일 이를 공포하였고, 그 후속합의서인 남북상사중재위원회 구성·운영합의서 등 9개 남북합의서도 2005년 8월 5일 발효한 이후인 같은 달 8일 이를 공포하고 관보에 게재하였다.

북한은 위 4개 경협합의서의 경우에는 남한에 대하여 최고인민회의 상임위원회 결정을 통하여 승인하였다고 통지하였다. 그러나 조선민주주의인민공화국헌법은 조약에 관하여 제125조 제11호에서 "내각은 다른 나라와 조약을 맺으며 대외사업을 한다"고, 제91조 제17호에서 "최고인민회의는 최고인민회의에 제기되는 조약의 비준, 폐기를 결정한다"고, 제116조 제14호에서 "최고인민회의 상임위원회는 다른 나라와 맺은 조약을 비준 또는 폐기한다"고, 제103조에서 "국무위원회 위원장은 다른 나라와 맺은 중요조약을 비준 또는 폐기한다"고 각각 규정하고 있다. 각 기관의 공식적 행위형식에 대하여는 제136조에서 "내각위원회, 성은 지시를 낸다"고, 제129조에서 "내각은 결정과 지시를 낸다"고, 제97조에서 "최고인민회의는 법령과 결정을 낸다"고, 제120조에서 "최고인민회의 상임위원회는 정령과 결정, 지시를 낸다"고, 제110조에서 "국무위원회는 결정, 지시를 낸다"고 각각 규정하고 있다. 따라서 남북한간 상호주의에 따라 남북합의서가 실질적으로 법규범으로 기능할 수 있도록 북한의 법적 효력절차에 대하여도 이를 담보할 수 있는 방안을 강구하여야 할 것이다.

남북합의서에 대하여 조약으로서의 성격을 인정하는 이상 그 법적 효력을 부여하기 위해서는 헌법 제60조 제1항의 국회의 동의절차 규정 이외에도 제73조의 대통령의 조약체결·비준권, 제89조 제3호의 국무회의의 조약안 심의권 등 헌법 규정과 정부조직법,

법령 등 공포에 관한 법률, 정부대표 및 특별사절의 임명과 권한에 관한 법률 등 관련 법률이 규정하고 있는 법적 절차를 준수하여야 할 것이다. 그러나 남북관계발전에 관한 법률은 남북회담대표와 남북합의서 체결절차 등에 대하여 원칙적인 규정을 두고 있어 위 정부조직법 등 법률에 대하여 남북합의서에 관한 특별입법으로서 우선적으로 적용된다고 하겠다.

남북관계발전에 관한 법률은 남북합의서 체결절차를 구체적으로 규정하여 대통령은 남북합의서의 체결·비준의 주체로서 남북합의서를 비준하기에 앞서 국무회의의 심의를 거쳐야 하며, 통일부장관이 이와 관련된 대통령의 업무를 보좌하도록 규정하고 있다(제21조 제1항, 제2항). 또한, 국회의 동의 또는 국무회의 심의를 거친 남북합의서는 법령 등 공포에 관한 법률의 규정에 따라 대통령이 공포하며(제22조), 남한과 북한 사이에 한하여 그 효력이 발생한다(제23조 제1항). 특히, 부칙 규정에서 "이 법의 시행 전에 국회의 동의를 받아 체결·비준된 남북합의서는 이 법에 의한 남북합의서로 본다"고 규정하여 이 법 시행 이전에 체결된 남북합의서에 대하여도 동일한 법적 효력을 부여하도록 하였다.

제 6 장

북한이탈주민의 이혼소송과
북한주민의 법적 지위

1. 북한이탈주민의 이혼소송

가. 개요

2004년 2월 6일 서울가정법원은 최초로 북한이탈주민으로서 남한에서 취적한 자가 북한지역에 있는 배우자를 상대로 제기한 이혼 및 친권자지정에 관한 소송에서 원고의 청구를 인용하였다. 이 사건은 남한주민으로서의 법적 지위를 확보한 북한이탈주민이 북한에 거주하는 북한주민을 상대로 소송을 제기한 것으로서 원고는 남한주민이고, 피고는 북한주민인 사건이다. 이 판결 이후 유사한 상황에 처한 북한이탈주민들이 북한에 있는 배우자를 상대로 이혼소송을 청구하는 사례가 급증하여 200건을 초과하게 되었으나, 이에 대하여 법원은 재판관할권과 준거법, 토지관할, 당사자능력, 소송절차의 중지, 송달, 재판상 이혼사유 등에 관하여 명확한 법률규정이 없어 위 이혼소송을 진행하지 못하였다. 2007년 1월 26일 북한이탈주민보호 및 정착지원에 관한 법률(이하 '북한이탈주민보호법'이라고 한다)이 개정되어 제19조의2 제1항, 제2항에서 북한이탈주민인 보호대상자로서 취적한 자 중 북한에 배우자가 있는 자에 대하여 이혼을 청구할 수 있도록 규정하였다. 2007년 6월 22일 서울가정법원은 위와 같이 개정된 북한이탈주민보호법에 따라서 북한이탈주민의 이혼청구 소송에서 원고의 청구를 인용하였으며, 그 이후에는 다른 사건들에 대하여도 재판을 진행하고 있다.

북한이탈주민이 북한에 있는 배우자를 상대로 이혼소송을 청구할 경우에 발생하는 재판관할권과 준거법의 결정, 실체법과 절차법의 적용 문제는 본질적으로 우리 헌법상 북한과 북한주민의 법적 지위를 어떻게 파악하느냐에 따라 결정되는 남북한 법률충돌의 문제라고 할 수 있다. 따라서 북한과 북한주민의 법적 지위를 명확히 하는 것은 북한이탈주민의 이혼소송에서 발생하는 다양한 법적 쟁점을 해결하기 위한 선결과제라고 할 것이다. 위 판결을 계기로 북한주민이 어떠한 헌법적 지위를 갖는지에 대하여 본격적으로 관심을 가지게 되었다.

북한주민의 법적 지위는 북한주민을 대한민국 국민으로 인정할 수 있는 것인지 여부, 즉 국적문제를 중심으로 논의되어 왔다. 이는 대한민국 법률의 인적 관할권의 범위와 외교적 보호권의 행사를 위한 전제조건으로서 기능하기 때문에 남북한 법률적용의 문제, 이산가족의 혼인과 상속문제, 북한주민의 지적재산권의 귀속과 행사, 제3국에 대한 외교적 보호권의 인정여부 등을 결정하는 요건사실이 된다. 개인의 국적문제는 그가 소속된 국가를 전제로 하여 결정되는 법률문제로서 법논리적으로 북한의 법적 지위와 직접적 관련성을 갖게 된다. 특히, 북한이탈주민의 이혼소송과 관련하여서는 당사자 적격, 재판관할권, 이혼법의 준거법 등을 결정하는 법적 기초가 된다.

나. 최초 판결

2004년 2월 6일 법원은 북한을 이탈하여 남한에 취적한 자가 북한지역에 있는 배우자를 상대로 제기한 이혼 및 친권자지정에 관한 소송에서 원고와 피고의 혼인이 유효하다는 것을 전제로 원고의 이혼청구를 인용하였다. 그 법적 근거로 헌법 제3조와 혼인과 가족생활을 보장하는 제36조 제1항, 북한이탈주민보호법 제1조, 제4조 제1항, 제12조, 제19조, 그리고 민법 제840조 제6호를 제시하였다(서울가정법원 2004. 2. 6. 2003드단58877). 위 이혼소송에서는 소송법적으로는 당사자 적격, 재판관할의 유무, 소송절차의 중지 여부, 송달절차가 문제되었고, 실체법적으로는 혼인의 효력과 그 준거법, 이혼의 준거법, 이혼사유가 문제되었다.

북한이탈주민보호법은 위 법률적 쟁점들과 관련하여 서울가정법원으로부터 취적허가를 받아 호적이 편제되는 경우에 북한에서의 혼인사실이 기재된다는 사실만 규정하였을 뿐, 아무런 규정을 두지 않고 있었다. 서울가정법원은 위 이혼소송에서 헌법과 관련 법률의 해석론을 통하여 소송법 및 실체법적 쟁점 사항에 대한 입법적 불비를 보완한 것으로 판단된다. 법원은 판결문에서 위 쟁점 사항 가운데 이 사건 혼인의 유효 여부와 이혼사유에 대하여만 판단하였고, 나머지 쟁점 사항들에 대하여는 남한 민법 등을 적용하여 본안판단을 하였다는 사실, 소송절차를 진행하고 판결하였다는 사실로부터 간접적으로 그 판단내용을 추론할 수 있을 뿐이었다.

위 재판부는 판결문에서 이혼소송의 전제로서 당사자의 혼인의 유효성을 인정하고 있는데, 북한주민이 북한법률인 북한 가족법에 따라서 등록한 혼인관계의 법적 효력에 대하여는 명확하게 밝히지 않았다. 즉, 혼인등록에 대해 보고적 효력설에 따라 이를 법적으로 유효한 것으로 인정한 것인지, 또는 창설적 효력설에 따라 남한법률인 북한이탈주민보호법에 따른 취적특례조항에 의해 혼인관계를 법적으로 유효한 것으로 인정한 것인지에 대해서는 판단하지 않았다. 판결이유에서는 혼인관계가 유효하다는 직접적인 법적 근거로 남한의 헌법 제3조에 따라 북한주민은 대한민국 국민이라는 점, 헌법 제36조 제1항, 그리고 남한법률인 북한이탈주민보호법을 제시하였다. 기초사실에서는 원고와 피고가 1997년 북한지역에서 "혼인하고 동거하던 중" 및 "혼인사실"이라고 표현하고 있을 뿐, 북한의 가족법에 대해서는 전혀 언급하지 않고 있다. 따라서 이는 법원이 남한의 헌법과 법률에 따라 혼인관계를 유효한 것으로 인정하고, 이를 전제로 이혼심판청구를 인용한 것으로 해석할 수 있다.

이 판결의 담당 재판부는 판결 선고 이후에 개인적으로 발표한 논문에서 북한지역에서 북한의 법제도에 따라 이루어진 혼인 또는 가족관계는 그 성립 당시부터 유효한 혼인 또는 가족관계이고, 취적허가에 의한 호적부의 등재는 보고적 효력이 있을 뿐이라고 하였다. 이러한 점에서 위 판결은 북한주민의 법적 지위에 대하여는 대법원의 입장을 그대로 따르고 있는 것으로 평가된다. 또한, 이혼사유에 대하여는 기초사실에 기반하여 이 사건 혼인관계는 더 이상 회복할 수 없을 정도의 파탄상태에 이르렀고, 원고에게 더 큰 잘못이 있다고 보기 곤란하므로 민법 제840조 제6호 소정의 재판상 이혼사유에 해당된다고 판단하였다. 위 재판부가 판결문을 통해서 밝히고 있지 않지만 위 나머지 쟁점 사항들과 관련하여, 북한이탈주민의 북한주민을 상대로 한 이혼소송의 재판관할은 대한민국 법원에 있으며, 그 토지관할은 가사소송법 제22조 제2호, 제13조 제2항에 따라서 서울가정법원의 전속관할이라고 인정한 것으로 판단된다. 또한, 남북한 분단상황의 특수성을 고려하여 위 사건은 민사소송법 제246조의 당사자의 장애로 인한 소송절차의 중지 사유에 해당하지 않으며, 공시송달할 수 있다고 판단하고 소송절차를 진행한 것으로 보인다.

다. 북한이탈주민보호법의 개정 이후

서울가정법원은 2004년 2월 처음으로 북한이탈주민의 이혼소송에 대하여 판결한 이후 이혼소송에 관한 실체법과 절차법에 대한 입법미비로 인하여 유사한 이혼소송을 진행시키지 못하였다. 2007년 북한이탈주민보호법이 개정되어 법률적 보완이 이루어진 후 2007년 6월 22일 개정된 법률에 따라서 이혼소송에 대하여 판결하였다.

2007년 6월 22일 판결은 2004년 10월 12일 제기된 이혼소송 사건에 대하여 북한이탈주민보호법이 개정된 이후 선고한 것으로서 북한을 이탈하여 남한에서 취적한 자가 북한지역에 있는 배우자를 상대로 제기한 이혼소송에서 원고의 이혼청구를 인용하였다(서울가정법원 2007. 6. 22. 2004드단77721). 이 판결은 그 법적 근거로서 종전판결과는 달리 헌법 제3조와 혼인과 가족생활을 보장하는 제36조 제1항을 제시하지 않고 그 대신 개정된 북한이탈주민보호법 제19조의2 제1항, 제2항을 들었다. 북한이탈주민보호법은 제19조의2 제1항에서 "북한에 배우자가 있는 자는 그 배우자가 남한지역에 거주하는지 여부가 불명확한 경우 이혼을 청구할 수 있다", 제2항에서 "재판상 이혼의 당사자가 될 수 있다", 제3항에서 "서울가정법원에 재판상 이혼청구를 하여야 한다", 제4항에서 "민사소송법제195조의 규정에 따른 공시송달을 할 수 있다"고 각각 규정하여당사자 적격, 재판관할, 송달절차 등 소송법적 쟁점과 혼인의 효력, 이혼사유 등 실체법적 쟁점을 입법적으로 해결하였다.

이 법률은 소송절차의 중지 여부, 이혼의 준거법에 대하여는 직접적으로 이를 규정하지 않고 있으나, 위 특례규정의 입법취지에비추어 배우자가 북한에 있다는 사실은 소송절차의 중지 사유에해당하지 않으며, 이혼의 준거법은 남한의 가족법을 의미하는 것을 전제로 하고 있다고 판단된다. 위 판결은 재판상 이혼사유에대하여는 북한이탈주민보호법 제19조의2 제1항의 "그 배우자가남한지역에 거주하는지 여부가 불명확한 경우"가 아닌 민법 제840조 제6호의 "혼인관계를 계속하기 어려운 중대한 사유"를 직접적근거규정을 제시하고 있는 것이 특징이다. 따라서 위 재판부는 북한이탈주민보호법 제19조의2 제1항은 민법 제840조의 특별규정으로서 이혼사유를 규정한 것이 아니라 혼인의 효력과 이혼소송의관할에 관한 특례규정이라고 해석하였다고 판단된다. 북한이탈주민보호법의 개정규정과 이에 따른 위 판결은 북한주민의 법적 지위에 대하여는 명확한 입장을 밝히고 있지 않으나, 북한주민도 대한민국 주민이지만 북한이탈주민의 북한 소재 배우자에 대한 이혼소송에 있어서는 남북관계의 특수성을 반영하여 국제법원칙을 적용할 수 있도록 위와 같은 특례규정을 둔 것이라고 평가할 수 있다.

서울가정법원은 2007년 8월 23일 개정 법률 제19조의2에서 규정하는 이혼의 특례규정이 적용되는 시점인 2003년 3월 18일 이전에 취적한 북한이탈주민에게도 위 특례규정을 적용할 수 있다고 판시하였다(서울가정법원 2007. 8. 23. 2004드단63067). 이 판결은 이 사건 원고의 호적이 2003년 2월 26일 편제되었고, 북한이탈주민보호법 부칙 ②에서 제19조의2의 개정규정은 대법원 호적예규 제644호가 시행된 2003년 3월 18일 이후 취적한 북한이탈주민에게 적용하도록 규정하고 있어 위 부칙을 문리적으로 해석할 경우 위 제19조의2의 개정규정은 이 사건에 적용될 수 없음에도 불구하고 형평의 원칙에 따른 해석을 통하여 이 사건에도 적용하였다. 즉, 구 북한이탈주민보호법에 의한 취적절차에 관한 예규(호적예규 제600호)는 단신 보호대상자에 대하여 단신으로 취적하도록 하여 개인단위로 편제될 것을 전제로 하고 있었다. 이 사건 원고가 호적편제를 할 당시에는 북한지역에 있는 피고가 입적될 필요가 없었음에도 불구하고 일반적인 호적편제의 원칙에 따라 피고가 원고의 호적에 입적된 것으로 판단하고, 원고의 신분상의 불이익을 제거하기 위하여 위 제19조의2를 적용하여 원고의 이혼소송 청구를 인용하였다.

북한이탈주민보호법을 개정한 것은 북한주민에 대해서 남북관계의 특수성을 반영하여 북한이탈주민의 이혼소송에 대하여는 국제법원칙을 적용할 수 있도록 입법화한 것이라고 할 수 있다. 즉, 북한주민도 대한민국 국민이라는 것을 전제로 하면서도 현실적으로 북한이탈주민의 기본권을 보장하고, 북한이탈주민이 권리를 행사할 수 있도록 법적 근거를 마련한 것이다. 또한, 2004년 2월 6일 판결과 2007년 6월 22일 판결도 북한 및 북한주민의 법적 지위에 대하여 헌법재판소와 대법원의 입장을 바탕으로 하면서도 남북관계의 특수한 현실과 북한이탈주민의 법적 보호를 위하여 남북한특수관계론의 입장에 기초한 것이라고 평가할 수 있다.

2. 북한주민의 헌법적 지위

가. 남북한특수관계론의 적용

북한주민도 대한민국 국민인가? 북한주민의 법적 지위를 명확하게 하는 것은 북한주민이 남한헌법에서 규정하는 대한민국의 국민에 해당하는지 여부를 규명하는 것이다. 북한주민은 북한헌법과 북한의 국적법에 의해 북한의 국민으로 인정되는 공민권자에 해당하며, 북한주민 이외에 '북한국적자', '북한적자', '북한공민', '북한공민증 소지자' 등 다양한 용어가 사용되고 있다. 한편, 남한헌법과 남한의 국적법은 북한주민의 법적 지위에 대해서는 아무런 규정을 두지 않고, 북한이탈주민보호법에서 북한주민도 대한민국 국민의 지위를 가진다는 것을 간접적으로 규정하고 있을 뿐이다. 개인의 국적에 관한 사항은 그가 소속된 국가를 전제로 하여 결정되는 법률문제이다. 따라서 북한주민의 법적 지위는 북한의 법적 지위의 문제와 직접적으로 관련되고, 그 판단에 따라 규범적 의미가 결정된다. 북한주민의 법적 지위는 헌법 제3조의 영토조항과 제4조의 평화통일조항의 해석을 통해 도출되는 북한의 법적 지위를 기초로 하며, 이는 결국 남북관계를 헌법적 차원에서 해명하는 작업이라고 하겠다.

북한주민의 법적 지위는 헌법 제3조와 제4조의 해석에 관한 남북한특수관계론에 따라 도출되는 북한의 법적 지위를 전제로 하고 있는데, 그 규범적 의미에 따라 북한주민의 기본권에 대한 보장의 범위와 한계가 결정된다. 따라서 헌법 제3조와 제4조의 관계를 파악하는 관점에 따라서 북한주민의 법적 지위도 다양하게 설정될 수 있다.

헌법 제3조의 헌법적 구속력을 부인하는 입장에서는 헌법 제4조에서 북한의 국가성을 규범적으로 인정하고 있어 남한의 국적법이 북한주민에게는 적용되지 않으므로 북한주민은 대한민국 국민에 포함되지 않는다고 한다. 이 입장은 기본적으로 북한지역은 대한민국 영토에 포함되지 않으며, 북한지역에 대해 통치권을 행사하지 못하고 있는 이상 국가와 국민 사이에 국적을 인정할 진정한 관련성도 존재하지 않는다는 헌법현실에 기초하고 있다. 헌법 제3조에 대하여 규범력을 부인하는 근거에 대하여는 다양한 견해가 있으나 어느 입장에 따르더라도 북한주민은 대한민국 국민에 포함되지 않는다는 결론에 이르게 된다. 특히, 북한이 유엔에 가입하여 국제법상 주체로 활동하고 있는 현실에서 중국 등 제3국과 외교적인 문제를 고려할 때 북한주민을 당연히 대한민국 국민으로 인정하는 것은 비현실적이기 때문에 북한주민은 대한민국 국민이 아닌 외국인이며, 대한민국 국적을 취득하기 위해서는 망명 또는 귀화 등 별도의 절차에 의하여야 한다고 주장한다. 따라서 남한이 북한주민에 대해 국적을 부여하는 것은 대한민국의 실효적 통치권이 미치지 않는 지역에 대한 통치권 행사가 되어 효력이 없을 뿐만 아니라 북한의 영토고권과 대인고권을 침해하는 행위로서 국제법의 일반원칙을 위반하는 것이라고 한다. 이 입장에서는 북한주민은 이 입장은 결국 북한주민은 대한민국 헌법상 외국인 또는 무국적자일 수밖에 없다고 한다.

이와 반대로 헌법 제3조의 규범력을 인정하는 입장에서는 비록 법현실과는 거리감이 있으나 법률적으로는 북한주민도 헌법 제3

조에 의해 당연히 대한민국 국민에 포함된다고 한다. 남북한의 분단은 법률상의 분단이 아니라 사실상의 분단이므로 대한민국의 주권 또는 헌법의 효력이 당연히 한반도 전체에 미치는 것이지만 북단의 현실적 상황에 의해 북한지역에 대한 효력이 사실상으로 제약당하고 있어 북한주민의 기본권 행사가 제한되고 있을 뿐이라는 것이다.

한편, 북한주민에 대하여는 대한민국의 통치질서가 적용되지 않고 있다는 현실과 국제사회에서 북한이탈주민을 특별하게 취급한다는 점을 고려하여 북한주민에게 특수한 지위를 부여할 것을 주장하는 입장이 있다. 이 입장은 법률적으로는 북한주민을 대한민국 국민으로 인정하면서도 형식논리적인 주장만으로는 현실적인 문제를 해결할 수 없다는 기능주의적 입장을 바탕으로 한다. 즉, 대한민국 국민에는 남한주민, 북한주민, 재외국민의 세 가지 유형이 있다고 전제하고 대한민국 단일국적을 유지하되 그 하위개념으로 '남한적(南韓籍)'과 '북한적(北韓籍)'을 상정할 필요가 있다는 것이다. 이외에도 헌법 제3조를 근거로 북한주민을 당연히 대한민국 국민으로 인정하는 것은 단순한 법형식논리에 불과하므로 남북기본합의서 등에서 선언한 남북한특수관계를 고려하여 북한주민에 대해서는 특수한 지위를 부여하여야 한다는 입장도 있다. 이는 북한주민은 남한법률상으로는 남한주민이면서도 국제법상으로나 사실상으로는 북한국적을 갖는 이중적 지위를 부여해야 한다는 것이다. 따라서 북한주민이 제3국으로 탈출할 경우에는 난민으로서 국제법적 보호를 받을 수 있도록 해야 하고, 남한으로 귀순할 경우에는 일정한 국적취득절차를 거쳐야 대한민국 국민이 될 수 있다고 한다.

현행 헌법이 규정하는 국적법정주의를 형식적으로 이해할 경우에는 헌법의 위임에 따라 국적법이 국민의 자격을 임의로 확정할 수 있다고 해석된다. 하지만, 국민은 국가공동체의 구성원이자 주권자로서 그 자격과 범위는 헌법적 사항이며 법률이 임의로 확정할 수 있는 것이 아니다. 즉, 국적법이 국민의 자격과 범위를 규정하는 것은 헌법규범 자체에서 확정되는 기본적 내용을 구체화시키는 것으로서 법률이 입법형성의 자유를 가지고 임의로 규정할 수 있는 것이 아니다. 헌법재판소도 국적법에 대해 "국적은 국가와 그의 구성원 간의 법적 유대이고 보호와 복종관계를 뜻하므로 이를 분리하여 생각할 수 없다. 즉, 국적은 국가의 생성과 더불어 발생하고 국가의 소멸은 바로 국적의 상실사유인 것이다. 국적은 성문의 법령을 통해서가 아니라 국가의 생성과 더불어 존재하는 것이므로 헌법의 위임에 따라 국적법이 제정되나 그 내용은 국가의 구성요소인 국민의 범위를 구체화, 현실화하는 헌법사항을 규율하고 있는 것이다"라고 판단하였다(2000. 8. 31. 97헌가12). 따라서 북한주민이 대한민국 국민에 포함되는지 여부는 국적법의 규정을 형식적으로 해석하여 결정할 것이 아니라 국민주권주의, 헌법의 장소적 효력을 선언한 영토조항 등 헌법규정과 이를 구체화하고 있는 법률을 종합적이고 통일적으로 해석하여 결정해야 할 것이다.

남북한특수관계론을 적용할 경우, 북한주민의 자격과 범위에 대한 헌법적 근거는 헌법 제3조와 제4조에서 찾을 수 있다. 북한주민은 헌법 제3조에 따라 대한민국 국민으로 인정되지만, 헌법 제4조에 따라 그 특수한 성격이 반영되어 구체적인 기본권 행사는 제한될 수도 있다고 하겠다. 즉, 북한주민의 지위와 기본권에 대하여 헌법 제3조는 원칙적이고 가치지향적인 규범력을 가지고 헌법 제4

조에서 규정하는 통일정책의 헌법적 근거와 정당성을 제공함과 동시에 구체적인 통일정책의 수립과 집행에 대한 헌법적 범위와 한계를 제시한다. 물론 국가의 영토조항이 국민의 범위와 완전히 일치하는 것은 아니지만 근대 시민국가 이후 영토주권의 귀속은 국민의 범위를 결정하는 가장 중요한 헌법적 지표가 된다.

한편, 헌법 제4조는 제3조의 범위 안에서 남북관계와 북한주민의 특수성을 반영할 수 있는 규범적 근거가 되며, 제3조의 규범력의 정도에 따라 유동적이고 가변적인 범위에서 규범력을 가진다고 하겠다. 따라서 북한주민의 법적 지위에 관하여는 헌법 제3조가 제4조에 비하여 우월한 효력을 갖는다고 해석된다. 즉, 국가공동체의 구성원이자 주권자인 국민의 자격 자체가 남북관계의 규범영역에 따라서 달라질 수는 없다. 따라서 북한주민에 대해 일정한 규범영역에서 특수한 법적 지위를 인정한다고 하더라도 이는 대한민국 국민이라는 것을 기본원칙으로 해야 한다. 그리고 북한주민에 대해서는 구체적 사안에 있어서 남북관계의 현실과 특수성을 반영하여 법률적인 근거에 의해서만 특별하게 취급할 수 있다는 의미로 국한하여 해석하여야 할 것이다.

나. 법적 지위에 대한 규범적 기준

북한주민의 기본권 보장은 북한주민의 헌법적 지위로부터 도출되며, 이는 북한의 법적 지위와 직접적으로 관련된다. 헌법이 규정하는 국민의 자격에 대한 규범적 성격과 남북한특수관계론에 따를 경우에는 다음과 같이 북한주민의 법적 지위를 확정하는 규범적 기준을 제시할 수 있다. 남북한특수관계를 북한주민의 법적 지위에 대하여 적용할 경우 소극적인 의미에서 남북한은 나라와 나라 사이의 관계가 아니라는 것을 의미하므로 북한주민을 외국인으로 인정할 수는 없다는 것을 기본전제로 출발하고 있다.

첫째, 북한이 반국가단체로 활동하는 국내법적 규범영역에서는 북한주민은 대한민국 국민이다. 북한주민을 반국가단체의 구성원으로 파악하든지 반국가단체에 의하여 지배당하고 있는 대상으로 파악하든지 북한주민은 모두 법적으로는 대한민국 국민이다. 국가가 아닌 반국가단체인 북한이 실질적으로 북한지역을 지배하고 북한주민에 대하여 통치력을 행사하고 있다고 하더라도 법규범적인 의미에서는 북한주민에 대하여 대한민국 국민이 아니라고 할 수는 없다. 따라서 국가보안법의 적용은 물론 형법의 적용에 있어서도 북한주민은 내국인의 지위를 갖는다.

둘째, 북한이 평화통일을 지향하는 화해와 협력의 동반자로 활동하는 국내법적 규범영역에서는 북한에 대해 남한과 동등하게 국가적 실체성을 인정하므로 그 구성원인 북한주민도 특수한 지위를 가진다고 하겠다. 즉, 북한주민은 대한민국 국민이지만 현실적으로 권리의무를 행사하지 못하고 있고 국가적 실체성을 가진 북한의 공민으로서 법적 권리의무를 행사하고 있다. 이러한 규범영역에서 북한주민은 외국인에 준하는 지위를 가지며, 이러한 법률관계에 대해서는 국제법원칙을 유추적용해야 할 것이다. 따라서 형법의 적용은 물론 국제사법, 국제형사사법공조법, 국제민사사법공조법, 범죄인인도법 등의 적용에 있어서 북한주민을 내국인이 아니라 외국인으로 해석하여야 할 것이다.

셋째, 남북관계가 국제법적 규범영역에 적용되어 남북한 일방 또는 쌍방이 각각 특정한 제3국이나 국제기구와 법률관계를 형성할 경우에는 외국인에 준하는 지위를 인정해야 할 것이다. 이러한 경우에는 남북한뿐만 아니라 외국과의 외교관계에 따라 북한주민의 법적 지위가 다양하게 설정된다. 유엔과 같은 국제기구에서는 남한과 북한이 모두 국제법적 주체로서 활동하므로 이러한 경우에는 북한주민을 외국인과 같이 취급해야 할 것이다. 특히, 북한주민의 법적 지위가 국제법적 규범영역에서 적용될 경우에는 남북한의 정치적 이해관계뿐만 아니라 국가간 외교문제와도 직접적으로 관련되는 경우가 많기 때문에 그 사안과 관련되는 제3국 또는 국제기구의 성격에 따라서 북한주민의 법적 지위가 상대적으로 결정된다. 북한이탈주민에 대한 외교적 보호권의 행사에 대해서는 중국을 비롯한 제3국과의 외교관계가 실질적으로 중요한 영향을 끼치게 된다. 중국은 1960년 제정된 '중국과 북한의 범죄인 인도협정', 1986년 제정된 '국경지역의 국가안전 및 사회질서 유지를 위한 상호협력의정서', 그리고 1988년 제정된 '길림성 변경관리조례' 등을 통해 북한이탈주민을 불법월경자로 인정하여 북한으로 강제송환하고 있다. 한편, 남한은 2013년 8월 해외에 체류하는 북한이탈주민이 남한으로 들어오는 것을 효율적으로 지원하기 위해 외교부에 한민족공동체팀을 신설하였다.

북한주민의 법적 지위에 대해서도 남북관계의 특수성이 반영되므로 민족자결의 원칙이 적용된다. 따라서 남북한이 자율적으로 남한주민 또는 북한주민에 대해 특수한 지위를 부여하기로 합의한 경우에는 이를 인정하여야 할 것이다. 또한, 남북관계는 원칙적으로 상호주의에 기초하고 있으나 동태적 발전성을 가지므로 북한주민의 법적 지위도 가변적이다. 즉, 북한주민은 남북관계와 국제사회의 변화에 따라서 외국인에 준하는 지위에서부터 통일국가의 공동체의 구성원으로서 권리의무를 향유하는 법적 지위까지 다양한 지위를 가지게 될 수 있다. 한편, 북한이탈주민보호법은 보호결정에 있어서 북한을 벗어난 후 외국의 국적을 취득하지 아니한 자로서 대한민국의 보호를 받고자 하는 의사를 표시한 경우에 대한민국 국민으로 국적을 부여하고 있다. 또한, 보호결정을 하지 않는 경우에도 대한민국 국민으로서 생활할 수 있도록 가족관계등록을 인정하고 있다.

남북 주민 사이의 가족관계와 상속 등에 관한 특례법은 북한주민의 소송에 대해 남한 법원의 재판관할권을 인정하고, 가족관계와 상속에 있어서 북한주민에 대해 남한주민과 동일한 권리를 인정하면서 절차법적 특례를 규정하고 있다. 이외에도 대북 인도적 지원을 위한 특별법령도 다양한 형식으로 북한주민에 대한 지원을 규정하고 있는데, 이러한 것들도 모두 북한주민을 남한주민과 마찬가지로 대한민국 국민으로 인정하고 있는 것에 기초하고 있다고 판단된다.

다. 헌법 제3조의 우월적 효력

북한주민은 그 규범영역에 따라서 상이한 법적 지위를 가지며, 헌법규범적으로는 대한민국 국민에 포함되지만 현실적으로 그 규범의 실효성이 제한되는 특수한 지위를 가지는 것으로 파악하여야 할 것이므로 구체적으로 그 실효성이 제한되는 내용과 범위를 결정하는 것이 중요하다.

북한주민은 헌법 제3조에 따라 원칙적·법규범적으로 대한민국 국민으로 인정되고 헌법 제4조에 따라서 그 특수한 지위가 인정되는 것이므로 헌법 제4조의 현실적인 규범력의 정도와 범위에 따라서 그 규범적 의미가 구체적으로 결정된다. 헌법 제3조는 목적적·

가치적 규범력을 가지고 제4조에 대하여 평화통일을 추진하는 헌법적 근거와 정당성을 제공함과 동시에 구체적인 통일정책의 수립과 집행의 헌법적 범위와 한계를 제시한다. 한편, 헌법 제4조는 제3조의 규범력의 범위 내에서 실천적·수단적 규범력을 가지고 있으므로 제3조와 관계에서 유동적이고 가변적이라고 할 것이다.

이러한 점을 고려할 때, 정치적 통일체로서 국가공동체를 구성하는 국민의 국적귀속의 문제는 국가를 구성하는 기본요소로서 고도의 안정성이 요구되어 규범영역에 따라 달라질 수는 없다. 그러므로 북한주민에 대하여 일정한 규범영역에서 특수한 법적 지위를 인정한다는 것도 대한민국 국민으로서의 법적 지위를 기본적인 바탕으로 하고, 구체적 사안에 있어서 남북관계의 특수성을 반영하여 법률의 근거에 따라서 특별한 취급을 할 수 있다는 의미에 국한된다. 이러한 의미에서 북한주민의 법적 지위에 관하여는 헌법 제3조의 규범적 효력이 제4조에 비하여 우월적으로 적용된다고 판단된다.

북한주민의 법적 지위에 대해 남북한특수관계론을 적용함에 있어서는 북한이 활동하는 규범영역을 명확하게 구분하기 어렵다거나 구체적인 사안이 여러 가지의 규범영역에 걸쳐서 발생한 경우가 있어 규범적 기준으로 한계가 있을 수 있다. 그러나 북한주민의 법적 지위에 있어서는 앞에서 살펴본 바와 같이 헌법 제3조가 제4조보다 우월한 효력을 가진다. 따라서 반국가단체로서 활동하는 부분이 인정되면 비록 평화통일의 협력자로서 활동하는 부분이 있더라도 반국가단체로서 활동하는 규범영역으로 인정해야 할 것이다. 대법원이 "통일부장관의 북한 방문증명서 발급은 북한방문 그 자체를 허용한다는 것일 뿐, 북한방문 중에 이루어지는 구체적이고 개별적인 행위까지 모두 허용한다거나 정당성을 부여한다는 취지는 아니므로 북한 방문증명서를 발급받아 북한을 방문하였다고 하더라도 그 기회에 반국가단체 구성원 등과 회합하여 조국통일범민족연합의 강령·규약 개정을 논의하기 위해 회합을 가진 행위에 대해 국가보안법상 회합·통신죄를 적용할 수 있다"고 판단한 것도 위와 같은 기준에 따른 것이라고 생각된다(2008. 4. 17. 2003도758).

북한주민의 법적 지위에 관하여는 국내법상 북한의 이중적 지위와의 관계에 있어 북한을 불법단체로서 인정하는 규범영역에서는 물론이고 북한을 평화통일을 위한 대화와 협력의 동반자로서 인정하여야 할 규범영역에서도 당사자가 희망하는 경우에는 대한민국의 국민으로서의 지위를 인정하여야 한다. 다만, 북한을 평화통일을 위한 대화와 협력의 동반자로서 인정하여야 할 규범영역에서는 북한주민을 내국인이 아니라 외국인으로 해석하여야 할 것이다. 즉, 북한주민이 남북회담을 위해 남한 또는 제3국을 방문하거나 남북합의서에 따라 남한을 방문한 경우, 조난 등 우연한 사고로 남한에 들어온 경우, 남북교류협력의 과정에서 발생하는 다양한 사건사고와 관련된 경우에는 해당 북한주민이 대한민국 국민으로 인정받기를 희망하지 않는 한, 그 의사에 반하여 대한민국 국민임을 강제할 수는 없다고 하겠다. 다만, 이러한 경우에도 북한주민이 대한민국 국민으로 인정받기를 희망하는 경우에는 잠재되어 있는 대한민국 국민으로서의 지위가 현재화되어 대한민국 국민으로 인정되어야 할 것이다. 현재 남한법률에서는 북한 또는 북한주민에 대해서 직접적으로 외국 또는 외국인으로 규정하지 않고 있으며, 남북교류협력에 관한 법률에서 외국과의 관계를 규율하는 대외무역법, 외국환거래법 등을 준용하도록 규정하고 있을 뿐이다.

3. 북한을 이탈한 북한주민의 지위

가. 해외체류 북한주민의 법적 지위

남북한특수관계론에 따라서 북한주민의 법적 지위는 위와 같이 규범영역에 따라서 결정될 것이다. 북한주민이 해외에 체류하고 있을 경우에는 국제법적 규범영역에서는 그 체류국과의 외교관계를 고려하여 북한주민에 대하여 북한적을 인정하여 국제법원칙을 적용하거나 외국인에 준하는 지위를 인정하여야 할 것이다. 이들에 대하여는 해외에 체류 중인 북한주민을 상대로 이혼소송을 제기할 경우를 예상할 수 있을 뿐만 아니라 대한민국의 국민으로서 지위를 바탕으로 한 외교적 보호권의 행사가 현실적으로 문제된다.

해외에 체류 중인 북한주민에 대하여는 당사자의 의사, 남북한과 북한주민 체류국가의 외교적 관계에 따라서 그 규범적 의미가 상대적으로 다양하게 결정될 것이다. 기본적으로 국제법적 관점에서 북한주민은 북한에 대한 국가승인 여부에 따라서 상이한 법적 지위가 부여되므로 북한을 국가로 승인한 국가나 국제연합과의 관계에서는 북한주민은 북한의 국적을 가진 국민으로 인정될 것이다. 한편, 국가승인의 효과에 대하여는 창설적 효과설과 선언적 효과설이 대립되고 있으나, 승인한 국가와 그 대상인 국가와의 사이에서만 효력이 발생하는 상대적 효력을 갖는다는 것에는 의견이 일치하고 있다. 해외에 체류하는 북한주민에는 1949년 중국 정부 수립 이후 중국 내 소수민족 편입과정에서 조선족으로 분류되어 중국국적을 부여받지 못하고 북한국적자로 분류된 이른바 '조교(朝

僑)'와 그 후손들도 있다. 이들 역시 북한을 탈출한 것이 아니므로 해외에 체류하고 있는 북한주민으로 분류할 수 있다.

해외공관이나 공무상 파견, 업무상 해외지점에서의 근무, 해외여행 등 북한주민이 주관적·객관적으로 북한과 실질적 관련성을 가지고 해외에 체류하는 경우에는 해당 북한주민의 의사를 존중하여 그에 따라 규범영역에 적용되는 법률관계가 결정될 것이다. 따라서 이들은 주관적으로 북한지역을 탈출하여 북한과의 객관적이고 실질적 관련성을 배제한 채 해외에 체류하거나 남한으로 입국할 목적으로 일시적으로 해외에 체류하는 경우와는 구별된다. 따라서 이들에 대하여는 기본적으로 북한주민과 동일한 법적 지위가 인정될 것이며, 체류국의 남북한에 대한 국가승인 여부 등 체류국과의 외교적 관계에 따라서 구체적인 법적 지위가 결정될 것이다.

해외에 체류하는 북한주민에 대하여는 북한이탈주민과 달리 원칙적으로 국제법원칙에 따라 북한이 외교적 보호권을 행사할 수 있으며, 그들의 위법행위에 대해서도 북한이 국제법상 책임을 져야한다고 할 것이다. 위에서 검토한 바와 같이 이들의 구체적인 법적 지위는 남북한과 체류국과의 외교관계에 따라서 결정될 것이다. 그러나 국제사회의 현실을 고려할 때 북한주민이 체류하는 국가가 남한만을 국가로 승인하고 북한에 대하여 국가승인을 하지 않은 경우에도 남한이 이들에 대하여 외교적 보호권을 행사할 수 없는 현실적인 한계가 발생할 수 있을 것이다.

이와 같이 남한이 북한주민에 대하여 대한민국의 국민임을 인정하면서도 외교적 보호권을 행사하지 않는 것은 헌법 제2조 제2항에서 규정하고 있는 재외국민의 보호의무를 위반하는 것이라는 비판이 제기될 수 있다. 그러나 국제법원칙상 교전단체도 그 주민에 대한 외교적 보호권을 행사할 수 있다는 점, 해외에 체류하는 북한주민의 의사를 존중하여야 한다는 점 등에 비추어 이들에 대해서는 특별한 법적 지위를 인정하여야 하므로 남한의 외교적 보호권 행사에 일정한 제한이 있다고 할 수 있다. 북한주민에 대한 외교적 보호권의 행사와 관련하여 '법률상의 국민(de jure national)'과 '사실상의 국민(de facto national)'으로 구분하고 남한주민은 법률상의 국민이자 사실상의 국민이지만, 북한주민은 법률상의 국민이나 사실상의 국민은 아니라고 하는 입장도 북한주민의 국제법상 특수한 지위를 고려한 것이라고 판단된다.

나. 북한이탈주민의 법적 지위

(1) 해외에 체류하는 북한이탈주민

북한이탈주민은 1990년 초반 러시아 벌목공의 탈출을 시작으로 본격적으로 발생하였는데, 1990년대 중반 이후 북한의 식량난으로 인한 주민들의 대량이주가 남한으로의 대량입국으로 연결되기도 하였다. 2000년 220여명이 입국한 이후 중국 등 제3국을 통하여 남한으로 입국한 북한주민은 매년 급격히 증가되고 있는데, 2018년 3월 현재까지 총 31,000여명이 남한으로 들어와 하나원에서 교육을 받고 남한사회에 정착하였다. 현재 중국은 북한이탈주민에 대하여 공식적으로는 북한과 체결한 국경지역에서의 국가안전과 사회질서 유지를 위한 상호협력의정서 등에 따라서 자국의 출입국관리법규를 위반한 불법입국자로 취급하여 북한으로 강제송환하고 있다.

우리 정부는 이에 대하여 외교적 관계를 고려하여 이른바 '조용한 외교'의 원칙에 따라서 대처하고 있다. 그러나 이러한 강제북송에 대하여는 국제법상 불법이라는 주장이 제기되고 있고, 이는 북한이탈주민을 난민으로 인정할 수 있을 것인지 여부와 직접적으로 관련되어 국제법적 쟁점이 되기도 한다. 북한이탈주민은 스스로 주관적으로 북한지역을 탈출하여 북한과의 객관적인 관련성을 배제한 채 해외에 체류하고 있거나 남한으로 입국할 목적으로 일시적으로 해외에 체류하면서 대한민국의 국민으로서 대한민국의 보호를 희망하는 북한주민이다. 이들에 대하여는 북한과의 객관적이고 실효적인 관련성을 유지하면서 해외에 체류하는 북한주민과는 달리 원칙적으로 대한민국 국민으로서 지위를 인정하여야 할 것이며, 남한의 입장에서는 이들에 대한 외교적 보호권의 행사를 주장할 수 있을 것이다. 그러나 현실적으로는 체류국과의 외교관계에 따라서 이들에 대하여 사실상의 '북한적'을 갖는 지위를 인정하여 체류국인 제3국의 주권적 판단과 '실제상황(factual situation)과 부합하는 국적' 또는 '진정하고 실효적인(real and effective) 국적'의 원칙을 존중하여야 하는 한계를 인정하여야 할 경우가 있을 것이다.

북한을 이탈하여 해외에 체류하는 북한주민에 대하여는 그 국제법적 지위와 관련하여 북한주민의 인권보장 차원에서 국제법상 난민의 지위를 인정할 것인지 여부를 중심으로 논의되고 있다. 특히, 2004년 10월 4일 제정된 미국의 '북한인권법(North Korean Human Rights Act of 2004)'은 북한주민에게 대한민국 헌법에 의하여 보장받는 대한민국 국민으로서의 권리를 인정하면서도 제302조(난민 또는 망명 고려를 위한 자격)에서 "(b) 북한주민의 처우 — 이민·국적법 제207조(8 U.S.C. 1157)의 난민지위를 위한 자격 또는 이민·국적법 제208조(8 U.S.C. 1158)의 망명을 위한 자격을 위한 목적을 위하여 조선민주주의인민공화국 주민은 대한민국 국민으로 인정되지 않는다"고 규정하고 있어 북한주민도 대한민국 국민이라는 대한민국 헌법과 국적법 등 법률체계와 모순·충돌된다는 논란이 있을 수 있다.

이 법은 제302조에서 "(a) 목적 – 이 조의 목적은 북한주민은 대한민국 헌법에 의해 시민권자에게 부여되는 법적 권리로 인하여 미국에서의 난민 또는 망명지위 자격으로부터 배제되지 않는다. 이는 대한민국 헌법에 의하여 북한주민이 향유할 수 있거나 이 전에 북한주민이었던 자가 이미 취득한 어떠한 시민권적 권리도 훼손하기 위함이 아니다"라고 규정하고 있다. 이는 북한주민에 대하여 원칙적으로 대한민국 헌법에 의하여 대한민국 국민으로서의 법적 지위를 인정하고 있는 것이며, 예외적으로 망명 또는 난민신청과 관련하여서만 대한민국 국민으로서의 지위를 인정하지 않고 있다. 이것은 미국의 이민·국적법상 동맹국의 국민에 대하여는 난민·망명의 지위를 부여하지 않고 있는 것을 고려하여 북한이탈주민으로 하여금 망명·난민신청을 허용하도록 하기 위하여 제한된 범위에서 적용된다. 따라서 이 규정은 헌법을 비롯한 우리의 법률체계와 모순되는 것은 아니라고 할 수 있다. 한편, 미국은 2008년에 이어 2012년 5월 북한인권법 재승인법안을 통과시켜 이 법률의 효력을 2017년까지 연장하였다.

(2) 북한이탈주민보호법의 개선

북한이탈주민에 대해서는 북한이탈주민보호법을 통해 남한사회에 안정적으로 정착할 수 있도록 제도적으로 지원하고 있다. 2010년에는 통일부 산하에 북한이탈주민지원재단인 하나재단을 설립하여 남한으로 온 북한이탈주민들의 초기정착부터 생활보호, 취업 및 교육지원 등 다양한 사업을 통해 북한이탈주민들의 경제적 자립과 사회적 통합을 돕고 있다.

1997년 1월 13일 제정된 북한이탈주민보호법은 대한민국의 보호를 받고자 하는 북한주민에 대하여 특별한 보호 및 지원에 관한 사항을 규정하고 있다. 제2조 제1호에서 "북한이탈주민이라 함은 북한에 주소·직계가족·배우자·직장 등을 두고 있는 자로서 북한을 벗어난 후 외국의 국적을 취득하지 아니한 자"로 규정하고, 제3조에서 이 법의 적용범위를 "대한민국의 보호를 받고자 하는 의사를 표시한 북한이탈주민에 대하여" 적용하도록 규정하고 있다. 특히, 제19조와 제19조의2에서는 보호대상자에 대하여 가족관계 등록과 이혼의 특례를 규정하여 대한민국의 국민으로서 권리의무를 행사할 수 있도록 국적을 부여하고 북한에 있는 배우자와의 이혼을 허용하고 있다. 이와 같이 북한이탈주민은 본인이 희망하는 경우에는 외국인과 달리 귀화 등의 절차를 거치지 않고 서울가정법원의 가족관계등록창설 허가결정과 행정관청의 가족관계등록부 작성을 통하여 대한민국 국민으로서 권리의무를 행사하도록 하고 있다. 만약 북한이탈주민이라고 하더라도 보호결정을 받지 못한 경우에는 외국인으로서 귀화 등 절차를 거치는 것이 아니라 국적법 제20조가 정한 절차에 따라 국적판정제도를 통하여 대한민국 국적을 취득하도록 하고 있다. 이러한 특례와 국적회복의 절차는 모두 북한주민은 대한민국 국민이라는 것을 전제로 하고 있는 것으로 해석된다.

북한이탈주민이 대한민국의 보호를 받고자 희망하는 경우에는 대한민국 국민의 법적 권리를 보장하고 정치·경제·사회 등 모든 생활영역에서 신속하게 적응·정착할 수 있도록 보호하고 지원하기 위하여 북한이탈주민보호법을 제정하여 시행하고 있다. 특히, 북한이탈주민에 대한 가족관계등록창설의 특례와 이혼의 특례를 통하여 북한이탈주민에 대하여는 정부의 보호결정이 있으면 국적법에 따라 대한민국 국적을 취득하는 별도의 절차를 거치지 않고 용이하게 가족관계등록을 창설하고 북한에 있는 배우자를 상대로 이혼을 청구할 수 있도록 허용하고 있다. 이는 북한주민은 외국인이 아니라 대한민국의 국민에 해당한다는 것을 전제로 하고 있는 것으로 북한의 법적 지위와 관련하여 평화통일을 위한 화해와 협력의 동반자로서 활동하는 것과 무관하게 대한민국의 보호를 받고자 원하는 의사를 표시한 북한이탈주민에 대하여 일괄적으로 적용하고 있다. 특히, 2016년에는 법률을 개정하여 북한이탈주민의 보호와 교육·취업·주거·의료 및 생활정보 등에 대한 행정적·재정적 지원을 국가의 책무로 규정하고, 그 지원의 대상과 범위를 확대하고 있다.

북한이탈주민보호법에 대하여는 그 적용의 대상과 범위가 지나치게 협소하다는 문제점을 가지고 있다는 지적이 있다. 즉, 대한민국의 보호를 받고자 하는 모든 북한주민을 광범위하게 그 대상으로 하고 있는 것이 아니라 최근에 북한지역을 이탈한 사람들 중에서 관련 법률에서 규정하는 소정의 심의를 거쳐 보호대상자로 결정된 사람을 대상으로 하고 있을 뿐이다. 또한 이 법은 보호대상에서 제외하고 있는 예외규정을 통해 일정한 사유에 해당하는 북한이탈주민을 대한민국 국민으로 인정하지 않고 있다. 북한이탈주민보호법 제9조(보호결정의 기준)는 "항공기납치·마약거래·테러·집단살해 등 국제형사범죄자, 살인 등 중대한 비정치적 범죄자, 위장 탈출혐의자, 체류국에서 10년 이상 생활근거지를 두고 있는 사람, 국내 입국 후 1년이 지나서 보호신청한 사람, 그 밖에 보호대상자로 정하는 것이 부적당하다고 대통령령으로 정하는 사람"을 보호대상자로 결정하지 않을 수 있도록 규정하고 있다. 이 법 시행령 제16조 제1항은 보호대상자로 정하는 것이 부적당하다고 대통령령으로 정하는 사람에 대해서는 "1. 보호대상자로 결정할 경우 정치적·외교적으로 대한민국에 중대한 어려움을 발생시킬 것으로 예상되는 사람 2. 제12조에 따른 임시 보호 기간 중 다른 사람의 신변안전에 중대한 위해를 초래할 우려가 있는 폭력행위를 하거나 시설을 파손한 사람 3. 북한을 이탈한 후 제3국에서 합법적인 체류자격을 획득한 사람"이라고 규정하고 있다. 이 규정에 의하여 오래 전에 북한지역을 이탈하여 중국 기타 제3국에서 장기간 거주하여 온 북한주민의 경우에는 보호결정에서 제외된다. 1980년대 후반과 1990년대 초반 여행증명서 또는 중국여권을 이용하여 국내에 입국한 북한적 조선족 동포 중에서 국내에 친인척 기타 연고인이 없는 경우에는 그 특례의 적용을 받지 못하게 된다. 따라서 이들은 가족관계등록을 창설할 수 있는 절차법적 근거도 없어 결국 법적 보호를 받지 못하는 상태로 지낼 수밖에 없는 실정이다.

이와 같이 보호결정대상에서 제외되는 북한주민은 국적법 제20조에서 규정하는 국정판정제도를 이용하여 북한주민에 해당하는지 여부에 대한 심사와 판정을 통해 대한민국 국민으로 인정받을 수 있다. 그러나 국정판정제도는 1948년 대한민국 정부수립 이전에 중국 또는 구소련지역 국가 등지로 이주하여 국적의 귀속관계가 불분명한 동포들의 국적문제에 대처하기 위하여 도입된 것으로서 북한주민의 국내법적 포섭을 염두에 둔 것이 아니다. 또한, 북한이탈주민 개인이 북한에서의 신분관계 등 북한적의 소유 또는 북한주민인 사실, 제3국의 국적을 취득하지 아니한 사실 등을 입증하여 국적판정을 통해 국적을 취득하는 것은 매우 어려운 것이 현실이다.

이는 북한이탈주민보호법의 체계와 목적이 정합성을 가지지 못한 것에서 비롯된 것으로 보인다. 위 법률은 대한민국 국민으로 보호를 받고자 하는 자에게 국민으로서의 법적 지위를 부여하는 절차와 이들이 남한사회에 신속하게 적응하여 정착할 수 있도록 정착금·교육·주거 등을 지원하는 내용과 절차를 규정하고 있다. 그러나 우리 헌법 및 국적법의 체계와 입법취지에 비추어 북한이탈주민에 대하여 법적 지위를 부여하는 보호절차와 정착금 등에 대한 지원절차를 분리하여 각각 상이한 기준을 적용하는 것이 바람직하다. 즉, 보호신청자에 대하여는 제1차적으로 헌법과 국적법에 따라서 대한민국 국민으로서 법적 지위를 부여할 것인지 여부를 판단하여 보호결정을 하고, 이 경우에는 보호결정의 제외대상자를 매우 엄격히 제한하여 보호대상자의 범위를 폭넓게 인정해야 한다.

국가는 자국국민을 보호할 의무가 있으며, 일정한 범죄를 저지른 경우에도 형사처벌을 하는 것은 별론으로 하고 이를 이유로 그 국적을 박탈할 수는 없는 것이다. 이때에는 엄격한 법률적용이 필요하고 국가정책적 고려를 통한 재량의 여지가 없고 헌법규범적 사항으로서 대한민국 국민임이 확인되면 국민으로서 법적 권리를 보장하여야 할 국가의 자국민보호 의무에 따라서 보호대상자를 폭넓게 인정하여야 한다. 그 다음 제2차적으로 보호결정을 받은 보호대상자를 상대로 국가의 재정상태, 보호대상자의 보호신청 경위와 그동안의 생활양식 등을 고려하여 보호대상자에게 개별적으로 어떤 내용의 정착지원을 할 것인지를 결정하여야 한다. 이때에는 사회급부행정으로서 부조의 내용과 절차에 있어서 국가재정과 정책적 고려 등을 통하여 정착금 지급여부 등에 있어서 재량의 여지가 보다 넓게 허용될 것이다.

이러한 지적에 따라 북한이탈주민보호법은 수차례에 걸쳐 개정되어 북한이탈주민의 보호대상자의 범위를 확대하고 있다. 즉, 체류국에 10년 이상 생활 근거지를 두고 있는 사람이나 국내 입국 후 1년이 지나서 보호신청한 사람에 해당되어 보호대상자에서 제외되는 경우에도 부득이한 사정이 있는 경우에는 시행령의 규정에 따라 보호대상자로 포함하고 있다. 또한, 통일부장관은 북한이탈주민으로서 보호대상자로 결정되지 아니한 사람에게는 필요한 경우 정착지원시설에서의 보호, 학력과 자격인정, 직업훈련, 영농정착지원, 가족관계등록창설 등 사회정착을 위해 필요한 보호와 지원을 할 수 있도록 개정하였다.

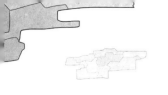

제 7 장

북한주민의 기본권 보장과 북한인권법

1. 북한주민과 헌법적 권리

가. 국민의 법적 의미

남한헌법은 1948년 헌법 제2장에서 국민의 권리의무를 규정한 이후 지금까지 헌법적 가치를 갖는 자유와 권리를 개인의 기본권으로 보장하고 있다. 우리 헌법은 기본권을 향유하는 인적 범위에 대해서 "국민"이라고 규정하고 있어 원칙적으로 대한민국의 국민을 기본권의 주체로 인정하고 있다. 국민이란 국가의 항구적 소속원으로서 국가의 영토 내에서는 어디에서든지 국가의 통치권이 미치는 인적 범위를 말한다. 또한, 국민은 헌법 제1조에 따라 민주공화국인 대한민국의 주권자로 인정되므로 그 의사는 모든 국가권력의 근거이자 국가작용에 있어서 민주적 정당성의 근원이 된다.

한편, 기본권의 주체로서 개개인의 국민은 국적을 통해 국가구성원의 자격을 법적으로 확인받고 보장받으므로 동일한 국적을 가지고 있는 사람들의 총체를 국민이라고 할 수도 있다. 따라서 기본권의 주체로서 국민이란 대한민국의 국적을 가진 모든 개인을 의미한다고 할 수 있다. 우리 헌법재판소는 헌법이 전제하는 인간상에 대해서 "우리 국민은 자신이 스스로 선택한 인생관·사회관을 바탕으로 사회공동체 안에서 각자의 생활을 자신의 책임 하에 스스로 결정하고 형성하는 성숙한 민주시민으로 발전하였다"고 선언하여 사회적 관련성을 전제로 개인의 자율적 결정권을 가지는 인간상을 제시하고 있다(1998. 5. 28. 96헌가5 등).

우리 헌법은 제3조에서 "대한민국의 영토는 한반도와 그 부속도서로 한다"고, 제2조 제1항에서 "대한민국의 국민이 되는 요건은 법률로 정한다"고 각각 규정하고 있다. 한편, 국적법에서는 대한민국의 국민이 되는 요건과 자격에 대해 국적의 취득, 상실, 회복 등에 대해서 자세하게 규정하고 있으나, 북한주민에 대해서는 아무런 규정을 두지 않고 있다. 따라서 헌법과 국적법의 규정에 따르면, 한반도의 북한지역에도 대한민국의 영토고권이 미치며, 북한주민도 대한민국의 국민으로서 헌법이 규정하는 기본권의 주체가 된다고 해석된다. 그러나 한반도가 70년 이상 분단된 현실에서 북한주민은 대한민국의 국민으로서 지위는 물론 헌법이 규정하는 기본권을 향유하지 못하고 있다.

나. 북한주민의 기본권 보호

1987년 개정된 현행 헌법은 제4조에서 "대한민국은 통일을 지향하며, 자유민주적 기본질서에 입각한 평화적 통일정책을 수립하고 이를 추진한다"고 규정하여 한반도의 분단상황을 헌법규범적으로도 인정하고 있다. 따라서 북한주민의 법적 지위를 명확히 규명하는 것은 북한주민의 기본권을 보장하기 위한 전제일 뿐만 아니라 대한민국 법률의 인적 관할범위와 외교적 보호권의 행사를 위한 요건사실이 된다. 즉, 북한주민에 대해 대한민국의 국민으로서 법적 지위가 인정되는지 여부 또는 어느 정도 인정되느냐에 따라서 남북한의 법률적용, 이산가족의 혼인과 상속, 북한주민의 권리보호, 제3국에 대한 외교적 보호권 등에 대한 구체적인 내용이 달라지게 된다.

북한주민의 기본권에 관하여는 북한주민이 처한 상황에 따라 현재 북한에 거주하고 있는 경우, 북한을 탈출하여 해외에 체류하고 있는 경우, 그리고 남한으로 이탈하여 북한이탈주민보호법에서 규정하는 보호결정을 받은 경우로 구분할 수 있다. 북한을 탈출하여 해외에 체류하고 있는 북한주민의 기본권 보장에 대해서는 이들에 대해 난민으로서의 지위를 인정할 것인지 여부, 대한민국의 외교적 보호권을 행사할 수 있는지 여부 등에 대한 헌법과 국제법적 쟁점이 제기되고 있다. 북한주민의 법적 지위와 기본권의 내용 및 한계는 북한을 탈출하여 해외에 체류하고 있는 북한주민의 기본권을 보호하기 위한 정책을 수립하고 집행하기 위한 헌법적 근거가 된다. 또한, 북한을 이탈하여 남한에서 보호결정을 받은 북한이탈주민은 헌법적 차원에서 대한민국 국민으로서 남한주민과 동일한 법적 지위를 가지고 권리와 의무를 행사하게 된다. 이와 같이 북한주민이 처한 상황에 따른 법적 지위의 변화도 기본적으로는 북한주민의 법적 지위를 이론적 기초로 하고 있으며, 구체적인 사안에 따라 변용된다고 하겠다.

북한주민의 기본권을 보장하기 위해서는 북한주민의 헌법적 지위를 명확하게 규명하는 것이 필요하다. 그 규범적 기준은 남북한 특수관계론을 통해 도출될 수 있으며, 이를 통해 북한주민의 기본권 보장의 범위와 한계도 구체화될 수 있을 것이다. 북한주민의 법적 지위에 대해서는 앞에서 검토한 바와 같이 국내법상 북한의 이중적 지위와의 관계에 있어 북한을 불법단체로 인정하는 규범영역에서는 물론이고 북한을 평화통일을 위한 대화와 협력의 동반자로 인정하여야 할 규범영역에서도 당사자가 희망하는 경우에는 대한민국의 국민으로서의 지위를 인정하여야 한다.

2. 북한헌법상 기본권 보장

가. 헌법규정

북한은 1948년 헌법 제1조에서 "우리나라는 조선민주주의인민공화국이다"라고, 제7조에서 "아직 토지개혁이 실시되지 아니한 조선 안의 지역에 있어서는 최고인민회의가 규정하는 시일에 이를 실시한다"라고, 제53조에서 "내각에서 공포한 결정 및 지시는 조선민주주의인민공화국 영토 안에서 의무적으로 집행된다"라고, 제103조에서 "조선민주주의인민공화국의 수부는 서울시다"라고 각각 규정하였다. 이러한 규정들은 모두 한반도 전체가 북한의 영토라는 것을 선언한 것으로서 북한이 한반도에서 유일한 합법성과 정통성을 가진다는 것을 확인한 것으로 해석된다. 북한은 1972년 개정헌법 제1조에서 "조선민주주의인민공화국은 전체 조선인민의 이익을 대표하는 자주적인 사회주의국가이다"라고 규정하고, 1992년 개정헌법 제62조에서 "조선민주주의인민공화국 공민이 되는 조건은 국적에 관한 법으로 규정한다. 공민은 거주지에 관계없이 조선민주주의인민공화국의 보호를 받는다"고 각각 규정하였으며, 현행 헌법도 동일하다.

북한은 1948년 헌법에서 북한의 국적자인 공민의 자격에 대해서는 아무런 규정을 두지 않았으며, 1963년 10월 9일 국적법을 제정하여 공민의 자격을 "공화국 창건 이전에 조선의 국적을 소유하였던 조선 사람과 그 자녀로서 본법 공포일까지 그 국적을 포기하지 않는 자"로 규정하였다. 북한에 있어서 공민은 구소련 사회주의 법체제의 영향을 받아 국가와 정치적·법적 소속관계를 의미하는 것으로서 북한 국적을 가진 자를 뜻하며, 공민권과 국적은 동일한 의미를 가진다고 할 수 있다. 북한의 헌법과 국적법도 남한과 마찬가지로 북한주민은 물론 남한주민도 조선민주주의인민공화국의 공민에 포함시키고 있는 것으로 해석된다. 한편, 북한이 남북관계의 특수성을 반영하여 남한주민에 대하여 규정하고 있는 법률은 북한이 공개한 북한법령집에는 포함되어 있지 않으며, 현재까지 확인되지 않고 있다.

나. 기본권 보장의 특징

북한주민은 북한지역에서 거주하면서 북한의 헌법과 법령에 의하여 규율되고 있다. 북한은 헌법 제5장에서 '공민의 기본권리와 의무'를 규정하고 있어 현실적으로는 남한헌법에 의한 기본권 보장보다 더욱 중요한 의미가 있다. 북한은 법이념과 체계에 있어서 남한과 큰 차이가 있어 남한의 법적 관점으로 판단하고 평가하는 것은 조심스러운 일이다. 또한, 북한에 있어서 헌법현실은 잘 알려져 있지 않을 뿐만 아니라 북한이탈주민 등을 통해 알려진 바에 따르더라도 헌법의 규범력은 거의 인정되지 않고 있다고 평가된다.

북한헌법은 법이란 국가와 함께 지배계급이 피지배계급을 억압하기 위한 수단이자 도구라는 사회주의 법이론을 기초로 하고 있으며, 그 범위에서 사회주의 혁명을 완성하기 위하여 법률의 역할과 기능을 중요하게 여기고 있다. 헌법 제18조는 "조선민주주의인민공화국의 법은 근로인민의 의사와 이익의 반영이며 국가관리의 기본무기이다. 법에 대한 존중과 엄격한 준수집행은 모든 기관, 기업소, 단체와 공민에게 있어서 의무적이다. 국가는 사회주의 법률제도를 완비하고 사회주의 법무생활을 강화한다"고 규정하고 있다. 북한은 1948년 헌법을 제정하여 제2장 '공민의 기본권 권리 및 의무'(제11~31조)에 대해 규정한 이후 2016년까지 총 13차례에 걸쳐 개정하는 동안 큰 변화 없이 북한주민의 기본권과 의무를 규정하고 있다. 북한헌법은 주체사상과 선군사상을 지도적 지침으로 하여 정치, 경제, 문화, 국방에 관한 기본원리를 총강으로 선언하고 있다. 국가작용에 있어서는 민주적 중앙집권제를, 기본권에 있어서는 집단주의를 각각 그 기본원칙으로 채택하고 있다. 북한헌법에서 규정하는 공민의 기본권은 남한의 기본권과 비교하여 다음과 같은 특성을 가진다.

첫째, 남한헌법에서 인간의 존엄과 가치를 기본권의 이념적 기초로 규정하고 있는 것과 달리 집단주의 원칙을 채택하고 있다. 북한헌법은 제63조에서 "조선민주주의인민공화국에서 공민의 권리와 의무는 '하나는 전체를 위하여, 전체는 하나를 위하여'라는 집단주의 원칙에 기초한다"고, 제64조 후문에서 "조선민주주의인민공화국에서 공민의 권리와 자유는 사회주의제도의 공고발전과 함께 더욱 확대된다"고 각각 규정하고 있다. 이는 개인을 자기실현의 주체가 아니라 국가계획의 대상으로 파악하여 새로운 사회건설을 위한 존재로 보는 인간상을 전제로 한다. 즉, 기본권을 전(前)국가적인 개인의 권리로서 국가로부터 자유를 보장하는 것이 아니라 사회와 국가를 통해서 실현할 수 있는 권리로서 국가에 의해

보장되는 것이라고 파악하고 있는 것이다.

둘째, 국가공동체의 모든 구성원의 평등권을 인정하는 것이 아니라 계급이론에 따라 프롤레타리아 계급의 평등권만 인정하고 있다. 북한헌법은 제65조에서 "공민은 국가사회생활의 모든 분야에서 누구나 다 같은 권리를 가진다"고, 제77조 전문에서 "여자는 남자와 똑같은 사회적 지위와 권리를 가진다"고 각각 규정하고 있다. 그러나 이는 모든 개인을 포함하는 일반적인 평등권이 아니라 자본가 지배계급과의 대립이 해소된 상태에서 프롤레타리아 계급이 그들 사이에 인정되는 평등권을 의미한다고 해석된다. 북한헌법 제4조가 "조선민주주의인민공화국의 주권은 노동자, 농민, 군인, 근로인테리를 비롯한 근로인민에게 있다"고 규정하고 있는 것도 기본권의 주체에 있어서 그 범위와 대상을 인간이 아닌 공민으로 제한하고 있는 것으로 해석된다. 다만, 헌법 제76조는 "혁명투사, 혁명열사가족, 애국열사가족, 인민군후방가족, 영예군인은 국가와 사회의 특별한 보호를 받는다"고 규정하고, 제77조에서는 어머니와 어린이에 대해서도 특별한 보호를 인정하고 있다.

셋째, 집단주의 원칙에 따라 공민의 의무를 광범위하고 강력하게 요구하고 있다. 조국보위는 공민의 최대의 의무이자 영예이므로 공민은 법이 정한데 따라 군대에 복무하여야 하며(제86조), 언제나 혁명적 경각성을 높이며 국가의 안전을 위하여 몸 바쳐 투쟁하여야 한다(제85조). 공민은 인민의 정치사상적 통일과 단결을 견결히 수호하고, 조직과 집단을 귀중히 여기며 사회와 인민을 위하여 몸 바쳐 일하는 기풍을 높이 발휘하여야 한다(제81조). 이를 구체적으로 실현하기 위해 공민은 국가의 법과 사회주의적 생활규범을 지키며 공민된 영예와 존엄을 고수해야 하고(제82조), 신성한 의무이자 영예인 노동에 자각적으로 성실히 참가하여 노동규율과 노동시간을 엄격히 지켜야 한다(제83조). 국가와 사회협동단체의 재산은 신성불가침이므로 이를 아끼고 사랑하며, 온갖 탐오낭비현상을 반대하여 투쟁하며 나라살림살이를 주인답게 알뜰히 해야 한다(제84조). 이와 같이 북한헌법은 집단주의 원칙에 기초하고 있어 기본권의 행사는 개인과 국가의 권리이면서도 의무로 해석되어 권리와 의무가 일치하게 되며, 헌법적 의무에 대해서는 이를 "의무이자 영예"라고 표현하여 의무이행을 강조하고 있다.

다. 기본권의 내용

북한헌법에서 규정하는 기본권의 내용은 북한의 법이념과 체계뿐만 아니라 북한주민의 지위를 이해할 수 있는 자료가 된다. 또한, 북한의 체제전환을 대비하여 북한의 법제를 정비하는 규범적 기준을 도출할 수 있고, 통일의 과정에서 남북한의 법률과 사법통합을 달성하는 기초가 될 수 있다. 나아가 통일한국에 있어서 북한주민의 기본권을 법적 안정성과 신뢰보호의 원칙에 따라 안정적으로 보장할 수 있는 제도를 마련하는 데에도 유용할 것이다. 북한헌법에서 규정하는 기본권은 다음과 같은 내용으로 구성되어 있다.

첫째, 국가로부터의 자유권의 형태로 신앙의 자유(제68조), 인신과 신체의 자유·서신의 자유(제79조), 언론·출판·집회·결사의 자유·정당의 자유(제67조), 거주의 자유·여행의 자유(제75조), 과학과 문학예술활동의 자유(제74조)를 보장하고 있다. 그러나 북한은 종교에 대해 지배계급이 인민들을 착취하는 수단이고, 제국주의자가 후진국가를 침략하는 사상적 도구라고 파악하여 종교를 억압하고 있다. 이는 헌법 제68조 후문에서 "종교를 외세를 끌어들이거나 국가사회질서를 해치는 데 이용할 수 없다"고 규정한 것에서도 반영되어 있다. 공민의 인신과 신체의 자유에 대해서도 법관에 의한 영장주의를 인정하지 않고 있다. 표현의 자유 또는 정당의 자유도 북한헌법 자체가 제3조에서 주체사상과 선군사상을 모든 활동의 지도적 지침으로 선언하고 있고, 제10조에서 "조선민주주의인민공화국은 노동계급이 영도하는 노농동맹에 기초한 전체 인민의 정치사상적 통일에 의거한다. 국가는 사상혁명을 강화하여 사회의 모든 성원들을 혁명화, 노동계급화하며 온 사회를 동지적으로 결합된 하나의 집단으로 만든다"고 규정하고 있어 국가와 당의 노선과 정책을 관철하기 위한 수단으로서 그 범위에서만 허용된다.

또한, 조선사회민주당과 천도교청우당을 인정하고 있으나, 헌법 제11조에서 "조선민주주의인민공화국은 조선노동당의 영도 밑에 모든 활동을 진행한다"고 규정하고 있다. 따라서 이들은 위성정당에 불과하며, 남한헌법에서 인정하는 복수정당제를 보장하고 있는 것은 아니라고 해석된다. 다만, 북한헌법 제80조는 "조선민주주의인민공화국은 평화와 민주주의, 민족적 독립과 사회주의를 위하여 과학, 문화활동의 자유를 위하여 투쟁하다가 망명하여 온 다른 나라 사람을 보호한다"고 규정하여 외국인의 망명권을 인정하고 있는 것이 특징이다.

둘째, 17세 이상의 모든 공민에게 성별, 직업 등에 차별을 두지 않고 선거권과 피선거권을 보장하며, 판결에 의하거나 정신병자에 대해서만 참정권을 제한할 수 있다(제66조). 또한, 공민은 신소와 청원을 할 권리를 가지며, 국가는 법에 따라 공정하게 심의처리하도록 하고 있다(제69조). 참정권에 대해서는 선거의 원칙으로서 일반적, 평등적, 직접적 선거원칙에 의한 비밀투표를 규정하여(제6조,

제89조) 남한헌법과 큰 차이가 없으나, 재판청구권을 비롯한 권리구제를 위한 절차규정은 미비한 편이다. 남한헌법은 청원권, 재판청구권을 비롯하여 형사재판절차진술권, 손해배상청구권, 형사보상청구권 등을 인정하고 있다.

그러나 북한헌법은 공무원이 직무행위와 관련하여 근로자들의 이익침해의 예방과 방지를 국가기관에 요구하는 신소와 개별적 공민의 이익침해와 관련 없이 국가기관 등의 사업발전을 위해 의견을 제출하는 청원에 대해서만 규정하고 있다. 특히, 북한은 민주적 중앙집권제에 따라 재판소의 독립이 인정되지 않고 모든 권력이 실질적으로 국무위원회 위원장에게 귀속되어 있다. 따라서 공민의 기본권이 침해되더라도 이를 구제하는 제도적 장치는 미비한 것으로 판단된다. 북한헌법도 제166조에서 "재판소는 재판에서 독자적이며 재판활동을 법에 의거하여 수행한다"고 규정하고 있으나, 제167조 후문에서 "중앙재판소는 모든 재판소의 재판사업을 감독한다"고, 제168조에서 "중앙재판소는 자기 사업에 대하여 최고인민회의와 그 휴회중에 최고인민회의 상임위원회 앞에 책임진다"고 각각 규정하고 있다.

셋째, 국가는 모든 공민에게 행복한 물질문화생활을 실질적으로 보장하며(제64조 전문), 이를 위해 노동과 휴식에 대한 권리(제70조, 제71조), 무상치료 등을 받을 권리(제72조), 교육을 받을 권리(제73조), 결혼과 가정에 대해 보호받을 권리(제78조)를 인정하고 있다. 노동에 있어서는 '희망과 재능'에 따라 직업을 선택하며, '능력'에 따라 일하며 '노동의 양과 질'에 따라 분배를 받도록 규정하고 있다. 또한, 하루 노동시간을 8시간으로(제30조), 노동연령을 16살 이상으로(제31조) 헌법에서 직접 규정하고 있다. 그러나 중앙집권적 계획경제를 채택하고 있는 북한에서 공민의 선택에 따라 노동의 기회를 보장하는 것은 기대하기 어렵다고 하겠다. 또한, 공민에게 교육을 받을 권리를 인정하여 1년의 학교전 의무교육을 포함한 11년제 의무교육(제45조), 무료교육과 장학금(제47조), 근로자들의 사회교육(제48조) 등을 규정하고 있다. 그러나 헌법 제43조는 "국가는 사회주의 교육학의 원리를 구현하여 후대들을 사회와 인민을 위하여 투쟁하는 견결한 혁명가로, 지덕체를 갖춘 주체형의 새 인간으로 키운다"고 규정하여 교육의 목적으로 사회주의 혁명을 제시하고 있어 남한헌법에서 전제하고 있는 진리발견을 통한 자기실현이라는 교육이념과는 큰 차이가 있다.

넷째, 국가는 공민의 기본권을 보장하기 위한 헌법적 의무를 진다. 북한헌법 제8조 후문은 "국가는 착취와 압박에서 해방되어 국가와 사회의 주인으로 된 노동자, 농민, 군인, 근로인테리를 비롯한 근로인민의 이익을 옹호하며 인권을 존중하고 보호한다"고, 제64조 전문에서 "국가는 모든 공민에게 참다운 민주주의적 권리와 자유, 행복한 물질문화생활을 실질적으로 보장한다"고 각각 규정하고 있다. 국가의 기본권 보호의무는 계급이론에 따라 헌법 제4조에서 규정한 주권자만을 대상으로 하고 있고, 제1장 '정치'에서 선언적으로 규정하고 있어 남한헌법 제10조 후문에서 규정하는 기본권 보호의무와는 규범적 의미에 있어서 큰 차이가 있다고 하겠다. 또한, 남한헌법이 제37조 제2항에서 기본권을 제한할 수 있는 법적 근거와 요건을 엄격하게 규정하여 기본권을 제한하는 규범적 한계를 밝히고 있는 것과 달리 북한헌법은 신소와 청원(제69조), 신체의 자유(제79조)에 대해서만 법률유보를 규정하고 있다.

3. 남한헌법상 기본권 보장

가. 헌법과 관련 법령

1948년 제정된 대한민국 헌법은 제4조에서 "대한민국의 영토는 한반도와 그 부속도서로 한다"고 규정하고, 통일에 대하여는 아무런 규정을 두지 않았다. 이는 비록 한반도가 분단되었다고 하더라도 사실적인 현상에 불과할 뿐, 헌법규범적으로는 분단된 것이 아니라는 것을 의미하였다. 이러한 태도는 1949년 제정된 서독기본법과 대비되는데, 서독기본법은 전문, 제23조, 제146조에서 독일이 분단국가라는 것을 전제로 하고 있었다. 그러나 서독은 국적법을 근거로 동독주민에게 서독주민과 동일한 법적 지위를 부여하였다. 남한의 건국헌법은 제3조에서 "대한민국의 국민되는 요건은 법률로써 정한다"고 규정하였으며, 이에 따라 1948년 12월 20일 국적법을 제정하였다. 국적법은 제2조 제1항에서 대한민국의 국적을 취득하는 요건을 "출생한 당시에 부 또는 모가 대한민국 국민인 때"로 규정함으로써 국적법이 제정되기 이전에 이미 대한민국 국민이 존재한다는 것을 전제로 하였다.

이러한 입법형식은 국적법이 제정되기 이전에 출생한 자에 대해 대한민국 국민으로 인정하는 법적 근거를 제시하지 않고 있다. 즉, 일본의 지배, 해방과 남북한 분단을 거치는 과정에서 국적을 부여하게 되는 연원으로서 의미를 가지는 최초의 대한민국 국민과 대한민국 정부수립 이전에 국외로 이주한 자들에 대한 국적 인정을 위한 경과규정을 두지 않고 있다. 이로 인하여 북한주민의 국적은 물론 중국 등 해외에 거주하는 동포들에 대한 국적문제를 외면하고 있다는 문제점이 제기되기도 하였다. 이와 같이 헌법과 국적법에서는 북한주민의 법적 지위에 대해서는 아무런 규정을 두지 않고 있으며, 일정한 범위에서 북한주민에 대한 특별한 지원을 목적으로 하는 관련 법률에서 간접적으로 북한주민에 대해 규정하고 있을 뿐이다.

1997년 제정된 북한이탈주민보호법은 제2조(정의)에서 북한이탈주민을 "군사분계선 이북지역(이하 '북한'이라 한다)에 주소, 직계가족, 배우자, 직장 등을 두고 있는 사람으로서 북한을 벗어난 후 외국 국적을 취득하지 아니한 사람"으로 규정하고 있다. 이 법률은 1993년 제정된 귀순북한동포보호법을 대체하여 제정된 것인데, 귀순북한동포보호법은 제1조와 제2조에서 그 보호대상자인 북한주민에 대해서 "군사분계선 이북지역에서 대한민국으로 귀순한 동포"라고 규정하고 있었다. 한편, 2007년 제정된 군사정전에 관한 협정 체결 이후 납북피해자의 보상 및 지원에 관한 법률은 제2조(정의)에서 "납북자란 대한민국 국민으로서 1953년 7월 27일 한국 군사정전에 관한 협정이 체결된 이후에 본인의 의사에 반하여 남한에서 북한에 들어가 거주하게 된 자를 말한다"고 규정하고 있다. 또한, 2009년 제정된 남북 이산가족 생사확인 및 교류촉진에 관한 법률은 제2조(정의)에서 남북이산가족을 "이산의 사유와 경위를 불문하고, 현재 군사분계선 이남지역(이하 '남한'이라 한다)과 군사분계선 이북지역(이하 '북한'이라 한다)으로 흩어져 있는 8촌 이내의 친척·인척 및 배우자 또는 배우자이었던 자"로 규정하고 있다. 2010년 제정된 6·25전쟁 납북피해 진상규명 및 납북피해자 명예회복에 관한 법률은 제2조(정의)에서 "전시납북자란 남한에 거주하고 있던 대한민국 국민(군인을 제외한다)으로서 6·25전쟁 중 본인의 의사에 반하여 북한에 의하여 강제로 납북되어 북한에 억류 또는 거주하게 된 자를 말한다"고 규정하였다. 2012년 제정된 남북 주민 사이의 가족관계와 상속 등에 관한 특례법은 제3조(정의)에서 "남한주민이란 남한지역에 거주하는 주민을 말하고, 북한주민이란 북한지역에 거주하는 주민을 말한다"고 규정하고 있다. 이들 법률도 모두 북한주민을 대한민국 국민에 포함된다는 것을 전제로 하고 있다고 해석된다.

나. 주요 판례

우리 대법원은 북한주민에 대해서는 일관되게 대한민국 국민으로서의 지위를 인정하고 있다. 대법원은 1948년 헌법에 의해 북한주민이 당연히 대한민국 국민에 포함되며, 국적법의 해석에 대해서도 북한주민은 1948년 건국헌법의 공포와 동시에 대한민국의 국적을 취득하였다고 판단하였다. 즉, 미군정 당시에 남조선과도정부법률 제11호로 제정된 국적에 관한 임시조례는 제2조 제1호에서 "조선인을 부친으로 하여 출생한 자는 조선의 국적을 가지는 것"으로 규정하였다. 또한, 1948년 헌법은 제100조에서 "현행 법령은 이 헌법에 저촉되지 아니하는 한 효력을 가진다"고 규정하였다. 대법원은 위 규정들을 근거로 하여 북한주민은 위 조례에 따라 조선국적을 취득하였다가 1948년 헌법의 공포와 동시에 대한민국 국적을 취득하였다고 판단한 것이다(1996. 11. 12. 96누1221). 이외에도 대법원은 헌법 제3조(영토조항)를 근거로 하여 북한주민을 대한민국 국민에 포함시키고 있으며, 하급심 판례도 북한이탈주민의 이혼소송, 저작권 관련 사건 등에서 이를 따르고 있다(대법원 1990. 9. 28. 89누639; 서울고등법원 1999. 10. 12. 99라130; 서울지방법원 2003.

6. 27. 2002나60862; 서울가정법원 2004. 2. 6. 2003드단58877 등). 대법원은 북한의 법적 지위에 대하여는 이중적 지위를 인정하면서 그 법적 근거로 헌법 제3조와 제4조를 제시하고 그 규범조화적 해석을 강조하고 있으나, 북한주민의 법적 지위에 대해서는 북한의 이중적 지위를 인정하면서도 북한주민이 대한민국 국민에 포함된다는 법적 근거로 헌법 제4조는 제시하지 않고 제3조만을 제시하고 있는 것이 특징적이다.

대법원과 하급심은 민법과 저작권법의 적용과 관련하여 북한주민도 남한주민이라는 것을 전제로 대한민국의 헌법과 법률이 적용된다고 판단하였다. 즉, 대법원은 남한주민이 북한에 소재한 토지라도 정당한 법률상 권원이 있고, 그 대상 토지를 특정할 수 있으면 소유권을 취득할 수 있다고 판단하였고(2011. 3. 10. 2010다87641), "현재 상속인이 북한에 있어 생사불명이라는 이유만으로 재산상속인에게 제외할 수 없다"라고 판단하였다(1982. 12. 28. 81다452·453). 서울가정법원은 "상속재산분할에서 북한에 거주하고 있는 상속인들을 고려한다면 상속인을 확정할 수 없어 상속재산을 현재의 불확정한 상태로 둘 수밖에 없으므로 우선 북한에 거주하는 상속인들을 제외한 채 상속재산분할을 하는 것이 상당하다"라고 판시하였다(2004. 5. 20. 98느합1969, 2000느합25). 서울민사지법은 "우리 헌법에 의거하여 제정된 저작권법이나 민법 등 모든 법령의 효력은 당연히 북한지역에 미친다 할 것이므로 월북작가가 북한지역에 거주하면서 저작한 저작물이라 하더라도 우리 저작권법에 따라 보호되는 저작권을 취득하였다 할 것이고 그가 사망한 경우에는 남한에 있는 그의 상속인이 이를 상속한 것으로 보아야 한다"라고 결정하고 그 법적 근거로 저작권법 제91조, 동법 제97조, 헌법 제3조를 제시하였다(1989. 7. 26. 89카13692). 또한, 대법원은 "타인의 저작물을 복제, 배포, 발행함에 필요한 요건과 저작재산권의 존속기간을 규정한 저작권법 제36조 제1항, 제41조, 제42조, 제47조 제1항의 효력은 대한민국 헌법 제3조에 의하여 여전히 대한민국의 주권 범위 내에 있는 북한지역에도 미치는 것이므로"라고 판시하였다(1990. 9. 28. 89누6396).

최근에는 북한에 있는 자녀들이 남한주민을 상대로 혼인 등 가족관계와 상속관계에 대해 제기한 소송에서 법원은 북한주민의 가처분신청을 인용하였고(서울중앙지방법원 2008. 12. 23. 2008가합4303), 북한주민의 가족관계등록창설을 허가하였으며(서울남부지방법원 2009. 7. 15. 2009호파2762), 친생자관계존재확인청구를 인용하였다(서울가정법원 2010. 12. 1. 2009드단14534). 이 사건이 진행되는 가운데 2012년 남북주민 사이의 가족관계와 상속 등에 관한 특례법이 제정되었고, 2014년 1월 21일 서울남부지방법원은 북한이탈주민인 원고가 제기한 국내의 상속회복청구 사건에 관하여 위 특례법을 근거로 북한주민의 경우에는 상속회복청구권의 민법상 제척기간인 10년이 지났더라도 여전히 상속회복청구권을 행사할 수 있다고 판단하였다(서울남부지방법원 2014. 1. 21. 2011가단83213).

헌법재판소도 북한주민이 대한민국 국민에 포함된다는 것을 직접적으로 선언하지는 않았다. 다만, 북한주민인 모(母)의 자(子)가 헌법 및 국적법상 대한민국 국민임을 주장하면서 강제퇴거명령의 무효확인을 구하는 소송을 본안소송으로 하는 국적법 제2조 제1항 제1호에 대한 위헌제청사건에서 부칙조항의 재판의 전제성을 인정하고, 위 대법원의 판결 취지를 그대로 인용하고 있다(2000. 8. 31. 97헌가12). 또한, 재외국민에 대한 선거권 부여에 관한 공직선거법 위헌여부 결정에서 "대법원 판결에 따르면 북한주민이나 조총 련계 재일교포도 우리나라 국민이라는 점에는 의문이 없으므로"라 고 판시하였고(1999. 1. 28. 97헌마253·270(병합)), "국토가 분단되어 남 북한이 대치하고 있는 상황에서 모든 재외국민에게 선거권을 인정 한다면 북한주민이나 조총련계 재일동포들도 선거권을 행사함으 로써 국가의 안위 및 국민의 생존, 자유가 위협받을 수 있고, 재외 국민에 대한 체류국의 정책과 충돌함으로써 외교적 마찰이 발생할 수 있다"고 판시하여 북한주민이 대한민국 국민이라고 밝히고 있 다(2007. 6. 28. 2004헌마644, 2005헌마360(병합)). 헌법재판소는 이와 같 이 북한의 법적 지위에 대한 대법원의 판결을 수용함으로써 사실 상 대법원과 동일하게 북한주민을 대한민국 국민에 포함되는 것으 로 해석하고 있다(1999. 1. 28. 97헌마253·270(병합); 2000. 8. 31. 97헌가12; 2007. 6. 28. 2004헌마644, 2005헌마360(병합) 등).

다. 기본권 주체성

우리 헌법은 1948년 헌법에서부터 제2장에서 국민의 권리와 의 무에 대해 자유권에서 사회권까지 다양한 기본권을 규정하여 왔 다. 기본권의 주체란 헌법상 기본권을 향유할 수 있는 법적 자격 을 의미하는데, 남한헌법은 기본권의 주체에 대해 원칙적으로 "모 든 국민"이라고 규정하고 있다. 북한주민이 남한헌법에서 보장하 는 기본권의 주체에 포함되는지의 여부는 북한의 법적 지위와 관 련하여 앞에서 검토한 바와 같이 북한주민도 대한민국의 국민에 포함되는지 여부에 관한 문제와 직결된다. 만약, 북한주민이 대한 민국의 국민에 포함되지 않는다고 볼 경우에는 원칙적으로 기본권 의 주체성이 인정되지 않는다. 다만, 외국인으로서 제한된 범위에서 기본권의 주체가 될 수가 있고, 헌법 제6조 제2항에 따라 국제법과 조약이 정하는 바에 따라 그 지위가 보장될 뿐이다.

우리 헌법은 제2조 제2항에서 "국가는 법률이 정하는 바에 의하여 재외국민을 보호할 의무를 진다"고 규정하고 있다. 헌법상 재외국민이란 외국에 있는 모든 국민을 의미한다. 그러나 재외동포의 출입국과 법적 지위에 관한 법률 제2조는 재외동포를 "대한민국의 국민으로서 외국의 영주권을 취득한 자 또는 영주할 목적으로 외국에 거주하고 있는 자(재외국민)"와 "대한민국의 국적을 보유하였던 자 또는 그 직계비속으로서 외국 국적을 취득한 자 중 대통령령이 정하는 자(외국국적동포)"라고 규정하고 있다. 따라서 북한주민이 북한지역에 거주하고 있는 경우에는 외국에 거주하고 있는 재외국민에 해당하지 않는다. 또한, 외국국적을 취득한 자에 해당하지 않으므로 결국 재외국민에는 해당하지 않는다고 해석된다.

북한주민의 법적 지위에 대해서는 앞에서 검토한 바와 같이 헌법 제3조의 우월적 효력에 따라 북한주민도 대한민국 국민에 포함되므로 원칙적으로 북한주민도 남한헌법에서 규정하는 기본권의 주체가 된다고 하겠다. 따라서 헌법규범적으로 북한주민은 남한헌법에서 규정하는 기본권을 향유할 수 있는 자격이 있으며, 헌법 제10조에 따라 국가인 남한은 북한주민이 가지는 불가침의 기본권 인권을 확인하고 이를 보호할 의무를 부담한다. 북한주민이 기본권을 침해당한 경우에는 헌법소원을 비롯한 사법적 구제를 받을 수 있는 자격도 인정된다. 그러나 북한에 거주하고 있는 북한주민에 대해서는 사회적 기본권을 비롯한 기본권을 구체화하는 법률이 제정되지 않고 있을 뿐만 아니라 현실적으로도 북한의 통치권이 실효적으로 지배하고 있어 북한의 헌법과 법률이 적용되고 있다.

또한, 북한주민은 국민으로서 기본권을 향유하지 못할 뿐만 아니라 헌법적 의무도 이행하지 못하고 있다. 남한도 기본권 보호의무의 주체인 국가로서 국민의 기본권을 보장하는 헌법적 의무를 이행하는 것이 불가능한 것이 현실이다.

이러한 현상에 대해서는 당위(sollen)과 사실(sein)의 구분을 통해 설명할 수 있다. 즉, 규범적으로는 북한주민도 당연히 대한민국 국민으로서 기본권의 주체가 되어 기본권을 향유할 자격을 보유하고 있으나, 사실적으로 그 기본권의 행사가 제한되고 있는 것이다. 현실적으로 북한주민의 기본권 행사가 제한되고 있다고 하더라도 북한주민의 기본권 주체성은 없어지지 않으며, 남북한의 분단상황에서는 잠재적인 상태에 머물러 있다가 남북관계의 발전이나 통일의 과정에서 현재화될 수 있을 것이다. 따라서 북한주민은 우리 헌법에서 규정하는 기본권의 주체가 되므로 국가는 북한주민의 기본권을 보호해야 할 헌법적 책무를 부담한다. 따라서 대한민국은 소극적으로 북한주민의 기본권을 침해하지 않아야 할 뿐만 아니라 적극적으로 북한주민의 기본권이 실현될 수 있도록 법률과 제도를 구비해야 한다. 한편, 헌법 제3조의 해석과 관련하여 이 규정이 비록 현실적인 것과 일치하지 않는다고 하더라도 이는 분단국가에서 발생한 현상으로서 제3조는 법규범적인 것(de juris)으로서의 성격을 가지는 것이므로 현실의 상황변화에 따라 달라지는 것이 아니라는 입장도 있다. 이러한 입장도 기본적으로는 규범적인 것과 사실적인 것을 구별하여 설명하고 있는 것이라고 할 수 있다.

요컨대, 헌법과 국적법의 규정, 그리고 남북한특수관계론이라는 헌법이론적 기초에 따라 북한과 북한주민의 법적 지위를 판단하면 규범적으로 한반도의 북한지역에도 대한민국의 영토고권이 미치며, 북한주민도 대한민국의 국민에 포함되므로 우리 헌법이 규정하는 기본권의 주체가 된다고 해석된다. 그러나 한반도가 60년 이상 분단된 현실에서 북한주민은 대한민국의 국민으로서 지위는 물론 헌법이 규정하는 기본권을 향유하지 못하고 있는 특수한 관계를 고려할 때 일정한 범위에서는 규범영역에 따라 북한주민에 대해서 특별한 지위를 부여할 수 있을 것이다.

라. 기본권의 보호와 제한

국가는 북한주민의 기본권을 보호해야 할 헌법적 의무가 있는데, 헌법재판소가 위헌성 심사기준으로 제시하는 '과소보호금지의 원칙'을 해석하고 적용함에 있어서도 남한주민의 기본권을 보호하는 경우와는 구별되는 특수성을 반영해야 할 것이다. 즉, 국가가 북한주민의 기본권을 보호하기 위해 아무런 보호조치를 취하지 않았거나 명백하게 부적합하거나 불충분한 경우로서 적절하고도 효율적인 최소한의 보호조치를 취하지 않았는지 여부를 판단할 때에는 남북관계와 북한주민의 기본권 행사에 관한 현실적인 상황을 고려해야 할 것이다.

이에 따라 북한주민에 대한 기본권 보호의무는 실질적으로 남한주민에 대한 기본권 보호의무에 비하여 보다 완화된 심사기준이 적용될 가능성이 크다. 북한주민이 기본권을 행사하지 못하고 있을 뿐만 아니라 북한 정권에 의해 기본권을 침해당하고 있지만, 현재 북한주민의 기본권을 보호하기 위한 특별한 법률을 제정하지 않고 있는 상태이다. 그러나 남북관계의 현실을 고려할 때 이것만으로 국가가 북한주민의 기본권을 보호할 헌법적 의무를 위반했다고 판단할 수는 없을 것이다. 향후 남북관계의 변화에 따라 통일의 과정에서는 북한주민의 기본권을 보호해야 할 의무가 보다 구체화될 수 있을 것이다. 한편, 남북관계발전에 관한 법률은 제2장(남북관계발전과 정부의 책무)에서 북한에 대한 지원을 비롯한 정부의 책무를 규정하고, 2013년 8월 13일 개정된 북한이탈주민보호법도 제4조의2(국가의 책무)를 신설하여 "국가는 보호대상자의 성공적인 정착을 위하여 보호대상자의 보호·교육·취업·주거·의료 및 생활보호 등의 지원을 지속적으로 추진하고 이에 필요한 재원을 안정적으로 확보하기 위하여 노력하여야 한다"고 규정하고 있다.

북한주민의 기본권은 헌법 제37조 제2항에 따라 국가안전보장·질서유지 또는 공공복리를 위하여 필요한 경우에 한하여 법률로써 제한할 수 있다. 북한이탈주민보호법은 북한주민에 대한 보호결정에 있어서 대한민국의 보호를 받고자 하는 의사를 표시한 북한이탈주민만을 그 적용대상으로 한정하고, 보호결정과 정착금 지원 등의 절차를 규정하고 있다. 또한, 남북 주민 사이의 가족관계와 상속 등에 관한 특례법은 북한주민에 대해 남한의 민법에서 규정하는 가족관계와 상속에 관한 권리를 인정하면서도 그 사용과 처분에 있어서는 법무부장관의 허가를 받도록 하여 그 권리를 제한하고 있다(법 제13~21조). 이러한 법률은 북한주민의 법적 지위를 보장하고 권리를 보호하기 위해 제정되었으나, 실질적으로는 북한주민의 기본권을 제한하는 부분도 포함되어 있는데, 이러한 기본권의 제한은 헌법 제37조 제2항에 의해 헌법적으로 정당화되는 경우에 해당한다고 할 것이다.

한편, 북한주민의 기본권 주체성을 인정하면서도 북한지역에 남한 헌법의 규범력이 사실상 제약당하고 있는 사정을 감안하여 북한주민의 기본권은 법률에 의해 특별한 제한을 받을 수도 있다고 하면서 이를 북한주민의 기본권 행위능력이 제한되는 경우라고 해석하는 입장도 있다. 이와 같이 북한주민의 기본권은 헌법 제37조 제2항에 따라서 제한될 수 있지만, 그 형식과 내용에 있어서는 법치주의와 과잉제한금지의 원칙에 따라야 하며, 기본권의 본질적인 내용은 제한할 수 없다는 한계가 있다.

4. 북한인권법의 제정

가. 제정 과정

북한주민의 기본권을 보장하기 위한 실천적 방안으로 남한에서는 2005년 이후 북한인권법을 제정하자는 주장이 제기되었다. 제17대 국회에서 처음으로 북한인권법안이 발의된 것을 시작으로 총 19건의 북한인권법안이 발의되었다가 2016년 3월 북한인권법이 제정되었다. 북한주민의 인권에 대한 문제제기는 2003년 7월 제16대 국회가 '북한인권개선 촉구 결의안'을 채택하여 북한 당국에 대해 국제적 인권규범을 준수할 것, 북한이탈주민에 대한 강제송환을 중지할 것, 강제수용소를 공개할 것, 납북자와 국군포로 문제를 해결할 것을 촉구하면서 구체화되었다.

북한인권법에 대해서는 대북정책에 대한 정치적 입장에 따라 상반된 주장이 대립되어 정치적 쟁점이 되었다. 즉, 북한인권법을 제정해야 한다는 입장에서는 인권의 보편성을 전제로 북한주민에 대한 기본권을 보장해야 한다고 주장하였다. 즉, 북한주민도 대한민국 국민이므로 국가의 기본권 보호의무에 따라 남한이 북한주민의 인권보장을 위해 노력해야 하는 의무를 부담한다는 것이다.

또한, 북한주민의 인권을 보장하는 것은 평화통일을 위한 조건을
마련하는 기초이며, 미국과 일본에서 북한인권법을 제정하여 운영
하고 있는 상황을 고려하여 국제평화의 실현을 위해서도 필요하
다는 점 등을 근거로 제시하였다. 미국은 2004년 북한인권법(North
Korean Human Rights Act of 2004)을 제정하였고, 2008년과 2012년에
재승인하여 연장하였으며, 2012년에는 북한아동복지법(North Korean
Child Welfare Act of 2012)도 제정하였다. 일본은 2006년 '납치문제 및
기타 북한 당국에 이한 인권침해문제에의 대처에 관한 법률'이라는
명칭으로 북한인권법을 제정하였다. 일본의 경우에는 그 법률의
명칭에서 알 수 있듯이 북한주민의 인권보다 북한에 의한 일본인
의 인권에 관심을 가지고 있는 것으로 판단된다.

한편, 북한인권법을 제정하는 것에 반대하는 입장은 북한인권에
대해 문제를 제기하는 것은 남북관계의 발전에 도움이 되지 않는
다고 주정하였다. 즉, '북한인권법'이라는 명칭 자체가 북한을 자
극할 수 있어 남북관계에 악영향을 끼치며, 남북한이 상호 체제인
정과 존중을 약속한 남북기본합의서에도 위반된다는 것이다. 또
한, 북한인권법은 북한 당국을 정치적으로 압박하게 되어 인도적
지원을 장려하는 것이 아니라 인도적 지원을 규제하게 되어 실질
적으로 북한주민의 인권을 악화시키는 결과를 초래할 것이라는 점
등을 근거로 제시하였다.

북한인권법을 논의하는 과정에서 북한인권기록보존소를 설치할
것인지 여부, 그리고 어디에 설치할 것인지가 논란이 되었으며 정
부부처 사이에도 다양한 의견이 제시되었다. 북한주민의 인권침해
사례를 조사하고 관련 기록을 수집·보존하는 북한인권기록보존소
에 대해 국가인권위원회가 인권침해에 대하여 조사할 권한을 가지

는 독립기관이라는 점에서 국가인권위원회에 설치되어야 한다는 의견, 수집된 자료가 통일 이후 가해자에 대한 책임규명의 증거로도 쓰일 수 있다는 점에서 법무부에 설치되어야 한다는 의견, 북한과 관련된 쟁점이라는 점에 주목하여 통일부에 설치되어야 한다는 의견 등이 제시되었다. 북한인권법에서는 북한인권기록센터를 통일부에 설치하고, 북한인권기록 관련 자료를 보존·관리하기 위하여 법무부에 담당기구를 두는 것으로 규정하였다. 북한인권기록센터에서 기록센터에서 수집·기록한 자료는 3개월마다 법무부에 이관하도록 하였다.

나. 북한인권법의 필요성

북한인권법을 제정할 것인지는 어떠한 내용을 포함시킬 것인지에 따라 다양한 입장이 있을 수 있다. 그러나 북한주민의 인권이 심각하게 침해되고 있으며, 이를 보장해야 한다는 필요성에 대해서는 입장의 차이가 크지 않다고 판단된다. 북한인권법의 제정은 기본적으로 이러한 정책적 판단에 따라서 결정할 수 있는데, 현재 북한주민의 인권상황을 고려할 때 북한인권법을 제정하는 것이 필요하다고 생각된다. 헌법을 비롯한 남북관계를 규율하는 법률체계의 측면에서도 북한인권법을 제정하는 것이 가능하다고 할 것이다. 북한주민을 대한민국 국민이라고 인정하는 이상 북한주민의 인권침해가 심각한 현실에서 국가는 북한주민의 기본권을 보호할 헌법적 의무가 있다. 북한에 대한 인도적 지원에 대해서도 남북교류협력에 관한 법률에 따라 사안별로 정책적 판단에 따라 지원하기보다 북한인권법을 제정하여 대북 인도적 지원에 관한 법적 근거를 마련하는 것이 대북정책을 투명하고 안정적으로 수립하고 추진할 수 있는 제도적 장치로서 유용하다고 판단된다.

북한인권결의안은 유엔인권위원회에서는 2003년부터, 유엔총회에서는 2005년부터 매년 채택되고 있다. 유엔총회의 인권결의안은 제3위원회(Social, Humanitarian & Cultural Committee)에서 담당하고 있다. 남한은 2007년까지 유엔의 북한인권결의안에 대해 회의불참 또는 기권을 하였으나, 2006년 유엔총회에서 처음으로 찬성하였다가 2008년부터는 공동제안국으로 참여하고 있다. 유엔총회에서 북한인권결의안에 찬성한 국가는 2005년 88개국(반대 21개국, 기권 60개국)에서 2011년 123개국(반대 16개국, 기권 51개국)으로 증가하였으며, 2012년에는 처음으로 무투표로 통과되었다. 특히, 2013년 제22차 유엔인권이사회는 북한인권조사위원회(COI)를 설치하기로 결의하여 조사위원을 임명하였다. 북한인권조사위원회는 2014년 2월 17일 북한의 인권침해에 대한 최종보고서와 권고안을 발표하였다. 이 보고서에서는 북한정권이 자행한 조직적 인권탄압을 '반인도범죄(crimes against humanity)'로 규정하고, 북한에 대해 체제전환 수준의 포괄적인 개혁을 요구하고 있다. 또한, 권고사항 이행을 위한 후속조치의 일환으로 북한정권의 지도부를 국제형사재판소(ICC)에 회부할 것을 제시하고, 유엔 안전보장이사회가 합의하지 않을 경우에는 유엔총회를 통한 특별재판소(ad hoc tribunal)에 회부할 것을 제안하였다.

북한인권결의안은 북한의 열악한 인권상황에 대한 우려와 함께 개선을 위한 인도주의적 기술협력과 대화를 포함하고 있다. 북한인권결의안의 주요 내용은 고문, 공개처형, 정치범 수용소, 매춘, 영아살해, 외국인 납치 등 각종 북한 인권문제에 심각한 우려를 표시하는 한편 북한 주민의 인권과 기본적인 자유 보장을 촉구하고 있다. 북한인권결의안은 법적 구속력이 없다는 점에서 한계가 있지만, 북한인권을 국제적 이슈로 제기하였다는 점에서는 의미가 있다고 평가된다.

이에 대해 북한은 우리식 인권 또는 주체의 인권론을 주장하면서 인권의 보편성을 부인하고, 국제사회에 대해서는 미국을 중심으로 한 제국주의 세력이 자신들의 가치관을 강요하는 내정간섭이자 주권침해라고 대응하고 있다. 또한, 북한은 북한인권조사위원회의 활동에 대해서도 대남선전 매체인 우리민족끼리를 통해 "반공화국 모략과 대결소동에 매여달리고 있는 것"이라며 강하게 비난하고 있다. 미국과 일본이 이미 북한인권법을 제정하여 시행하고 있는 상황과 유엔을 비롯한 국제기구에서 북한인권결의안을 채택하고 있는 것을 고려할 때 국제사회에서도 북한의 인권상황이 인류보편적인 최소한의 기준에도 미치지 못한다고 인식하고 있는 것으로 판단된다.

북한주민도 대한민국 국민에 포함되는 것으로 해석하는 경우에는 국가는 국민의 기본권을 보호할 헌법적 의무를 부담하게 된다. 북한인권법을 제정하는 것은 대한민국 국민인 북한주민에 대한 기본권 보호의무를 이행하는 것이므로 헌법적 근거와 한계를 가진다고 하겠다. 따라서 북한인권법은 그 입법목적이 달성될 수 있도록 체계정합성을 유지하면서도 남북관계의 특수성에서 비롯되는 부작용을 최소화할 수 있는 방향으로 운영되어야 할 것이다.

다. 주요 내용

북한인권법은 국제인권규약에 규정된 자유권 및 생존권을 추구함으로써 북한주민의 인권 보호 및 증진에 기여함을 그 목적으로 하고 있다(제1조). 국가에 대해서는 북한주민의 인권 보호 및 증진을 위하여 노력할 의무, 남북관계 발전과 한반도 평화를 위하여 노력할 의무, 북한인권증진을 위하여 필요한 재원을 마련할 의무를 부여하고 있다(제2조). 또한, 군사분계선 이북지역에 거주하며 이 지역에 직계가족·배우자·직장 등 생활의 근거를 두고 있는 사람을 '북한주민'으로 정의하고 있다(제3조).

북한인권증진 관련 정책에 관한 자문을 위하여 통일부에 북한인권증진자문위원회를 설치하되, 그 위원은 여당과 그 외 교섭단체가 2분의 1씩 동수로 추천하여 통일부장관이 위촉한다(제5조). 북한인권 실태 조사 및 관련 연구와 정책개발을 수행하기 위하여 북한인권재단을 설립하되, 통일부장관의 지도·감독을 받도록 한다. 12명 이내의 이사 중 2명은 통일부장관이 추천한 인사로 구성하고, 국회가 추천하는 인사의 경우 여당과 그 외 교섭단체가 2분의 1씩 동수로 추천하여 통일부장관이 임명한다(제12조). 북한주민의 인권 상황과 증진을 위한 정보를 수집·기록하기 위하여 북한인권기록센터를 통일부에 설치하며, 기록센터에서 수집·기록한 자료는 3개월마다 법무부에 이관하도록 한다(제13조).

통일부장관은 북한주민의 인권실태 조사, 인권 보호 및 증진을 위한 방안 등의 내용을 포함하여 3년마다 북한인권증진기본계획 및 집행계획을 수립하여야 하고, 이를 지체 없이 국회에 보고하여야 한다(제6조). 정부는 북한인권증진에 관한 중요사항에 대하여 남북인권대화의 추진하여야 하며(제7조), 국가는 북한인권증진을 위하여 국제기구·국제단체 및 외국 정부 등과 국제적 협력을 하여야 하며, 이를 위하여 외교부에 북한인권국제협력대사를 둘 수 있다(제9조).

북한인권기록센터의 기록물을 이관받기 위한 북한인권기록보존소를 법무부 내에 설치하는 내용을 포함하여(시행령 제15조), 북한인권증진자문위원회의 구성 및 운영, 북한인권증진기본계획에 포함되어야 할 내용, 남북인권대화의 추진을 위하여 필요한 사항, 북한인권국제협력대사의 임무 등, 북한인권재단의 설립·재원·임원 구성 등에 필요한 사항, 기록센터의 구성·운영에 필요한 사항은 대통령령으로 정하도록 하고 있다.

라. 분석과 평가

북한인권법은 정치적 논란을 거치면서 어렵게 제정되었다. 북한인권법을 제정한 것은 장기적 관점에서 북한주민의 기본권을 개선하고 통일국가의 미래상을 제시한다는 점에서 매우 중요한 의미가 있다고 생각한다. 북한인권법에 대해서는 다음과 같이 평가할 수 있다.

첫째, 북한인권법은 북한주민의 인권 보호와 증진을 위한 다양한 기구와 제도적 장치를 마련하고 있다. 북한인권법은 총 17개조로 구성되어 있는데, 그 중 8개조에서 북한인권증진자문위원회·북한인권재단·북한인권기록센터 등 특별기구의 설치와 북한인권증진기본계획 및 집행계획·남북인권대화·북한인권국제협력대사 임명 등 제도적 장치를 규정하고 있다. 북한인권법은 북한주민의 인권과 관련하여 기초조사, 정책연구, 책임규명을 위한 자료 보존 등 다면적 활동을 지원하고 있을 뿐 아니라, 정부 부처 간 소통, 정부와 국회의 소통, 남북 간 대화, 국제적 협력 등 다층적 활동을 예정하고 있다.

북한인권법에서 규정하는 제도적 틀은 부분적으로 체계적으로 정합하지 않다는 지적이 있다. 북한인권법에서 설치하는 특별기구의 구성과 운영, 기본계획에 포함되어야 할 내용, 남북인권대화의 추진을 위하여 필요한 사항, 북한인권국제협력대사의 임무 등 중요한 사항은 법률로 규정해야 함에도 대부분 대통령령으로 유보되어 있다는 것이다.

둘째, 북한주민의 인권을 보호하고 증진하는 사업을 추진하기 위한 구체적인 내용이 부족하다는 지적이 있다. 북한인권법은 북한주민의 인권뿐만 아니라 국군포로, 납북자, 이산가족과 관련된 사항 등 다양한 사업을 추진하기 위해 특별기구를 설치하고 있다. 하지만, 특별기구의 사업내용이 '북한주민의 인권증진'이나 '북한주민의 인권실태' 등 추상적으로 규정되어 있고, '인도적 지원'이나 '국제적 협력'도 원론적인 사항을 규정하고 있다.

남북관계의 특수성을 고려할 때 포괄적이고 개방적으로 규정할 필요도 있지만, 최소한 법규범으로 기능하기 위해서는 입법목적을 달성하기 위한 구체적 실천적 기준을 제시하는 것이 바람직하다. 미국의 북한인권법은 '북한의 인권 존중과 보호', '북한이탈주민에 대한 인도적 해결', '인도적 지원의 투명성 및 접근성', '북한 내 정보의 자유', '한반도 평화 통일'의 5개 항목으로 그 목적과 사업내용을 구체화하고 있다. 특히, 대북 라디오 방송, 난민 신청 촉진, 인도적 및 비인도적 지원, 민주주의 프로그램 등 구체적인 내용을 총 305개조에 달하는 법률로 규정하고 있다.

셋째, 북한인권법의 시행에 관하여는 실천의지가 의문시된다는 비판도 있다. 북한인권법은 북한인권 실태를 조사하고 남북인권대화와 인도적 지원 등 북한인권증진과 관련된 연구와 정책개발 등을 수행하기 위하여 북한인권재단을 설립하도록 규정하고 있다.

북한인권법이 제정된 지 2년이 지나도록 정치적 이해관계로 인하여 설립되지 못하고 있는 실정이다. 외교부에 둘 수 있는 북한인권국제협력대사는 2017년 9월 그 임기가 끝난 이후 2018년 3월 현재까지 새로 임명되지 않아 공석으로 남아있다. 북한인권법 제15조에서 규정하고 있는 국회보고는 아직까지 한 번도 이루어지지 않았다.

북한인권법을 시행하는 과정에서는 남북관계를 규율하는 관련 법률과 체계적으로 정합할 수 있도록 조정해야 한다. 북한인권법은 북한주민의 인권뿐만 아니라 국군포로, 납북자, 이산가족과 관련된 사항도 규율대상으로 포함하고 있다. 북한주민의 기본권을 현실적으로 보호하기 위해서는 대북 인도적 지원이 필수적인 사항이므로 이에 대해 규정하고 있는 남북교류협력에 관한 법률 등과 조화를 이루어야 한다. 특히, 국군포로에 대해서는 '국군포로의 송환 및 대우 등에 관한 법률'이, 납북자에 대해서도 '6.25전쟁 납북피해 진상규명 및 납북피해자 명예회복에 관한 법률'이, 그리고 이산가족에 대해서는 '남북이산가족 생사확인 및 교류촉진에 관한 법률'이 각각 규율하고 있다. 북한인권법을 시행하는 과정에서 이들 법률과 서로 모순되거나 충돌되지 않도록 조정해야 할 것이다.

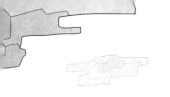

제 8 장

개성공업지구 지원에 관한 법률의 체계적 지위

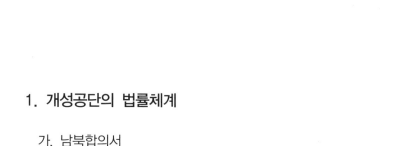

1. 개성공단의 법률체계

가. 남북합의서

개성공단에는 어떠한 법규범이 적용될까? 개성공단은 지역적으로 북한이지만 남한주민이 북한주민을 근로자로 고용하여 기업을 운영하고 있다. 따라서 개성공단에 적용되는 법률체계는 원칙적으로 남북관계를 규율하는 법률체계가 동일하게 적용된다고 하겠다. 남북관계를 규율하는 법률체계로는 앞에서 검토한 바와 같이 남북합의서, 남한의 법률, 북한의 법률, 그리고 국제법원칙이 있다. 하지만 남북한은 개성공단에만 적용되는 남북합의서를 별도로 체결하였으며, 남한과 북한은 개성공단을 규율하는 특별법을 각각 제정하여 적용하고 있다. 개성공단에는 원칙적으로 남북관계를 규율하는 법률체계가 적용되지만, 개성공단의 특성을 반영하여 예외적으로 개성공업지구 지원에 관한 법률 등 특별법령이 적용된다고 할 수 있다.

개성공단에 적용되는 법률체계를 이해하기 위해서는 먼저 남북합의서를 통해 나타난 남북한 당사자의 의사를 확인할 필요가 있다. 남북합의서는 남북한의 의사가 직접적 또는 간접적으로 표현되어 있어 상호 일정한 범위에서 구속력을 가진다. 특히, 법률적 효력을 갖는 남북합의서는 우리 헌법 제6조 제1항에 따라 국내법과 동일한 효력을 가지므로 남북한 사이에 발생하는 법률적 쟁점을 해결함에 있어서 중요한 의미를 갖는다.

남북한은 1991년 체결한 남북기본합의서를 통하여 남북관계를 정의하고 상대방의 실체를 인정하였다. 즉, 남북관계를 "쌍방 사이의 관계가 나라와 나라 사이의 관계가 아닌 통일을 지향하는 과정에서 잠정적으로 형성되는 특수관계"라고 전제한 다음, 제1조와 제2조를 통해 남북한이 서로 상대방의 체제를 인정하고 내부문제에 불간섭하기로 하는 등 북한에 대해 국가로서의 실체를 인정하였다. 또한, '남북기본합의서 제1장 남북화해의 이행과 준수를 위한 부속합의서'도 제1조(상대방에 대한 체제인정), 제3조(상대방 당국의 권한과 권능 인정), 제5조(상대방 법질서와 당국의 시책에 대한 불간섭) 등을 통해 상호 국가성을 인정하면서 경제·사회·문화 분야의 교류협력을 추진할 것을 규정하였다. 남북기본합의서는 남북분단 상황을 현실적으로 인정하는 바탕 위에 원칙적으로 남한지역에서는 남한법률이, 북한지역에서는 북한법률이 적용된다는 것을 확인하고 있는 것으로 해석된다. 우리 헌법재판소와 대법원은 남북기본합의서에 대하여 법적 효력이 있는 조약이나 이에 준하는 것으로 인정하지 않고 있어 그 규범력에 한계가 있으나, 남북기본합의서에 따르면 개성공단도 북한지역에 해당하므로 개성공단에는 북한법률이 적용된다고 할 것이다.

개성공단에 적용되는 법률체계로 중요한 의미를 갖는 것은 법률적 효력을 갖는 남북합의서이다. 이는 남북한이 각각 발효에 필요한 절차를 경료하고 문본을 교환함으로써 발효된 '남북 사이의 투자보장에 관한 합의서' 등 4개 경협합의서와 그 후속조치로 체결된 개성·금강산지구 출입·체류합의서 등 9개 합의서이다. 이 남북합의서들도 남북한은 각각 지역에서 각각의 법률이 적용된다는 것을 확인하고 있다. 즉, 남북한 당국이 부여한 운전면허 등 각종 증명서를 상호 인정하고, 상대방이 제정한 관련규정을 준수할 것을 규정하는 등 남북한이 각각 현실적으로 관할권을 가지는 지역에서는 남북한 각각의 법률이 적용되는 것을 인정하고 있다. 이 남북합의서들은 남북경협 전체를 규율하는 것이고, 개성공단에만 적용하는 것이 아니다. 이 남북합의서들은 개성공단을 적용의 대상이나 범위에 포함시키고 있는 것도 아니다. 그러나 개성공단사업이 현재 남북경협에서 가장 중요한 부분이므로 이들 남북합의서는 개성공단에도 적용된다고 하겠다. 다만, 개성공단에 관하여는 별도의 남북합의서가 체결되고 있는데, 이때에는 원칙적으로 이 남북합의서가 다른 남북합의서에 대하여 특별법적 성격을 갖는다고 하겠다. 따라서 개성공단에 관한 남북합의서가 다른 남북합의서에서 규정하고 있는 것과 서로 다른 내용으로 규정하고 있는 경우에는 개성공단에 관한 남북합의서가 우선적으로 적용된다고 하겠다.

개성공단에 대한 법률적용에 관하여 규정하고 있는 남북합의서는 '개성·금강산지구 출입·체류합의서', '개성공업지구 통신합의서', '개성공업지구 통관합의서', '개성공업지구 검역합의서'가 있다. 통신합의서는 제5조에서 "쌍방은 우편 및 전기통신과 관련한 상대측의 법률제도를 존중하며 국제협력 및 국제관례를 존중한다"고, 제6조에서 "쌍방은 통신과 관련하여 제정 또는 수정, 보충되는 법규를 통보하며"로 각각 규정하고 있다. 이 합의서는 개성공단에서 '우편 및 전기통신과 관련한 영역'에 대해서는 북한법률이 적용된다는 것을 명시적으로 규정하였다. 통관합의서와 검역합의서는 법률적용에 대하여 직접적인 규정을 두고 있지는 않으나, 북한이 개성공업지구에 세관과 검역소를 설치하여 통관절차와 검역절차를 담당하도록 규정하고 있다. 또한, 남북한은 통관 및 검역과 관련하여 제정 또는 수정, 보충되는 법규를 제공하도록 규정하고 있다. 이는 개성공단에서 통관 및 검역과 관련한 영역에 대해서는 북한법률이 적용된다는 것을 전제로 하고 있는 것으로 해석된다.

한편, 개성·금강산지구 출입·체류합의서는 지구관리기관의 출입·체류증명서 발급을 인정하고, 인원 및 차량의 출입심사와 체류등록에 있어서 북한 당국의 행정권을 인정하고 있다. 개성공단에 출입하는 남한주민에게 적용되는 법률에 대하여 이 합의서는 제2조에서 "인원은 지구에 적용되는 법질서를 존중하고 준수한다"고, 제10조에서 "인원이 지구에서 적용되는 법질서를 위반하고"라고 각각 규정하고 있다. 이때 '지구에 적용되는 법질서'가 구체적으로 무엇인지는 명확하게 규정하지 않고 있다. 이 합의서는 제11조에서 지구와 지구 밖 북한지역 사이의 출입에 대해서는 북한이 별도로 정한 절차에 따르도록 규정하고 있다. 따라서 개성공단 이외의 지역에 대한 출입절차에 있어서는 남한주민에게도 북한법률이 적용되는 것을 인정하는 것으로 해석된다.

이 남북합의서들은 개성공단에 적용되는 법률에 대해 명확하게 규정하지 않고 있다. 개별 남북합의서는 통신·통관·검역·출입 및 체류에 대하여는 북한의 법률이 적용된다는 것을 규정하고 있으므로 이 범위에서는 북한법률이 적용된다. 그러나 이 남북합의서들이 아무런 규정을 두지 않고 있는 부분에 대해서도 별도로 특별하게 예외를 규정하지 않는 이상 북한법률이 적용된다고 해석된다.

나. 개성공업지구법령

(1) 개성공업지구법

북한은 2002년 11월 13일 최고인민회의 상임위원회 정령으로 '조선민주주의인민공화국 개성공업지구를 내옴에 대하여'를 제정하였다. 이 정령은 제4조에서 "개성공업지구에는 조선민주주의인민공화국 주권이 행사된다", 제6조에서 "법인과 개인 기타 경제조직들의 자유로운 투자를 허용하며 그 재산을 법적으로 허용한다", 제8조에서 "내각과 해당 기관들은 이 정령을 집행하기 위한 실무적 대책을 세울 것이다"라고 각각 규정하였다. 같은 달 20일에는 개성공업지구법을 제정하였는데, 제1조에서 "개성공업지구는 공화국의 법에 따라 관리·운영하는 국제적인 공업, 무역, 상업, 금융, 관광지역이다", 제8조에서 "법에 근거하지 않고는 남측 및 해외동포, 외국인을 구속, 체포하거나 몸, 살림집을 수색하지 않는다"고 각각 규정하였다. 제22조에서 중앙공업지구 지도기관의 임무로 "공업지구 법규의 시행세칙 작성"을 포함시키고 있으며, 부칙 제3조에서 "이 법의 해석은 최고인민회의 상임위원회가 한다"고 규정하였다. 북한이 개성공단에 대해 이와 같은 법률을 제정한 것은 개성공단도 북한지역이므로 북한의 영토고권이 미치므로 당연히 북한법률이 적용된다는 것을 선언한 것이다. 개성공단에서는 북한 주민은 물론 남한주민에 대해서도 북한법률이 그대로 적용된다고 규정하고 있는 것이다.

개성공업지구법은 경제활동에 관한 영역에 대하여는 북한법률의 적용을 배제하고 있다. 즉, 제9조는 "공업지구에서 경제활동은 이 법과 그 시행을 위한 규정에 따라 한다. 법규로 정하지 않은 사항은 중앙공업지구 지도기관과 공업지구 관리기관이 협의하여 처리한다"고 규정하고 있다. 이때 '개성공업지구에서의 경제활동' 의 범위에 관하여 해석상 논란이 있으나 이러한 범위에 해당하는 경우에는 북한의 일반적 법률적용을 배제하고 있는 것은 명확하다. 개성공단에는 중앙공업지구 지도기관으로 중앙개발특구 지도총국이, 공업지구 관리기관으로는 관리위원회가 각각 설립되어 운영되고 있다. 개성공업지구법에 따르면 개성공단에서의 경제활동에 대하여는 개성공업지구법과 그 시행을 위한 하위규정, 그리고 지도총국이 제정한 시행세칙이 적용되는 것으로 해석된다.

북한 헌법은 제125조 제2항에서 내각의 임무와 권한의 하나로 "헌법과 부문법에 기초하여 국가관리와 관련한 규범을 제정 또는 수정·보충한다"고 규정하고 있고, 개성공업지구의 중앙공업지구 지도기관은 내각에 해당하는 중앙행정기관에 포함된다. 따라서 개성공업지구법과 마찬가지로 최고인민회의 상임위원회의 정령으로 제정하는 하위규정은 물론 중앙공업지구 지도기관이 제정하는 시행세칙도 개성공단에 적용되는 법규범이라고 할 수 있다. 또한, 개성공업지구법 제25조와 개성공업지구 관리기관 설립·운영규정 제13조는 개성공업지구 관리기관의 임무로 "이 밖에 중앙공업지구 지도기관이 위임하는 사업"을 포함시키고 있다. 따라서 개성공업지구 관리기관이 제정하는 사업준칙도 일정한 범위에서는 개성공단에 적용되는 법규범으로 기능할 수 있다고 하겠다. 개성공업지구법은 개성공업지구법령으로 정하지 않은 사항에 대하여는 중앙공업지구 지도기관과 공업지구 관리기관이 협의하여 처리하도록 하고, 부칙 제3조에서는 이 법에 대한 최종적인 해석권을 최고인민회의 상임위원회에 부여하고 있다.

(2) 개성공업지구법 하위규정 등

개성공단을 안정적으로 운영하고 발전시키기 위해서는 경제활동을 포함하여 많은 분야에서 법규범이 마련되어야 한다. 2018년 3월 현재까지 개성공업지구법에 따라서 하위규정은 모두 16개가 제정되었으며, 시행세칙은 16개, 그리고 사업준칙은 총 51개가 제정되어 있다. 개성공단에 적용되는 법률체계에 대하여 앞에서 검토한 바와 같이 개성공업지구법 제9조에서 규정하는 경제활동에 대하여는 북한법률의 적용을 배제하고 있다. 따라서 개성공업지구법 하위규정의 구체적인 내용을 분석하는 것은 공업지구에서의 경제활동의 범위를 해석하는데 있어서 중요한 의미를 가진다. 이들 하위규정은 '기업창설·운영규정', '광고규정', '보험규정', '부동산규정', '기업재정규정', '회계규정', '회계검증규정' 등 경제활동이나 경제활동과 직접적으로 관련된 내용뿐만 아니라 '노동규정', '개발규정', '관리기관설립·운영규정', '출입·체류·거주규정', '자동차관리규정', '환경보호규정' 등 경제활동과 간접적으로 관련된 내용도 폭넓게 포함하고 있다. 이들 하위규정은 북한법률인 공민등록법, 무역법, 민법, 보험법, 사회주의노동법, 세관법, 외국인기업법 등에 대하여 특별법적 성격을 가지고 개성공단에 적용되므로 그 범위에서는 위 북한법률의 적용은 배제되는 것으로 해석된다.

개성공업지구 중앙공업지구 지도기관은 '개성공업지구 출입, 체류, 거주규정 시행세칙' 등 총 16개의 시행세칙을 제정하였다. 그러나 이러한 시행세칙은 남한과 실질적인 협의가 이루어지지 않은 상태에서 중앙특구개발 지도총국이 일방적으로 발표하여 제대로 시행되지 않고 있는 상태이다. 한편, 개성공단 관리위원회는 개성공업지구법 제25조에 따라서 '건축준칙' 등 총 51개의 사업준칙을 제정하여 시행하고 있다. 개성공업지구법에 따르면 사업준칙은 관리위원회 업무수행에 있어서 지침이 되는 내규의 성격을 가지는 것으로 해석된다. 따라서 사업준칙은 법적 성격이나 효력에 있어서 규범력이 강하지 못하다. 그러나 개성공업지구에 관한 하위규정 등이 완비되지 못한 상황에서 관리위원회가 그 입법공백을 보충하기 위하여 제정하여 시행하고 있는 것으로 판단된다.

다. 기타 법률

(1) 남북교류협력에 관한 법령

개성공단사업을 규율하는 남한법률로는 남북관계발전에 관한 법률, 남북교류협력에 관한 법률, 남북협력기금법 등이 있다. 이들 법령들은 남북관계의 기본적인 성격, 남북합의서의 체결에 관한 사항, 그리고 일반적인 남북교류협력의 지원과 규율에 관한 사항을 규정하고 있다. 이 법령들은 개성공단을 제1차적이고 직접적인 적용대상으로 규정하고 있는 것이 아니다. 그러나 이 법령들은 개성공단에 관한 남북합의서나 다른 법률이 특별히 예외로 인정하지 않는 이상 당연히 개성공단에 관한 사항도 규율한다고 하겠다.

남북관계발전에 관한 법률은 제3조 제1항에서 "남한과 북한의 관계는 국가간의 관계가 아닌 통일을 지향하는 과정에서 잠정적으로 형성되는 특수관계이다"라고 규정하고, 제2항에서 "남한과 북한간의 거래는 국가간의 거래가 아닌 민족내부의 거래로 본다"고 규정하여 남북관계의 특수성을 인정하고 있다. 또한, 남북관계의 발전과 정부의 책무로서 남북관계발전기본계획 수립(제2장 제6~14조), 남북회담대표의 임명과 공무원의 파견(제3장 제15~20조), 남북합의서의 체결·비준과 효력(제4장 제21~23조) 등을 규정하고 있다.

남북교류협력에 관한 법률은 제3조에서 "남한과 북한 간의 상호교류와 협력을 목적으로 하는 행위에 관하여는 이 법률의 목적 범위에서 다른 법률에 우선하여 이 법을 적용한다"고 규정하여 남북교류협력에 관한 기본적인 법률로 기능하여 왔다. 이 법률은 남북교류협력추진협의회의 설치 등에 관한 사항(제4~8조), 남북한의 왕래·주민접촉 등 인적 교류(제9~12조 등), 물품의 반출·반입 등 물적 교류(제13~15조 등), 남북교류협력사업 승인(제17조), 결제수단의 취급기관, 운송장비의 운송, 통신역무의 제공에 있어서 필요한 절차(제19~23조) 등에 대하여 규정하고 있다. 특히, 제26조에서는 남북한 사이의 교역, 투자, 물품의 반출·반입 기타 경제에 관한 협력사업 및 이에 수반되는 거래에 대하여는 대외무역법, 외국환거래법 등을 준용하도록 규정하고 있다. 그 이외에도 남북협력기금법과 남북협력기금의 운용관리규정 등 하위법령들이 제정되었는데, 이들은 모두 개성공단에도 적용된다. 이 법령들은 남북한의 상호교류와 협력을 지원하기 위하여 남북한 왕래, 물적 교류를 위한 교역 및 수송, 남북경제협력사업, 인도적 대북지원사업 등 남북관계와 교류협력에 관하여 규정하고 있다.

(2) 개성공업지구 지원에 관한 법률

남한은 2007년 5월 제정된 개성공업지구 지원에 관한 법률(이하에서는 '개성공업지구지원법'이라고만 한다)은 2014년 1월까지 총 12차례 개정되었다. 그 중 2010년과 2013년 2차례에 걸쳐 본문 내용이 개정되었고, 나머지는 다른 법률의 개정에 따라 체계를 정비한 것이다. 남한은 개성공업지구를 남북경제협력의 대표적 모델이자 한반도 평화의 상징이라고 평가하고, 북한의 개혁·개방을 이끌어 내면서 민족경제공동체를 형성할 수 있기를 기대하면서 개성공업지구지원법을 제정하였다. 이 법률은 개성공업지구의 개발·운영을 지원하고, 개성공업지구에 투자하거나 출입·체류하는 남한주민을 보호·지원하기 위하여 필요한 사항을 정함으로써 남북교류·협력을 증진하고 민족경제의 균형적인 발전에 기여하려는 것을 목적으로 하고 있다(제1조).

개성공업지구지원법은 북한지역인 개성공단에서 추진하고 있는 개성공업지구의 개발·운영을 지원하는 것과 개성공업지구에 투자하거나 출입·체류하는 남한주민을 보호·지원하는 것을 제1차적 목적으로 설정하고 있다. 이 법은 개성공업지구를 활성화시키고 효율적으로 운영하기 위하여 정부로 하여금 개성공업지구를 개발하고 운영함에 있어서 필요한 각종 행정적·재정적 지원을 할 수 있도록 하고 있다. 또한, 개성공업지구에 투자하는 현지기업 및 투자기업과 남한주민이 실체법적으로나 절차법적으로 특별한 지원과 보호를 받을 수 있도록 구체화하고 있다.

이 법률은 개성공단에 투자하거나 출입·체류하는 남한주민을 보호·지원하기 위하여 개성공업지구 지원재단 설립(제19조), 개성공업지구 관리기관의 법인성 인정(제18조), 북한지역에의 공무원 파견(제20조) 등 제도적 장치를 마련하고 있다. 또한, 도로 등 기반시설 설치(제6조), 중소기업 구조고도화자금 사용(제7조), 산업안전 및 산업재해 예방(제8조), 환경보전(제9조), 에너지이용(제10조), 남북협력기금 지원(제11조) 등 행정적·재정적 지원과 출입·체류자의 보호(제3장 제13~15조), 조세·왕래 및 교역 등에 관한 특례(제4장 제16~17조)를 규정하고 있다.

(3) 북남경제협력법

북한이 2005년 7월 제정한 북남경제협력법은 남북한 교류협력이 증대함에 따라 남북한 경제협력을 총괄하여 규율하기 위한 기본법이라고 할 수 있다. 이 법률은 남북한의 경제협력에서 제도와 질서를 엄격히 세워 민족경제를 발전시키는데 이바지하는 것을 목적으로 한다. 북남경제협력은 전민족의 이익을 앞세우고, 민족경제의 균형적 발전을 보장하며, 호상존중과 신뢰, 유무상통의 원칙에서 진행하며(제4조), 이 법은 남한과 경제협력을 하는 기관, 기업소, 단체뿐만 아니라 북한과 경제협력을 하는 남한의 법인과 개인에게도 적용된다(제3조). 또한, 분쟁해결에 대해서는 우선적으로 협의의 방법으로 해결하되, 협의의 방법으로 해결할 수 없을 경우에는 남북한 사이에 합의한 상사분쟁해결절차로 해결할 수도 있도록 규정하였다(제27조). 이외에도 북남경제협력에 대한 통일적인 지도를 중앙민족경제협력 지도기관으로 하여금 담당하게 하면서(제5조), 북남경제협력계획안의 작성, 북남경제협력의 승인, 남측 당사자의 출입보장, 원산지증명서의 발급 등 임무를 부여하고(제6조, 제10조), 남측 당사자와 해당 수송수단의 검사·검역, 체류·거주, 노력채용,

반출입승인, 감독통제 등에 대한 권한을 부여하고 있다(제14~18조, 제25조 등).

북남경제협력법은 이와 같이 남북한 사이의 경제협력에 관한 일반적인 사항을 규율하는 법률이다. 북남경제협력법은 남한의 남북교류협력에 관한 법률에 대응하는 것으로서 이 법률과 마찬가지로 개성공단을 제1차적이고 직접적인 적용대상으로 규정하고 있는 것이 아니다. 그러나 개성공단사업은 북남경제협력법이 규정하는 북남경제협력의 범위에 포함되므로 북남경제협력법도 개성공단에 관한 남북합의서나 법률에 의해 예외를 인정하지 않는 이상 개성공단에도 적용된다고 하겠다. 다만, 북남경제협력법이 개성공단에 적용되는 구체적인 내용과 범위는 개성공업지구법과 관계에 따라 확정될 것이다.

2. 개성공업지구지원법의 주요 내용

가. 규범적 의미

개성공업지구지원법은 북한지역인 개성공업지구에서 남한주민을 그 적용 대상으로 하며, 북한법률인 개성공업지구법의 실효적 적용을 전제로 하고 있어서 다른 통일법제와는 다른 특수한 성격을 가진다. 따라서 개성공업지구지원법이 효율적이고 실효성 있게 적용하도록 하는 것은 남북교류협력은 물론 남북통일의 과정에서 남북한 법률통합에 있어서도 중요한 사례가 될 수 있을 것이다. 이 법률이 실효적으로 적용될 수 있도록 하는 것은 행정작용뿐만 아니라 입법과 사법의 영역을 포괄하는 광범위한 작업이다. 즉, 이 법률을 집행하는 과정에서는 적절한 행정작용이 수반되어야 하고,

이 법률을 구체적으로 시행하기 위한 행정입법도 마련되어야 한다. 또한, 이 법률을 적용하는 과정에서 발생하는 법적 분쟁을 합리적으로 해결하는 사법제도도 완비되어야 할 것이다.

개성공업지구지원법은 남한의 법률 가운데 개성공단에 관해 직접적으로 규정하고 있는 유일한 법률이다. 개성공단에 적용되는 법률체계는 앞에서 검토한 바와 같이 남북합의서, 남한의 법률, 그리고 북한의 법률이 중층적으로 적용된다. 개성공단에 적용되는 법률체계는 서로 모순되고 충돌할 가능성이 있으므로 개성공업지구지원법을 실효적으로 적용하기 위해서는 이들 법률을 체계정합적으로 조정할 필요가 있다. 개성공업지구지원법과 개성공단에 적용되는 남북한의 법령과의 관계를 이론적으로 규명하는 것은 개성공업지구지원법을 실효적으로 적용하기 위한 선결과제이다. 이와 같이 개성공단의 법률체계를 정합적으로 조정하는 것은 개성공단에 적용되는 법률을 명확하게 하는 것일 뿐만 아니라 개성공단에 대한 입법적 공백상태를 예방하는 것이기도 하다. 개성공업지구지원법을 제정할 당시부터 일부 조항에 관하여 그 필요성과 체계정합성에 대해 논란이 있었는데, 이러한 부분은 향후 남북관계의 발전에 따라서 보완되어야 할 과제라고 하겠다.

남한의 헌법은 제3조에서 "대한민국의 영토는 한반도와 그 부속도서로 한다"고 규정하여 남한법률의 관할권이 북한지역에도 미친다는 것을 헌법상 원칙으로 선언하고 있다. 하지만 헌법 제4조의 평화통일조항을 비롯하여 대부분의 법률은 규범적으로나 현실적으로나 한반도의 분단상황을 인정하고 있다. 이는 남한법률은 남한지역에만 그 집행적 관할권을 행사할 수 있고, 북한지역에서는 현실적으로 그 집행적 관할권을 행사할 수 없다는 것을 의미한다.

그러나 개성공업지구지원법은 남한법률임에도 북한지역인 개성공업지구에 적용하는 것을 직접적으로 규정하고 있다. 또한, 북한법률에 의하여 설립된 개성공업지구 관리기관에 대하여 국가의 행정권한을 위임하고, 자금·인력의 지원 등을 통하여 부분적 또는 간접적으로 북한주민에 대하여도 적용하는 것을 내용으로 규정하고 있다.

개성공업지구지원법의 체계적 지위를 규명하는 것은 남한법률이 북한지역과 북한주민에 적용하는 것이 허용되는지 여부에 대한 헌법이론적인 쟁점사항을 내포하고 있다. 이것은 개성공업지구지원법의 합법성과 정당성의 이론적 근거를 규명하고, 이 법률을 적용하는 구체적인 범위와 한계를 명확히 하는 것이다. 이러한 작업을 통하여 남북한의 법률충돌과 모순을 해결하고, 개성공업지구지원법을 북한에 대하여 실효성 있게 적용할 수 있는 규범적 기준을 제시할 수 있을 것이다. 개성공업지구지원법이 법률로 제정된 이상 법규범적인 문제는 해결되었다고 할 수도 있다. 하지만 형식적 합법성이 실질적 정당성을 보장하는 것이 아닐 뿐 아니라, 이 법률 자체도 향후 남북한의 법현실에 맞도록 개정될 것을 예정하고 있다. 또한, 이 법률을 구체화하는 행정입법을 마련함에 있어서도 그와 같은 법규범적 기준에 따라야 하므로 헌법이론적 근거를 명확히 하는 것은 여전히 중요한 의미를 가진다고 하겠다.

나. 개성공단 지원을 위한 제도적 장치

개성공업지구지원법은 북한지역인 개성공업지구에 대한 지원을 목적으로 하고 있는데, 그 적용 대상과 범위에 있어서 특수성을 가진다. 즉, 장소적으로는 남북한이 합의하여 개발되고 조성된 개성공업지구를 대상으로 하며, 인적으로는 북한의 법률인 개성공업지구법에 따라서 설립된 법인인 개성공업지구 관리기관과 함께 남한주민을 그 대상으로 한다. 이때 남한주민에는 개성공업지구 개발업자, 현지기업, 투자기업과 개성공업지구에 출입 또는 체류하는 개인인 남한주민을 포함한다. 이들 남한주민은 남한법률인 남북교류협력에 관한 법률에 따른 협력사업의 승인이나 신고 등을 받도록 규정하고 있어(제2조), 이들에 대해서는 남한법률과 함께 북한법률인 개성공업지구법이 적용된다. 다만, 개성공업지구에 대한 지원, 왕래와 교역에 관하여는 다른 법률에 우선하여 개성공업지구지원법을 적용하도록 규정하고 있다(제5조).

원래 발의된 이 법률안은 제22조에서 개성공업지구와 관련된 사법상 법률관계에 대하여 국제사법을 준용하도록 규정하는 한편, 남북한 법률적용의 기본원칙에 대하여 규정하고 있었다. 그러나 이 내용은 국회심의 과정에서 현재의 남북관계에서 현실적으로 적용될 가능성이 적다는 이유로 삭제되었다. 법률이라는 것이 현실을 적절히 반영하는 기능도 있지만, 다른 한편으로는 법현실을 바람직한 방향으로 이끌어가는 기능이 있다는 점을 고려할 때 이 내용이 삭제된 것은 남북관계의 발전에 있어서 아쉬운 부분이라고 하겠다.

정부는 이 법률에 따라 개성공업지구를 국제적인 공업지구로 육성하고 발전시키기 위한 시책을 수립하고, 이에 필요한 지원 방안을 강구해야 하며, 환경친화적인 공업지구로 조성될 수 있도록 해야 한다. 특히, 정부는 남북경제교류협력을 민족내부거래의 원칙과 관행에 따라 정착·발전시키도록 하고, 이를 국제사회로부터 인정받기 위하여 노력해야 한다(제3조). 통일부장관은 개성공업지구를 개발하기 위하여 관계 중앙행정기관의 장, 지방자치단체의 장 및 관계 기관·단체의 장에게 필요한 지원을 요청할 수 있도록 하였다(제3조 제5항).

개성공업지구지원법은 개성공업지구의 관리와 운영을 위하여 다음과 같이 특별한 조직과 기구에 대한 제도적 장치를 마련하고 있다.

첫째, 개성공업지구의 전반적인 관리업무를 담당하는 관리기관의 법적 지위를 분명히 하였다. 개성공업지구 관리기관은 비록 관리위원회 위원장을 비롯하여 대부분 남한주민으로 구성되어 있지만 그 자체는 북한법률인 개성공업지구법에 의하여 설립되었다. 이 법률은 이와 같은 개성공업지구 관리기관에 대해 그 필요한 범위 내에서 법인으로서의 능력을 인정하고, 정부로 하여금 관리기관에 자금, 인력, 물품 등의 지원을 할 수 있는 법적 근거를 마련하고, 남한에 관리기관의 사무소를 둘 수 있도록 하였다(제18조).

둘째, 개성공업지구의 개발 및 운영을 지원하기 위하여 개성공업지구 지원재단을 설립하도록 하였다. 지원재단은 법인으로 하고, 개성공업지구의 개발과 현지기업에 대한 각종 지원 대책을 수립하고 시행하도록 하였다. 또한, 지원재단의 재원으로 정부의 출연금 또는 보조금, 차입금, 수익사업의 이익금 이외에 국유재산을 무상으로 양여하거나 대부할 수 있도록 하였다(제19조). 특히, 지원재단은 북한의 개성공업지구법에 의하여 설립되어 북한기관이라고 할 수 있는 개성공업지구 관리기관에 대한 지원뿐만 아니라 그 운영에 대한 지원과 감독을 할 수 있도록 규정한 것이 특징이다.

셋째, 정부 차원에서 개성공업지구의 개발과 관리 및 운영을 위하여 특별기구를 설치하고 공무원을 북한에 파견할 수 있도록 하였다. 즉, 개성공업지구의 개발 및 개성공업지구 현지기업의 안정적인 사업을 지원하기 위하여 통일부에 담당기구를 설치하고(제18조의2), 정부는 공무원 또는 공무원 아닌 자를 일정 기간 북한에 파견하여 개성공업지구 관리기관 등에 근무하게 할 수 있도록 하고 그 필요한 비용을 지원할 수 있는 법적 근거를 마련하였다(제20조).

다. 구체적 지원사항

개성공업지구지원법은 개성공단을 활성화하고 남한주민으로서 개성공단에 진출한 현지기업과 투자기업을 위하여 다음과 같이 지원하고 있다.

첫째, 개성공단에서 현지기업과 투자기업을 위한 지원이다. 개성공업지구지원법은 개성공업지구의 개발과 운영을 위하여 정부 차원에서 필요한 각종 행정적 또는 재정적 지원을 가능하도록 법적 근거를 마련하였다. 이는 개성공업지구의 개발을 위한 지원과 개성공업지구의 현지기업 또는 투자기업에 대한 지원으로 구분할 수 있다. 먼저, 이 법률은 정부로 하여금 개성공업지구의 개발과 운영을 위하여 자금지원을 포함하여 도로, 용수, 철도, 통신, 전기 등 기반시설을 지원하는 근거를 마련하고, 개성공업지구를 국가산업단지로 간주하여 비용부담, 시설지원 및 자금지원을 할 수 있도록 하였다(제6조). 개성공업지구 현지기업을 지원하기 위하여 정부는 중소기업 구조고도화자금을 사용할 수 있으며, 산업안전 및 산업재해예방, 환경보전, 에너지이용 합리화를 위한 지원 등을 할 수 있도록 하고, 남북협력기금을 지원 또는 융자할 수 있도록 하였다(제7조 내지 제11조). 이외에도 다른 법률이 정하고 있는 인력·기술개발, 교육훈련, 경영혁신 및 안정, 수출촉진 등을 위한 기업지원제도를 개성공업지구에 적용할 수 있도록 하였다(제12조).

2010년에는 남북한의 정치적 상황에 따라 개성공단사업이 중단되는 경우를 대비하여 이 법률을 보완하였다. 남북한 당국의 조치에 의하여 개성공단에 대한 통행이 상당기간 동안 차단되거나 개성공단 사업이 상당기간 동안 중단되는 경우가 발생할 경우를 대비하여 개성공업지구의 투자기업을 보호하기 위한 제도를 신설하였다. 즉, 이와 같은 사유가 발생한 경우에는 정부는 투자기업의 경영정상화를 지원하기 위하여 남북협력기금이나 중소기업창업 및 진흥기금을 사용할 수 있도록 하고, 생산시설을 국내로 이전하려는 경우에는 우선적으로 지원할 수 있도록 하였다(제12조의2 내지 제12조의4). 또한, 2013년에는 개성공업지구 투자기업의 보호를 강화하여 위와 같이 지원 등 필요한 조치를 하는 경우 개성공업지구 투자기업의 의견을 들어야 하고, 그 의견이 타당하다고 인정하는 때에는 이를 반영하여야 하며(제12조의5), 이를 위하여 실태조사를 실시하여 그 결과를 지체 없이 국회에 보고하도록 하는 내용을 신설하였다(제12조의6).

둘째, 남한주민의 출입과 체류를 특별히 보장하고 있다. 개성공업지구지원법은 개성공업지구의 현지기업과 이에 고용된 남한 근로자에 대해서도 다양한 형태의 사회보장을 위한 법률을 적용하도록 하여 안정적인 출입과 근로여건을 보장하고 있다. 이 법률은 개성공업지구 현지기업과 남한 근로자에 대하여는 근로보호에 관한 기본법인 근로기준법, 최저임금법, 근로자퇴직급여 보장법, 임금채권보장법, 노동조합 및 노동관계조정법을 적용하도록 하였다(제15조). 개성공업지구 현지기업과 남한 근로자에 대해서는 남한의 사용자(사업주)와 근로자로 간주하여 근로자의 보호를 위한 기본법인 국민연금법, 국민건강보험법, 고용보험법, 산업재해보상보험법, 고용보험 및 산업재해보상보험의 보험료징수 등에 관한 법률을 적용한다. 이때 남한의 근로자가 개성공업지구에서 근로하거나 체류하는 것을 남한에서 근로하거나 체류하는 것으로 간주하고 있다 (제13조).

또한, 남한주민을 주된 대상으로 운영하기 위해 남북교류협력에 관한 법률에 따라 협력사업의 승인을 받아 개성공업지구에 설립한 의료시설을 남한의 의료법에 따른 의료기관 및 국민건강보험법에 따른 요양기관으로 간주하여 요양급여 및 의료급여가 가능하도록 규정하였다(제14조). 이 법률은 개성공업지구에 출입하는 남한 근로자의 신변안전을 위해서 통일부장관으로 하여금 개성공업지구 현지기업과 이에 고용된 남한주민이 개성공업지구에 안전하게 출입·체류할 수 있도록 하기 위하여 필요한 교육을 실시하도록 하고 있다(제15조의2 신설). 또한, 이들의 안전을 보장할 수 있도록 하기 위하여 개성공업지구 내 남한주민의 안전에 직접적이고 심대한 영향을 미칠 수 있는 정보를 확인한 때에는 개성공업지구 현지기업과 남한 근로자에게 이를 신속하게 통지하도록 하고 있다(제15조의3).

셋째, 개성공단에서의 조세, 왕래, 교역에 대한 특례를 인정하고 있다. 개성공업지구지원법은 개성공업지구에 투자를 장려하기 위하여 개성공업지구에 투자한 남한주민에게 조세특례제한법에 따라 조세를 감면할 수 있도록 하였다(제16조). 개성공업지구의 왕래하는 남한주민의 편의를 위하여 방문승인절차의 면제에 관한 특례를 인정하고, 출입심사를 간소화할 수 있도록 남북교류협력에 관한 법률의 해당 규정에 대한 특례를 인정하였다(제17조 제2항, 제3항). 또한, 개성공업지구의 교역물품 및 통행차량에 대해서도 원칙적으로 관세법의 관련 규정을 준용하되, 민족내부거래의 원칙을 반영하여 그 절차를 간소화하기 위한 특례도 인정하였다(제17조 제1항).

3. 남한의 법률과의 관계

개성공단과 관련된 남한법률로는 남북교류협력에 관한 법률, 남북관계발전에 관한 법률, 남북협력기금법 등을 들 수 있다. 이들 법률은 남북관계와 교류협력 일반에 관한 것으로 개성공업지구를 제1차적이고 직접적인 적용대상으로 규정하는 것은 아니다. 이에 반하여, 개성공업지구지원법은 그 입법목적, 지역적·인적 적용대상을 개성공업지구 및 그와 직접 관련된 범위로 제한하고 있는 것이 특징이다. 개성공업지구지원법이 실효성 있게 적용되기 위해서는 남북관계와 교류협력에 관한 기본적 법률인 남북교류협력에 관한 법률 및 남북관계발전에 관한 법률과 모순되지 않도록 개성공업지구지원법을 해석하고 적용해야 한다. 이와 같이 관련 법령들을 조화롭고 체계정합적으로 해석하기 위해서는 이들 법률과의 관계를 명확히 해야 하고, 이를 바탕으로 하위법령을 제정하여야 한다.

남북교류협력에 관한 법률은 "남북한 상호 교류협력을 촉진하기 위하여"(제1조) 남북한 주민의 상호 왕래와 접촉, 교역과 물품의 반출·반입, 협력사업 및 협력사업자 승인, 남북교류협력에 대한 보조금 지급 등 지원활동에 대하여 규정하고 있다. 특히, 제3조(다른 법률과의 관계)에서 "남한과 북한의 왕래·접촉·교역·협력사업 및 통신역무의 제공 등 남한과 북한 간의 상호 교류와 협력을 목적으로 하는 행위에 관하여는 이 법률의 목적 범위에서 다른 법률에 우선하여 이 법을 적용한다"고 규정하고 있다. 이 법률은 2005년 5월 제정될 당시에는 "남북교류와 협력을 목적으로 하는 행위에 관하여는 정당하다고 인정되는 범위 안에서 다른 법률에 우선하여 이 법을 적용한다"고 규정하고 있었으나, 2009년 1월 위와 같은 내용으로 개정되었다.

남북관계발전에 관한 법률은 "대한민국헌법이 정한 평화적 통일을 구현하기 위하여"(제1조) 남북과 북한의 기본적인 관계와 남북관계의 발전에 관한 기본원칙을 선언하고, 이를 실현하기 위하여 북한에 대한 지원 등 정부의 책무, 남북회담대표의 임명, 공무원의 파견, 남북합의서의 체결 등에 대하여 규정하고 있다. 특히, 제5조(다른 법률과의 관계)에서 "이 법 중 남북회담대표, 대북특별사절 및 파견공무원에 관한 규정은 다른 법률에 우선하여 적용한다"고 규정하고 있다. 한편, 개성공업지구지원법은 제5조(다른 법률과의 관계)에서 "개성공업지구에 대한 지원, 왕래와 교역에 관하여는 다른 법률에 우선하여 이 법을 적용한다"고 규정하고 있다.

정부가 개성공단사업을 활성화하기 위하여 각종 행정적·재정적 지원을 추진하고, 남한주민이 개성공단에 투자하기 위해 개성공단을 출입·체류하는 과정에서는 다양한 법적 쟁점이 발생할 수 있다. 개성공단사업은 남북관계의 발전과 남북교류협력을 지향하고 있으므로 개성공업지구지원법뿐만 아니라 남북교류협력에 관한 법률과 남북관계발전에 관한 법률의 적용대상이 된다. 법령과 법령 상호 간에 발생하는 법률해석과 적용에 있어서 발생하는 충돌과 모순을 해결하는 일반적인 법원리로는 상위법우선의 원칙, 특별법우선의 원칙, 신법우선의 원칙을 들 수 있다. 이들 원칙들은 법논리적 순서에 따라서 단계적으로 적용된다고 하겠다.

첫째, 남북교류협력에 관한 법률과 남북관계발전에 관한 법률이 개성공업지구지원법의 상위법인지 여부이다. 개성공업지구지원법은 남북교류협력에 관한 법률과 남북관계발전에 관한 법률의 규정을 전제로 하고 있거나(제2조 제2호·제4호, 제14조, 제17조 제2항·제3항), 보충적으로 적용하고 있다(제2조 제6호, 제20조 제3항). 그러나 이들 법률로부터 개성공업지구지원법이 파생되어 창설되는 근거가 되는 것은 아니므로 이들 법률이 개성공업지구지원법의 상위법이라고 할 수는 없다고 하겠다. 만약 이들 법률을 개성공업지구지원법의 상위법으로 해석할 경우에는 하위법인 개성공업지구지원법 제4장(조세·왕래 및 교역 등에 관한 특례) 등에서 규정하는 특별한 지원과 보호에 관한 내용은 상위법인 남북교류협력에 관한 법률과 남북관계발전에 관한 법률의 규정과 충돌·모순되어 그 효력을 상실하게 되는 결과를 초래하게 된다.

둘째, 남북교류협력에 관한 법률 및 남북관계발전에 관한 법률과 개성공업지구지원법이 일반법과 특별법의 관계에 있는지 여부이다. 법령과 법령 상호 간에 발생하는 일반법과 특별법은 다음 두 가지 경우로 구분할 수 있다. 첫째는 법령의 입법취지와 체계 및 그 규율대상이 서로 유사하여 법령 전체가 서로 일반규범과 특별규범 간의 관계에 있는 경우이다. 둘째는 그 법령의 입법취지와 법체계는 서로 상이하지만 일정한 규율대상에 대하여 서로 일반규범과 특별규범의 관계에 있는 경우이다. 남북교류협력에 관한 법률 및 남북관계발전에 관한 법률과 개성공업지구지원법은 법령 전체로 볼 때 그 입법취지와 체계 및 그 규율대상이 서로 유사하다고 할 것이어서 일반법과 특별법의 관계에 있다고 하겠다.

이와 같이 이들 법률들의 관계를 일반법과 특별법으로 파악하는 경우에는 특별법우선의 원칙에 따라서 그 적용문제를 해결할 수 있으므로 신법우선의 원칙은 검토할 필요가 없다. 이들 법률들에서 규정하는 "다른 법률과의 관계"에 관한 규정들도 일반법과 특별법의 관계로 해석하여 개성공업지구지원법의 규정을 우선적으로 적용해야 한다. 따라서 개성공업지구지원법을 시행하기 위한 행정입법을 마련함에 있어서도 위와 같은 기준이 적용되어야 할 것이다. 다만, 북한지역에 공무원을 파견하는 것에 대하여는 남북관계발전에 관한 법률 제5조가 다른 법률에 우선하여 적용한다고 규정하고 있어, 이 조항을 개성공업지구지원법에 우선하여 적용해야 한다고 해석할 수도 있다. 그러나 개성공업지구지원법 제20조 제3항은 "제1항의 공무원의 파견은 남북관계발전에 관한 법률에서 정한 바에 따르고"라고 규정하여 입법적으로 해결하였다.

요컨대, 개성공업지구지원법은 남한의 남북교류협력에 관한 법률 및 남북관계발전에 관한 법률에 대하여 특별법으로서의 지위를 가지므로 개성공업지구지원법이 적용되는 범위에서는 다른 법률에 우선하여 개성공업지구지원법이 적용된다. 다만, 남북교류협력에 관한 법률이나 남북관계발전에 관한 법률은 남북교류협력과 남북한 관계의 발전에 관한 기본법이므로 그 입법취지를 존중하고, 그 규정되는 내용이 서로 조화할 수 있도록 하위법령이 마련되어야 할 것이다.

4. 북한의 법률과의 관계

가. 개성공업지구지원법의 적용 가능성

북한법률인 개성공업지구법이 국내 입법체계상 어떠한 효력을 가질 것인지에 관한 문제와 별개로 남한법률인 개성공업지구지원법이 북한에 있어서 어떠한 법적 성격과 효력을 갖는 것인지에 대한 검토가 필요할 것이다. 현재 개성공단사업은 기본적으로 북한의 개성공업지구법과 그 하위규정에 대하여 이를 구속력 있는 법규범으로 인정하면서 추진되고 있다. 그러나 개성공단에는 원칙적으로 북한법률이 적용되고 개성공업지구에서의 경제활동에 한하여 북한법률이 적용되지 않고 개성공업지구법령이 적용된다. 그런데 개성공업지구지원법은 북한법률이 아니라 남한법률이다. 따라서 북한지역인 개성공단에 남한법률인 개성공업지구지원법을 적용하는 것이 가능한지 여부를 검토하는 것이 필요하다.

일반적으로 남한법률이 북한 지역에 적용되지 않는 것은 국가관할권에 관한 국제법원칙에 따라 입법관할권(Power to prescribe rules)과 집행관할권(Power to enforce rules)의 차이로 설명할 수 있다. 즉, 남한의 헌법과 통치권력은 규범적으로 북한지역과 북한주민에게도 적용되지만, 현실적으로는 남한지역과 남한주민에게만 적용된다. 이러한 현상은 국가의 법규범을 선언하는 입법관할권은 그대로 북한 지역에 미치나, 현실적인 집행관할권이 제한된다는 것이다. 개성공업지구지원법은 북한지역인 개성공단에 적용되는 것을 전제로 제정된 것이다. 따라서 남한이 개성공업지구지원법에 대하여 입법관할권과 집행관할권을 모두 가지는 경우에만 이 법을 개성공단에 실효적으로 적용할 수 있다. 즉, 북한이 개성공업지구지원법과 모순되거나 충돌되는 북한법률을 적용하지 않아야 한다는 것이다.

개성공업지구지원법이 개성공단에 적용될 수 있는 경우에 그 구체적인 범위를 결정하기 위해서는 개성공단에 적용되는 북한법률의 범위를 확정하는 것이 필요하다. 앞에서 검토한 바와 같이 개성공업지구에서의 경제활동에 대하여는 원칙적으로 북한법률의 적용을 배제하고 있다. 따라서 개성공업지구지원법은 경제활동에 대한 범위에서는 개성공업지구법과 모순되거나 충돌되지 않는 경우에는 그대로 적용될 수 있다고 해석된다. 개성공업지구지원법은 개성공업지구법의 규범력을 인정하고 이를 전제로 제정된 것이므로 결국 개성공업지구에서의 경제활동의 범위에서는 개성공업지구지원법이 직접적으로 적용된다고 할 것이다. 그러나 개성공업지구지원법은 개성공업지구에서의 경제활동과 직접적으로 관련되지 않는 사항에 대해서도 규정하고 있다. 즉, 개성공업지구 자체를 육성·발전시키기 위한 정부의 시책(제3조), 개성공업지구 개발에 대한 다양하고 광범위한 지원제도(제2장 제6~12조), 개성공업지구 현지기업과 남한주민과의 근로에 대한 남한법률의 적용(제13조, 제15조), 개성공업지구 의료기관에 대한 남한법률의 적용(제14조), 개성공업지구 관리기관에 대한 지원(제18조)과 개성공업지구 지원재단의 설립·운영(제19조), 공무원 등의 파견(제20조) 등은 엄격한 의미에서 개성공업지구에서의 경제활동이라고 하기 어렵다.

개성공업지구지원법이 규정하는 위와 같은 내용들을 개성공업지구의 경제활동에 포함되지 않는 것으로 인정할 경우에는 이 범위에서는 북한법률이 원칙적으로 적용되므로 개성공업지구지원법과 모순 또는 충돌하게 된다. 따라서 개성공업지구법 하위규정에서 검토한 바와 같이 경제활동의 범위를 보다 넓게 해석하여 직접적인 경제활동뿐만 아니라 간접적으로 경제활동과 관련된 경우에도 북한법률의 적용을 배제하는 것으로 해석할 필요가 있다. 이는 법해석의 문제만이 아니라 개성공업지구지원법을 북한지역과 북한주민에 대하여 실효적으로 적용하기 위해서도 중요한 의미가 있다. 남북한 법률의 충돌과 모순은 남북한이 분단되어 각각 법규범과 법현실이 모순되는 상황에서 상이한 법이념과 법체계를 가지고 있어 일반적인 국제법원칙이나 일방의 법이론에 따라 해결할 수가 없다. 남북관계에 있어서 교류협력의 범위에서는 남북한특수관계론에 따라 원칙적으로 국제법원칙이 적용되어야 한다. 다만, 개성공단과 같이 예외적이고 특별한 경우에는 우리 헌법이 지향하는 자유민주적 기본질서와 법치주의에 어긋나지 않는 범위에서 그 특수성을 반영하여 일반적인 법원리를 변용하여 적용할 수 있을 것이다.

나. 개성공업지구법과의 관계

개성공업지구지원법은 북한지역인 개성공단에 적용되지만, 그 인적 적용대상은 원칙적으로 개성공단과 직접적으로 관련된 남한주민에 제한된다. 즉, 그 적용대상은 대부분 남한정부, 남한주민인 개성공업지구 현지기업, 남한 근로자, 남한주민을 대상으로 하는 의료기관, 남한 공무원 등이다. 따라서 개성공업지구지원법의 적용은 기본적으로 남한법률의 효력 및 적용범위의 문제라고 할 수 있다. 또한, 개성공업지구지원법은 북한법률인 개성공업지구법의 규범력을 인정하고, 이를 전제로 제정된 것이어서 개성공업지구법과 모순되거나 충돌하는 경우가 발생할 가능성은 크지 않을 것으로 판단된다. 그러나 개성공업지구지원법의 인적 또는 장소적 적용범위에 있어서 동일한 사항에 대해 개성공업지구법과 다른 내용을 규정하고 있어 서로 모순되거나 충돌하는 경우가 발생할 수도 있다.

개성공업지구지원법은 제2조 제2호, 제3호 등에서 개성공업지구법이 규정하는 개성공업지구 관리기관, 개발업자를 인정하고 있으며, 제5장 제18조에서 북한법률에 의하여 창설된 개성공업지구 관리기관에 대해 남한법률상 법인으로서의 능력을 인정하여 국가예산으로 지원할 수 있도록 하고, 남한에 사무소를 둘 수 있도록 규정하고 있다. 특히, 제13조 제3항에서는 남한 근로자에 대한 4대 보험 적용과 관련하여 "제1항 각 호의 법률을 적용함에 있어서 남한 근로자가 개성공업지구에서 근로하거나 체류하는 것은 국내에서 근로하거나 체류하는 것으로 본다"고 규정하여 장소적 효력범위를 확대하고 있다. 개성공업지구지원법을 북한기관 또는 북한주민에 대하여 적용하는 경우에는 개성공업지구법과 직접적으로 모순되거나 충돌하는 경우가 발생할 수도 있다. 현재 개성공업지구지원법이 개성공업지구법과 동일하거나 유사한 사항에 대해 서로 다른 내용으로 규정하고 있는 것으로는 다음 두 가지를 들 수 있다.

첫째, 개성공업지구 관리기관에 대한 지원과 관리·감독체계가 서로 충돌할 수 있다. 개성공업지구지원법은 현지기업에 대한 지원 등과 관련하여 한국산업안전공단의 권한과 임무(제8조 제2항), 노동부장관·국민연금관리공단·국민건강보험공단·근로복지공단 등의 권한 또는 업무(제13조 제4항), 노동부장관·근로감독관 등의 권한과 업무(제15조 제2항) 일부를 개성공업지구 관리기관에 위탁할 수 있도록 규정하고 있다. 또한, 공무원을 파견하여 관리기관에 근무하게 할 수 있으며(제20조), 정부가 국가예산으로 관리기관에 자금, 인력, 물품 등의 지원을 할 수 있도록 하고 있다(제18조). 이와 같이 개성공업지구지원법은 공업지구 관리기관에 대하여 광범위한 행정적 권한을 부여하면서도 개성공업지구 지원재단을 설립하여 관리기관에 대하여 지원을 함과 동시에 그 운영에 대하여 지도·감독할 수 있도록 규정하고 있다(제19조 제3항).

한편, 개성공업지구법은 관리기관으로 하여금 "중앙공업지구 지도기관의 지도 밑에" 개성공업지구를 관리하고 분기별로 중앙공업지구 지도기관에 보고하도록 하고(제21조), 그 임무에 중앙공업지구 지도기관이 위임하는 사업을 포함시키고 있다(제25조 제10호). 개성공업지구 관리기관 설립·운영규정은 이사장이 관리기관의 사업 전반을 관할하고(제4조), 그 임명 또는 해임은 사업준칙에 따르도록 하고 있다(제5조). 특히, 중요문제에 대하여는 중앙공업지구 지도기관과 협의하여야 하고, 사업총회자료를 분기별로 보고하도록 규정하고 있다(제18조). 북한은 2003년 4월 개성공업지구법을 일부 개정하여 중앙공업지구 지도기관의 임무에서 "관리기관의 사업에 대한 지도"를 삭제하는 등 개성공업지구 관리기관의 기능을 보다 강화하고 있다. 그러나 개성공업지구 관리기관에 북한주민이 부분적으로 참여하고 있고, 제도적으로 중앙공업지구 지도기관과도 밀접하게 관련되어 있다. 따라서 공업지구 관리기관에게 광범위한 행정권한을 부여하고, 재정적으로 지원함으로써 자율성을 보장함과 동시에 그 업무내용과 재정에 대하여 투명하고 책임있는 관리·감독이 이루어질 수 있도록 제도적 장치를 마련할 것이 요구된다. 이를 통해 개성공업지구지원법과 개성공업지구법이 서로 규범조화적으로 적용될 수 있도록 해야 할 것이다.

둘째, 개성공업지구 개발업자의 지정에 관한 문제이다. 개성공업지구지원법은 제2조 제2호에서 개발업자의 정의를 "남북교류협력에 관한 법률에 따른 협력사업의 승인을 받아 북한의 개성공업지구법에 따라 개발업자로 지정된 남한주민"이라고 규정하고 있다. 개성공업지구법은 제10조에서 "개발업자를 정하는 사업은 중

앙공업지구 지도기관이 한다"고 규정하고, 개성공업지구 개발규정
은 제2조에서 "중앙공업지구 지도기관은 북남사이에 맺은 합의서
에 따라 개발업자를 선정하여야 한다"고 규정하고 있다. 한편,
2002년 12월 남한의 현대아산주식회사 및 한국토지공사는 북한의
조선아시아태평양평화위원회 및 민족경제협력위원회와 합의서를
체결하여 현대와 한국토지공사를 개성공업지구 공장구역의 개발
업자로 지정하기로 하였다. 개성공업지구지원법은 개성공업지구법
이 규정하는 개발업자 지정 이외에 남북교류협력에 관한 법률에
따른 협력사업의 승인을 추가로 요구하고 있다. 또한, 개성공업지
구 개발규정에서 규정하는 "북남사이에 맺은 합의서"가 당국간 합
의를 의미하는 것인지 여부도 불명확하다. 따라서 개성공업지구
개발업자의 지정에 있어서 개성공업지구지원법과 개성공업지구법
이 충돌하지 않도록 제도적 장치를 마련할 필요가 있다.

요컨대, 개성공업지구지원법은 북한의 개성공업지구법과는 기본
적으로 입법목적과 규율대상을 달리하고 있으므로 국내법률로서
그대로 적용할 수 있다. 그러나 개성공업지구법과 장소적·인적 영
역에서 중복하여 적용되는 범위에서는 관련 법률체계를 규범조화
적으로 정비하여 법률의 모순과 충돌을 해결해야 할 것이다. 즉,
이러한 경우에는 일방의 법률적용을 배제하고 다른 일방의 법률을
적용할 것이 아니라 개성공업지구법과 그 하위규정, 시행세칙, 사
업준칙의 규범적 효력을 최대한 인정하면서 관련 법률이 실효적으
로 적용될 수 있도록 정비해야 할 것이다.

다. 북남경제협력법과의 관계

북한은 2005년 7월 북남경제협력법을 제정하였는데, 제1조에서

"남측과의 경제협력에서 제도와 질서를 엄격히 세워 민족경제를 발전시키는데 이바지한다"고 규정하고, 제2조에서 "북남경제협력에는 북과 남 사이에 진행되는 건설, 관광, 기업경영, 임가공, 기술교류와 은행, 보험, 통신, 수송, 봉사업무, 물자교류 같은 것이 속한다"고 규정하고 있다. 제4조에서는 "북남경제협력은 전민족의 이익을 앞세우고, 민족경제의 균형적 발전을 보장하며, 호상존중과 신뢰, 유무상통의 원칙에서 진행된다"고 규정하여 북남경제협력의 기본원칙을 선언하고 있다.

이 법률은 그 효력과 적용범위에 대하여 제3조에서 "이 법은 남측과 경제협력을 하는 기관, 기업소, 단체에 적용한다. 북측과 경제협력을 하는 남측의 법인, 개인에게도 이 법을 적용한다", 제9조에서 "북남경제협력은 북측 또는 남측지역에서 한다. 합의에 따라 제3국에서도 북남경제협력을 할 수 있다"고 각각 규정하여 그 인적·장소적 범위를 밝히고 있다. 특히, 제26조에서는 "이 법을 어겼을 경우에는 정상에 따라 사업중지, 벌금부과 같은 행정적 책임을 지운다. 정상이 엄중할 경우에는 형사책임을 지울 수도 있다", 제27조에서 "북남경제협력사업과 관련한 의견 상이는 협의의 방법으로 해결한다. 협의의 방법으로 해결할 수 없을 경우에는 북남 사이에 합의한 상사분쟁해결절차로 해결할 수도 있다"고 각각 규정하고 있다. 또한, 북남경제협력에 대한 통일적인 지도를 중앙민족경제협력 지도기관으로 하여금 담당하게 하면서(제5조), 북남경제협력계획안의 작성, 북남경제협력의 승인, 남측 당사자의 출입보장, 원산지증명서의 발급 등 임무를 부여하고(제6조, 제10조), 남측 당사자와 해당 수송수단의 검사·검역, 체류·거주, 노력 채용, 반출입 승인, 감독·통제 등의 권한을 부여하고 있다(제14조, 제15조, 제

17조, 제18조, 제25조 등).

북남경제협력법은 제2조에서 규정하는 북남경제협력에 해당하는 이상 장소적 효력범위에 대하여는 북한지역에서뿐만 아니라 남측지역과 제3국에서도 그 효력이 미치는 것으로 규정하고 있다. 인적 효력범위에 대해서도 북한의 기관 등은 물론 남한의 법인과 개인에게도 적용된다는 것을 명시적으로 규정하고 있다. 또한, 북남경제협력에 관한 분쟁해결수단으로 협의의 방법을 원칙으로 하되, 협의의 방법으로 해결할 수 없을 경우에는 남북상사분쟁해결을 위하여 설치되는 남북상사중재위원회를 이용할 수 있는 근거를 마련하고 있다.

북남경제협력법이 개성공업지구에 적용될 것인지 여부를 검토하기 위해서는 먼저 북남경제협력법과 개성공업지구법과의 관계가 확정되어야 한다. 북남경제협력법이 개성공업지구에 적용된다면, 개성공업지구지원법과 모순되거나 충돌하는 경우가 발생할 수 있어 이에 대한 조정이 필요하기 때문이다. 북남경제협력법은 경제활동을 포함한 다양한 분야에서의 남북교류협력을 규율하는 일반법으로서 남북교류협력에 있어서 특별한 지역과 대상을 제한하지 않고 있다. 한편, 개성공업지구법은 개성공업지구에서의 경제활동에 대해 적용되는 특별법으로서 남북교류협력 가운데 개성공업지구라는 지역과 경제활동이라는 대상으로 제한하여 적용하고 있다. 따라서 특별법인 개성공업지구법이 적용되는 범위에서는 일반법인 북남경제협력법은 그 적용이 배제된다고 하겠다.

북남경제협력법이 개성공단에 적용되는지 여부에 대하여는 개성공업지구법과 북남경제협력법에서도 개별적인 규정을 통해 개성공업지구법이 북남경제협력법에 우선하여 적용된다는 것을 선언하고 있다. 첫째, 개성공업지구법은 개성공업지구에서의 경제활동에 대하여는 위에서 검토한 바와 같이 각 해당법과 하위규정을 적용하고, 법규로 정하지 않은 사항은 중앙공업지구 지도기관과 관리기관이 협의하여 처리하도록 규정하고 있어 북남경제협력법을 포함하여 북한의 법률의 적용을 배제하고 있다. 또한, 개성공업지구의 개발·관리·감독을 위해서 각각 중앙공업지구 지도기관과 관리기관을 설치·운영할 것을 규정하고 있는 것도 북남경제협력법의 적용을 배제하는 것을 전제로 하고 있다고 해석된다. 북남경제협력법이 개성공단에 적용된다고 해석할 경우에는 북남경제협력법이 규정하는 내용이 개성공업지구법이 규정하는 중앙공업지구 지도기관과 관리기관의 권한과 서로 충돌하는 결과가 되기 때문이다. 북남경제협력법도 제27조에서 북남경제협력에 있어서 발생하는 분쟁을 해결하는 절차에 대하여 개성공업지구법에서 규정하고 있는 내용과 달리 규정하고 있다. 북남경제협력법이 개성공단에 적용될 경우에는 그 분쟁해결절차가 서로 달라 법률의 모순 또는 충돌이 발생하게 된다. 또한, 북남경제협력법은 제15조에서 남측당사자의 체류·거주에 대하여 "공업지구와 관광지구에서의 체류·거주는 해당 법규에 따른다"고 규정하고 있다. 이는 개성공단에 있어서 남한주민의 체류와 거주에 대하여는 개성공업지구법령 등 개성공단을 직접적으로 규율하는 법률이 북남경제협력법에 우선하여 적용된다는 것을 명시적으로 선언한 것이다. 그러나 북한의 법률해석과 법적용의 우선순위에 있어서 상위법우선의 원칙, 특별법우선의 원칙, 신법우선의 원칙 등 법률해석의 원칙이 그대로 적용되는지가 명확하지 아니하므로 개성공업지구에서도 북남경제협력법이 적용될 가능성을 배제할 수는 없을 것이다.

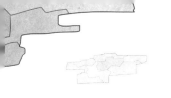

제 9 장

개성공단에 대한 행정법 적용 기준

1. 개성공단에서의 행정법 사항

2003년 6월 착공된 개성공단 사업은 2010년 천안함 폭침과 연평도 포격 등으로 인한 이른바 '5.24 조치'로 위기를 맞기도 하였다. 2013년 5월에는 북한이 남한 근로자의 출입을 봉쇄하고 북한 근로자를 철수시킴으로써 개성공단이 폐쇄되었지만, 2013년 8월 14일 개성공단 정상화 합의서를 체결함으로써 재가동되기도 하였다. 그동안 개성공단에서는 123개의 기업체가 참여하여 총생산액이 12억 6천 달러를 초과하였으며, 북한 근로자 5만명과 남한 근로자 700여명이 함께 근무하였다. 하지만, 2016년 2월 이후 개성공단 사업은 전면적으로 중단되고 있는 상태이다.

개성공단은 남북한이 평화통일을 지향하는 과정에서 경제분야에서의 교류협력을 강화하기 위해 특별히 합의하여 추진하는 경제특구이다. 개성공단사업은 법제도분야의 통일인프라 구축이라는 측면에서 남북한특수관계론을 적용할 수 있는 시험장이자 향후 남북교류협력은 물론 평화통일과 남북법률통합에 있어서 선례와 기준을 제시할 수 있다는 점에서 매우 중요한 의미를 가진다. 특히, 개성공단사업의 중요성과 특수성을 적실성 있게 반영하여 실효성 있는 법적 지원을 추진하되, 그 과정에서 개인의 기본권이 침해되지 않도록 유의해야 한다.

개성공단은 경제특구로서 사업추진 초반기부터 다수의 남한주민이 북한지역인 개성공단에 상시 출입하고 그곳에서 장기간 체류·거주하면서 북한주민과 더불어 근무하고 있다. 또한, 남한도 개성공단사업을 남북교류협력의 시금석으로 인식하여 개성공단에 진출하는 사업체에 대하여 손실보조, 자금지원 등 다양한 방법으로 지원하고 있다. 이와 같이 개성공단사업은 북한지역에서 남한기업이 북한주민을 고용하여 광범위하게 사업을 추진하고 있어 행정법 분야에서 다양한 법적 문제점이 발생할 것으로 예상된다. 개성공단에서 기업을 운영하는 남한주민은 시설물의 건축공사, 종업원에 대한 근로조건의 준수, 자동차운행, 환경과 소방 등 각종 행정법적 규율사항을 준수해야 한다. 이를 위해서는 개성공단에 적용되는 행정법령을 명확하게 하여 개성공단에서 근무하는 남한주민과 기업에 대해 북한법률 또는 남한법률을 어떻게 적용할 것인지를 확정해야 한다. 이것은 남북한 법률충돌과 모순의 문제로서 기본적으로 남북한 법률체계의 차이로부터 비롯되는 것이다.

개성공단사업은 북한이 평화통일을 위한 대화와 협력의 동반자로서 활동하는 규범영역에 해당한다고 할 수 있으므로 개성공단사업과 관련한 남북관계에는 원칙적으로 국제법원칙이 적용된다고 하겠다. 이러한 규범영역에서는 국제법원칙 이외에도 헌법 제3조, 제4조와 이를 근거로 하여 제정된 남북교류협력에 관한 법률 등 국내법률과 각종 남북합의서도 그대로 적용되며, 그 범위에서는 국가보안법이 적용되지 않는다고 하겠다. 그러나 개성공단에서 발생하는 다양한 행정법적 규율사항에 대해 구체적으로 어떠한 법률체계가 적용될 것인지를 확정하기 위해서는 남북한특수관계론을 기초로 하면서도 개성공단의 특수성과 남북한의 행정법의 특징을 고려해야 한다. 즉, 북한지역인 개성공단에서 남한주민이 북한주민을 종업원으로 고용하여 기업을 운영하고 있는 점과 북한의 행정법과 행정형벌을 남한주민에게 적용하는 데 한계가 있다는 점을 반영해야 한다.

2. 북한 행정법의 원칙적 적용

가. 북한법률의 적용

개성공단에서 행정법으로 규율해야 할 사안이 발생한 경우에 남한주민에 대해 남한의 행정법을 적용할 수 있을까? 이를 확정하기 위해서는 우선적으로 북한의 법률이 개성공단에 적용되는지 여부를 검토해야 한다. 개성공단은 북한지역에 해당하므로 북한법률이 원칙적으로 적용된다고 할 것이다. 그러나 개성공단에서 행정법적 규율사항에 대해 남북한의 법률적용의 모순과 충돌을 합리적으로 해결하기 위해서는 북한법률이 우리 헌법의 체계에서 어떠한 효력을 갖는지를 규명해야 한다. 이를 바탕으로 개성공단에 적용되는 법률을 체계정합적으로 해석하여 북한법률이 개성공단에 적용되는 범위와 한계를 확정해야 한다.

남한의 헌법해석에 따르면, 모든 법규범은 국내법과 국제법으로 구분된다. 국내법은 헌법을 정점으로 법률, 긴급명령·위임명령·집행명령·직권명령·행정규칙 등 행정입법, 자치입법으로 체계화되어 있다. 한편, 국제법은 헌법 제6조 제1항에 의해 '헌법에 의하여 체결·공포된 조약과 일반적으로 승인된 국제법규'로 제한되고 있어서 그 이외의 법규범의 형식은 존재하지 않는다. 북한법률은 국내법에 포함되지 않으며, 국제법에도 포함되지 않으므로 남한헌법의 해석에 따르면 법규범이라고 할 수 없다. 북한법률이 규정하는 내용이 일반적으로 승인된 국제법규를 포함하는 경우가 있다. 이러한 경우에는 일반적으로 승인된 국제법규 자체의 효력은 인정될 수 있지만, 북한법률이 국제법에 포섭되어 국내법과 동일한 효력을 갖는 것은 아니다. 남북합의서를 체결한 경우에도 북한법률의 내용이 포함될 수 있다. 이때에도 그 남북합의서가 조약으로서 성격을 가지는 경우에도 북한법률 그 자체가 국제법으로 인정되는 경우는 아니라고 하겠다.

남북한특수관계론을 적용할 경우에는, 북한이 평화통일을 위한 화해와 협력의 동반자로서 활동하는 규범영역에서는 국가성을 가진 실체로 인정되고, 남북관계는 상호주의와 대등성 원칙에 따라 규율된다. 따라서 이러한 경우 남북관계에는 원칙적으로 국제법원칙을 유추하여 적용할 수 있으며, 그 범위 내에서 북한법률은 외국법률과 동일한 법규범적 의미와 효력을 갖는다고 하겠다. 따라서 남북관계가 적용되는 이러한 규범영역에서는 주권평등, 상호불간섭, 신의성실의 원칙, 분쟁의 평화적 해결, 인권의 존중, 국제협력 등 국제법의 일반원칙이 유추적용된다고 하겠다.

개성공단에 적용되는 법률체계는 앞에서 분석한 바와 같이 북한지역인 개성공단에는 원칙적으로 북한법률이 적용된다는 것을 전제로 하고 있다. 다만, 개성공업지구에서의 경제활동에 대해서는 북한법률의 적용이 배제되고 개성공업지구법과 하위규정 등 관련 법령이 적용된다. 따라서 개성공단에서 행정법적 규율사항이 발생한 경우에는 원칙적으로 북한 행정법이 적용되고 예외적으로 개성공업지구에서의 경제활동에 대해서만 북한 행정법의 적용이 배제된다. 이때 북한이 제정한 법률을 인정하고 그 법률적 효력을 존중한다는 것은 남한의 헌법에서 그 일반적인 규범력을 수용한 것은 아니라는 것을 유의해야 한다. 즉, 이는 사실상 지방적 정부에 불과한 북한이 제정한 법률이 북한지역에 속하는 개성공단에 규범력을 가지고 존재한다는 사실을 인정하고 존중한다는 취지이지 북한법률이 국내법체계에 포섭되어 국내법적으로 일정한 법률적 효력을 가지는 것을 의미하는 것은 아니다.

개성공단에 적용되는 법률체계인 남북합의서, 남한의 법률, 그리고 북한의 법률을 체계정합적 또는 규범조화적으로 해석할 경우에는 개성공단에서 활동하는 남한주민에 대해서는 다음과 같이 그 활동영역에 따라 상이한 법률이 적용된다고 할 수 있다. 즉, 그 활동영역이 경제활동에 해당될 경우에는 남한 행정법과 북한 행정법이 모두 적용되지 않고, 개성공업지구법과 하위규정 등이 적용된다. 한편, 그 활동영역이 경제활동에 해당하지 않은 경우에는 북한의 행정법이 우선적으로 적용된다. 이와 별도로 그 활동영역이 경제활동에 해당되는지 여부에 관계없이 남한주민에 대해서는 남한법률인 개성공업지구지원법, 남북교류협력에 관한 법률, 남북협력기금법 등이 적용된다. 물론, 개성공단에 관한 남북합의서가 체결되고, 그 남북합의서가 조약으로서의 성격을 가진 경우에는 남한법률과 북한법률에 대해 특별법의 성격을 가지므로 남북합의서가 우선적으로 적용될 것이다.

이때 개성공단에서 활동하는 남한주민에 대해서는 개성공업지구법령, 북한 행정법, 남한의 행정법이 중복적으로 적용된다. 이들 법령들은 그 규범목적, 적용대상, 규율범위를 서로 달리하고 있으므로 법이론적으로는 법률의 모순과 충돌은 발생할 여지가 거의 없을 것이다. 그러나 개성공단에서 남한주민에게 행정법을 적용해야 할 구체적인 사안이 발생한 경우에는 개성공업지구법령, 북한의 행정법, 그리고 남한의 행정법 사이에서 법률적용의 경합, 충돌과 모순이 발생할 개연성이 크다. 특히, 개성공업지구법 하위규정들은 개성공업지구에서의 경제활동을 광범위하게 설정하고 있어 북한 행정법의 적용을 배제하는 대상과 범위가 불분명하다. 또한, 남한법률 사이에서도 그 효력과 적용에 있어서 명확한 규정이 없어서 구체적인 사안을 해결하기 위해서는 규범조화적 해석이 필요하게 된다.

나. 행정법 사항에 대한 법령

개성공단에서 발생하는 행정법적 규율사항에 대해 적용할 법률 체계를 확정하기 위해서는 개성공단에 적용되는 개성공업지구법령의 내용을 우선적으로 검토할 필요가 있다. 개성공업지구법은 제21조, 제22조, 제25조 등에서 중앙공업지구 지도기관, 공업지구 관리기관, 세관, 검사 및 검역기관 등 해당기관을 구분하여 개성공단에서 발생하는 행정법적 사항에 대해 행정기관으로서의 역할을 담당하도록 규정하고 있다. 개성공단의 중앙공업지구 지도기관과 공업지구 관리기관은 개성공단에서 발생하는 다양한 행정법적 사항을 규율하고 있는데, 북한은 중앙공업지구 지도기관으로 내각 산하의 중앙특구개발 지도총국을 두고, 개성공업지구 관리기관으로 개성공단 관리위원회를 두고 있다.

개성공업지구법과 그 하위규정들은 개성공단에서 수행하는 업무의 내용에 따라 행정법 사항에 대해 규정하고 있다. 개성공업지구법은 물론 개성공업지구 개발규정, 세금규정, 노동규정, 세관규정, 외화관리규정, 광고규정, 부동산규정, 보험규정, 회계규정, 기업재정규정, 회계검증규정, 자동차관리규정, 환경보호규정 등에서 건설허가, 자동차등록, 체류등록증 발급, 수수료 등 행정법 사항을 규정하고 있다. 이들 하위규정은 벌금, 영업중지, 연체료, 억류, 몰수, 승인취소, 추방 등 행정상 제제수단과 신소와 처리에 대해서도 다양한 규정을 두고 있다. 이외에도 개성공단에서 행정업무를 담당하는 영역에 따라서 세관(개성공업지구법 제32조, 세관규정 제3조), 검사·검역기관(개성공업지구법 제34조), 공업지구 세무소(세금규정 제3조), 공업지구 출입사업기관(출입·체류·거주규정 제3조), 공업지구 회계검증사무소(회계규정 제3조, 회계검증규정 제2조), 자동차기술검사기관, 운전면허심사기관, 자동차감독기관(자동차관리규정 제6조, 제7조, 제8조) 등 해당기관이 개성공업지구의 관리운영과 관련하여 중앙공업지구지도기관의 지도를 받거나 협의하여 사안을 처리하도록 규정하고 있다(개성공업지구법 제23조).

　개성공단 관리위원회가 제정한 사업준칙도 행정법적 규율사항을 규정하고 있다. 개성공업지구 기업창설·운영준칙, 하부구조시설 관리준칙, 건축물의 분양에 관한 준칙, 건축준칙, 가스안전관리준칙, 노동안전준칙, 소방준칙, 대기환경관리준칙 등은 영업등록, 시정명령, 도로의 안전점검, 사용료 부과, 하수도 점용허가, 건축허가, 대기오염배출시설의 신고 등에 대해 규정하고 있다. 또한, 위 규정을 위반한 자에 대해서도 범칙금, 영업취소, 사용중지 등을 규정하고 있으며, 대부분 관리위원회가 그 권한을 행사하도록 하고 있다. 특히, 2009년 제정된 개성공업지구 행정절차 운영준칙은 개성공단에서의 행정작용에 대해 적용범위와 규범적 기준을 자세하게 규정하고 있는데, 행정작용의 주체를 관리위원회로 규정하고 있다. 2011년에는 개성공업지구 행정대집행준칙을 제정하여 행정대집행의 요건과 절차 등을 규정하고 있다. 이 준칙은 개성공단 관리위원회가 행한 행정작용과 관련하여 행정의무의 이행을 확보하기 위하여 제정되었다. 여기에서는 관리위원회의 행정작용과 관련하여 그 행정대집행을 방해한 자에 대해 범칙금을 부과함으로써 관리위원회의 권한을 강화하고 있다.

한편, 중앙특구개발 지도총국이 제정한 시행세칙도 행정법적 규율사항에 대해서 규정하고 있다. 개성공업지구 출입·체류·거주규정 시행세칙, 세금규정 시행세칙, 환경보호규정 시행세칙, 노력채용 및 해고세칙, 소방세칙 등은 출입등록, 세무등록 등 다양한 형태의 행정에 관하여 규정하고 있고, 위반자에 대해서는 벌금, 영업정지, 원상복구, 허가취소 등 조치에 그에 대한 신소처리에 대해서도 규정하고 있다. 이들 시행세칙은 관리위원회의 권한을 인정하면서도 중앙공업지구 지도기관과 세무서, 개성공업지구 출입사업부, 차감독기관, 해당 감독기관 등 북한의 행정기관에 대해서도 광범위한 지도·감독에 관한 권한을 부여하고 있는 것이 특징이다.

이와 같이 개성공업지구법은 개성공단에서의 행정법 사항에 대하여 북한법률인 개성공업지구법령과 북한의 해당 행정기관의 권한을 인정함으로써 행정법 사항을 규율하는 행정법의 적용을 인정하고 있는 것으로 해석된다.

다. 북한 행정법 적용의 한계

남북한특수관계론과 개성공단의 법률체계에 대한 체계정합적 해석에 따를 경우에는 개성공단에서 발생하는 사안에 대해서는 북한의 행정법이 적용될 가능성이 있다. 그러나 개성공단이 비록 북한지역에 포함된다고 하더라도 남한주민에게 북한 행정법을 적용하는 것은 남북관계의 특수성을 고려하여 일정한 한계를 인정해야 할 것이다.

첫째, 남한의 헌법적 가치와 이념에 위반되는 경우에는 북한의 행정법을 남한주민에게 적용할 수 없다. 북한은 수령의 유일적 영도와 사회주의 일당독재에 의하여 지배되는 체제로서 모든 국가권력이 조선노동당에 집중되어 있다. 북한에서의 법이란 계급투쟁과 사회주의 국가관리의 수단이고, 혁명에서 싸워 이겨 얻은 전취물을 지키기 위한 무기로 프롤레타리아 독재를 실현하고 사회의 주체사상화에 적극 이바지하는 것을 그 사명으로 하고 있다. 북한 헌법은 민주적 중앙집권제 원칙과 집단주의를 바탕으로 하고 있어 입헌민주주의에서 인정되는 헌법의 규범성과 법치주의는 인정되지 않는다. 북한의 행정법도 사회주의 법이념과 체제를 전제로 하고 있어 그 행정법을 남한주민에게 적용할 경우에 자유민주주의 이념이나 기본권을 침해하게 되는 결과를 초래할 수도 있다. 이때에는 북한의 행정법을 남한주민에게 적용할 수 없다고 하겠다. 특히, 행정법은 국가행정을 규율하는 공법으로서 헌법의 구체화법이라는 성격을 가지므로 남북한의 특수성을 고려하여 북한지역에서 북한주민에게 이를 적용하고 그 법적 효과를 인정하는 것과 별개로 북한의 행정법을 개성공단에서 남한주민에게 적용하는 것에는 한계가 있다고 하겠다.

둘째, 개성공단사업의 특수성을 고려하여 일정한 범위에서는 북한 행정법의 적용을 배제하여야 할 것이다. 북한은 주체사상과 사회주의 법이념을 실현하고, 사회주의 계획경제를 완성하는 것을 전제로 법체계를 구성하고 있으며 북한의 행정법체계도 동일하다. 한편, 개성공단사업은 본질적으로 자본주의와 시장경제질서를 바탕으로 개별적인 기업들에게 자율적 경영을 보장하고 있다. 남한 주민 및 외국인이 투자한 기업의 경제활동에 대해서는 원칙적으로 북한법률이 아닌 개성공업지구법령을 적용할 것을 예정하고 있다. 따라서 개성공업지구를 설치한 목적과 개성공단의 경제특구로서의 성격을 고려할 경우에는 북한의 행정법을 개성공단에서 활동하는 남한주민에게 그대로 적용할 수는 없다고 하겠다. 다만, 개성공단에 대하여 적용되는 개성공업지구법령의 규정이 미비하여 행정법 사항에 대해 입법적 공백이 발생한 경우에는 북한의 행정법이 적용될 수도 있을 것이다. 하지만 위와 같이 북한 행정법을 적용하기 어려운 경우에는 그 범위에서는 남한의 행정법을 적용할 필요가 있다고 하겠다.

3. 남한 행정법의 적용 가능성

가. 남한법률의 한계

개성공단에서 남한 행정법을 적용할 수 있는지 여부를 확정하기 위해서는 우선 남한법률이 북한지역에도 효력을 갖고 적용될 수 있는지를 검토해야 한다. 이것은 북한법률의 국내법적 효력과 함께 헌법적 문제에 속하며, 남북한특수관계론에 따라서 해결해야 한다. 즉, 대한민국은 원칙적으로 헌법 제3조에 따라서 북한지역과 북한주민에 대하여 국가관할권을 가지지만, 헌법 제4조에 따라서 일정한 규범영역에 있어서 국제법원칙을 적용할 경우에는 국가관할권을 행사할 수 없다고 해석할 수 있다. 이에 따라 북한이 평화통일을 위한 화해와 협력의 상대방으로 인정되는 규범영역에서는 헌법 제4조에 따라 남한의 법률이 북한지역과 북한주민에게 적용되지 않는다.

이와 같이 남한의 국가관할권이 제한됨으로써 남한법률이 북한지역 또는 북한주민에게 적용되지 않는다는 것은 북한에 대하여 국가성의 실체를 인정한다고 전제하는 것이다. 즉, 이러한 현상은 국가관할권에 관한 국제법원칙에 따라서 국가의 법규범을 선언하는 입법적 관할권은 그대로 북한지역 또는 북한주민에게도 미치나 현실적인 집행적 관할권이 북한지역 또는 북한주민에게 제한되는 것이라고 해석할 수 있다. 특히, 행정법을 비롯한 공법은 속지주의 원칙에 따라서 그것을 제정한 기관의 권한이 미치는 지역, 즉 국가의 영토범위 내에서 그 효력이 미치며 행정법규의 취지나 목적상 국외에 있는 자국민에게 효력을 미친다고 해석될 경우에 한하여 외국에 있는 자국민에 대하여 그 효력이 미친다고 할 것이다(대법원 1990. 9. 28. 89누6396).

따라서 남한은 원칙적으로 개성공단에서 발생하는 행정법 사항에 대해서는 국가관할권을 가진다. 그러나 북한지역인 개성공단에 대한 법률의 체계정합적 해석에 따라서 국가관할권이 제한될 경우에는 입법적 관할권만 가지고 집행적 관할권은 제한된다고 하겠다. 이와 반대로 북한은 개성공단에 있어서 특별법이나 남북합의서에서 달리 규정하지 않는 이상 원칙적으로 입법적 관할권과 집행적 관할권을 모두 갖는 것으로 해석된다.

이와 같이 개성공단에서 남한주민에 대해 남한의 행정법이 적용되지 않는다고 하더라도 이것은 남한이 행정법에 대한 입법적 관할권까지 가지지 않는다는 것은 아니다. 즉, 개성공단에서 남한주민에 대해서는 개성공업지구법령과 북한의 행정법이 우선적으로 적용되기 때문에 남한이 행정법에 대한 집행적 관할권을 행사할 수 없다는 것을 의미한다. 따라서 남한의 행정법이 개성공단에 대해서도 입법적 관할권에 따라 잠재적 또는 보충적으로 적용될 수 있으며, 법률적용의 우선순위에 있어서 남북합의서, 개성공업지구법령, 북한의 행정법에 비하여 후순위에 있을 뿐이다. 따라서 위 법령들이 적용되지 않는 상황이 발생할 경우에는 남한의 행정법이 적용될 가능성은 항상 존재하고 있다고 할 것이다. 다만, 이때에도 남한의 행정법은 많은 분야에서 다양한 형태로 제정되어 있으므로 그것이 적용되기 위해서는 해당 법률이 규정하는 요건, 대상, 범위에 관한 내용을 충족하여야 할 것이다. 따라서 남한지역에서만 적용되는 것을 전제로 하는 경우에는 남한의 행정법은 적용될 수 없을 것이다. 또한, 남한의 행정법이 적용될 수 있는 경우에도 북한지역에서 이루어진 행정법적 법률관계에 대하여 신뢰보호의 원칙과 법적 안정성을 고려하여야 하는 등 특별한 사유가 있을 때에는 남한의 행정법이 적용될 수 없을 것이다.

나. 적용의 기본원리

개성공단에 적용되는 법률체계를 체계정합적이고 규범조화적으로 해석할 경우에 개성공단에서 남한주민에 대해 남한 행정법을 적용할 수 있는지 여부는 우선적으로 그 활동영역이 개성공업지구법이 규정하는 개성공업지구에서의 경제활동에 해당하는지 여부에 따라서 결정된다. 즉, 개성공업지구법은 제9조에서 "공업지구에서 경제활동은 이 법과 그 시행을 위한 규정에 따라 한다. 법규로 정하지 않은 사항은 중앙공업지구 지도기관과 공업지구 관리기관이 협의하여 처리한다"고 규정하고 있다. 따라서 그 범위에서는 개성공업지구법령인 개성공업지구법, 하위규정, 시행세칙, 그리고 사업준칙이 적용되고, 그에 대한 규정이 미비한 경우에는 중앙공업지구 지도기관과 공업지구 관리기관이 협의하여 처리하므로 북한의 행정법과 남한의 행정법이 적용될 여지가 없다.

이러한 해석에 대해서는 개성공업지구법이 규정하는 개성공업지구에서의 경제활동의 해석을 둘러싸고 상이한 입장이 있다. 이러한 입장 차이는 위 규정에 대한 해석 이외에도 개성공단에 대해 남한의 행정법을 적용할 경우에 초래되는 결과를 고려한 정책적 판단도 작용한 것으로 생각된다. 즉, 개성공업지구법 제9조의 규정은 이 법의 적용범위에 대한 기준을 설정한 것일 뿐, 개성공단에서의 행정법 사항을 규율하는 것은 아니라고 해석할 여지도 있다. 그러나 개성공단에 대한 법률적용에 대한 규범적 기준이 명확하지 않은 상황에서 이 규정은 법률적용에 대한 구체적인 기준을 제시하고 있다고 판단되며, 개성공단에 대한 합리적인 법률적용을 위해서도 적극적으로 해석할 필요가 있다. 이 법 제9조에서 규정하는 "규정"과 "법규"는 동일한 의미를 갖는 것이므로 이 규정은 북한의 행정법과 남한의 행정법의 적용을 배제하고 있는 것으로 해석하는 것이 타당하다.

이 밖에도 개성공단에는 남한의 행정법이 적용될 여지가 없다는 입장도 있을 수 있다. 즉, 남북한이 개성공단에서는 북한의 행정법을 포함하여 북한법률을 적용하기로 합의하였다고 해석해야 한다는 것이다. 또한, 개성공단은 경제특구이기 때문에 남한의 행정법을 남한주민에게 적용할 경우에는 여러 가지 복잡하고 엄격한 행정규제를 받게 되어 개성공단의 발전에 장애가 된다는 것도 그 이유로 제기될 수 있다. 그러나 남북한특수관계론을 적용할 경우에 남한의 행정법을 적용함에 있어서 그 입법적 관할권은 인정되고 집행적 관할권만 배제되므로 남한 행정법의 적용을 원천적으로 배제하는 것은 타당하지 않다고 판단된다.

현재와 같이 개성공업지구법령이 완비되지 못한 상태에서 북한의 행정법이 적용되지 않을 경우에 남한의 행정법도 적용하지 않는다면 행정법규의 공백으로 인하여 북한이 자의적으로 행정권을 발동하거나 개성공단에 무질서와 혼란이 발생할 가능성도 있다. 이러한 결과는 개성공단에 있어서 법적 안정성과 예측가능성을 해치게 되어 개성공단의 발전에 장애요인이 될 것이다. 특히, 국가행정작용 중에서도 규제행정이 아닌 사회급부행정 및 환경행정 등 일부 분야에서는 남한 행정법을 적용하는 것이 남한주민의 권리보호를 위해서도 필요한 경우도 있을 것이다.

개성공업지구에서의 경제활동 이외의 영역에 남한의 행정법이 적용될 수 있는지 여부에 대해서는 개성공업지구법령이 직접적으로 규정하는 경우와 개성공업지구법령이 아무런 규정을 두지 않고 있는 경우로 구분할 수 있다. 전자의 경우에는 그 규정에서 명시하는 바와 같이 해당 규정이 그대로 적용될 것이다. 하지만, 후자의 경우에는 개성공단에 대한 법률적용의 원칙에 따라 북한의 행정법이 우선적으로 적용될 것이다. 다만, 개성공업지구법령이 이에 대해 아무런 규정을 두지 않고 있음에도 북한의 행정법이 이를 규율하지 않음으로써 북한이 집행적 관할권을 행사하지 않는 경우에는 남한이 집행적 관할권을 행사하여 남한의 행정법을 적용할 수도 있을 것이다. 또한, 북한의 행정법을 남한주민에게 적용하는 것이 우리 헌법의 이념 또는 개성공단의 경제특구로서의 특성에 비추어 불가능할 경우에는 남한의 행정법을 적용할 수도 있다. 다만, 이것은 개성공단의 행정법 사항에 대해 법률적용이 불확정적이어서 법적 안정성이 저해될 수 있으므로 행정법 사항에 대한 법률체계를 명확하게 정비하는 것이 필요할 것이다.

다. 적용 기준

개성공단에 남한 행정법이 적용될 수 있는 것은 앞에서 검토한 바와 같이 개성공단에서의 경제활동 이외의 영역에 해당하는 경우에 개성공업지구법령이 그에 관하여 특별한 규정을 두지 않는 경우에 비로소 가능하다. 이때 개성공단에 적용되는 법률을 확정하는 기준을 제시하는 개성공업지구에서의 경제활동의 영역을 좁게 해석할 것이 아니라 개성공단의 운영과 관련된 모든 활동을 포함하는 것으로 해석해야 한다는 주장도 가능하다. 이 입장은 개성공단사업 자체가 남북한이 합의하여 경제특구로 운영하는 것이므로 남북한의 법률적용을 배제하는 것을 전제로 하고 있다는 것에 기초하고 있다. 또한, 개성공업지구 하위규정 등에서는 경제활동과 직접적으로 관련되지 않은 영역까지 규율하고 있으며, 제9조가 개성공업지구법의 총강규정에 해당하는 '제1장 개성공업지구법의 기본'에 편재되어 있는 것도 근거로 제시할 수 있다. 그러나 개성공업지구에서의 경제활동의 의미와 범위를 이와 같이 확대하는 것은 법률해석의 범위와 한계를 넘어선 것이라고 하겠다.

개성공업지구법령이 개성공업지구에서의 경제활동 영역을 규율하는 경우에도 남한의 행정법을 적극적으로 적용하여야 한다는 입장도 있을 수 있다. 즉, 개성공업지구법령에서 행정법 사항을 규정하고 있을 경우에도 그 내용이 남한의 행정법에 비하여 그 체계와 형식이 정합하지 못하고, 그 내용도 다양한 행정규율 대상을 포괄하지 못하기 때문에 남한의 행정법을 적용할 필요가 있다는 것이다. 이 견해는 개성공단사업의 중요성을 고려하여 개성공단에서 행정법 영역에서 발생할 수 있는 입법공백의 상태를 방지하고, 개성공단에서 법치행정을 실현할 필요가 있다는 것에 기초하고 있다. 또한, 개성공단에 입주한 기업을 남한에서 활동하는 기업과 공평하게 취급해야 한다는 것도 근거로 제시될 수 있을 것이다.

그러나 개성공단에 남한의 행정법을 직접적으로 적용할 경우에는 현실적으로 규범력을 가지고 적용되고 있는 개성공업지구법령의 효력을 인정하지 않는 결과를 초래하게 된다. 또한, 이는 속인주의를 원칙으로 하는 행정법의 기본원리에도 부합하지 않을 뿐만 아니라 남북교류협력의 규범영역에서 북한의 법적 지위를 인정하는 남북한특수관계론에도 부합하지 않는다고 할 것이다. 따라서 남한주민에 대하여 남한의 행정법을 적용하는 것은 개성공업지구법령에 그에 관한 규정이 없는 경우에 국한된다고 할 것이다.

한편, 남한 행정법을 개성공단에 적용할 수 있는 경우에도 관련 법률의 입법취지나 남북관계의 특수성을 고려하여 남한주민에게 적용할 수 없는 한계가 있다는 것을 유의해야 한다. 이때 남한의 행정법을 적용한다는 것은 북한지역인 개성공단에서 남한주민에 대해 적용하는 것을 의미하므로 그 행정법의 입법취지와 성격에 비추어 정당화될 수 있는 경우에만 가능할 것이다. 즉, 남한의 행정법이 그 적용에 있어서 장소적 범위가 중요한 의미를 가지고 있어서 남한지역에서 적용하는 것을 전제로 하는 경우에는 그 행정법을 적용할 수 없을 것이다. 남한이 개성공업지구지원법을 제정한 것도 개성공단에서 남한의 행정법을 적용할 수 있다는 것을 전제로 필요한 범위에서 남한의 행정법을 적용할 수 있는 법적 근거를 마련한 것이라고 판단된다. 즉, 남한은 개성공단사업을 추진하면서 현실적으로 발생하는 행정법적 사항을 합리적으로 규율하는 법률이 없으며, 기존의 법령의 해석을 통하여 위 사항을 해결하기 어렵다는 문제점을 인식하고 개성공업지구지원법을 제정한 것이다.

라. 적용 범위

개성공단에 남한주민에 대해 남한의 행정법이 적용되는 것은 앞에서 검토한 바와 같이 개성공업지구에서의 경제활동 이외의 영역에 해당하는 경우에 한하여 가능하다. 이러한 경우에도 개성공업지구법령이 행정법 사항에 관하여 특별한 규정을 두지 않는 경우에만 가능하다고 하겠다. 그러나 개성공단에 대해서는 남한의 법률인 개성공업지구지원법이 특별한 규정을 두고 있는 경우에는 남한의 행정법을 적용하는 것도 가능하다고 하겠다. 결국, 개성공단에 거주하는 남한주민에 대해 남한의 행정법이 적용되는 범위는 다음과 같이 구체적으로 확정될 수 있다.

개성공업지구에서의 경제활동 이외의 영역에 있어서 개성공업지구법령이 행정법 사항에 대하여 규정을 두고 있는 경우에는 원칙적으로 개성공업지구법령의 규정이 그대로 적용되며 남한의 행정법은 적용되지 않는다. 현재 개성공업지구법령은 건설, 식품위생 등 다양한 분야에서 행정법 사항에 대해 규정하고 있어 그 규정이 개성공단에 적용될 것이다. 그러나 이러한 경우에도 개성공업지구법령이 다양한 행정법 사항을 포괄하여 규정하지 못하는 경우가 많다. 이러한 경우에는 먼저 북한의 행정법이 적용되고, 북한의 행정법이 적용되지 못하는 경우에는 남한의 행정법이 적용될 수 있을 것이다. 이때에도 남한의 개성공업지구지원법이 일정한 범위에서 행정법 사항을 규정하고 있는 경우가 있는데, 그 범위에서는 개성공업지구지원법의 규정을 통해 남한의 행정법이 개성공단에 적용될 수 있을 것이다. 개성공업지구지원법은 남북한 행정법률의 충돌문제에 대하여 일정한 영역에서 남한주민에 대하여 남한의 행정법을 적용하도록 규정함으로써 이를 입법적으로 해결하고 있다.

개성공업지구에서의 경제활동 이외의 영역에 있어서 개성공업지구법령이 행정법적 규율사항에 대하여 아무런 규정을 두지 않고 있는 경우에는 원칙적으로 북한의 행정법이 우선적으로 적용되고 남한의 행정법은 적용되지 않는다. 이때에도 규범적으로는 북한의 행정법이 우선적으로 적용되나 북한이 그 집행적 관할권을 행사할 수 없거나 현실적으로 행사하지 않는 경우에는 남한의 행정법이 적용될 여지가 있다. 특히, 남한의 개성공업지구지원법이 남한의 행정법을 적용하도록 규정하고 있는 경우에는 남한주민에 대하여 일정한 영역에서 남한의 행정법을 직접적으로 적용할 수도 있다. 즉, 이 법 제2조 제4호는 "개성공업지구 현지기업이란 남한주민이 남북교류협력에 관한 법률에 따른 협력사업의 승인을 받거나 신고의 수리를 받아 개성공업지구에 설립한 기업(지사·영업소·사무소를 포함한다)을 말한다"고 규정하고 있어 남한법률상 법인으로 인정된 기업뿐만 아니라 남한법률상 법인으로 인정되지 아니한 기업도 포함하고 있다. 이 규정에 따라 북한의 개성공업지구법에 의해서 창설된 기업으로서 남한의 법률에 의해 법인으로 인정되지 않는 기업에 대해서도 남한의 행정법을 적용할 수 있다.

개성공업지구지원법은 다양한 분야에서 남한의 행정법을 적용할 수 있는 방법을 마련하고 있다. 즉, 개성공단 개발과 투자의 지원을 위해서 개성공업지구 현지기업에 대하여는 중소기업진흥에 관한 법률의 사업을 위한 중소기업창업 및 진흥기금의 지원(제7조), 한국산업안전공단법의 산업안전 및 산업재해예방을 위한 지원(제8조), 환경정책기본법의 환경보전을 위한 지원(제9조), 집단에너지사업법 등의 에너지이용 합리화를 위한 지원(제10조), 기타 정부지원제도의 적용(제12조)을 규정하고 있다. 또한, 개성공단에 출입·체류하는 남한주민을 보호하기 위해서 개성공업지구 현지기업과 이에 고용된 남한주민에 대하여는 국민연금법·국민건강보험법·고용보험법·산업재해보상보험법 등을 적용하고, 개성공업지구 현지기업 및 남한 근로자를 그 법률이 정하는 사용자(사업자)와 근로자로 간주하고 있다(제13조 제1항, 제2항). 개성공단의 남한주민을 주된 대상으로 하는 의료시설에 대하여는 의료법의 의료기관 및 국민건강보험법의 요양기관으로 간주하고 그 의료시설에서 의료행위를 받은 남한주민에 대해서는 국민건강보험법의 요양급여를 실시하도록 하며(제14조 제1항, 제2항), 개성공업지구 현지기업과 남한 근로자에 대하여는 근로기준법·최저임금법·근로자퇴직급여 보장법·임금채권보장법·노동조합 및 노동관계조정법을 적용하도록 규정하고 있다(제15조 제1항).

개성공업지구에서의 경제활동 이외의 영역에 있어서 개성공업지구법령이 행정법 사항에 대하여 아무런 규정을 두지 않고 있으면서 남한의 개성공업지구지원법도 아무런 규정을 두지 않은 경우가 있다. 이러한 경우에도 원칙적으로는 북한의 행정법이 우선적으로 적용되어야 할 것이지만, 북한이 그 집행적 관할권을 행사하지 않거나 북한의 행정법을 적용할 수 없는 헌법적 한계가 있을 경우에는 남한의 행정법이 적용될 가능성이 있다. 이때에도 개성공단에 있어서 행정법의 적용에 공백이 발생하여 행정기능이 마비될 위험성이 있어서 남한의 행정법을 적용할 현실적 필요성이 있을 것이다. 또한, 개성공단에서 남한의 행정법을 적용하는 사례를 축적함으로써 통일과정에서 남북한의 법률통합을 대비할 수 있다는 정책적 측면도 고려할 필요가 있을 것이다.

4. 남한의 행정형벌 부과 여부

가. 행정벌 관련 법령

개성공단에 남한의 행정법을 적용하는 경우에 현실적으로 쟁점이 되는 것은 개성공단에서 활동하는 남한주민에 대해 행정형벌을 부과할 수 있는지 여부가 될 것이다.

개성공업지구법은 행정법 위반의 제재에 대하여는 아무런 규정을 두지 않고, 개성공업지구법 제46조는 "공업지구의 개발과 관리운영, 기업활동과 관련한 의견상이는 당사자들 사이의 협의의 방법으로 해결한다. 협의의 방법으로 해결할 수 없을 경우에는 북남사이에 합의한 상사분쟁 해결절차 또는 중재, 재판절차로 해결한다"고 규정하고 있을 뿐이다. 개성공업지구법 하위규정인 세금규정, 노동규정, 세관규정 등과 사업준칙인 건축준칙, 노동안전준칙, 대기환경관리준칙 등에서 벌금, 영업중지, 연체료, 억류, 몰수, 승인취소, 추방, 시정명령, 범칙금 등을 규정하고 있는데, 이는 행정상 제재로서 형벌이 아닌 행정질서벌이라고 해석된다. 이때 위 하위규정들에서 규정하는 행정상 제재의 용어와 관련하여 '벌금'은 그 구성요건이 되는 위반내용과 정도가 행정질서벌에 상응하는 점, 북한형법 제27조의 형벌의 종류에서 재산형으로는 재산몰수형만 인정하고 벌금을 형벌로 인정하지 않고 있는 점, 행정처벌법에서 벌금을 행정처벌로 명백히 규정하고 있는 점 등에 비추어 이는 행정질서벌로 이해하는 것이 타당하다.

한편, 남한의 행정법은 개성공업지구 지원에 관한 법률을 통하여 간접적으로 적용되는데, 앞에서 살펴본 바와 같이 개성공업지구 현지기업과 남한근로자에 대하여는 국민연금법·국민건강보험법·고용보험법·산업재해보상보험법 등과 근로기준법, 최저임금법, 근로자퇴직급여 보장법, 임금채권보장법, 노동조합 및 노동관계조정법 등에서 규정하는 행정형벌과 행정질서벌을 부과할 수 있다.

북한의 행정법은 다양한 분야에서 행정행위를 규율하고 있으나 행정벌과 관련하여서는 대부분 "이 법을 어겨 …… 에 엄중한 결과를 일으킨 기관, 기업소, 단체의 책임 있는 일군과 개별적 공민에게는 정상에 따라 행정적 또는 형사적 책임을 지운다"고 규정하고 있다. 즉, 구체적인 형사벌과 행정처벌에 대하여는 이를 각 행정법에서 규정하지 않고 형법과 행정처벌법에서 규정하고 있는 것이다. 북한의 형법과 행정처벌법은 형사처벌과 행정처벌을 구분하고 있는데, 형사처벌은 형벌인 형사벌과 행정형벌을 의미하고, 행정처벌은 행정질서벌을 의미하는 것으로 해석된다. 개성공업지구 하위규정에서 규정하고 있는 각종 행정상 제재는 모두 행정질서벌에 해당하고, 이는 북한의 행정처벌법에 대해 특별법적 성격을 가진다. 따라서 개성공업지구 하위규정 등이 행정벌에 대해 규정하고 있는 범위에서는 그 하위규정 등이 적용되고 북한의 행정처벌법은 적용되지 않는다고 하겠다.

나. 형사법 충돌 해결원리

개성공단에서 활동하는 남한주민에 대해 남한의 행정법을 적용하여 행정형벌을 부과할 수 있는지 여부를 확정하기 위해서는 남한의 행정법을 적용하는 것 이외에 남한의 형사법을 북한지역인 개성공단에서 활동하는 남한주민에게 적용하는 것에 대해 법논리적으로 해명할 필요가 있다. 개성공단에서 활동하는 남한주민에 대해 행정형벌을 부과할 수 있기 위해서는 북한지역에서 발생한 사건에 대해 남한의 행정법을 적용할 수 있어야 하고, 이와 동시에 남한의 형사법도 적용할 수 있어야 한다. 따라서 이 문제는 개성공단에서 발생한 사건에 대해 남북한의 형사법을 적용함에 있어서 발생하는 법률의 충돌과 모순을 해결하는 기본원리를 규명하는 작업에서부터 시작되어야 한다.

남북한의 형사실체법이 충돌하는 것을 해결하고 그 준거법을 결정하는 기본원리로는 이론적으로 다음과 같은 방안이 제시될 수 있다. 첫째, 남한형법을 적용하는 방안이 있다. 이 방안은 남한의 입장에서 헌법과 법률의 규범력을 확보한다는 장점이 있으나, 남한의 통치권이 북한지역과 북한주민에 대하여 행사되지 못하고 있는 분단의 현실을 고려하지 않은 형식논리적인 것이며 비현실적이라는 비판이 가능하다. 둘째, 통일전 독일에서 논의되었던 지역간 형법이론을 원용하는 방안이 있다. 이 방안은 남북한의 분단을 현실적으로 인정하여 규범적으로 한반도에 두 개의 상이한 형법영역이 존재한다는 것을 전제로 한다. 그러나 이에 대해서는 남북한의 헌법이 각각 한반도에 상이한 형법영역을 인정하지 않고 있으며, 아무런 법적 근거도 없이 북한형법을 남한주민에게 적용하는 것은 남한주민의 헌법상 기본권을 침해하므로 죄형법정주의에 위배된다는 비판이 가능하다. 셋째, 국제형법원칙을 유추적용하는 방안이 있다. 이 방안은 남북한의 분단을 고착화시킬 수 있다는 위험성이 있으나, 남북한특수관계론에 따른 북한의 법적 지위, 북한법률의 국내법적 효력 등을 고려할 때 가장 현실적이고 적실성이 있는 방안이라고 하겠다. 이에 대해서는 죄형법정주의에 위반된다는 비판이 있을 수 있으나 국제형법원칙을 유추적용하는 것 자체가 형벌권을 창설하거나 확대하는 것이 아니므로 죄형법정주의 원칙에 위반된다고는 할 수 없을 것이다. 이러한 경우에 북한의 형사법을 적용할 수 있다고 하더라도 북한 형사법체계의 비민주성이 개선되지 않는 상황에서 남한주민에게 북한형법을 적용하는 것은 결과적으로 법치주의 원칙과 헌법상 기본권 제한의 한계를 넘어서는 것이다. 따라서 법률적 효력을 갖는 남북합의서를 통하여 남한주민의 기본권과 신변안전을 보장하는 법제도적인 안전장치를 마련하는 것을 전제로 북한의 형사법을 적용하는 것을 인정할 수 있을 것이다.

이와 같이 원칙적으로 국제형법원칙을 유추적용하는 방안에 따를 경우에는 남북한 형법의 적용범위에 대하여는 다음과 같은 기본원칙을 제시할 수 있다. 첫째, 국제법원칙에 따라 속지주의를 기본원칙으로 하고 속인주의, 보호주의, 세계주의를 보충적으로 채택하되, 남북관계의 특수성을 고려하여 속인주의의 범위를 제한하여 상대방 주민에 대한 속인주의는 배제하는 것이 타당하다. 둘째,

속지주의에 대한 예외로서 남북한 일방의 형사법에 의해서만 처벌되는 경우 또는 남북한 주민이 상대방 지역에서 범죄를 저지르고 자기 지역으로 돌아온 경우에는 속인주의를 적용한다. 남북한 주민이 자기 지역에서 범죄를 저지르고 상대방 지역으로 간 경우에도 우선 범죄인인도를 요청하고, 만약 범죄인인도요청이 거부될 경우에는 남북한 합의에 따라 상대방 지역에서의 관할권 행사를 인정할 수 있을 것이다. 셋째, 하나의 범죄행위로 인하여 남북한 형사관할권이 경합하거나 남북한에 걸쳐서 수개의 범죄가 발생한 경우에는 남북한 쌍방의 재판관할권을 인정할 수 있을 것이다. 그러나 이 경우에도 사물관할의 기준, 관련사건의 범위, 범죄자의 현재지 관할권의 우선여부, 중한 범죄에 대한 관할권 우선여부, 시간적으로 먼저 소송절차를 시작하여 진행 중인 관할권 우선여부 등에 대하여는 남북한이 합의하여 결정해야 할 것이다.

다. 행정형벌 부과 가능성

(1) 통일전 동서독의 사례

남북한 사이에 발생하는 형사법의 충돌을 해결하는 규범적 기준을 확정하기 위해서는 통일전 동서독의 사례를 참고하여 시사점을 얻을 수 있을 것이다. 통일전 동서독은 상이한 형사법체계를 가지고 있었고, 동서독 주민들이 인적 교류를 하는 과정에서 발생하는 형사법률의 충돌문제에 대하여 상이한 입장을 취하였다. 서독에서는 형사법의 충돌을 해결하기 위한 법이론으로 서독형법적용설, 지역간형법적용설, 국제형법 유추적용설 등이 제시되었다. 그 가운데 국제형법 유추적용설이 1972년 동서독기본조약이 체결된 이후 다수설과 판례에 의하여 채택되었다.

서독은 국제형법 유추적용설에 따라 동독을 외국으로 인정하여 서독주민이 동독지역에서 범죄를 저지른 경우에는 서독형법 제7조 제2항에서 규정하는 속인주의 원칙을 유추적용하였다. 서독형법 제7조 제2항은 속인주의 원칙에 대하여 "행위자가 행위시 독일인이었거나 행위 이후 독일인이 된 경우, 국외에서 행하여진 기타의 범죄에 대하여는 행위지에서 그 범죄에 관한 처벌규정을 두고 있거나 행위지에 어떠한 형벌권도 미치지 아니한 경우에는 독일형법을 적용한다"고 규정하고 있었다. 이때 형벌의 개념에는 행정질서벌(Ordnungsstrafe)은 포함되지 않는다고 해석되었다.

이 규정에서 국외에서 행하여진 범죄란 그 범죄구성요건에 있어서 외국의 법령에 규정된 범죄가 개인적 법익을 보호법익으로 하거나 개인적 법익과 국가적 법익을 동시에 보호법익으로 하는 경우에만 서독형법의 적용대상이 되었다. 따라서 외국의 공공질서, 행정질서, 국고행위 등 외국의 국가적 법익을 보호법익으로 하는 경우에는 서독형법의 적용대상에서 제외하였다. 이때 외국법의 위반을 판단함에 있어서 그 주의의무를 위반하였는지 여부와 그 정도는 외국법을 기준으로 하며, 외국법의 해당 규정에 따라 서독형법을 적용하는 것이 서독의 공서양속의 원칙에 위반하는 경우에는 그 적용을 제한하였다. 따라서 서독주민이 동독지역에서 동독법률상 형사벌 또는 행정형벌의 대상이 되는 범죄를 저지른 경우에는 원칙적으로 서독형법을 적용할 수 있었다. 다만, 국가적 법익만을 보호법익으로 하는 범죄를 저지른 경우, 동독형벌 또는 행정벌이 서독의 공서양속의 원칙에 위반하는 경우, 그리고 동독법률상 행정질서벌의 대상이 되는 행정법규를 위반한 경우에는 서독형법 또는 행정법상 형벌을 규정하고 있는 경우에도 서독 형법 제7조 제2 항을 적용할 수 없었다. 이러한 독일의 사례를 참고하여 개성공단 에서 해당 행위에 대한 의무 또는 금지를 규정하고 있기만 하면 행정질서벌만 규정하고 있더라도 남한 행정형벌을 적용할 수 있다 는 견해도 있다. 독일형법의 경우에는 행위지에 그 범죄에 관한 처벌규정을 두고 있는 경우를 독일형법 적용의 요건으로 규정하고 있어 행정형벌뿐만 아니라 일반 형사사건의 형벌의 적용범위에 대 한 해석이 문제된다. 그러나 우리 형법은 제3조에서 내국인의 국 외범에 대해 "본법은 대한민국 영역 외에서 죄를 범한 내국인에게 적용한다"고만 규정할 뿐, 독일형법의 경우와 같은 규정을 두지 않고 있다. 따라서 남한의 행정벌을 적용하는 범위에 대해 독일이 론을 직접적으로 적용할 수 있는 것으로 해석하기는 어렵다고 판 단된다.

(2) 행정벌에 있어서 형법 제3조 적용 여부

개성공단에 체류하는 남한주민에 대하여 남한 행정법을 적용하 여 행정벌을 가할 수 있는지 여부는 남한형법 제3조의 속인주의의 적용에 관한 문제이자 북한형법 제8조의 속지주의의 예외에 관한 문제라고 할 수 있다. 남한형법은 제3조에서 "본법은 대한민국 영 역 외에서 죄를 범한 내국인에게 적용한다"고 규정하고 있고, 제8 조에서는 "본법 총칙은 타법령에 정한 죄에 적용한다. 단 그 법령 에 특별한 규정이 있는 때에는 예외로 한다"고 규정하고 있다. 개 성공단사업을 추진하기 위해 남한주민이 북한지역인 북한에 체류 하는 경우에는 남북한특수관계론을 적용하여 북한주민을 외국인 으로, 개성공단을 외국으로 해석할 수 있다. 따라서 내국인을 남한주민에 국한하여 해석하는 경우에도 남한의 행정법에서 규정하고 있는 행정벌(행정형벌과 행정질서벌)에 대해서 형법 제3조를 적용할 수 있는지 여부는 행정벌이 형법 제8조에서 규정하는 '타법령에 정한 죄'에 해당하는지 여부에 따라서 결정된다. 만약, 남한의 행정법에서 규정하는 행정벌이 '타법령에 정한 죄'에 해당되어 형법 제3조가 적용된다고 인정될 경우에는 남한주민이 남한의 행정법을 위반한 것에 대하여 행정벌을 가할 수 있고, 이 범위에서는 남한의 행정법이 개성공단에 적용되는 결과가 될 것이다.

일반적으로 행정벌이란 행정의 상대방이 행정법상 의무를 위반한 경우에 행정주체가 일반통치권에 의거하여 행정의 상대방에 대하여 과하는 행정법상의 제재이다. 행정벌은 피침해이익의 성질(법익침해와 행정위반), 피침해규범의 성질(자연범과 법정범), 반생활질서의 차이(국가적·사회적 생활질서와 파생적인 생활질서), 윤리적 기준(강한 반윤리성과 약한 반윤리성) 등 일정한 기준에 따라서 행정형벌과 행정질서벌로 구별된다. 행정형벌과 행정질서벌 양자는 행정형벌의 행정질서벌화의 경향을 갖고 상대화되고 있으나, 이 양자를 병과하는 것은 이중처벌이 아니라는 것이 통설과 판례의 입장이다(대법원 1989. 6. 13. 88도1983).

행정벌에 대하여 형법총칙을 적용할 것인지 여부에 대하여는 형사범에 대한 행정범의 특수성을 근거로 형법 제8조 단서에서 규정하는 '법령상 별도의 규정'이 없더라도 그 규정의 입법취지에 비추어 행정형벌과 행정질서벌에 대하여는 형법총칙의 규정을 배제할 수 있다는 입장이 있다. 이와 반대로 최근 행정형벌과 행정질서벌의 구별이 상대화되고 있고, 행정형벌이 행정질서벌로 대폭 전환되고 있는 현실을 고려하여 행정질서벌에 대하여도 형법총칙을 적용 또는 준용하여야 한다는 입장도 있다. 현재 통설과 판례는 행정형벌은 형사벌이므로 형법총칙과 형사소송법이 적용되어 '타법령에 정한 죄'에 해당하지만 행정질서벌은 과태료를 과하는 것으로 형식적으로 형사벌이 아니므로 형법총칙이 적용되지 않고 질서위반행위규제법이 적용되어 '타법령에 정한 죄'에 해당하지 않는다고 한다(대법원 1993. 9. 10. 92도1136).

통설과 판례의 입장에 따르면, 행정형벌의 경우에는 형법 제3조가 적용되어 남한주민이 남한의 행정법을 위반한 행위에 대해 남한의 행정법을 적용하여 행정형벌을 부과할 수 있다. 그러나 행정질서벌의 경우에는 형법 제3조가 적용되지 아니하여 남한주민이 남한의 행정법을 위반하더라도 남한의 행정법에 따라 행정질서벌을 부과할 수 없게 된다. 그러나 통설과 판례는 형법 제8조의 단서에서 규정하는 '그 법령에 특별한 규정'의 내용과 범위에 대해서는 문언적 해석에 한정하지 않고 유추해석과 목적론적 해석까지 동원하여 판단해야 한다고 한다. 즉, 행정형벌인 경우에도 그 행정법이 규율하는 행위규범과 행정형벌의 구성요건을 해석함에 있어서는 그 행정법의 입법취지, 위반행위의 태양, 형벌의 필요성 등 특수성을 개별적으로 판단해야 한다는 것이다. 특히, 행정형벌을 부과하는 규정에 대해서는 죄형법정주의 관점에서 유추해석을 통해 형벌을 축소·경감하는 것이 허용되므로 위와 같은 해석에 의해 행정형벌의 특수성을 고려할 수 있을 것이다. 이러한 해석에 따를 경우에는 북한지역인 개성공단에서 남한주민이 남한의 행정법을 위반한 행위에 대해서 해당 행정법의 규정과 위반행위의 특수성을 고려하여 행정형벌을 부과할 수 없는 경우도 있을 것이다.

현실적으로 남한주민이 북한지역에서 남한의 행정법을 위반한 경우에는 형법 제3조에서 규정하는 '죄'의 구성요건을 충족시키지 못하여 행정형벌을 부과할 수 없는 경우가 대부분일 것이다. 즉, 남한의 행정법은 남한의 행정권력에 기초하여 그 적용대상·범위·요건을 정함에 있어 남한지역으로 장소적 효력범위를 제한하는 경우가 대부분이므로 개성공단에서 남한주민이 그 행정법을 위반한 경우에는 적용되지 않는다는 것이다. 이외에도 행정벌과 행정질서벌의 상대화를 전제로 행정질서벌은 물론 행정형벌에 대해서도 형법 제3조를 그대로 적용할 수 없다는 견해도 있을 수 있다. 행정법은 국가의 헌법에 바탕을 두고 그 구체적인 국가목적으로서의 행정작용을 규율하는 국내적 공법이므로 원칙적으로 국가권력이 현실적으로 행사되는 지역에서만 효력을 가진다. 따라서 개성공단 사업과 관련하여서는 북한지역인 개성공단을 외국에 준하여 취급하여야 하므로 남한의 행정법이 적용되지 않으며, 형법 제3조가 규정하고 있는 '대한민국 영역 외에서 죄를 범한' 것이 아니라는 것이다. 한편, 형법 제3조에 대하여 입법론적으로 문제가 있다는 비판적 견해가 있는데, 특히 개성공단에서 행정형벌을 부과하는 것에 대하여는 설득력이 있다. 즉, 이 견해는 원래 법규는 시간과 장소를 떠나 타당성을 가질 수 없음에도 불구하고 장소적 제한을 철폐하고 사람에 따라 어떤 종류의 행위든 벌한다는 것은 입법론상 재고의 여지가 있다는 것이다. 결국, 개성공단에서 남한주민이 남한의 행정법을 위반한 경우에 원칙적으로 행정형벌과 행정질서벌을 부과할 수 없다고 해석하는 것이 타당하다. 다만, 개성공업지구지원법을 적용하는 경우와 같이 남한의 행정법에서 개성공단에서의 남한주민에 대하여 행정형벌을 부과하는 것을 규정하거나 그와 같이 해석할 수 있는 경우에는 행정형벌은 물론 행정질서벌도 부과할 수 있을 것이다.

라. 개성·금강산지구 출입·체류합의서의 적용 범위

개성공단에서 남한주민이 행정법 사항을 위반한 경우에 행정벌을 부과하는 요건과 효과에 대하여는 개성·금강산지구 출입·체류합의서에서 별도로 규정하고 있다. 이 합의서는 제10조 제2항에서 남한주민의 신변안전보장과 관련하여 "북측은 인원이 지구에 적용되는 법질서를 위반하였을 경우 이를 중지시킨 후 조사하고, 대상자의 위반내용을 남측에 통보하며, 위반정도에 따라 경고 또는 범칙금을 부과하거나 남측 지역으로 추방한다. 다만, 남과 북이 합의하는 엄중한 위반행위에 대하여는 쌍방이 별도로 합의하여 처리한다"고 규정하여 남한주민의 형사처벌에 대하여는 원칙적으로 북한형사재판관할권과 형사법의 적용을 배제하고 있다. 개성·금강산지구 출입·체류합의서 제10조는 남북한이 개성공단에 출입·체류하는 남한주민에 대해서는 북한의 형사사법권의 적용을 배제하기위하여 규정한 것이다. 개성공업지구법은 제8조에서 "신변안전 및형사사건과 관련하여 북남 사이의 합의 또는 공화국과 다른 나라사이에 맺은 조약이 있을 경우에는 그에 따른다"고 규정하고 있다. 이 합의서 제10조는 개성공업지구법 제8조에 근거하여 남한주민의 신변안전을 보장하고 남한주민의 형사사건을 처리하기 위해특별하게 규정한 것이다.

개성·금강산지구 출입·체류합의서 제10조 제2항에서 규정하는 '지구에 적용되는 법질서'가 무엇인지에 따라 남한주민에 대한 행정벌의 내용과 범위가 달라지게 된다. 이 합의서는 제1조 제1호에서 "인원이란 남측 지역에서 지구에 출입 및 체류하는 남측의 주민과 해외동포, 외국인을 의미한다"고 규정하고 있어 남한주민이 북한지역인 개성공단에서 법질서를 위반하였을 경우를 전제로 하고 있다. '지구에 적용되는 법질서'를 문리적으로 해석하면, 개성공업지구에 적용되는 개성공업지구법령, 북한형법과 행정법, 남한행정법, 남북합의서를 의미한다고 할 수 있다. 그러나 이 합의서의 조항은 남한주민의 신변안전을 위해 북한의 형사사법권을 제한하기 위해 규정한 것으로서 현실적으로는 남한주민이 개성공업지구법령, 북한형법과 행정법을 위반한 경우를 대비한 것이다.

개성·금강산지구 출입·체류합의서 제10조 제2항에서 규정하는 '지구에 적용되는 법질서'에 대해서는 형사벌에 대한 규정만을 의미하는 것인지, 형사벌 이외에 행정형벌도 포함되는 것인지, 아니면 행정질서벌까지 포함되는지에 따라서 남한주민에 대한 행정법사항을 규율하는 범위가 달라지게 된다. 지구에 적용되는 법질서'에 형사벌과 행정형벌에 대한 규정이 포함되는 것에 대해서는 별다른 이의가 없을 것이다. 다만, 위 규정에 행정질서벌까지 포함되는지 여부에 대해서는 형사벌과 행정형벌뿐만 아니라 행정질서벌도 포함된다는 입장이 있다. 이 합의서는 제2조 제3항에서 "인원은 지구에 적용되는 법질서를 존중하고 준수한다"고 규정하고 있고, 제10조에서도 지구에 적용되는 법질서라고만 규정하고 있을 뿐 행정질서벌을 제외하는 규정이 없으므로 문리해석에 따라 행정질서벌도 포함된다고 해석한다. 그러나 '지구에 적용되는 법질서'에 행정질서벌까지 포함된다고 해석하게 되면 개성공업지구 하위규정 등에서 규정하고 있는 다양한 행정상 제재를 할 수 없게 되는 문제점이 발생한다. 즉, 이 합의서의 조항은 개성공단에 적용되는 법률체계에 있어서 남한주민의 신변안전을 보장하기 위해서 특별하게 규정한 것으로서 개성공단에 일반적으로 적용되는 개성공업지구법령, 북한법률, 남한법률에 대하여 특별법적 성격을 가진다. 이 합의서의 조항에 따르면, 남한주민이 지구에 적용되는 법질서를 위반하였을 경우에는 북한은 이를 중지시킨 후 조사하고, 대상자의 위반내용을 남측에 통보하며, 위반정도에 따라 경고 또는 범칙금을 부과하거나 남한지역으로 추방하도록 규정하고 있다. 따라서 남한주민이 행정질서벌을 규정하는 개성공업지구 하위규정 등을 위반한 경우에도 북한은 위반정도에 따라 경고 또는 범칙금만 부과할 수 있을 뿐이다. 이 합의서와 개성공업지구법령 등과의 충돌과 모순을 해결하기 위해서는 '지구에 적용되는 법질서'에는 행정질서벌을 규정하는 행정법은 포함되지 않는다고 해석할 수밖에 없다. 결국, 이 합의서 제2조 제3항에서 규정하는 '지구에 적용되는 법질서'에는 형사벌, 행정형벌, 그리고 행정질서벌을 규정하는 행정법이 포함되지만, 제10조 제2항에서 규정하는 '지구에 적용되는 법질서', 제4항의 '법질서', 제6항의 '법질서'는 모두 형사벌과 행정형벌을 포함한 형사처벌을 규정하는 행정법을 의미하고, 행정질서벌을 규정하는 행정법은 제외된다고 해석하여야 한다.

마. 대표적 사례에 대한 적용

개성공단에서는 남한주민이 진출하여 북한주민을 고용하여 기업을 운영하고 있다. 따라서 개성공단이 발전하는 과정에서 노동 관련 분쟁이 발생할 가능성이 예상되며, 이에 대한 행정법적 규율이 문제될 수 있다. 개성공단에서 남한주민이 북한주민을 고용하여 기업을 운영할 경우에 발생하는 행정법 사항에 대하여는 원칙적으로 개성공업지구법령이 적용되지만, 일정한 영역에서는 남한

법률인 개성공업지구지원법이 적용될 수 있다. 즉, 개성공업지구 노동규정에서 그에 관하여 노력의 채용과 해고(제2장), 노동시간과 휴식(제3장), 노동보수(제4장), 노동보호(제5장), 사회문화시책(제6장), 제재와 분쟁해결(제7장) 등을 규정하고 있다. 따라서 이 범위에서 남한의 근로기준법 등 노동관계법의 적용이 배제되며, 남한주민이 위 규정을 위반한 경우에는 노동규정 제46조, 제47조에 따라서 행정질서벌인 벌금 또는 사회보험연체료를 부과할 수 있다.

개성공단 관리위원회가 제정한 개성공업지구 노동안전준칙도 안전보건관리체제를 비롯하여 노동재해와 안전과 관련하여 시정명령과 작업·사용중지, 감독기관에 대한 신고, 개선명령을 규정하고, 준칙위반자에 대해서는 제6장(행정제재)에서 위반금 부과, 기계·기구의 사용중지, 영업정지 또는 취소 등을 할 수 있도록 규정하고 있다. 또한, 중앙특구개발 지도총국이 제정한 개성공업지구 노동보호세칙도 노동안전과 산업위생조건 등과 관련하여 노동재해심사회와 노동보호감독소를 설치하고 재해보상금과 영업중지, 벌금부과 등에 대해 규정하고 있다.

다만, 현지기업과 남한 근로자 사이에 대하여는 개성공업지구지원에 관한 법률 제15조와 동법시행령 제10조, 제11조, 제12조에 의하여 근로기준법, 최저임금법, 근로자퇴직급여 보장법, 임금채권보장법, 노동조합 및 노동관계조정법이 적용되고, 그에 관한 행정업무는 개성공업지구에 설치된 분사무소 또는 접경지인 파주시 장단면 도라산리를 관할하는 분사무소, 지방노동관서의 장, 노동위원회, 근로감독관이 수행하게 된다. 따라서 위 법률들을 위반한 경우에는 근로기준법 제107~116조의 규정 등에 의하여 행정형벌과 행정질서벌을 부과할 수 있다. 이때 남한의 근로기준법 등의 규정에 따라 행정형벌을 부과할 경우에는 이는 형사처벌에 해당하므로 개성·금강산지구 출입·체류합의서 제10조의 신변안전보장에 관한 규정에 따라서 처리되어야 할 것이다.

결국, 남한주민인 기업은 근로자와의 관계에 있어서 근로자가 남한 근로자인지 여부에 따라서 상이한 이중적 법률을 적용받게 된다. 즉, 근로자가 남한 근로자인 경우에는 남한의 근로기준법 등의 적용을 받게 되지만, 근로자가 북한 근로자나 외국인 근로자인 경우에는 북한의 개성공업지구 노동규정의 적용을 받게 되는 것이다. 개성공업지구 노동규정을 비롯한 관련 규정은 그 적용범위와 입법취지를 고려할 때, 이들은 원칙적으로 북한주민을 근로자로 하는 경우를 전제로 한 것으로 판단된다. 따라서 개성공업지구지원법은 남한 근로자들에 대하여는 남한의 근로기준법 등이 적용되어야 할 필요성을 고려하여 이를 입법적으로 확인한 것이라고 하겠다.

제 10 장

개성공단의 법질서 확보를 위한 법제도

1. 법질서 확보의 필요성

2016년 2월부터 개성공단은 전면적으로 중단된 상태에 있다. 2017년 문재인 정부가 출범하면서 개성공단사업이 재개될 것이라는 기대가 커지고 있다. 개성공단은 그동안 남북관계와 정치적 어려움에도 불구하고 남북한의 상생과 평화공존의 공간으로 기능하였다. 우리 헌법이 지향하는 자유민주적 기본질서에 입각한 평화통일을 달성하기 위해서는 남북한이 교류협력을 강화해야 한다. 개성공단은 남북교류협력의 가장 큰 결실이자 남북관계를 개선시킬 수 있는 계기가 될 것이므로 개성공단을 재개할 수 있는 노력이 필요하다.

개성공단사업은 그 규모가 커짐에 따라서 남북한 사이의 법제도의 차이점으로 인하여 다양한 법적 분쟁이 발생할 가능성도 증가하여 왔다. 개성공단에서의 경제활동에 대해서는 남북합의서, 남한법률과 북한법률이 중층적으로 적용되고 있다. 그러나 남북한의 법률충돌과 모순을 해결하는 안정적인 장치가 마련되지 않고 있다. 그 밖의 활동에 대해서는 이를 규율하는 법체계가 미비한 상태이다. 특히, 개성공단은 북한지역에 속하지만 남한기업이 주체가 되어 사업을 추진하고 있으며, 남한주민이 북한주민과 함께 거주하면서 생산활동을 전개하여 왔다. 따라서 개성공단이 재개되어 안정적으로 운영되기 위해서는 법제도의 지원과 법질서가 안정적으로 유지되는 것이 매우 중요하다.

개성공업지구법에 따르면 개성공단에 대하여는 개성공업지구 관리기관인 개성공단 관리위원회가 원칙적으로 관리하며, 중앙공업지구 지도기관인 중앙특구개발 지도총국은 관리기관의 사업을 통일적으로 지도한다. 한편, 공업지구 세관, 출입사업기관, 검사검역기관, 개성시 인민위원회는 관련업무의 범위에서 독자적인 기능을 행사하고 있다. 따라서 개성공단 관리위원회는 개성공단의 관리를 실질적으로 주도하는 기관으로서 향후 개성공단이 확대될 경우에는 그 역할이 더욱 중요하게 될 것이다. 이러한 점에서 개성공단 관리위원회가 개성공단의 법질서를 유지하기 위하여 어떠한 권한과 책임을 부담하는지를 분석하고, 개성공단을 규율하는 법령을 기초로 개성공단의 법질서를 유지할 수 있는 방안을 제시하는 것은 중요한 의미가 있다.

2. 관리위원회의 권한과 기능

가. 관리위원회의 법적 지위

개성공단 관리위원회는 개성공단의 유지 및 운영에 있어서 필요한 행정적 관리업무를 담당하는 특수한 기관이다. 관리위원회는 북한법률인 개성공업지구법을 직접적인 근거로 하여 설립된 법인이며, 남한법률인 개성공업지구지원법에 의하여도 그 법인격이 인정되고 있다. 관리위원회의 법적 성격에 대하여는 공무수탁사인이라는 견해와 특수행정기관이라는 견해가 있으나, 개성공업지구에서 실질적인 행정법적 규율사항을 수행하고 있는 특수한 행정기관이라고 파악하는 것이 타당하다. 이와 같이 관리위원회는 남한과 북한의 법률 모두에 의하여 그 법적 지위가 보장되는 특수한 성격을 가진다. 개성공업지구 검역합의서 제5조는 관리위원회에게 검역절차에 대한 협조와 검역요금의 기준을 결정할 권한을 부여하고 있다. 개성·금강산지구 출입·체류에 관한 합의서 제4조도 관리위원회로 하여금 출입을 위한 해당 증명서를 발급할 권한을 부여하고 있다. 이와 같이 개성공단과 관련한 법령과 남북합의서도 관리위원회의 법적 지위를 인정하고 있다. 이때 북한법률인 개성공업지구법이 남한주민에게 적용되는 것은 북한법률의 국내법적 성격과 효력에 관한 문제와 관련된다. 한편, 남한법률인 개성공업지구지원법이 북한지역과 북한법인에게 적용되는 것은 남한법률의 북한에서의 적용가능성의 문제와 관련된다. 이러한 헌법이론적 쟁점은 앞에서 검토한 바와 같이 남북한특수관계론에 따라 설명될 수 있고, 남북한의 법률이 상대방 주민에게 적용되는 것도 규범적으로 정당화될 수 있다.

개성공업지구법은 제21조에서 "공업지구에 대한 관리는 중앙공업지구 지도기관의 지도 밑에 공업지구 관리기관이 한다. 공업지구 관리기관은 공업지구 관리운영사업 정형을 분기별로 중앙공업지구 지도기관에 보고하여야 한다"고 규정하고 있다. 이 법률은 제26조에서 "공업지구 관리기관의 책임자는 이사장이다. 이사장은 공업지구 관리기관의 사업전반을 조직하고 지도한다"고 규정하여 관리위원회로 하여금 개성공단에 대한 관리권을 부여하고 있다. 한편, 개성공업지구 관리기관 설립·운영규정은 제2조에서 "설립된 공업지구 관리기관은 투자 및 경영활동과 관련한 사업을 직접 맡아하는 법인으로 된다"고, 제4조에서 "이사장은 공업지구 관리기관을 대표하며, 공업지구 관리기관의 사업전반을 관할한다"고 각각 규정하여 그 법적 지위를 보다 구체화하고 있다.

개성공업지구법은 하부구조의 건설 등을 포함한 개성공단의 개발과 운영에 대하여는 개발업자에게 그 권한과 책임을 부여하고 있다. 관리위원회는 원칙적으로 개발업자가 추천하는 성원들로 구성되며, 예외적으로 관리위원회의 요구에 따라 중앙특구개발 지도총국이 파견하는 성원들도 관리위원회의 성원으로 될 수 있다(제24조). 북한의 기관, 기업소, 단체는 원칙적으로 공업지구의 사업에 관여할 수 없으며, 공업지구 출입사업기관 등은 개성공업지구법과 그 하위규정에서 인정하는 일정한 범위에 한하여 그 권한을 행사할 수 있도록 제한하고 있다(제6조, 개성공업지구 관리기관 설립·운영규정 제15조 등). 관리위원회는 연간 지구개발계획을 자체적으로 작성하고, 기업의 대표들로 구성되는 기업책임자회의를 조직하여 운영할 수 있다. 또한, 수수료 등 수입금으로 자체적인 운영자금을 충당할 수 있고, 그 운영을 위하여 사업준칙을 작성할 수도 있다(제25조, 제27조, 개성공업지구 관리기관 설립·운영규정 제13조, 제16조, 제19조, 제20조 등).

이와 같이 관리위원회는 비록 중앙특구개발 지도총국의 지도를 받기는 하지만, 개성공단의 운영에 관한 대부분의 행정권을 행사함에 있어서 조직·재정·운영에 있어서 고도의 자율성과 독립성을 갖는다. 그런데 개성공업지구법은 제9조에서 "공업지구에서 경제활동은 이 법과 그 시행을 위한 규정에 따라 한다"고 규정하여 그 적용대상을 개성공업지구에서의 경제활동으로 제한하고 있으므로 관리위원회의 법적 지위도 이러한 범위에서만 인정된다는 한계가 있다. 다만, 위 규정에도 불구하고 개성공업지구법과 그 하위규정은 공업지구에서 경제활동과 직접적으로 관련되지 않는 사항에 대하여도 광범위하게 규율하는 내용을 포함하고 있다. 따라서 개성공업지구법령은 경제활동 이외에도 적용될 가능성이 있는데, 정책적 측면에서 개성공단에서는 북한의 일반 법률의 적용을 배제하고 개성공업지구법령을 광범위하게 적용할 필요성이 있다.

한편, 개성공업지구지원법은 남한의 법률이지만 제2조에서 개성공업지구, 개성공업지구 개발업자, 개성공업지구 관리기관 등에 대해 규정하면서 개성공업지구법의 효력을 인정하는 것을 전제로 하고 있다. 개성공업지구지원법은 제18조 제1항에서 "개성공업지구 관리기관은 개성공업지구의 관리·운영을 위하여 필요한 범위 내에서 법인으로서의 능력이 있"고, 제2항에서 "정부는 개성공업지구의 관리·운영을 위하여 필요한 경우에 개성공업지구 관리기관에 자금, 인력, 물품 등의 지원을 할 수 있다"고, 제3항에서 "개성공업지구 관리기관은 남한에 사무소를 둘 수 있다"고 각각 규정하여 그 법적 지위를 명확하게 인정하고 있다. 개성공업지구지원법은 제19조에서 개성공업지구 지원재단을 법인으로 설립하여 관리위원회에 대한 지원 및 운영을 지도·감독하고, 관리위원회의 각종 증명발급 및 민원업무를 대행하도록 하고 있다. 또한, 정부로 하여금 공무원 또는 공무원이 아닌 자를 일정 기간 북한에 파견하여 관리위원회 등에 근무하게 할 수 있도록 허용하고 있다. 이 법률은 현지기업에 대한 지원 등과 관련하여 한국산업안전공단의 권한과 임무(제8조 제2항), 노동부장관·국민연금관리공단·국민건강보험공단·근로복지공단 등의 권한 또는 업무(제13조 제4항), 노동부장관·근로감독관 등의 권한과 업무(제15조 제2항)의 일부를 관리위원회에 위탁할 수 있도록 규정하고 있다. 개성공업지구지원법은 이와 같이 관리위원회에 광범위한 행정적 권한을 부여하고 재정적 지원을 할 수 있도록 하면서, 그 운영에 대하여는 개성공업지구 지원재단으로 하여금 지도·감독할 수 있도록 하고 있다.

결국, 개성공단 관리위원회는 북한법률에 의하여 설립된 법인으로서 북한의 행정기관인 중앙특구개발 지도총국의 지도를 받지만, 개성공업지구법이 적용되는 영역에서는 그 조직과 운영에 있어서 고도의 자율성과 독립성이 보장되는 특수공법인이라고 할 수 있다. 또한, 관리위원회는 남한법률에 의하여도 그 법적 지위가 인정되어 일정한 영역에서 행정적 권한과 재정적 지원을 받는 동시에 그 운영에 대하여는 개성공업지구 지원재단의 지도와 감독을 받게 된다. 이와 같이 개성공단 관리위원회는 남한과 북한의 법률 모두에서 법적 근거를 가지고 법률에서 규정한 행정권한을 행사하며, 그 범위에 있어서는 북한의 중앙특구개발 지도총국과 개성공업지구 지원재단의 지도와 감독을 동시에 받게 되는 특수한 지위를 갖는다고 할 수 있다.

개성공단 관리위원회의 법적 지위에 대하여는 한반도에너지개발기구(KEDO)의 법적 지위와 비교함으로써 보다 명확하게 이해할 수 있다. KEDO는 1995년 12월 15일 체결된 '한반도에너지개발기구와 조선민주주의인민공화국 정부간의 조선민주주의인민공화국 내에서의 한반도에너지개발기구의 법적 지위, 특권·면제 및 영사

보호에 관한 의정서'에 의해 창설되었다. 이 의정서는 제1조에서 "KEDO는 북한 내에서 법인격을 갖는다. KEDO는 다음과 같은 능력을 갖는다. a. 계약, b. 동산 및 부동산의 취득과 처분, c. 소송 제기, d. 북한 관련 당국과의 협상, e. 협정, 협정에 따라서 체결된 모든 의정서, 그리고 1994년 10월 21일의 미합중국과 북한간의 기본합의문 규정에 부합되며, KEDO의 목적과 기능을 수행하는데 필요하며 KEDO와 북한간에 합의한 기타 권한의 행사"라고 규정하였다. 이에 따라 북한은 KEDO의 재산을 보호해야 하고, KEDO의 모든 사무소는 불가침이므로 누구든지 사무소장의 명시적 동의 없이는 출입할 수 없었다. 또한, KEDO의 모든 직원 및 KEDO 대표단 구성원은 불체포특권 등 일정한 특권을 가졌다. 이러한 규정에 비추어 볼 때, KEDO는 개성공단 관리위원회보다 훨씬 더 강력하게 자율성과 독립성을 가진 법적 주체로 인정되었다고 할 수 있다. 이러한 사례는 관리위원회가 향후 개성공단의 법질서유지와 관련된 권한을 설정하고 그 업무를 수행함에 있어서 중요한 시사점을 제공할 수 있을 것이다.

나. 관리위원회의 조직과 운영

개성공단 관리위원회는 이사장과 성원으로 구성된다. 개성공업지구법 제24조와 제26조는 이사장도 성원에 포함되는 것으로 해석될 수 있으나, 개성공업지구 관리기관 설립·운영규정 제5조, 제8조, 제9조를 종합적으로 고려하면 이사장은 성원에 포함되지 않는 것으로 해석하는 것이 타당하다. 이사장의 임명과 해임은 관리위원회의 해당 사업준칙에 따르고, 성원은 남한주민인 개발업자의 추천에 따라 이사장이 임명한다. 다만, 초대 이사장은 개발업자가 임명하고(개성공업지구 설립·운영규정 제5조), 이사장이 성원을 해임할 경우에는 개발업자의 추천이나 의견이 필요한 것은 아니다(개성공업지구 설립·운영규정 제8조). 이사장은 개성공단 관리위원회를 대표하고, 그 사업전반을 조직하고 지도하며, 공업지구의 개발계획과 그 실행정도에 맞게 기구와 정원수를 정하며, 성원을 임명 및 해임하는 등 막강한 권한을 보유하고 있다. 현재까지 이사장의 임명과 해임을 규율하는 사업준칙은 마련되어 있지 않다.

개성공단 관리위원회의 이사장은 북한의 중앙특구개발 지도총국과 남한의 개성공업지구 지원재단의 지도와 감독을 받도록 되어 있다. 그럼에도 불구하고 관리위원회는 자신의 업무에 대하여 상당한 자율성과 독자성을 가지고 있으며, 광범위한 영역에서 행정권한을 행사할 수 있다. 따라서 법치행정의 원칙에 따라 민주적 정당성을 확보할 수 있도록 이사장의 임명과 해임을 규율하는 사업준칙을 신속하게 마련할 것이 요구된다. 이 사업준칙에는 이사장의 자격, 추천과 선임절차, 임기, 권한행사의 기준과 절차, 해임의 사유와 절차 등이 규정되어야 할 것이다. 한편, 관리위원회의 성원은 전문지식과 해당부문의 사업경험을 소유하여야 하며, 공업지구 안에 설립된 기업 또는 경제조직에 종사하는 자는 성원이 될 수 없도록 그 자격과 조건을 제한하고 있다(개성공업지구 관리기관 설립·운영규정 제7조).

개성공업지구 관리기관은 2004년 10월에 관리위원회라는 이름으로 설립되어 4부 1사무소로 구성되었다. 2007년 12월 개성공업지구 지원재단이 설립되면서 조직을 개편하여 현재는 이사장에 해당하는 위원장, 부위원장, 8개의 부로 조직되어 있다. 개성공단 관리위원회는 서울에 사무소를 두고 있는 개성공업지구 지원재단과 긴밀한 협조관계를 유지하고 있다. 개성공단 관리위원회는 개성에 설치되어 있고, 이사장을 비롯한 대부분의 구성원이 남한주민으로 구성되어 있으며, 그 역할과 기능도 행정적 지원을 비롯한 광범위한 내용을 포괄하고 있다. 개성공업지구 지원재단은 이러한 관리위원회를 효율적으로 지원하고, 남한의 기업들과 정부기관 등을 상대로 관리위원회의 업무추진을 협조하고 조정하는 업무를 담당한다. 개성공업지구 지원재단은 관리위원회와 독립된 별개의 조직이지만, 그 조직과 업무는 밀접하게 관련되어 있다. 개성공업지구 지원재단은 이사장, 상근이사, 감사, 사무국장으로 구성되고, 사무국에는 기획법제부, 예산회계부, 도라산출입사무소가 있다. 개성공업지구 지원재단의 이사장은 관리위원회의 위원장을 겸임하고, 지원재단의 상근이사는 관리위원회 부위원장으로 파견되어 근무한다.

개성공단 관리위원회에는 모두 8개의 부가 구성되어 있다. 관리총괄부는 행정적 지원을 위해 개성공단 방문행사, 출퇴근버스 관리, 홍보 등 업무를 맡고 있다. 기업지원부는 입주기업을 지원하는 부서로서 노무관리, 기업등록, 보건 및 위생에 관한 업무를 맡고 있다. 공단관리부는 건축과 지적, 공단 내 시설의 관리책임을 맡고 있으며, 환경관리와 소방, 통신과 광고 등 업무를 담당하고 있다. 공단개발부는 개성공단의 개발계획, 건축인허가, 건설관리 등 업무를 담당하고 있으며, 출입사업부는 남한과 개성공단 사이의 인원과 차량의 출입, 물자의 반·출입, 주요물자의 관리 등의 업무를 맡고 있다. 기술교육부는 개성공단에서 근무하는 북한 근로자들에게 기술을 전수하기 위한 각종 기술교육과 산학협력 등을 담당한다. 법무지원부는 개성공단에서 시행되는 법제를 정비하고, 남한 주민의 신변안전을 위한 법제도, 세무와 회계, 부동산 등록 등의 업무를 맡고 있다. 마지막으로 협력부는 대외협력의 문제를 처리하고, 관련 기관과 지속적인 협의를 해나가는 역할을 담당하고 있는데, 이 협력부에는 북한주민이 소속되어 있다. 한편, 관리위원회는 2005년 2월 소방대를 창설하여 운영하고 있는데, 소방대는 남측 소방전문가와 소방대원으로 구성되어 입주기업들에 대한 소방안전점검 및 모의훈련 등을 실시하고 있다.

다. 관리위원회의 권한과 임무

개성공단 관리위원회의 권한과 임무에 대한 내용은 개성공업지구법, 개성공업지구 관리기관 설립·운영규정을 비롯한 관련 하위규정에 구체적으로 규정되어 있다. 개성공업지구법 제25조와 개성공업지구 관리기관 설립운영규정 제13조는 관리기관의 임무로서 "1. 투자조건의 조성과 투자유치, 2. 기업의 창설 승인, 등록, 영업허가, 3. 건설허가와 준공검사, 4. 토지이용권, 건물, 운전기재의 등록, 5. 기업의 경영활동에 대한 지원, 6. 하부구조 시설의 관리, 7. 공업지구의 환경보호, 소방대책, 8. 남측지역에서 공업지구로 출입하는 인원과 수송수단의 출입증명서 발급, 9. 공업지구관리기관의 사업준칙 작성, 10. 이 밖에 중앙공업지구 지도기관이 위임하는 사업"을 규정하고 있다. 관리위원회의 권한과 임무는 관련 법령을 중심으로 다음과 같이 유형화할 수 있다.

첫째, 공업지구의 개발계획을 수립하고 실행한다. 관리위원회는 개발업자가 작성하고 지도기관이 승인한 공업지구개발 총계획과 단계별 계획에 기초하여 연간 지구개발총계획을 자체로 작성하고 실행하여야 한다(개성공업지구 관리기관 설립·운영규정 제14조). 이러한 개발계획에 따라서 관리위원회는 투자조건을 조성하고 투자를 유치하는 한편, 전기·용수·도로 등 하부구조 시설을 건설하고 이를 관리한다. 개성공업지구 1단계 하부구조시설은 한국토지공사가 건설한 후 개성공단 관리위원회에서 인수하여 관리하고 있다. 관리위원회는 기반시설 건설과 관리를 위하여 하부구조시설 관리준칙, 폐기물관리준칙, 폐수종말처리시설 비용부담 세부지침, 수도시설의 청소 및 위생관리 등에 관한 세부지침, 공원·녹지 관리준칙 등을 제정하였다.

둘째, 인허가 등 각종 행정업무를 수행한다. 관리위원회는 기업의 창설과 영업, 업종변경에 대한 승인과 등록, 건설허가와 준공검사, 토지이용권, 건물, 차량 등의 등록업무를 수행하고 있다. 관리위원회는 광고업의 승인, 야외광고물의 설치와 변경의 승인, 은행에 돈자리(계좌) 개설신고, 지사와 사무소의 설치승인, 기업해산의 신고 등 개성공단에서 경제활동을 수행하는 기업의 존속, 유지, 활동에 대하여 다양한 행정업무를 수행한다. 또한, 개성공단에 출입·체류·거주하는 인원에게 출입증 등을 발급하고, 물자의 반·출입과 세관검사에 있어서 일정한 관리업무를 담당하는 등 출입사업기관, 세관 등과 협조한다. 그 이외에도 입주기업의 노력채용과 관리사업에 대한 감독·통제사업을 수행하며, 환경보호와 소방대책을 위하여도 행정적 예방과 규제를 하고 있다. 관리위원회는 이를 위하여 개성공업지구 관리기관 설립운영규정, 기업규정, 광고규정, 세관규정, 노동규정, 출입체류규정 등 하위규정과 기업창설운영준칙, 부동산등록준칙, 토지계획 및 이용에 관한 준칙, 자동차등록준칙, 수질환경관리준칙, 대기환경관리준칙, 소음진동관리준칙, 폐기물관리준칙 등 각종 사업준칙을 제정하여 시행하고 있다.

셋째, 입주기업의 경영활동을 지원한다. 관리위원회는 앞에서 검토한 바와 같이 다양한 행정업무를 수행함으로써 기업의 경영활동을 지원하는 이외에 입주기업의 대표들로 구성되는 기업책임자회의를 조직·운영하여 기업의 각종 경영활동에 대한 자문기구의 역할을 하도록 하며, 지구의 개발 및 관리운영에 관련하여 제기되는 중요문제를 토의하고 대책을 모색한다(개성공업지구 관리기관 설립·운영규정 제16조, 제17조). 또한, 북한 근로자들의 노동생산성 향상을 위하여 교육과 훈련업무를 담당하고 있는데, 이는 북한주민의 노동력을 이용하는 기업에게는 매우 중요한 사업이다. 개성공단에 입주한 기업이 개별적으로 소속 근로자들에 대한 교육훈련을 실시하고 있으나, 관리위원회는 이를 체계적으로 지원하기 위하여 기술교육센터를 설립하여 운영하고 있다. 이를 통하여 입주기업의 생산성을 향상시킬 수 있을 뿐만 아니라, 향후 다양한 분야에서 전문적인 기술교육을 받은 근로자를 희망하는 입주기업의 수요에도 부응할 수 있을 것으로 기대된다.

넷째, 사업준칙을 작성할 수 있다. 관리위원회는 개성공업지구법과 하위규정에서 규정하고 있는 내용을 구체적으로 집행하기 위하여 사업준칙을 작성할 수 있다. 개성공단에서의 경제활동에 대하여는 개성공업지구법과 하위규정만으로는 통일적이고 체계적으로 규율하지 못하므로 이를 구체적으로 집행하는 하위규범이 필요하다. 개성공업지구법은 이를 위하여 중앙특구개발 지도총국으로 하여금 공업지구법규의 시행세칙을 작성할 수 있는 권한을 부여하고 있다. 관리위원회가 작성하는 사업준칙의 규범적 성격과 효력에 대하여 논란이 있을 수 있으나, 시행세칙이 제대로 정비되어 있지 않은 상태에서 개성공단의 규범체계를 정비할 필요가 있으므로 사업준칙을 체계적으로 정비하는 것이 요청된다고 하겠다. 개성공업지구법과 하위규정은 사업준칙의 법적 성격이나 효력에 대하여 아무런 규정을 두지 않고 있으나, 금강산관광지구 관리기관 설립운영규정 제14조는 "관광지구 관리기관은 관광지구의 법과 규정에 따르는 사업준칙을 작성하고 시행하여야 하며, 중앙관광지구 지도기관은 사업준칙이 관광지구의 법규에 어긋날 경우 그에 대한 수정을 요구할 수 있다"고 규정하였다. 2014년 3월 현재 관리위원회는 기업창설운영준칙, 부동산등록준칙, 토지계획 및 이용에 관한 준칙, 하부구조시설 관리준칙, 건축준칙, 노동안전준칙, 외화관리준칙, 광고준칙, 수수료징수 등에 관한 준칙 등 총 51개의 사업준칙을 작성하여 시행하고 있다.

다섯째, 운영자금을 가지며, 예산을 자체적으로 편성하고 집행한다. 관리위원회는 운영자금을 수수료와 같은 수입금으로 충당하는데, 수수료를 정하는 사업을 스스로 결정한다. 부족한 운영자금은 기업으로부터 월노임 총액의 0.5%를 받아 보충할 수도 있다. 관리위원회는 연간 회계결산서를 다음해 3월 안으로 중앙공업지구 지도기관에 내어야 하나, 재정에 있어서 상당한 정도의 독자성과 자율성을 가진다(개성공업지구법 제27조, 개성공업지구 관리기관 설립·운영규정 제19조, 제20조, 제21조).

여섯째, 그 밖에 중앙공업지구 지도기관이 위임하는 사업을 수행한다. 중앙특구개발 지도총국은 북한의 정식 행정기관으로서 개발업자의 지정, 세무관리, 시행세칙의 작성 등의 업무를 담당한다. 또한, 국가로부터 위임받은 사업을 수행하기도 하고, 관리위원회에 자신의 사업을 위임할 수도 있다(개성공업지구법 제22조, 개성공업지구 관리기관 설립·운영규정 제13조). 이때 국가 또는 중앙특구개발 지도총국이 위임하는 사업은 그 내용에 제한이 없으므로 관리위원회는 개성공단의 운영과 관련하여 다양한 행정업무를 수행할 가능성도 있다. 즉, 개성공단에서의 치안유지와 법질서유지 등과 같이 개성공업지구의 경제활동에 포함되지 않아 개성공업지구법령이 적용되지 않고 북한의 일반 법률이 적용되는 사항에 대하여도 관리위원회가 그 업무를 담당할 수도 있는 것이다.

3. 법질서유지의 주체와 입법형식

가. 법질서에 대한 법령 규정

개성공단을 규율하는 법률체계 가운데 부분적으로나마 개성공단에서의 법질서유지에 대하여 직접 규정하고 있는 것은 개성공업지구법의 하위규정인 개성공업지구 출입·체류·거주규정과 개성·금강산지구 출입·체류합의서뿐이다. 이외에도 앞에서 검토한 바와 같이 중앙특구개발 지도총국이 국가로부터 위임받아 관리위원회에 법질서유지에 대한 권한과 임무를 부여하는 것도 가능하다. 하지만 현재까지 법질서유지에 대하여 직접 권한을 부여하는 규정을 제정하거나 그에 대한 조치를 하고 있지는 않다.

개성공업지구 출입·체류·거주규정은 제1조에서 "이 규정은 개성공업지구의 출입, 체류, 거주에서 제도와 질서를 엄격히 세워 인원 및 수송수단의 출입과 체류자, 거류자의 편의를 도모하는데 이바지 한다"고 규정하고 있다. 제3조에서는 "공업지구의 출입, 체류, 거주와 관련한 사업은 공업지구 출입사업기관이 한다. 공업지구 관리기관에는 출입사업을 보장하기 위한 부서를 둔다"고 규정하고 있다. 이 규정은 그 적용대상을 원칙적으로 남한주민과 수송수단으로만 제한하고 있는데, 남한주민의 체류와 거주의 등록 등에 대하여 자세하게 규정하고 있다. 특히, 제28조는 "공업지구에 체류, 거주하는 자는 인신과 주택의 불가침권, 서신의 비밀을 보장 받는다. 법에 근거하지 않고서는 체류자, 거주자를 구속, 체포할 수 없으며, 몸이나 살림집을 수색할 수 없다"고 법적 보호에 대해서도 규정하고 있다.

이들 규정에 따르면, 개성공단에서의 법질서유지는 관리위원회가 아닌 북한의 출입사업기관의 권한에 속하는 것으로 해석할 수 있다. 다만, 관리위원회에 출입사업을 보장하기 위한 부서를 두도록 규정하고 있으므로 제한된 범위에서는 관리위원회가 관여할 수 있을 것이다. 관리위원회가 안전·보건·위생·환경 등 특정한 분야별로 제정한 일부 사업준칙은 법질서유지와 관련된 금지행위를 나열하는 등 의무사항을 규정하고, 이를 위반한 경우에는 벌금 등 제재를 가하는 규정을 두고 있다. 그러나 위 출입·체류·거주규정은 남한주민의 출입, 체류, 거주의 등록 등과 관련된 행정업무를 중심으로 규정하고 있을 뿐, 개성공단의 법질서유지에 대해 일반적이고 종합적으로 규정하고 있는 것은 아니다. 또한, 관리위원회가 사업준칙을 통하여 행정적 제재를 가하는 것도 일정한 범위로 제한된다. 결국 현재로서는 개성공단에서의 질서유지에 대하여 직접적으로 규정하고 있는 규범은 없는 상태라고 해석할 수 있다.

한편, 개성·금강산지구 출입·체류합의서는 개성공단을 출입·체류하는 남한주민에 대하여 그 절차, 증명서의 발급과 등록 등 행정업무에 국한하여 규정하고 있다. 이 합의서는 제9조의 긴급구호조치와 제10조의 신변안전보장을 통하여 법질서유지에 대하여 부분적으로 규정하고 있으나 개성공단에서의 법질서유지에 대하여 일반적으로 규율하고 있는 것은 아니다. 이 합의서 제10조는 원칙적으로 개성공단에는 북한의 형사사법관할권이 적용된다는 것을 전제로 남한주민에 대하여만 예외적으로 그 형사사법관할권을 배제하고 있다. 결국, 현재 개성공단을 규율하는 법령에 따르면 개성공단에서 발생하는 법질서위반행위에는 원칙적으로 북한의 형법이나 행정처벌법 등이 그대로 적용되는 것으로 해석된다. 또한, 관리위원회에 개성공단에서의 법질서유지에 관한 권한을 부여하고 있는 것이라고 해석할 수도 없다. 그러므로 개성공단의 법질서유지를 위하여 특별한 기구를 설치하거나 관리위원회에 법질서유지권을 부여하기 위해서는 새로운 법적 근거가 필요한 상황이다. 이를 위해서는 남한 또는 북한의 법률이나 법률적 효력을 갖는 남북합의서를 통하여 새로운 규범적 근거를 마련하여야 할 것이다.

나. 법질서유지의 주체

개성공단에서 법질서유지를 규율하는 주체를 누구로 결정할 것인가에 대하여는 이론적으로는 다양한 방안이 제시될 수 있다. 즉, 북한당국이 일반 행정권과 사법권을 행사하는 방안, 남한이 독자적으로 규율하는 방안, 남북한이 공동으로 별도의 기구를 만들어 규율하는 방안, 국제기구의 협조를 받아 규율하는 방안, 개성공단 관리위원회가 규율하는 방안 등을 생각할 수 있다.

첫째, 북한당국이 일반 행정권과 사법권을 행사하는 방안은 남북한특수관계론과 현재 개성공단에 관한 법령을 기초로 한다. 이에 따르면 개성공단에서 북한 인민보안성 등의 경찰권과 형사사법권의 행사를 인정하게 되는 것이다. 그러나 이 방안은 북한이 개성공단에서 법질서유지에 대해 아무런 법적 장치를 마련하지 않고 있는 상태에서 남한주민에 대한 신변안전을 보장하지 못하는 문제점이 있다. 즉, 현재로서는 북한의 경찰권과 형사사법권이 입헌주의와 실질적 법치주의에 위반되는 요소가 많기 때문에 남한주민의 기본권과 신변안전을 보장하기 어렵다고 하겠다. 개성공업지구의 관리체계에 비추어 개성공업지구 출입사업기관으로 하여금 법질서유지의 권한과 임무를 부여하는 것도 고려할 수 있다. 그러나 앞에서 검토한 바와 같이 법질서유지에 대한 내용이 명확하게 규정되어 있지 않은 상태에서, 북한의 행정기관인 출입사업기관에게 그 권한을 부여하는 것은 결국 북한당국의 행정권과 형사사법권을 인정하는 것과 동일하므로 타당한 방안이 아니라고 판단된다.

둘째, 남한이 독자적으로 규율하는 방안은 남한주민의 신변안전과 권리보호에는 장점이 있으나, 현실적으로 북한이 이를 수용할 가능성이 희박하다고 할 것이다. 특히, 개성공단의 법질서유지는 그 인적 대상이 남한주민만으로 제한되는 것이 아니라 북한주민도 포함되므로 개성공단에서 남한의 경찰권과 형사사법권을 행사하는 것은 기대하기 어려울 것이다. 남북한이 공동으로 별도의 기구를 만들어 규율하는 방안도 남북한의 합의를 전제로 하는 것으로 개성·금강산지구 출입·체류합의서의 체결과정에서 알 수 있듯이 북한이 수용할 가능성이 희박하다. 또한, 국제기구의 협조를 받아 규율하는 방안도 남북관계의 특수성이나 민족내부거래의 원칙에 비추어 정책적으로도 바람직하지 않고, 현실적으로도 타당하지 않다고 판단된다.

셋째, 개성공단 관리위원회가 규율하는 방안은 남한주민인 입주기업이 북한지역이라는 특수한 환경 하에서도 안정적으로 기업을 운영해 나갈 수 있도록 관리위원회가 배려하고 있다는 점을 반영한 것이다. 즉, 관리위원회가 설립과 운영에 있어서 고도의 자율성과 독립성을 보유하고, 개성공단에서 기반시설의 관리를 비롯하여 개성공단사업의 관리에 있어서 실질적으로 행정권을 위임받아 행사하도록 한 것이다. 관리위원회는 현재도 소방, 환경, 시설관리 등 부분적으로 사실상 법질서위반행위를 규율하고 있고, 개성공업지구법령도 관리위원회의 법질서유지권을 배제하지 않고 부분적으로 질서유지권을 부여하고 있다. 이와 같이 관리위원회의 법적 지위, 역할과 기능, 실제적인 운영상황 등을 고려할 때 개성공단의 질서유지에 대한 권한과 책임을 관리위원회로 하여금 담당하도록 하는 것이 현재의 법제도의 취지에도 부합하고, 개성공단을 합리적으로 운영할 수 있는 현실적인 방안이라고 판단된다.

이때 북한의 영토주권이 미치는 지역인 개성공단에서 관리위원회가 법질서유지를 위한 경찰권 등을 행사하는 것이 가능한지 여부도 논란이 될 수 있다. 그러나 북한법률에 의하여 그 권한이 인정되는 경우에는 가능하다고 할 것이다. 이러한 방안은 이미 다른 사례를 통해 경험한 적이 있다. 즉, KEDO의 경우 관련 의정서에 따라 KEDO가 경수로부지 내에서는 법질서유지에 대한 직접적 권한과 책임을 부담하며, 자체적인 질서유지를 위하여 질서유지대를 운영하였다. 또한, 주한미군이 그 영내에서 시행하는 영내보호규칙를 제정한 것이나 유엔경비대가 유엔본부구역 내에서 보안규칙을 제정한 것도 이와 유사한 사례라고 할 수 있다. 이러한 의미에서 개성공단의 질서유지를 위해서는 개성공업지구법 및 하위규정 기타 관련 법제도를 정비하여 구체적인 내용과 절차를 규정하는 것이 필요할 것이다.

다. 체계정합적인 입법기준

현행 법제도의 해석상으로는 이와 같은 법질서유지권을 인정할 법적 근거가 없으므로 관련 법령을 개정하여 관리위원회에 법질서유지권을 부여하기 위한 법적 근거를 마련할 필요가 있다. 이를 위해서는 개성공업지구법을 개정하는 방안, 하위규정인 개성공업지구 관리기관 설립·운영규정을 개정하거나 법질서유지를 위한 새로운 하위규정을 제정하는 방안, 법질서유지에 대한 시행세칙이나 사업준칙을 제정하는 방안을 고려할 수 있다.

첫째, 개성공업지구법을 개정하여 관리위원회에 자율적인 법질서유지권을 부여하는 규정을 두는 것은 부문법에 근거규정을 두는 것이므로 가장 안정적인 법적 근거를 가지는 장점이 있다. 개성공업지구법은 2002년 최고인민회의 상임위원회 정령으로 채택되었고, 2003년 4월 24일 최고인민회의 상임위원회 정령으로 수정·보충되었다. 북한 헌법상 부문법을 수정·보충하는 권한은 최고인민회의에 부여되어 있는데, 최고인민회의의 의결을 위해서는 대의원 전원의 3분의 2 이상이 참석한 회의에서 참석 대의원 과반수의 찬성이 필요하다. 그리고 최고인민회의 휴회 중에 제기된 새로운 부문법안과 규정안, 현행 부문법과 규정의 수정·보충안을 심의하고 채택하는 권한은 최고인민회의 상임위원회에 부여되어 있는데, 최고인민회의 휴회 중 채택·실시하게 된 중요부문법의 경우 다음번 최고인민회의에서 이를 승인받아야 한다(북한 헌법 제91조, 제93조, 제97조, 제116조 제2호). 따라서 부문법에 해당하는 개성공업지구법을 개정하기 위해서는 위와 같은 절차를 거쳐야 하고, 이를 중요부문법으로 인정할 경우에는 최고인민회의의 승인을 받아야 하므로 그 절차가 복잡하다는 단점이 있다.

둘째, 개성공업지구법은 그대로 두고 관련 하위규정을 개정하거나 제정하는 방안을 생각할 수 있다. 개성공업지구 관리기관 설립·운영규정은 2003년 12월 11일 최고인민회의 상임위원회 결정으로 채택되었는데, 하위규정의 개정절차에 대해서는 북한 헌법에서 따로 규정하고 있지 않다. 따라서 부분법인 개성공업지구법 개정에서처럼 최고인민회의의 의결 등을 필요로 하지는 않는 것으로 보이지만, 하위규정도 최고인민회의 상임위원회의 의결을 거쳐야 한다는 점에서 개정절차가 용이하지는 않을 것으로 예상된다. 또한, 개성공업지구법 하위규정을 새롭게 제정하는 것도 하위규정이 북한의 법률체계에서 부문법이 아닌 그 하위법규에 해당하여 관리위원회에 법질서유지권을 부여하는 법적 근거로는 다소 미약하다는 것이 문제점이 될 수도 있다.

셋째, 개성공업지구법에 따라 중앙특구개발 지도총국의 시행세칙이나 관리위원회의 사업준칙을 제정함으로써 법질서유지권의 법적 근거를 마련하는 방안도 생각해 볼 수 있다. 이러한 방안은 북한 최고인민회의나 최고인민회의 상임위원회 등을 거치지 않고 규범을 제정할 수 있다는 점에서 절차가 간편하다는 장점이 있다. 다만, 시행세칙의 경우에는 중앙특구개발 지도총국이 그 제정을 적극적으로 추진하지 않고 있으며, 관리위원회의 사업준칙도 기술적 사항을 구체적으로 규정하고 있어 법질서유지권의 법적 근거로 삼기에는 미흡하다는 단점이 있다. 특히, 북한의 공권력 행사를 배제하는 것을 기본내용으로 하는 법질서유지권을 관리위원회에 부여하면서 그 법적 근거를 관리위원회 스스로 제정하는 사업준칙에 규정하는 것은 법률체계상 문제가 있을 뿐만 아니라 북한 당국도 그 법적 구속력을 인정하지 않을 가능성이 크다.

라. 관련 법령의 개정

개성공단 관리위원회에게 법질서유지권을 부여하는 입법형식은 법률체계의 정합성과 현실적 가능성의 측면에서 그 장단점을 비교하여 결정해야 한다. 비록 법률개정의 절차가 다소 까다롭다고 하더라도 법질서유지권을 안정적으로 확보하기 위해서는 실질적으로 규범력 있는 법적 근거를 마련하여야 하므로 부문법인 개성공업지구법을 개정하는 방식이 가장 바람직하다고 판단된다. 또한, 법질서유지와 관련된 하위규정을 새롭게 제정하거나 개정하여 이를 반영하고, 시행세칙이나 사업준칙을 통하여 구체적으로 그 절차와 내용을 규율하는 것이 필요하다. 한편, 관리위원회에 법질서유지권을 부여할 경우에는 남한의 개성공업지구지원법이나 시행령에도 그와 관련된 내용을 포함시켜 정합성을 유지할 필요가 있을 것이다.

개성공업지구법에 법질서유지에 관한 규정을 신설하는 경우에는 개성공업지구법의 체계를 고려하여 '제3장 개성공업지구의 관리'에서 규율하는 것이 적당하다고 판단된다. 즉, 제22조의 중앙공업지구 지도기관의 임무에 대한 규정과 제25조의 공업지구 관리기관의 임무에 대한 규정에도 질서유지에 관한 권한을 추가하여 관리위원회의 임무의 내용에 '공업지구에서의 법질서위반행위에 대한 질서유지'를 포함시키는 것이 필요하다. 개성공업지구 관리기관 설립·운영규정에도 이를 반영하여 제13조에 '공업지구에서의 법질서위반행위에 대한 질서유지'를 규정하여야 하며, 이와 동시에 별도의 하위규정으로서 '개성공업지구 법질서유지규정'을 제정하는 것도 필요하다. 이 법질서유지규정에는 법질서유지의 개념, 법질서위반행위의 범위, 인적 대상과 장소적 대상 등 적용대상, 법질서행위의 준수 또는 금지행위의 유형과 내용 등을 구체적으로 규정하고, 이와 동시에 법질서유지대의 구성과 권한, 임무와 법질서위반행위에 대한 처리기준과 절차도 규정하여야 할 것이다.

이러한 법적 근거를 바탕으로 하여 보다 자세하고 구체적인 내용에 대해서는 '개성공업지구 무질서행위처리에 대한 준칙'을 시행세칙 또는 사업준칙으로 제정하여 규정하는 것이 필요할 것이다. 이 경우에는 관리위원회가 법질서위반행위에 대한 규율권을 가지고 다양한 분야에서 사업준칙이 제정되어 현실적으로 개성공단사업을 규율하고 있으므로 시행세칙보다 사업준칙 형식으로 제정하는 것이 더 현실적이라고 판단된다. 개성공단에서의 질서유지와 관련해서는 개성공업지구 시행세칙과 사업준칙에서 산발적으로 규정하고 있다. 질서유지를 위한 사업준칙을 제정할 경우에는 개별적인 시행세칙과 사업준칙에서 규정하고 있는 내용을 일부 조정할 필요가 있을 것이다.

4. 법질서유지의 법제도화

가. 법질서유지대의 조직과 구성

개성공단 관리위원회에 법질서유지권을 부여할 경우에는 구체적으로 그 권한을 집행하는 기구를 운영하는 것이 필요하다. 이는 관리위원회의 조직체계를 고려하여 기능적 적정성과 효율적 권한분배의 원칙에 따라 결정하여야 할 것이다. 현재 관리위원회는 총

8개의 실무부서로 조직되어 있는데, 법질서유지를 담당하는 기구에 대해서는 기존의 법무지원부 소속으로 두는 방안과 새로운 별도의 조직을 설치하여 관리하는 방안을 생각할 수 있다.

법무지원부가 법질서유지권을 직접 담당하거나 법무지원부 내에 질서유지 담당기구를 설치하는 방안은 법무지원부의 업무내용과 권한배분의 적정성을 기준으로 정책적으로 선택할 수 있을 것이다. 현재 법무지원부는 법제정비와 신변안전을 주된 업무로 담당하고 있으므로 새로운 조직을 만들거나 업무내용을 조정하지 않아도 된다는 장점이 있다. 그러나 법제를 정비하고 이를 지원하는 법무지원부가 구체적인 집행행위인 법질서유지권을 행사하는 것은 권한배분에 있어서 이익충돌의 원칙에 위배될 수 있다는 문제점이 제기될 수 있다. 즉, 법질서유지권의 행사는 일종의 준사법적 업무를 포함하고 있으므로 그 업무의 독립성과 자율성을 확보할 필요가 있다는 것이다. 따라서 현재 관리위원회의 조직체계를 고려할 때에는 이른바 '법질서유지대'와 같은 별도의 기구를 설치하여 운영하는 것이 바람직하다고 판단된다.

법질서유지대를 설치하는 경우에는 그 업무를 공정하게 수행함으로써 남북한 주민으로부터 신뢰를 확보하는 것이 중요하며, 이를 위해서는 그 구성원의 선정이 매우 중요하다. 법질서유지대는 남한 또는 북한의 사법경찰권과 동일한 권한을 가지는 것은 아니지만 실질적으로는 사법경찰권을 행사하게 된다. 따라서 관리위원회가 법질서유지대를 조직할 경우에는 그 책임자와 주요 간부들을 자유민주주의와 법치주의의 중요성을 잘 인식하고 있는 남한주민을 중심으로 구성하여야 할 것이다. 다만, 법질서유지권을 행사하는 장소적 적용범위가 북한지역이고 그 인적 적용범위에 북한주민이 포함되는 점을 고려하여 그 구성원에 북한측 인사도 일부분 포함시키는 것도 필요할 것이다.

나. 법질서유지대의 권한

법질서유지대는 기본적으로 개성공단에서 적용되는 관련 법령이 제대로 준수되고, 개성공단이 안전하고 평화롭게 운영될 수 있도록 질서를 유지하는 것을 그 임무로 한다. 법질서유지대의 권한은 그 내용에 따라서 다음과 같이 유형화할 수 있을 것이다.

첫째, 개성공단의 공공질서와 안녕을 유지하는 권한을 갖는다. 법질서유지대는 개성공단에서 각종 사고와 무질서를 예방하여 개인의 재산을 보호한다. 이를 위하여 법질서유지대는 개성공단 내부를 일상적으로 순찰하여 무질서를 예방하되, 그 권한이 남용되지 않도록 순찰시 주요 점검사항, 순찰근무요령, 주·야간 순찰방법, 순찰시 유의사항 등을 규정한 업무지침을 마련해야 한다. 만약, 법질서위반행위가 발생한 경우에는 법질서유지대는 이를 1차적으로 진압하고, 위반행위자를 격리하는 등 적절한 조치를 취하여야 하며, 위반행위에 상응하는 처분을 할 수 있어야 할 것이다.

둘째, 개성공단에서의 교통안전관리를 위한 교통통제권한을 갖는다. 개성공단사업이 확대됨에 따라 개성공단 내부에서의 이동과 물자운송 등을 위해서 도로 등 교통인프라가 발달하고, 이에 따라 차량운행과 관련된 사고도 증대될 것으로 예상된다. 따라서 신호위반·과속·중앙선 침범·보행자통행도로 운행, 음주운전, 무면허운전 등 교통사고와 관련된 준수사항과 위반행위에 대한 법질서유지대의 근무요령과 대처방법에 대하여 구체적인 업무지침을 마련하여야 할 것이다.

셋째, 개성공단에서의 시설·장비·기타 재산의 도난·화재 등으로 인한 위험과 산업안전사고를 예방하고, 안전관리의무의 소홀로 인한 재해에 대하여 적절하게 대처할 권한을 갖는다. 개성공단사업의 확대에 따라 산업안전사고도 계속적으로 발생할 것으로 예상되므로 안전관리의무를 위반하여 폭발이나 화재와 같은 산업재해가 발생하거나, 인적·재산적 손해를 야기하는 경우를 대비할 필요가 있다. 따라서 장비·기구의 안전한 사용, 폭발성 있는 물질과 에너지의 관리, 산업현장에서의 안전조치, 자연재해의 예방 등에 대하여 구체적인 업무지침을 수립하고, 산업재해가 발생한 경우에 대처하는 요령에 대하여도 자세하게 규정할 필요가 있다.

넷째, 기타 법질서유지와 관련하여 개성공단 관리위원회가 지시하는 업무를 수행하는 권한과 책임을 갖는다. 법질서유지의 대상이 되는 행위는 매우 다양하며 관련 법령이 규정하는 모든 행위가 이에 포함된다. 따라서 위에서 언급한 유형 이외에도 개성공단에서의 법질서유지와 직접 또는 간접적으로 관련된 질서유지활동을 수행할 수 있어야 한다. 그 대표적인 사례는 지정된 지역 내의 출입인원 및 차량의 출입통제와 감시, 건설자재의 반출입 통제, 주요 시설물의 경비 및 순찰, 긴급 소방대 업무수행 등을 들 수 있을 것이다.

한편, 법질서유지대가 법질서위반행위에 대하여 최종적인 처분권한을 갖는지가 문제될 수 있다. 법질서유지대는 개성공단의 질서를 유지하기 위하여 제한된 범위에서 사법경찰권을 행사할 수 있으나, 국가의 형사사법권을 행사하는 것은 아니다. 또한, 법질서유지대가 소속된 관리위원회도 특수한 공법인으로서 개성공단의 관리에 관한 행정적인 업무수행을 할 뿐, 형사사법권을 행사할 권한을 갖는 것이 아니다. 따라서 법질서위반행위에 대한 최종적인 처분권을 법질서유지대에게 부여할 수는 없다고 하겠다. 이것이 남북한 당국간의 개성·금강산지구 출입·체류합의서 제10조 제2항의 내용과도 부합하는 해석이기도 하다. 따라서 최종적인 처분권은, 경고·범칙금 등 행정질서벌에 해당하는 법질서위반행위의 경우에는 개성공단 관리위원회가 가지도록 하고, 행정질서벌의 단계를 넘어선 형사사법권을 행사하여야 할 법질서위반행위의 경우에는 위 합의서에 따라야 한다. 따라서 북한주민이 그 당사자인 경우에는 북한당국으로 인도하고, 남한주민이 그 당사자인 경우에는 남한당국으로 추방하여 남한의 형사사법권을 적용하는 것이 타당하다고 판단된다.

다. 법질서 준수사항

개성공단의 법질서를 유지하고 그 위반행위를 규율하기 위해서는 법치주의를 기초로 하여 규율대상이 되는 사람들이 지켜야 할 법질서 준수사항을 명확하게 규정할 것이 요구된다. 이러한 내용은 다음과 같이 유형화할 수 있다.

첫째, 개성공단사업에 관련된 모든 근무자는 부지에서의 안녕과 질서유지를 위하여 노력하여야 하고, 개성공단과 관련된 법령을 준수한다는 것을 선언적으로 규정할 필요가 있다. 이 규정은 개성공업지구법이나 관련 하위규정에서 선언하고 구체적인 내용은 시행세칙이나 사업준칙에서 규정할 수 있을 것이다.

둘째, 개성공단에 출입, 체류, 거주하는 인원은 관련 법령이 요구하는 증명서의 소지와 반납, 통신의 이용과 보안사항, 차량 및 장비운송에 있어서 관련 법령을 준수하여야 하며, 그에 필요한 이

행사항이나 금지사항을 구체적으로 규정하여야 한다. 그 내용은 사업준칙 등에서 규정할 수 있는데, 망원경·카메라·캠코더 등 고성능 통신장비의 반입과 사용, 교통사고 발생에 대한 처리, 도박이나 마약의 금지와 음주의 장소적·시간적 제한, 공중위생을 위한 동식물 검역, 환경보호를 위한 조치의무, 개성공단 이외의 북한지역의 주민과의 접촉제한 등을 포함시킬 수 있을 것이다.

셋째, 개성공단의 법질서를 실효적으로 유지하기 위하여 개성공단에 체류, 거주하는 자들에게 질서유지에 장애를 초래하거나 질서를 파괴하는 행위를 관리위원회에 신고 또는 고지할 의무를 부과하는 것도 고려할 수 있을 것이다. 이 의무를 위반한 자에 대하여 형사적·행정적 제재를 하는 것은 신중하게 결정하여야 할 것이나, 개성공단사업이 안정적으로 유지될 때까지는 의무를 부과할 수도 있을 것이다. 특히, 개인이 아닌 입주기업의 경영자는 그 직원이 법질서위반행위를 한 경우에는 그 내용을 관리위원회에 신고토록 하고, 관리위원회는 그 위반내용이 중요하고 심각한 경우에는 사업자에게 징계처분을 하도록 요청할 수 있도록 하는 것도 고려할 수 있다. 이러한 요청을 받은 사업자는 적절한 조치를 취하고 관리위원회에게 통보하여야 하고, 해당 체류인원이 개성공업지구를 떠나야 할 경우에는 관리위원회가 원칙적으로 해당 인원이 북한지역 밖으로 출경할 수 있도록 필요한 절차를 취해야 한다. 이 경우에는 일정한 기간 동안 해당 인원의 신체적 보호를 위해 적절한 조치를 취할 필요가 있으므로 이에 대해서도 사업준칙 등에 구체적으로 규정해야 할 것이다.

라. 적용대상과 범위

개성공단에서 법질서유지의 대상은 관련 법령에 의하여 법질서를 위반하는 행위로 규정되는 모든 행위이므로 특별한 제한은 없다고 하겠다. 따라서 북한의 형사법을 위반하여 처벌받는 형사범과 개성공단의 운영과 관련하여 규정하는 법령을 위반한 행위가 이에 해당한다고 하겠다. 다만, 법질서유지의 대상으로 예상되는 일정한 위반행위에 대하여는 관련 법령에서 그 준수의무의 내용은 물론, 위반시 처리기준과 절차에 대하여 자세하게 규정할 필요가 있을 것이다. 이와 같은 대표적 위반행위로는 앞에서 검토한 바와 같이 폭력행위, 교통사고, 산업재해 등을 들 수 있을 것이다.

법질서유지대의 권한을 규정할 경우에 그 적용범위가 문제될 수 있다. 이는 개성공업지구의 다른 법령체계와 정합성을 유지하여야 하고, 이와 동시에 효율적이고 실효적인 방안이 될 수 있도록 입법공백이 발생하지 않아야 할 것이다. 먼저, 인적 적용범위로서는 개성공업지구에 출입, 체류, 거주하는 모든 사람에게 적용되어야 한다. 즉, 남한주민은 물론 북한주민과 외국인에게도 적용된다. 이 부분은 KEDO의 경우와 다른 점인데, 개성공단의 경우에는 남한주민은 물론 근로자인 북한주민이 다수 함께 생활하고 있는 점을 고려할 때 북한주민도 당연히 포함되어야 할 것이다. KEDO의 경우에는 북한이 함경도 금호와 신포지구라는 장소만 제공하고 사업운영은 북한주민이 아닌 KEDO 인원이 담당한 것이므로 개성공단과는 그 인적 적용범위에 차이가 있을 수 있다.

한편, 장소적 적용범위는 법질서유지권을 개성공단 관리위원회에 부여하고 있으므로 관리위원회의 권한영역과 일치하여야 한다.

현재 개성공단에서 제정되어 적용되고 있는 출입, 검역 등을 규율하는 다른 법령과의 체계정합성도 고려하여야 한다. 즉, 개성공업지구에 출입, 체류하는 것과 관련하여 개성공업지구법과 관련 하위규정 등은 공업지구 출입사업기관, 공업지구 검역소·세관·세무소, 개성시인민위원회 등에 대하여도 일정한 행정적 권한을 부여하고 있으므로 이들 기관의 권한과 업무영역을 고려하여야 할 것이다. 따라서 법질서유지에 대한 규정의 장소적 적용범위는 관리위원회의 권한이 미치는 개성공업지구로 국한하는 것이 타당하다. 또한, 시간적 적용범위는 법질서유지권을 규율하는 관련 법령에서 구체적으로 결정할 것이므로 그 시점부터 적용된다고 할 것이다.

마. 법질서위반행위에 대한 처리기준

개성공단에서 법질서위반행위가 발생한 경우에 그 위반행위의 유형과 정도에 따라서 이를 처리하는 기준을 제시하여야 한다. 이를 위해서는 1차적으로 조사를 한 결과 형사사법권을 행사해야 하는 사건과 관리위원회가 최종적으로 처분할 수 있는 사건으로 구분하는 것이 우선적으로 요구된다. 그 구별 기준으로는 남한과 북한의 형법을 함께 고려하여 일정한 법정형을 기준으로 일률적으로 구분하는 방안과 1차적으로 관리위원회가 재량으로 결정할 수 있도록 하는 방안을 상정해 볼 수 있다. 전자는 그 구별기준이 명확하다는 장점이 있지만, 남북한 형법의 차이가 크고 모든 법질서위반행위를 획일적으로 그와 같이 구분하여 처리하는 것은 구체적인 타당성을 확보할 수 없다는 단점이 있다. 한편, 후자는 다양한 법질서위반행위에 대하여 구체적으로 탄력성 있는 처리를 통해 문제를 합리적으로 해결할 수 있는 장점이 있다. 그러나 사건을 합리

적으로 처리하는 명확한 기준이 없고 관리위원회의 재량권 남용의
위험성으로 인하여 법적 안정성과 예측가능성이 떨어진다는 단점
이 있다.

남북한의 형사법은 그 이념과 체계에 있어서 큰 차이가 있고,
북한의 형사법이 입헌주의에 부합하지 않는다는 점을 고려할 때
남북한의 형법을 함께 고려하여 일정한 법정형을 기준으로 사건을
구분하는 것은 규범적으로나 현실적으로 타당하지 않다고 판단된
다. 따라서 현재로서는 구체적 사건에서의 타당성 확보를 위해 1
차적으로 관리위원회가 재량으로 사건들을 구분할 수 있도록 하는
것이 상당하다. 다만, 형사사법권을 발동해야 할 사안임에도 불구
하고 1차적 판단권을 가진 관리위원회가 재량권을 남용하여 형사
처벌을 할 수 없게 되는 경우가 발생할 수 있다. 이러한 상황을
방지하기 위해서는 관리위원회가 사안을 구분하는 과정에서 따라
야 할 규범적 기준을 마련할 필요성이 있다. 즉, "관리위원회는 사
안이 중하여 형사재판이 필요하다고 인정하는 경우에는 북한주민
에 대해서는 북한당국으로 인계하고, 남한주민에 대하여는 남한으
로 추방한다"는 규정을 두는 것도 필요할 것이다.

개성공단 관리위원회가 최종적인 처분으로서 경고·개선명령·
벌금·위반금 부과·영업정지·영업취소 등 행정상 제재에 해당하
는 처분을 할 경우에도 일정한 규범적 기준을 제시함으로써 어떠
한 법질서위반행위에 어떠한 처분을 할 것인지에 대하여 명확하게
규정할 필요가 있다. 이와 함께 이러한 법질서위반행위를 처리하
는 과정에서 필요한 각종의 서면통지, 벌금 등의 부과와 그에 대
한 집행 및 집행 불이행시의 조치 등에 대해서도 구체적으로 규정
할 필요가 있다. 또한, 관리위원회의 처분에 대하여는 이에 불복할

수 있는 제도적 장치를 마련할 것도 요구되는데, 처분을 받은 당사자가 그 제재가 부당하다고 생각할 경우에는 서면으로 이의를 제기할 수 있도록 하는 것이 타당할 것이다.

바. 법질서위반행위에 대한 처리절차

개성공단에서 발생하는 법질서위반행위에 대하여는 법질서유지대의 조치, 관리위원회의 처분, 남북한 당국의 형사사법권 행사 등을 예정하고 있다. 개성공단의 안정적인 운영을 위해서는 법질서위반행위를 처리하는 절차를 구체적으로 규범화하는 것이 필요하다. 개성공단에서의 법질서위반행위는 그 사안의 내용과 정도에 따라 형사사법권의 행사와 직접적으로 관련될 수 있으므로 개성·금강산지구 출입·체류합의서에 규정한 바와 같이 북한 형사사법권의 행사를 배제하는 것을 염두에 두고 그 처리절차를 구체적으로 마련하여야 한다.

법질서위반행위에 대하여 효과적으로 대처하기 위해서는 우선적으로 법질서위반행위가 발생한 경우에는 초기에 법질서위반행위자를 제압하고 억제하며, 일정한 경우 구금도 허용하도록 하는 것이 현실적으로 필요할 것이다. 다만, 이 경우 발생할 인권침해의 소지를 없애기 위해 그에 대한 처리절차를 구체적으로 규정할 필요성이 있다. 이와 함께 남한의 수사절차와 마찬가지로 변호인의 변호를 받을 권리, 가족 등과 접견할 권리, 의사로부터의 수진권에 대해서도 구체적으로 규정할 필요성이 있다. 그리고 사건조사에 있어서 가해 당사자의 가족 등에게 통보하는 절차도 마련하여야 할 것이며, 조사에 참여하는 이해관계인 등에 대해서도 규정하여야 할 것이다. 또한, 이러한 사건 조사결과를 서면으로 작성하여 관리위원회에 보고하고, 최종처분을 염두에 두고 남한당국으로 추방 또는 북한당국으로 인계하는 절차에 대해서도 구체적으로 규정하여야 한다. 그리고 차후에 발생할 분쟁에 대비하기 위해 이러한 최종처분을 한 결과를 관리하는 제도 및 기관을 마련하는 것도 필요할 것이다. 이 외에도 개성공단에서 남한주민이 범죄를 저지른 경우에는 신속하고 실효성 있는 사건 처리를 위하여 개성공업지구지원재단이 지체 없이 통일부장관을 경유하여 남한의 형사사법기관에 고발 또는 신고하도록 하는 것도 적극적으로 검토할 수 있을 것이다.

5. 개성·금강산지구 출입·체류합의서의 보완

개성·금강산지구 출입·체류합의서는 제10조에서 남한주민의 신변안전에 대하여 규정하고 있다. 이는 개성공업지구와 금강산관광지구라는 제한된 지역이지만 현실적으로 남한주민이 정기적으로 왕래하거나 장기간 체류하는 북한지역에 있어서 남한주민의 신변안전을 보장하기 위한 기본원칙을 남북한 당국간 법률적 효력을 갖는 합의서를 통하여 마련하였다는 점에서 중요한 의미를 가진다. 종전에는 당국간 또는 사업자간 합의서 또는 계약서에 추상적인 신변안전보장 문구를 삽입하는 정도에 머물렀던 신변안전보장에 관한 내용과 절차를 법률적 효력을 가지는 합의서에 규정하였다는 점에서 법제도적 장치의 기틀을 마련한 것으로 평가할 수 있다. 이 합의서는 남한주민의 기본적 인권의 보장은 물론 이들에 대한 처리절차, 피해보상과 재발방지 등에 대하여도 규정하는 한편, 남한주민이 범죄를 저지른 경우에는 원칙적으로 북한의 형사재판관할권과 형사법의 적용을 배제하도록 하고 있다. 이것은 개성공단의 특수성, 북한 형사법체계의 반법치성, 남북교류협력의 발전 등을 고려하여 남한주민의 신변안전을 최대한 보장하기 위한 조치라고 할 수 있다.

그러나 이러한 기본적인 원칙규정만으로는 법제도적 안전장치가 부족하므로 후속합의서와 후속조치를 통하여 위 합의내용을 구체화할 것이 요구된다. 2008년 금강산 관광객 피격사건이나 2009년 개성공단 남한주민이 억류되었을 당시에 북한이 위 합의서의 내용을 준수하였지만, 그에 대한 구체적인 후속합의서가 마련되지 않아 실질적으로 유용한 법제도적인 장치로 기능하지 못하였다는 점을 고려할 때 그에 관한 후속조치가 시급히 요청된다고 하겠다. 남북한 형사사건의 처리에 있어서 위와 같은 기본방향에 따라서 장기적인 해결방안을 수립하는 것과는 별개로 현실적으로 시급한 과제는 개성공업지구와 금강산관광지구에서 남한주민의 신변안전보장에 관한 법제도적 안전장치를 마련하는 것이라고 할 수 있다.

개성·금강산지구 출입·체류합의서는 제12조 제2항에서 "남과 북은 출입 및 체류와 관련하여 발생하는 전반적인 문제들을 협의·해결하기 위하여 공동위원회를 구성·운영하며, 그 구성·운영에 필요한 사항은 남과 북이 별도로 합의하여 정한다"고 규정하였음에도 오랫동안 남북공동위원회를 구성하지 않았다. 그러나 2013년 8월 개성공단을 잠정적으로 중단하였다가 재가동하면서 남북한은 '개성공단 남북공동위원회 구성 및 운영에 관한 합의서'를 체결하였고, 같은 해 9월 '개성공단 남북공동위원회 사무처 구성 및 운영에 관한 합의서'를 체결하여 남북공동위원회와 사무처를 구성하였다. 또한, 개성공단에 남북상사중재위원회를 구성하기 위한 부속합의서를 체결하여 남북상사중재위원회도 구성하였다. 그러나 개성·금강산지구 출입·체류합의서를 제대로 이행하기 위해서는 다음과 같은 사항에 대해 후속합의서를 체결하거나 후속조치를 취해야 할 것이다.

첫째, 이 합의서는 제10조 제2항에서 "북측은 인원이 지구에 적용되는 법질서를 위반하였을 경우 이를 중지시킨 후 조사하고, 대상자의 위반내용을 남측에 통보하며, 위반정도에 따라 경고 또는 범칙금을 부과하거나 남측 지역으로 추방한다. 다만, 남과 북이 합의하는 엄중한 위반행위에 대하여는 쌍방이 별도로 합의하여 처리한다"고 규정하고 있다. 이때 '지구에 적용되는 법질서'가 무엇을 의미하는지를 명확하게 할 필요가 있다. 이 합의서는 제2조 제3항에서도 "인원은 지구에 적용되는 법질서를 존중하고 준수한다"고 규정하고 있으므로 남한주민이 준수하여야 할 법질서의 내용을 명확하게 규정해야 할 것이다. 특히, 제10조 제2항 단서에서 규정하는 '남과 북이 합의하는 엄중한 위반행위'가 무엇인지, 그에 대한 처리기준과 절차 등도 마련해야 할 것이다.

둘째, 이 합의서는 제10조 제2항과 제4항에서 법질서위반행위를 한 대상자를 북한이 추방한 경우에 남한이 그 대상자를 조사하여 처리하고 그 결과를 북한에 통보하도록 규정하고 있다. 따라서 법질서위반행위를 한 대상자를 어느 기관이 조사를 담당할 것인지를 비롯하여 북한의 법질서위반행위에 대한 신속한 통보절차, 추방이 결정된 인원에 대한 신병인수인계 절차, 남한의 조사 및 처리결과의 통보절차, 피해보상과 재발방지 대책에 관한 구체적인 내용과 절차 등도 보완해야 한다. 이에 대해서는 개성공단 관리위원회에 법질서유지권을 부여하고 그에 관한 구체적인 내용을 개성공업지구 하위규정, 시행세칙 또는 사업준칙을 통해 규정할 수도 있을 것이다.

셋째, 이 합의서는 제10조 제2항에서 남한주민이 지구에 적용되는 법질서를 위반한 경우에는 북한이 이를 중지시키고 조사할 수 있는 권한을 부여하고 있다. 또한, 대상자의 위반내용을 남한에 통보하고 위반정도에 따라 경고 또는 범칙금을 부과하거나 남측 지역으로 추방할 권한도 부여하고 있다. 이는 형사사건이 발생한 경우에 이를 제압하고 경위 등을 조사할 수 있는 행정적 권한을 의미하며, 북한의 형사사법권을 인정한 것은 아니다. 이때 북한이 법질서위반행위를 중지시키고 조사하는 경우에 그 조사기관, 조사권의 구체적 내용과 범위를 명확하게 하여야 한다. 또한, 조사기간의 제한, 대상자에 대한 접견권과 변호인 조력권 보장, 범칙금 부과의 요건과 한계, 그 이의절차 등 인원의 신체, 주거, 재산의 불가침권을 실효성 있게 보장할 수 있는 제도적 장치도 보완해야 한다.

넷째, 그 밖에도 개성공단에서 남한의 경찰력이 행사되기 어려운 현실에서 범죄발생 초기에 질서유지가 필요한 경우에 개성공단 관리위원회가 자체의 질서유지기관을 둘 수 있는지 여부, 북한의 1차적 조사결과나 증거자료 등에 대한 남한법률상 증거능력을 인정할 것인지 여부, 형사사건 처리를 위하여 필요한 경우에 북한주민에 대한 참고인 조사는 물론 법정에서의 증인채택 등이 현실적으로 어려운 점을 고려하여 형사사법공조가 가능한지, 어떠한 경우에 형사사법공조가 가능한지 등에 대하여도 합의해야 할 것이다.

현재 개성공단의 운영과 관련하여 제정된 남북한의 관련 법령과 남북합의서만으로는 개성공단에 체류하는 남한주민의 신변안전을 보장하고, 개성공단의 법질서를 안정적으로 확보하기는 어려운 것이 현실이다. 따라서 개성공단을 안정적으로 발전시키기 위해서는 현실적인 법적 쟁점으로 대두되고 있는 남한주민의 신변안전보장과 이를 포함하여 개성공단 전체의 법질서를 유지하기 위한 합리적인 방안을 마련할 필요가 있다. 남북한 사이에는 군사적 긴장과 정치적 갈등이 반복되고 있으며, 금강산관광사업도 중단된 상태이다. 이러한 상황에서 개성공단은 남북한이 안정적으로 교류협력을 추진하고 있는 유일한 평화광장이라고 할 수 있다. 개성공업지구에서 법제도를 운용하는 방식과 내용은 향후 남북교류협력의 확대는 물론 평화통일의 과정에서 남북한의 법률통합을 달성하는 시금석이 될 것이다. 개성공단의 안정적인 발전을 위해서도 개성공단의 법질서를 유지하는 규범체계가 확립되어야 할 것이다.

제 11 장

개성공단사업 재개를 위한 법적 과제

1. 개성공단사업의 현황

2003년 6월 착공된 개성공단사업은 2010년 천안함 폭침과 연평도 포격 등으로 인한 이른바 '5.24 조치'로 위기를 맞기도 하였다. 2013년 5월에는 북한이 남한 근로자의 출입을 봉쇄하고 북한 근로자를 철수시킴으로써 개성공단이 폐쇄되었지만, 2013년 8월 14일 개성공단 정상화 합의서를 체결함으로써 재가동되기도 하였다. 그동안 개성공단에서는 123개의 기업체가 참여하여 총생산액이 12억 6천 달러를 초과하였으며, 북한 근로자 5만명과 남한 근로자 700여명이 함께 근무하였다.

2016년 2월 10일 남한은 북한의 제4차 핵실험과 장거리 미사일 발사에 대응하여 "개성공단을 전면 중단한다"는 성명을 발표하여 개성공단 가동이 중단되었다. 이는 2006년 이후 지속적으로 강화되어 온 유엔 등 국제사회의 대북제재에 동참한 것으로 평가되었다. 남한 정부는 개성공단을 통해 북한에 유입된 총 1조 190억원의 투자금이 국제사회가 원하는 평화의 길이 아니라 핵무기와 장거리 미사일을 고도화하는데 쓰인 것으로 보인다고 판단한 것이다. 그 이후에도 북한은 핵실험과 미사일 시험발사를 계속하고 있고, 유엔 등 국제사회는 추가적인 고강도의 대북제재를 취하고 있다.

2017년 문재인 정부가 출범하면서 개성공단사업이 재개될 것이라는 기대가 커지고 있다. 개성공단을 재개할 것인지 여부는 법적인 문제가 아니라 고도의 정책적 결단에 관한 문제이다. 이것은 남한의 국민적 합의, 북한의 변화상황, 남북관계의 개선, 국제사회의 여건 등을 종합적으로 고려하여 결정해야 할 것이다. 개성공단은 그동안 남북관계와 정치적 어려움에도 불구하고 남북한의 상생과 평화공존의 공간으로 기능하였다. 하지만, 2016년 2월부터 전면 중단된 상태에 있다. 우리 헌법이 지향하는 자유민주적 기본질서에 입각한 평화통일을 달성하기 위해서는 남북한이 교류협력을 강화해야 한다. 개성공단은 남북교류협력의 가장 큰 결실이자 남북관계를 개선시킬 수 있는 계기가 될 것이므로 개성공단을 재개할 수 있는 노력이 필요하다. 하지만, 대내외적인 환경은 녹록치 않다.

유엔은 2006년부터 북한의 핵과 미사일 개발에 대해 지속적으로 대북제재결의안을 강화하고 있다. 유엔 안보리는 2017년 9월 11일 대북제재 결의 2375호를 채택하여 북한과 합작사업의 설립·유지·운영을 전면적으로 금지하고, 기존의 합작사업체를 120일 이내에 폐쇄할 것을 결의하였다. 미국은 2016년부터 독자적으로 대북제재법과 대북차단 및 제재 현대화법을 제정하기도 하였다. 다만, 2018년 강원도 평창에서 개최된 동계올림픽에 북한의 선수단과 응원단이 참석한 것은 남북관계의 개선에 도움이 될 것으로 판단된다. 개성공단사업을 성공적으로 재개하기 위해서는 개성공단을 재개할 경우에 발생하는 법적 쟁점을 미리 검토하고 준비할 필요가 있다.

개성공단을 재개할 경우에는 다음과 같은 법적 문제가 제기될 수 있다. 첫째, 개성공단이 전면적으로 중단하게 된 원인이 무엇이며, 누가 어떻게 책임을 져야 할 것인가. 이를 판단하기 위해서는 개성공단을 전면적으로 중단한 조치에 대한 법적 성격과 효력을 검토해야 한다. 둘째, 남한 또는 북한은 개성공단에 관하여 체결한 남북합의서를 위반한 것은 아닌가. 이를 판단하기 위해서는 관련 남북합의서의 내용과 그 효력을 검토해야 한다. 셋째, 개성공단을 재개하는 것이 유엔 안보리의 대북제재 결의안을 위반한 것은 아닌가. 이를 판단하기 위해서는 유엔 안보리의 대북제재 결의안의 주요 내용과 그 효력을 검토해야 한다. 개성공단을 재개하기 위해서는 개성공단에 관하여 규정하고 있는 남한법률 또는 북한법률도 검토할 필요가 있다. 하지만, 남한법률 또는 북한법률은 개성공단을 정상적으로 운영하는 것을 전제로 제정된 것이므로 개성공단을 재개하는 것에 법적 장애가 되지는 않을 것으로 판단된다.

2. 개성공단의 중단에 대한 법적 의미

가. 개성공단의 전면적 중단 선언

2016년 2월 10일 남한은 북한의 제4차 핵실험과 장거리 미사일 발사에 대응하여 "개성공단을 전면 중단한다"는 성명을 발표하여 개성공단 가동이 중단되었다. 북한은 2016년 1월 6일 제4차 핵실험을 실시하고, 2월 7일 장거리 미사일을 발사하였다. 이에 남한은 2월 10일 개성공단을 전면적으로 중단한다고 발표하였다. 북한은 2월 11일 개성공단을 폐쇄하고 군사통제구역으로 선포하는 한편, 남한 인원을 추방하고 개성공단에 있는 남한기업의 자산을 동결하는 조치를 취하였다.

남한 정부는 성명서를 통해 "북한이 유엔 안보리 결의를 위반하여 핵실험과 장거리미사일 발사를 감행한데 따른 국제사회의 제재가 추진되고 있는 상황에서 핵심당사국인 우리도 이에 주도적으로 참여할 필요가 있습니다. 그동안 우리 정부는 북한 주민들의 삶에 도움을 주고, 북한 경제에 단초를 제공하며, 남북한이 공동 발전할 수 있도록 북한의 거듭된 도발과 극한 정세에도 불구하고 개성공단을 지속적으로 유지하기 위해 노력해왔습니다. … 그러나 그러한 지원과 우리 정부의 노력은 결국 북한의 핵무기와 장거리미사일 고도화에 악용된 결과가 되었습니다. … 지금까지 개성공단을 통해 북한에 총 6,160억원(5억 6천만불)의 현금이 유입되었고, 작년에만도 1,320억원(1억 2천만불)이 유입되었으며, 정부와 민간에서 총 1조 190억원의 투자가 이루어졌는데, 그것이 결국 국제사회가 원하는 평화의 길이 아니라, 핵무기와 장거리미사일을 고도화하는데 쓰여진 것으로 보입니다. … 이제 우리 정부는 더 이상 개성공단 자금이 북한의 핵과 미사일 개발에 이용되는 것을 막고, 우리 기업들이 희생되지 않도록 하기 위해 개성공단을 전면중단하기로 결정했습니다"라는 입장을 발표하였다.

북한은 그 다음 날 남한의 개성공단 전면 중단 결정을 6.15 공동선언 위반이라고 비난하면서 개성공업지구를 폐쇄하고 군사통제구역으로 선포하며 개성공업지구에 들어와 있는 모든 남측 인원들을 2016년 2월 11일 17시까지 전원 추방하고 개성공업지구에 있는 남측 기업과 관계기관의 설비, 물자, 제품을 비롯한 모든 자산들을 전면 동결한다는 성명을 조국평화통일위원회의 이름으로 발표하였다.

나. 법규범적 의미

남한 정부가 개성공단 전면 중단을 발표한 것은 법적으로 어떠한 의미가 있는가. 그 법적 성격에 대해서는 다양한 견해가 주장될 수 있지만, 결국 통치행위로 파악하는 것이 타당하다고 생각한다. 개성공단을 전면적으로 중단한다는 발표에 대해 정부는 "이번 중단조치는 고도의 정치적 판단에 따라 공익 목적으로 행해진 행정적 행위"라고 설명하였다. 하지만, 법원이 그 법적 성격에 대해 판단을 한 적이 없다. 그 법적 성격에 대해서는 2010년 천안함 폭침사건을 계기로 남한정부가 발표한 이른바 '5.24 조치'를 참고하여 평가할 수 있다.

'5.24 조치'는 남북교역을 중단하고, 남한주민의 방북과 대북 신규투자를 금지하고, 대북지원사업을 원칙적으로 보류하는 것을 내용으로 하고 있다. '5.24 조치'의 법적 성격에 대해서는 이를 헌법 제76조에서 규정하는 긴급명령권 또는 긴급재정경제명령권이라는 견해, 남북교류협력에 관한 법률에서 규정하는 조정명령으로 이해하는 견해, 방북승인을 거부하는 것을 포함하는 포괄적 행정처분이라는 견해, 국민을 대상으로 하는 행정지도라는 견해 등이 있다. '5.24 조치'그 자체는 국가통치의 기본사항에 관하여 고도의 정치적 결단에 따라 행하는 국가행위로서 헌법적으로는 통치행위에 해당하는 것으로 평가된다. '5.24 조치'에 기초하여 개별적으로 방북 등을 불승인한 것은 행정처분에 해당하여 행정소송의 대상이 된다고 판단된다.

대법원은 통치행위의 개념을 인정하면서 "고도의 정치성을 띤 국가행위에 대하여는 이른바 통치행위라 하여 법원 스스로 사법심사권의 행사를 억제하여 그 심사대상에서 제외하는 영역이 있다"라고 판단하였다(대법원 2004. 3. 26. 2003도7878). 헌법재판소도 "통치행위란 고도의 정치적 결단에 의한 국가행위로서 그 결단을 존중하여야 할 필요성이 있어 사법적 심사의 대상으로 삼기에 적절하지 못한 행위를 말한다"라고 판단하였다(헌재 2009. 5. 28. 2007헌마369). 하지만, 헌법재판소는 "통치행위를 포함하여 모든 국가작용은 국민의 기본권적 가치를 실현하기 위한 수단이라는 한계를 반드시 지켜야 하는 것이고, 헌법재판소는 헌법의 수호와 국민의 기본권 보장을 사명으로 하는 국가기관이므로 비록 고도의 정치적 결단에 의하여 행해지는 국가작용이라고 할지라도 그것이 국민의 기본권 침해와 직접 관련되는 경우에는 당연히 헌법재판소의 심판대상이 된다"라고 판단하여 통치행위도 사법심사의 대상이 될 수 있다는 것을 선언하였다(헌재 1996. 2. 29. 93헌마186). 따라서 통치행위라는 이유로 위법하거나 부당한 국가작용이 정당화되는 것은 아니라는 것에 유의해야 한다.

법원은 '5.24 조치'를 명확하게 통치행위라고 판단한 것은 아니지만 "남북한 긴장관계 속에서 천안함 침몰사건을 계기로 전격적으로 이루어진 피고의 고도의 정치적 행위이고 피고는 원고를 포함한 남북교역업체들의 피해를 최소화하기 위하여 나름의 조치를 취했다고 보인다"라고 판단하였다(서울중앙지법 2011. 11. 17. 2011가합26501). 이는 '5.24 조치'를 통치행위로 판단한 것으로 평가할 수 있다. 다만, 이때에도 법원은 '5.24 조치' 자체를 사법심사의 심판대상으로 인정한 것이 아니고 개별적인 방북불승인조치로 인한 손해배상과 손실보상에 대해 판단한 것으로 해석된다.

개성공단을 전면적으로 중단하기로 결정하고 선언한 것은 국가가 공적 견해를 표명한 행정작용으로서 그 자체로는 법적 구속력을 갖지는 않는다. 이것은 국민에 대해서는 국가의 정책결정을 알리는 것이며, 행정부에 대해서는 향후 행정행위의 규범적 기준을 설정한 지침이자 훈령적 성격을 가진 행정작용이라고 할 수 있다. 이것은 고도의 정치적 행위로서 통치행위의 성격을 가지며, 개성공단을 그 적용대상에서 제외하였던 '5.24 조치'에 개성공단을 포함시킨 것으로 이해할 수도 있다. 다만, 개성공단 전면 중단조치에 기초하여 개별적으로 방북 등을 불승인한 것은 행정처분에 해당하여 행정소송의 대상이 된다고 판단된다.

다. 그 원인과 법적 책임

개성공단을 전면적으로 중단하는 조치를 한 원인에 대해서는 다양한 주장이 제기될 수 있다. 북한은 2013년 4월에 한미연합 군사훈련을 이유로 일방적으로 남한주민의 출입을 제한하고 북한근로자를 철수시키는 등 개성공단에 대해 폐쇄조치를 하여 166일 동안 공장이 중단된 적이 있었다. 남북한은 2013년 8월 14일 개성공단의 정상화를 위한 합의서를 체결하여 개성공단을 재가동하였다. 이때에도 개성공단의 폐쇄에 대한 원인과 그 책임에 대해서는 아무런 조치가 취해지지 않았다.

남한 정부가 개성공단을 전면적으로 중단하는 조치를 한 원인은 남한 내부의 상황, 남북관계, 국제사회의 조건 등을 종합적으로 고려한 것으로서 다양한 관점에서 상이한 주장이 제기될 수 있다.

이는 최종적으로 정치적 또는 정책적 결단에 해당하므로 규범적인 측면에서는 별다른 의미를 갖지 않는다. 다만, 그 법적 책임에 대해서는 북한에 대한 관계와 남한주민에 대한 관계를 구별하여 판단할 필요가 있다. 북한에 대해서는 남북합의서를 위반한 것인지 여부에 관한 문제이고, 남한주민에 대해서는 경제적 손해 또는 손실에 대한 전보책임에 관한 문제라고 할 수 있다.

법원은 개성공단 입주업체가 '5.24 조치'로 인하여 경제적 손해를 입은 부분에 대해 손해배상과 손실보상을 청구한 사건에서 원고인 입주업체의 청구를 모두 기각한 사례가 있다. 즉, "정부의 '5.24 조치'로 인한 방북불승인처분은 북한과의 군사적 대처 상황에서 위험을 방지하려는 목적 하에 이루어진 것으로 고도의 정치적 행위이고 재량권을 일탈하거나 남용하였다고 할 수 없다"라고 판단하였다(서울고법 2012. 4. 13. 2011가합29845; 대법원 2015. 6. 24. 2013다205389 등). 이외에도 '5.24 조치'는 비례의 원칙이나 신뢰보호의 원칙을 위반한 것도 아니며, 평등원칙에도 위반되지 않으므로 정부는 손해배상책임을 지지 않는다고 판단하였다. 또한, 재산적 손해가 발생하였다고 하더라도 이는 '5.24 조치'에 따른 사회적 제약을 넘는 특별한 희생이라고 보기 어려우며, 현행법상 재산적 손실에 대한 보상규정을 두지 않고 있어 손실보상의 대상이 되지 않는다고 판단하였다.

개성공단의 전면 중단에 대해서도 '5.24 조치'의 사례에서의 법적 판단과 유사하게 평가될 수 있을 것이다. 개성공단의 입법적 근거는 개성공업지구법이고, 이는 남한법률이 아니라 북한법률이다. 남한법률인 개성공업지구 지원에 관한 법률은 간접적으로 개성공단 입주기업체를 행정적·재정적으로 지원하는 법률이다. 개성공단을 전면적으로 중단하는 것은 남한법률을 위반한 것이 아니고, 유엔 회원국으로서 유엔 안보리 결의에 부응하여 정책적으로 결단한 것이므로 위법하다고 할 수는 없다. 다만, '5.24 조치'와 달리 개성공단 입주업체는 정부의 국가정책에 적극적으로 참여하고, 정부도 법제도적으로 다양하게 지원하였다. 따라서 이들 입주업체는 개성공단에 일정한 재산권을 형성한 상황에서 정부가 수익적 행정작용을 철회하여 재산적 손실을 입었다는 점에서 차이가 있다.

3. 남북합의서의 위반 여부

가. 개성공단 정상화를 위한 합의서의 주요 내용

개성공단에 적용되는 규범으로서 중요한 의미를 갖는 것은 법률적 효력을 갖는 남북합의서이다. 이는 남북한이 각각 발효에 필요한 절차를 경료하고 문본을 교환함으로써 발효된 '남북 사이의 투자보장에 관한 합의서' 등 4개 경협합의서와 그 후속조치로 체결된 개성·금강산지구 출입·체류합의서 등 9개 합의서를 말한다. 남북한이 상이한 법률체계를 갖고 있는 상황에서 이들 남북합의서는 개성공단을 규율하는 중요한 규범으로 기능하였다. 남북한은 2013년 8월 개성공단 정상화를 위한 합의서를 체결하였다. 이는 개성공단이 중단되는 사태의 재발을 방지하고 개성공단을 안정적으로 운영하기 위한 것이었다.

개성공단을 전면적으로 중단한 조치가 개성공단 정상화를 위한 합의서를 위반한 것인가. 이 합의서는 2013년 개성공단이 중단된 이후 정상화하면서 체결된 것으로서 개성공단을 재개할 경우에는 북한에서 남한에 대해 이 합의서를 위반하였다는 주장이 제기될 가능성이 크다. 이는 개성공단 전면 중단에 대한 원인과 책임을 확정할 뿐만 아니라 개성공단을 재가동할 경우에 소요되는 비용, 북한근로자들에 대한 임금지급, 손해배상 등에도 직접적으로 영향을 미치는 중요한 사안이다.

이 합의서는 제1조에서 "남과 북은 통행 제한 및 근로자 철수 등에 의한 개성공단 중단사태가 재발되지 않도록 하며, 어떠한 경우에도 정세의 영향을 받음이 없이 남측 인원의 안정적 통행, 북측 근로자의 정상 출근, 기업재산의 보호 등 공단의 정상적 운영을 보장한다"라고 규정하였다. 제2조에서는 "남과 북은 개성공단을 왕래하는 남측 인원들의 신변안전을 보장하고, 기업들의 투자자산을 보호하며, 통행·통신·통관 문제를 해결한다"라고 규정하였다. 이를 보장하기 위해 상설적 협의기구로 '개성공단 남북공동위원회'를 구성하기로 하고, 투자자산의 보호와 통행·통신·통관 문제를 협의하기로 하였다. 이 합의서는 개성공단 중단사태의 재발방지, 어떠한 경우에도 정세의 영향을 받음이 없이 공단의 정상적 운영을 보장하도록 하면서 그 주체를 "남과 북"으로 명시하였다. 즉, 남한과 북한은 어떠한 경우에도 정치·군사적인 영향을 받지 않고 개성공단을 정상적으로 운영할 것을 합의한 것이다.

나. 개성공단 정상화를 위한 합의서의 법적 성격과 효력

남북한은 2000년 12월 4개 경협합의서를 체결하고 2003년 6월 국회의 동의절차를 거쳐 8월 발효통지문을 교환함으로써 효력을 발생시켰다. 그 이후 2002년 12월부터 2004년 1월까지 개성·금강산지구 출입·체류합의서 등 9개 후속합의서를 체결하고 2005년

12월까지 국회의 동의절차를 거쳐 발효시켰다. 헌법은 제6조 제1항에서 "헌법에 의하여 체결·공포된 조약과 일반적으로 승인된 국제법규는 국내법과 같은 효력을 가진다"라고 규정하여 국내법이 아닌 규범형식으로는 조약과 일반적으로 승인된 국제법규만을 인정하고 있을 뿐이다. 남북합의서는 국내법에 해당하지 않고, 일반적 승인된 국제법규에도 해당하지 않는다. 따라서 그 법적 성격과 효력은 그것이 조약에 해당하는가 여부에 따라 결정된다.

헌법은 제60조 제1항은 "국회는 상호원조 또는 안전보장에 관한 조약, 중요한 국제조직에 관한 조약, 우호통상항해조약, 주권의 제약에 관한 조약, 강화조약, 국가나 국민에게 중대한 재정적 부담을 지우는 조약 또는 입법사항에 관한 조약의 체결·비준에 대한 동의권을 가진다"고 규정하여 일정한 중요한 조약에 대하여는 반드시 국회의 동의를 받도록 하고 있다. 2005년 발효된 남북관계발전에 관한 법률은 제21조 제3항에서 "국회는 국가나 국민에게 중대한 재정적 부담을 지우는 남북합의서 또는 입법사항에 관한 남북합의서의 체결·비준에 대한 동의권을 가진다"라고, 제4항에서 "대통령이 이미 체결·비준한 남북합의서의 이행에 관하여 단순한 기술적·절차적 사항만을 정하는 남북합의서는 남북회담대표 또는 대북특별사절의 서명만으로 발효시킬 수 있다"라고 각각 규정하고 있다.

헌법재판소와 대법원은 1992년 발효된 '남북 사이의 화해와 불가침 및 교류·협력에 관한 합의서'에 대해 그 법적 효력을 인정하지 않고 단지 정치적 공동성명 내지 신사협정에 불과하다고 판단하였다(헌재 2000. 7. 20. 98헌바63; 대법원 1999. 7. 23. 98두14525 등). 남북합의서의 법적 성격과 효력은 남북한이 국제법의 주체로서 법적 효과를 창출하고자 하는 의도가 있었는지 여부에 따라 조약인지 여부가 확정될 것이다. 4개 경협합의서와 9개의 후속합의서는 모두 국회의 동의절차를 거치고, 그 발효절차에 따라 문건을 교환함으로써 발효되었다. 이들은 헌법 제6조 제1항, 제60조 제1항, 제73조에 따라 국회의 동의절차를 이행하였을 뿐만 아니라 정부조직법, 법령 등 공포에 관한 법률 등이 정하는 절차에 따라 공포되었고, 관보에 게재됨으로써 조약으로서 법적 효력을 가진다고 할 수 있다. 하지만, 법원은 "'남북 사이의 소득에 대한 이중과세방지 합의서'는 남북한 당국이 각기 정치적인 책임을 지고 상호 간에 그 성의 있는 이행을 약속한 것으로서 이를 국가 간의 조약 또는 이에 준하는 것으로 볼 수 없다"라고 판단한 적이 있다(청주지방법원 2011. 6. 9. 2010구합2024). 이는 남북합의서가 헌법과 관련 법률에 따라 체결되었음에도 불구하고 그 이후 제대로 이행되지 않은 현실을 고려한 것이라고 판단된다.

남북관계발전에 관한 법률은 조약으로 인정되는 남북합의서는 국회의 동의절차를 거치도록 규정하고 있다. 정치적 공동선언이나 신사협정에 해당하는 남북합의서는 남북회담대표 또는 대북특별사절의 서명만으로 발효시킬 수 있도록 규정하고 있다. 개성공단 정상화를 위한 합의서는 국회의 동의절차를 거치지 않았으며, 남북회담대표의 서명만으로 발효되었다. 이러한 점에 비추어 이 남북합의서는 남북한이 법적 효과를 창출하고자 하는 의도가 있었다고 인정하기 어렵다. 따라서 이 합의서는 조약으로서 법적 효력을 갖는 것이 아니라 정치적 공동선언이나 신사협정에 해당된다고 판단된다.

다. 합의서 위반 여부와 효과

남한 정부가 개성공단을 전면적으로 중단한 조치가 개성공단 정상화를 위한 합의서를 위반한 것인가. 개성공단은 남한 정부의 중단조치로 인하여 가동이 전면적으로 중단되어 남측 인원의 안정적 통행과 북측 근로자의 정상 출근이 이루어지지 못하게 되었다. 또한, 기업재산의 보호 등 정상적 운영도 보장하지 못하고 있다. 특히, 이 합의서 제1조는 "어떠한 경우에도 정세의 영향을 받음이 없이"라고 명시하고 있다. 북한은 남한이 이 합의서 제1조와 제2조를 위반하였다고 주장할 가능성이 크다.

이 합의서의 문구를 형식적이고 기계적으로 해석하면, 남한 정부가 이 합의서를 위반하였다고 평가할 수도 있다. 하지만, 법적 이성에 기초하여 이 합의서를 합목적적으로 해석할 경우에는 남한 정부의 조치는 이 합의서를 위반한 것이 아니라고 판단된다. 즉, 남북한의 진정한 의사는 이 합의서의 서문에서 밝히고 있듯이 '개성공단의 발전적 정상화'를 위한 것이다. 개성공단에 관한 남북합의서들도 모두 "경제교류와 협력"을 전제로 하고 있다. 북한법률인 개성공업지구법은 "민족경제를 발전시키는 데 이바지"하는 것을 목적으로 하고, 남한법률인 개성공업지구 지원에 관한 법률도 "남북교류·협력을 증진하고 민족경제의 균형적인 발전에 기여함"을 목적으로 하고 있다. 남북합의서는 남북한의 의도하는 진정한 목적에 부합하도록 해석해야 한다. 이와 같이 이 합의서는 남북한이 평화적으로 공존하면서 화해와 협력을 위해 노력하는 것을 전제로 하고 체결된 것이다. 이 합의서에서 규정하는 "어떠한 경우에도 정세의 영향을 받음이 없이"라는 것도 이러한 전제에서 해석되어야 한다. 북한이 핵실험을 하고 장거리 미사일을 발사하는 것은 이러한 숨겨진 문언이나 묵시적 전제와 양립할 수 없는 것이다. 따라서 이러한 상황에서 남한 정부가 개성공단 전면 중단을 결정한 것은 이 합의서를 위반하였다고 할 수 없다고 판단된다.

남한 정부가 개성공단 전면 중단을 결정한 것에 대해서는 정치적·정책적 관점에 따라 다양하게 평가할 수 있을 것이다. 하지만, 그러한 조치가 이 합의서를 위반한 것으로 해석할 수는 없다. 설사, 이 합의서를 위반하였다고 해석하더라도 이 합의서는 조약으로서 법적 효력을 가지지 않는 것이므로 당사자 사이에 약속을 위반하였다는 정치적 비판을 받을 수 있을 뿐, 그 자체가 직접적으로 어떠한 법적 효과를 발생시키는 것은 아니다.

4. 유엔의 대북제재와 관계

가. 유엔 안보리의 대북제재 결의 주요 내용

유엔은 1993년 북한이 핵확산금지조약(NPT)을 탈퇴한다고 선언한 이후 대북제재를 논의하기 시작하였다. 유엔은 2006년 북한이 1차 핵실험을 한 이후 본격적으로 대북제재를 결의하였는데, 유엔 안보리 결의 1718호에서 대북제재의 세부항목과 이행내용을 구체적으로 제시하고, 유엔 안보리 15개국 회원국으로 구성된 대북제재위원회를 구성하는 등 제도적인 틀을 마련하였다. 그 이후 2009년에는 안보리 결의 1874호에서는 대량살상무기(WMD)와 관련된 무기수출입을 금지하고, 금융통제를 강화하였다. 이와 동시에 유엔 회원국들에게 이행보고서를 의무적으로 제출하도록 하여 대북제재를 실질적으로 이행하는 것을 감독하는 기능을 강화하였다.

유엔은 2013년 북한이 제3차 핵실험을 강행하자 안보리 결의 2087와 2094호를 잇달아 발표하였다. 이를 통해 북한의 핵·미사일 개발에 전용되는 데 사용될 수 있는 대량현금(bulk cash·뭉칫돈)의 대북 이전을 금지하였다. 수출금지 대상으로 지정돼 있지 않은 품목이라 해도 대량살상무기의 개발 등에 이용될 수 있다고 판단되는 경우엔 그 수출·판매·이전 등을 전면적으로 통제할 수 있도록 하는 캐치 올(catch all) 방식도 도입하였다. 북한이 추가적으로 도발할 경우에는 자동적으로 중대한 조치를 표명하도록 하는 트리거(Trigger) 조항을 규정하고 항공운항에 대한 제재조치도 추가하였다.

유엔은 2016년 북한의 제4차 핵실험과 장거리 미사일 발사에 대해 대북제재를 대폭 강화하는 내용으로 안보리 결의 2270호를 만장일치로 채택하였다. 이는 70년 유엔 역사상 비군사적 조치로는 가장 강력하고 실효적인 재재결의로 평가된다. 이 결의는 대량살상무기(WMD) 개발에 집중적으로 초점이 맞춰져 있던 이전의 결의와 달리 WMD 차원을 넘어서 그 자금원 차단의 사각지대를 없애는 조치를 다수 포함하였다. 이 결의는 대북제재의 내용을 권고의 형식에서 의무를 부과하는 형식으로 강화하였으며, 전면적 화물검사와 무기금수조치는 물론 석탄·철광석 등 광물수출금지조치도 포함하는 등 광범위한 분야에 걸쳐 기존의 대북제재 결의에서 채택한 조치를 강화하고 새로운 강력한 제재조치들을 다수 포함시켰다.

유엔은 2016년 북한의 5차 핵실험에 대응하여 안보리 결의 2321호를 채택하였다. 이 결의안은 민생목적이라는 예외규정을 악용하는 것을 방지하고 대북제재의 실효성을 제고하기 위해 북한의 석탄수출에 대한 제재를 대폭 강화하였다. 북한의 석탄 수출을 연간 거래 대금 기준으로 4억 90만 달러(약 4,720억 원), 거래량 기준으로 750만t 중 낮은 쪽을 한도로 정하는 등 석탄 수출 통제를 강화했다. 또한, 결의안 2270호에서 명시했던 수출금지 광물 7개(석탄·철·철광석·금·바나듐광·티타늄광·희토류)에 동(구리)과 니켈, 은, 아연 등 4가지를 추가했다.

이 결의안은 북한에 대한 선박과 헬리콥터 등의 판매를 금지한 것은 물론 북한이 아프리카 국가에 판매해 온 대형 조형물(statue) 수출도 금지하고 있다. 또한, 북한의 외교활동에 대해서도 유엔 회원국에 주재하는 북한 공관(대사관, 영사관) 규모를 감축하고 북한 재외공관 및 외교관이 주재국에서 개설 가능한 은행 계좌를 1개로 제한하였다. 북한의 재외공관이 소유한 부동산을 활용한 임대사업 등을 금지하였다. 이와 함께 여행금지와 자산동결 대상에 박춘일 이집트 주재 북한대사 등 개인 11명과 통일발전은행 등 10개 기관이 추가되었다. 이외에도 북한 금융기관의 해외사무소나 금융계좌는 신규로 개설할 수 없으며, 기존 사무소와 금융계좌는 90일 이내에 폐쇄하도록 하였다. 만약 북한이 안보리의 조치를 지속적으로 위반할 경우에는 유엔회원국 특권을 정지시킬 수 있는 내용도 규정하였다.

유엔 안보리는 2017년 6월 2일 북한의 연이은 탄도미사일 발사에 대응하기 위해 7차 대북제제결의 2356호를 채택하였다. 이 결의에서 개인 14명과 단체 4곳을 블랙리스트 명단에 추가하였다. 이로써 제재를 받는 대상은 개인 53명, 단체 46개 등 총 99곳으로 늘었다. 2017년 9월 11일 대북제재결의 2375호를 채택하여 북한과 합작사업의 설립·유지·운영을 전면적으로 금지하고, 기존의 합작사업체를 120일 이내에 폐쇄할 것을 결의하였다. 2017년 11월 29일 대북제재결의 2397호를 채택하여 북한에 대한 석유수출량을 제한하고, 해외에 파견된 북한 근로자들을 모두 2년 이내에 귀국시키도록 결의하였다.

북한은 유엔의 대북제재결의에 대해 "적법성, 도덕성, 공정성을 상실한 범죄적 문서"라고 지적하면서 강력하게 반발하고 있다. 북한은 2018년 2월 유엔의 대북제재로 인하여 유엔 분담금을 납부할 수 없는 상황이라면서 조선무역은행에 대한 은행계좌를 열어줄 것을 요청하였다. 또한, 유엔의 대북제재결의안의 적법 여부를 따지는 국제법 전문가들의 토론을 주장하기도 하였다.

나. 안보리 결의의 법적 효력

(1) 결의 위반 여부의 판정 주체와 절차

유엔 안보리 결의 2321호의 위반 여부를 판정하는 주체는 1718 제재위원회이다. 이 위원회는 '유엔 안보리 결의 1718호에 따라 설치된 위원회(Security Council Committee Established Pursuant to Resolution 1718)'를 말한다. 1718 제재위원회의 심사절차는 결의 1718호 제9항 및 제10항과 위원회 사무처리지침(Guidelines of the Committee for the Conduct of its Work)에서 정하고 있다. 이 위원회는 15개의 안보리 이사국으로 구성되며, 위원장은 보통 비상임이사국의 UN 대사가 맡는다. 현재 위원장은 이탈리아 대사이며, 이집트 대사와 우크라이나 대사가 부의장이다. 이 위원회는 ① 제재대상 품목 선정, ② 제재대상 지정, ③ 제재결의 이행의 효율성을 높이기 위한 방안 연구, ④ 전문가패널에 의해 보고된 위반 사항에 대한 검토 및 조사, ⑤ 조치 이행을 위한 홍보활동, ⑥ 안보리에 최소 매 90일 단위 활동사항 보고 등 임무를 수행한다.

안보리가 유엔 헌장 7장을 원용한 제재결의를 채택할 경우에는 위원회를 보좌하여 현장에서 그 이행을 감시하는 전문가패널이 설치된다. 전문가패널은 무기·금융·항공·이중용도 분야 등에 관한 전문가들로 구성되는데, 상임이사국 각 1인에 한국, 일본, 남아프리카의 인원이 추가되어 총 8명으로 구성되어 있다. 임기는 보통 6개월에서 1년이지만, 결의 2276호를 통해 이들의 임기를 2017년 4월 24일까지로 연장하였다. 전문가패널은 ① 제재의무 이행사항을 조사, ② 제재효과의 주기적 점검, ③ 이행과 관련된 정보 수집, ④ 안보리에 건의사항 제출 등의 임무를 수행한다. 즉, 전문가패널이 결의 위반 여부를 1차적으로 판단한다.

전문가패널은 결의 이행에 관한 정보를 수집·조사·분석하여 안보리에 중간보고서와 최종보고서를 제출하고, 안보리가 채택하면 공개하게 된다. 다만, 북한과 이란에 대한 제재위원회 전문가패널은 중간보고서와 최종보고서를 제재위원회에 제출하여 검토를 받은 후 안보리에 제출하고 있다. 재재위원회는 만장일치로 결정하고, 이 위원회에서 결정하지 못한 사항은 안보리에서 최종적으로 결정하는데, 이 과정에서 상임이사국은 거부권을 행사할 수 있다.

(2) 대북제재조치의 예외 요건

안보리는 대북제재조치의 이행과 감독은 물론 제재조치의 대상과 예외를 지정하는 것을 1718 제재위원회에 위임하고 있다. 이

위원회는 인도적 목적으로 안보리 결의의 목적을 달성하는 데 방해되지 않는 범위에서 개별적으로 사전에 허가를 할 수 있고, 이러한 경우에만 예외가 허용된다. 한편, 결의안 2321호는 북한에 항공기·선박·승무원 제공 금지 조항과 북한 선박에 대한 인증·선급·보험 서비스 제공 금지조항에 있어서 민생 목적의 경우 허용된다는 기존의 예외조항을 삭제함으로써 운송수단에 관한 제재를 강화하여 예외의 범위를 제한하였다.

대북제재조치의 예외에 해당하기 위해서는 인도적 목적이어야 하고, 안보리 결의의 목적을 달성하는 데 방해되지 않아야 하며, 개별적 사안에 대해, 사전에 허가를 받아야 한다. 이외에도 결의 2321호는 9.19 공동성명에 명시된 공약을 지지하고 북한이 9.19 공동성명을 준수할 경우에는 대북제재조치를 중단하거나 해제할 수 있다고 규정하고 있다. 따라서 남북한이 9.19 공동성명을 이행하기 위해 대화하거나 교류협력을 추진하는 것은 가능하다고 판단된다.

제재위원회의 의장 또는 안보리 이사국으로 구성되는 위원국이 필요하다고 생각되는 경우에는 회의를 열어 자산동결 및 여행제한의 대상을 추가하거나 그 예외를 결정할 수 있다. 회원국은 이 위원회에 서면으로 자산동결 등에 대한 예외를 요청할 수 있고, 이 위원회는 원칙적으로 5일 안에 예외를 허가할 것인지 여부를 결정하는데, 허가는 만장일치로 결정한다.

남한은 대북제재에 대해 남북한특수관계를 근거로 하여 예외를 주장할 수 있는가. 남한과 북한은 모두 유엔 회원국이지만 남북한은 분단국가로서 특수한 지위를 가진다. 남북한의 법적 지위는 남북한특수관계론에 따라 설명할 수 있고 헌법재판소와 대법원도 이를 채택하고 있다(헌재 1993. 7. 29. 92헌바48 등; 대법원 2000. 9. 29. 2000 도2536 등). 남북한특수관계론은 남북관계를 국내법적 규범영역과 국제법적 규범영역으로 구분하여 법률을 적용하는 법이론적 기초 이다. 즉, 국내법적 규범영역에서는 북한의 이중적 지위에 따라 북한이 반국가단체로 활동하는 규범영역에서는 국제법원칙이 적용 되지 아니하고, 통일의 동반자로서 활동하는 규범영역에서는 국제 법원칙을 적용 또는 변용한다. 한편, 국제법적 규범영역에서는 국제법원칙을 적용한다.

안보리 결의 2321호를 포함한 대북제재결의는 기본적으로 국제 법적 영역에서 속하는 사항이므로 남북관계에 대해서는 국제법원 칙을 적용해야 할 것이고, 안보리 결의의 목적이나 성격에 비추어 국제사회와의 협력이 필수적으로 요구되므로 남북관계의 특수성 을 이유로 안보리 결의의 적용을 면제받기는 어려울 것으로 판단 된다. 유엔 안보리는 북핵문제의 해결과 국제적 안전보장을 위해 대북제재를 강화한 것이므로, 개성공단을 재개하는 것이 북핵문제 의 해결을 위한 수단이라거나 인도적 목적에서 사전 허가를 받는 등 예외에 해당하지 않는다면 안보리 결의에 위반된다고 해석할 수 있다. 특히, 개성공단을 재개하는 것이 북한주민들의 인권 향상 에 기여한다는 것이 명확하지 않다. 유엔 안보리의 대북제재결의 에도 불구하고 북한이 핵을 포기하고 있지 않은 상황에서 개성공 단을 재개하는 것은 북한의 핵문제를 해결하기 위한 국제사회의 노력에 배치되는 것이기도 하다.

남북한특수관계론에 따르면 남북관계가 국제법적 영역에 속하 더라도 남북한이 서로를 통일의 동반자로 이해하고 교류협력을 하 는 경우에는 국제법원칙을 변용할 수 있다. 남북한의 경제협력은 국가와 국가 사이의 관계가 아니라는 것을 전제로 한다는 것을 남북합의서를 통해 여러 차례 확인하고 개성공단에 있어서도 원산지 표시 등 일반적인 대외무역과는 다른 특례를 인정하고 있다. 특히, 안보리 결의 2321호는 북한의 해외 노동자 및 북한주민의 인권에 관한 사항을 포함하고 있고, 남한도 북한주민이 대한민국 국민에 포함된다는 것을 전제로 북한인권법을 제정하여 시행하고 있다. 이러한 점을 근거로 개성공단사업은 안보리 결의가 금지대상으로 하는 국가 사이의 무역에 해당하지 않는다고 주장하거나 북한주민에 대한 지원 등을 위한 예외적 적용을 주장할 여지는 있다고 판단된다.

(3) 결의안 위반의 효과

유엔 안보리는 국제평화의 유지와 관련하여 1차적인 책임을 지는 기관이다. 유엔 안보리는 유엔 헌장 제7장에 따라 국제평화에 대한 위협이 발생한 경우에는 비군사적·군사적 제재를 가할 수 있다. 유엔 헌장 제25조는 "국제연합회원국은 안전보장이사회의 결정(decision)을 이 헌장에 따라 수락하고 이행할 것을 동의한다"고 규정하고 있다. 이에 따라 일반적으로 유엔 안보리의 결의는 이에 따라 회원국들을 대상으로 구속력이 있다고 해석된다. 하지만, 유엔 안보리 결의 2321호는 '결의(resolution)'의 형식을 취하고 있고, 헌장 25조는 안보리의 '결정(decision)'에 대해 법적 효력을 부여하고 있다. 안보리가 헌장 제25조에 따라 회원국들에 대해 구속력을 가지는 결의를 의도한 것인지 여부는 결의가 담고 있는 개별적인 내용의 문언을 검토하여 판단해야 할 것이다.

안보리 결의에서는 요청(calls upon), 촉구(urge), 결정(decide)이라는 표현이 혼용되고 있다. 일반적으로 특정 국가의 행위가 용납할 수 없다는 점을 말하고자 할 때는 '요청'을, 용납할 수 없는 행위를 중단할 것을 요구할 때는 '촉구'를, 용납할 수 없는 행위를 중단하도록 결심할 때는 '결정'이라는 문구를 각각 사용한다. 일반적으로 '결정(decide)'은 직접적으로 의무를 부과하여 가장 구속력이 강하고, '촉구(urge, demand, require, request)'는 보다 구속력이 약하고, '요청(calls upon)'은 구속력이 없는 것으로 해석되고 있다.

안보리 결의 2321호는 대부분의 조항에서 '결정(decide)'이라고 표현하고 있지만, 일부 조항에서는 '요청(calls upon)'이라고 표현하고 있다. 즉, 회원국 내 북한 공관 인력 규모 감축(14항), 북한행·발 제3국 기착 민간항공기에 필요 이상의 항공유 제공 금지(20항), 북한에서 석탄을 조달하는 회원국은 월별 조달 총량을 대북제재위원회에 통보(26항), 북한 노동자가 해외에 파견되는 것에 대한 주의(34항) 등에서는 '결정(decide)'이 아닌 '요청(calls upon)'이라는 용어를 사용하고 있다.

안보리 결의 2321호는 제재조치를 받은 북한이 추가도발을 감행할 경우에는 안보리의 권고에 따라 총회에서 회원국의 지위를 행사하지 못하여 그 권리와 특권이 정지될 수 있다고 경고하고 있다. 하지만, 이는 안보리 결의 자체의 효과로서 제재대상인 북한에 대해서만 적용될 뿐, 안보리 결의를 위반한 회원국에 대해 적용되는 것이 아니다.

유엔 안보리 결의가 구속력을 갖는 경우에도 그 위반에 대한 효과는 다양할 수 있다. 유엔 헌장 제6조는 지속적으로 헌장에서 규정하는 의무를 이행하지 아니하는 회원국은 안보리의 권고에 따라 총회가 제명할 수 있다고 규정하고 있다. 대북제재조치에 대한 안보리 결의는 회원국이 위반한 경우에 회원국에 대해 어떠한 법적 불이익을 부과할 것인지에 대해서는 아무런 규정을 두지 않고 있다. 따라서 결의를 위반한 회원국에 대해서는 다시 안보리 결의 등을 통해 구체적인 제재수단과 방법을 마련해야 한다. 2001년 앙골라에 대한 제재조치를 이행하지 않아 안보리 결의를 위반한 라이베리아에 대해서는 유엔 안보리가 추가적인 제재조치를 가한 적이 있다. 그 이외에는 결의를 위반하였다는 이유로 추가적인 제재조치를 취한 사례는 없어 결의를 위반에 경우에 있어서 실효적인 제재수단이 되지 못한다는 한계가 있다.

다. 주요 법적 쟁점

(1) 개성공단 재개 그 자체가 안보리 결의에 위반한 것이 아닌지

개성공단을 재개하는 것 자체가 안보리의 결의에 위반되는가. 개성공단을 재개하게 되면 북한주민에게 임금 등 경제적 급부를 제공하게 될 것이 예상된다. 대북제재결의안은 일반적인 사업 자체를 제재대상으로 하지 않고 개별적이고 구체적인 교역행위 등을 제한하는 것이다. 따라서 개성공단을 통해 임금 등으로 제공되는 자금의 사용처가 불투명하다고 하더라도 개성공단사업 그 자체를 안보리 결의에 위반되는 것은 아니다. 다만, 개성공단을 재개하여 발생하는 구체적인 교역행위가 결의안에 위반되는 것으로 판단될 수는 있을 것이다.

(2) 북한과 상업적 거래를 하는 것이 안보리 결의에 위반되는지 여부

개성공단을 재개하여 북한과 상업적 거래를 하는 것이 안보리 결의에 위반되는가. 이는 일률적으로 말할 수는 없고, 상업적 거래의 내용이 안보리 결의가 규정하고 있는 제재조치에 포함되는지 여부를 기준으로 판단해야 할 것이다.

안보리 결의 2321호는 재화의 교역 등 금수조치의 대상을 확장하여 핵무기 및 생화학무기로 사용할 수 있는 물건들(부속서 III), 부분적인 군민 양용 무기(dual-use)(제7항), 미화 500달러 이상의 융단, 미화 100달러 이상의 자기 등 사치품(부속서 IV), 금속이나 조각상(statue)도 포함시키고 있다. 회원국은 육로로 운송하는 물자에 대한 검색과 압수 및 몰수해야 할 의무를 부과하고 있으며, 화물(cargo)뿐만 아니라 개인의 짐(luggage, checked baggage)도 검색 대상에 포함시키고 있다. 금수조치는 물자뿐만 아니라 인원에 대해서도 확장하고 있는데, 개인과 관련 금융기관의 자산을 동결하고 개인과 단체(그들을 대신하여 움직이는 개인을 포함)에 대해 출입국 등 여행을 제한하고 있다. 따라서 이러한 내용을 포함하는 상업적 거래는 안보리 결의 2321호에 위반될 수 있다.

안보리 결의 2321호는 대북 무역과 관련하여 공적 또는 사적 금융지원 및 보증을 금지하고 있는데, 종전 안보리 결의 2279호에서 WMD와 연관될 것을 조건으로 하였던 조항을 삭제하여 전면적으로 금지하고 있다. 개성공단 입주업체들에 대해서 정책적으로 대출하거나 보험 등을 통해 지원하는 것도 안보리 결의에 위반될 여지가 있다. 하지만, 개성공단에 대해서는 남북관계의 특수성을 근거로 안보리 결의의 적용을 받지 않는다고 주장하거나 안보리 제재위원회로부터 예외로 사전허가를 받아 지원할 수는 있을 것이다. 이때에는 안보리 결의는 원칙적이고 포괄적 금지를 내용으로 하고 있으므로 남한이 개성공단을 재개하여 기업에 대해 금융지원 등을 하는 것이 WMD에 영향이 없다는 것을 설명할 필요가 있을 것이다.

(3) 개성에 금융기관(지점)을 설치하는 것이 안보리 결의에 위반되는지 여부

개성에 금융기관이나 그 지점을 개설하는 것이 안보리 결의에 위반되는가. 안보리 결의 2094호는 제13조에서 회원국들이 자국 금융기관이나 은행들의 활동이 안보리 결의 1718·1874·2087·2094호의 내용을 위반하는 금융사업과 관련될 우려가 있는 경우 북한에 지점을 개설하거나, 북한과 관련된 계좌를 개설하는 것을 금지할 것을 권고하고 있다. 안보리 결의 2321호는 제16조에서 해당 국가에 파견된 북한 대표단과 영사관들이 각각 하나의 계좌만 개설하도록 제한하는 조치를 도입할 것을 요구하고 있으며, 제31조에서는 회원국들이 북한에 파견된 대표단이나 영사관과 해당 조직들의 은행계좌 90일 이내에 폐쇄하도록 규정하고 있다. 이는 북한이 외국은행 등을 통해 내부적 거래나 자금세탁을 하거나 핵무기, 탄도미사일 또는 WMD 개발에 사용될 자금을 마련하는 수단으로 활용하는 것을 방지하기 위한 것으로 보인다.

안보리 결의 2321호는 금융기관의 활동에 대해서도 종전 안보리 결의 2279호에서 WMD와 연관될 것을 조건으로 하였던 조항을 삭제하여 전면적으로 금지하고 있다. 북한지역인 개성공단에 은행지점을 개설하는 자체가 안보리 결의를 위반하는 것으로 해석될 여지가 있다. 만약, 해당 은행지점에 북한의 정부기관이나 안보리 결의에서 제재대상으로 정하고 있는 개인이나 기업, 기관, 그리고 이들의 사용인들의 계좌를 개설하는 것도 안보리 결의를 위반하는 것이 된다. 다만, 인도주의적 지원이나 외교적 업무 또는 유엔 특별기구들의 활동과 관련된 경우에는 은행개설이 허용된다. 따라서 개성공단에 은행지점을 개설할 경우에는 입주한 기업들에 대한 지원, 북한주민 개인에 대한 임금지급 등의 용도로 계좌 개설하는 것으로 그 업무를 제한하는 것이 바람직하다. 개성에 은행지점을 개설하는 것에 대해서도 남북관계의 특수성을 근거로 안보리 결의의 적용을 받지 않는다고 주장하거나 안보리 제재위원회로부터 예외로 사전허가를 받아 지원할 수도 있을 것이다.

(4) 북한 근로자에 대한 임금지급 등이 안보리 결의에 위반되는지 여부

안보리 결의 2087호는 제12조에서 안보리 결의 1718·1874호의 제재를 회피하기 위한 벌크캐시의 사용을 회원국들이 철저하게 감시할 것을 요구하고 있다. 안보리 결의 2094호는 안보리 결의 1718·1874·2087호의 제재를 회피하기 위한 수단으로 북한에 의해 핵 또는 탄도미사일 프로그램에 사용될 수 있는 벌크캐시가 북한으로 넘어가지 않도록 감시할 것을 규정하고 있다. 북한은 유엔 안보리 결의안들에서 강력한 제재들을 회피하기 위해 상업 등 다양한 형태의 거래에 있어서 상대방에게 현금으로 지원 또는 대가를 지급하도록 요구할 가능성이 있다.

안보리 결의 2087호와 2094호에서 벌크캐시를 금지하는 것은 북한이 금융거래가 전산망 등에 기록이 남는 형태로 진행되는 것을 회피하기 위해 지급되는 현금거래를 통해 안보리 결의 1718·1874·2087호에서 규정하는 제재를 회피하는 것을 방지하기 위한 것이다. 북한에 직접 현금을 지급하는 행위가 위 결의에서 금지하고 있는 벌크캐시에 해당하는지 여부는 그 목적이 안보리 결의의 내용을 위반하는지 여부를 기준으로 판단해야 한다. 안보리 결의는 북한과 재래식 무기, 사치품 및 핵무기, 탄도미사일, 대량학살무기의 개발에 이용될 수 있는 재화를 교역하는 것은 금지하는 것을 목적으로 하고 있고, 안보리 결의안 2321호도 이를 전제로 그 대상과 범위를 확대한 것이다.

개성공단에서 근무하는 북한근로자의 임금을 지급하기 위한 현금수송에 대해서는 그 자금은 현금이라는 특성을 고려할 때 북한의 핵무기 개발 등에 이용될 수 있는 재화에 포함되는 것으로 해석할 여지가 있다. 하지만, 북한지역으로 현금을 수송하는 것 그 자체가 금지되는 것은 아니고, 그 현금이 핵무기 개발 등에 이용될 수 있는 재화라는 것이 증명되어야 금지대상이 된다. 개성공단을 가동하면서 북한근로자에게 임금 등 명목으로 현금을 지급하는 것이 벌크캐시에 해당하는지 여부는 개별적으로 검토하고 판단하여야 한다.

개성으로 수송되는 현금이 북한근로자에게 지급되는 경우에는 북한사회의 특성을 고려할 때 자금의 사용처가 분명하지 않을 뿐만 아니라 이로 인하여 절감한 비용을 핵무기 개발 등에 사용될 수 있으므로 벌크캐시에 해당하는 것으로 해석될 수 있다. 다만, 북한근로자에게 임금으로 현금을 지급하는 것은 안보리 결의에서 예외로 인정하고 있는 사유인 북한주민에 대한 인도주의적 지원이나 북한지역을 개발하기 위한 지원, 그리고 북한의 핵개발을 중단시키기 위한 목적으로 해석할 수도 있다. 북한근로자에게 지급되는 임금이 WMD에 영향이 없다는 것을 설득할 필요가 있고 이때에는 그 현금은 벌크캐시에 해당하지 않는 것으로 해석할 수 있다. 하지만, 그 현금이 북한 당국이나 안보리 결의에서 제재대상으로 특정한 인사나 기업에 지급되는 경우에는 안보리 결의가 금지하는 벌크캐시에 해당할 수 있을 것이다.

개성공단이 재개되어 북한근로자의 임금을 종전과 같이 총국에 일괄 지급하는 것은 안보리 결의에 위반하는 것으로 결정할 가능성이 있다. 이는 총국에 현금이 일괄 지급될 경우에는 현금이 지급된 이후 그 자금의 흐름이 확인되지 않기 때문이다. 안보리 결의를 위반하지 않고 총국에 일괄 지급하기 위해서는 총국에 대한 감시가 가능하도록 하거나 일괄 지급된 이후 자금의 흐름을 분명하게 파악할 수 있어야 한다. 하지만, 자금의 흐름을 투명하게 파악하는 것은 매우 어려울 것이다. 따라서 북한근로자에게 임금을 직접 지급하거나 실질적으로 남한에서 그 자금의 흐름을 확인할 수 있는 기관으로 지급하는 것이 바람직하다.

(5) 개성공단 재개를 위해 대북제재 대상 인물이 남북회담대표로 남한을 방문하는 것이 안보리 결의에 위반되는지 여부

안보리 결의 1718호는 제8조 (e)항에서 회원국들이 유엔안보리 이사회에서 지정한 북한의 핵·탄도미사일과 WMD의 개발 등에 관련된 인사들이 회원국에 직접 입국하거나 환승을 위한 입국을 하는 것도 금지하도록 규정하고 있다. 안보리 결의 2094호는 제재 대상인 북한 인사 이외에도 그들의 지시를 받고 활동하는 북한 인사들에 대해서도 같은 제재조치를 적용하여 그 대상을 확대하고, 해당 인사들의 입국을 금지할 뿐만 아니라 추방할 것을 권고하고 있다. 다만, 해당인사들이 종교적 행사, 인권적 필요, 사법절차의 진행 등을 일정한 사유가 있거나 안보리 결의의 목적을 달성하기 위해 필요한 경우에는 예외를 인정하고 있다.

안보리 결의가 북한 인사의 입국을 금지하는 것은 해당 인사가 입국한 회원국 영토 내에서 통제를 받지 않고 북한의 핵·탄도미사일과 WMD 개발과 관련된 활동을 할 가능성이 존재하기 때문이다. 따라서 해당 인사가 금지사유와 관련이 없거나 결의의 목적을 달성하기 위한 것으로 인정되는 경우에는 안보리 결의에 위반한 것이 아니라고 해석된다. 개성공단을 재개하기 위해 북한 인사가 남한을 방문하는 것은 안보리 결의가 금지하는 사유에 해당하지 않을 뿐만 아니라 결의의 목적을 달성하기 위한 것으로 이해될 수 있으므로 안보리 결의를 위반한 것은 아니라고 판단된다. 실제로 유엔 안보리 대북제재위원회는 2018년 2월 여행금지대상으로 지정했던 최휘 북한 국가체육지도위원장에 대해 일시적으로 제제 면제의 예외를 승인한 적이 있다.

제 12 장

DMZ 세계평화공원 조성을 위한 법적 과제

1. DMZ 세계평화공원의 법적 지위

가. 세계평화공원의 의미

한반도의 비무장지대(Demilitarized Zone, 이하 'DMZ'라 한다)는 대한민국과 조선민주주의인민공화국 사이에 군사분계선(Military Demarcation Line, MDL)을 기준으로 남북으로 각각 2km 이내로 설정된 지역이다. DMZ는 1953년 7월 27일 체결된 '국제연합군 총사령관을 일방으로 하고 조선인민군 최고사령관 및 중국인민지원군 사령원을 다른 일방으로 하는 한국 군사정전에 관한 협정(이하 '군사정전협정'이라 한다)'에 근거하여 설정되었다. 남북한이 60년 이상의 분단 상황을 지속하는 동안, DMZ는 국제적 냉전과 남북관계의 군사적 긴장과 갈등을 상징하여 왔다. 한편, DMZ는 한반도의 분단을 역사적으로 보여주는 교육의 현장이자 생태환경이 잘 보존되어 있는 문화유산적 가치를 갖고 있다. 1979년 유엔환경계획(United Nations Environment Programme, UNEP)이 DMZ를 세계평화와 통일을 위한 협력의 공간으로 이용하자는 계획을 처음 제시하였다. 그 이후 세계자연보호연맹(International Union for Conservation of Nature)이 DMZ를 국제적 평화자연공원으로 조성하자는 계획을 제기하는 등 DMZ의 평화적 이용방안이 꾸준히 제기되었다. 남한에서도 2000년부터 정부와 지방자치단체의 차원에서 DMZ를 유네스코 생물권보전지역으로 지정하기 위해 노력하였고, DMZ에 평화·생태·관광공원을 조성하는 것을 국토종합계획으로 제시하기도 하였다.

2013년 5월 8일 대한민국 대통령이 미국 상하원 합동연설에서 DMZ에 세계평화공원을 조성하는 구상을 발표한 것을 계기로 통일부에 세계평화공원기획단이 설립되는 등 세계평화공원에 대한 논의가 본격화되었다. DMZ에 세계평화공원을 조성하는 것은 남북한의 군사적 긴장과 갈등을 해소하고 화해와 협력을 추진하는 기제로 작용할 뿐만 아니라 국제사회의 평화와 안정을 촉진시키는 계기가 될 것으로 기대된다. DMZ는 정치·경제적 여건뿐만 아니라 역사·문화·생태적 조건과 밀접한 관련이 있다. 따라서 DMZ에 세계평화공원을 성공적으로 조성하기 위해서는 그 절차와 내용에 있어서 관련되는 모든 상황들을 종합적으로 고려하고 반영해야 한다. 즉, 세계평화공원을 조성하는 과정에서 국민적 합의를 도출해야 하고, 위와 같은 전략을 추진하는 법제도적 인프라를 구축해야 한다.

DMZ는 분단국가인 남북한 사이에 발생한 6.25 전쟁의 결과로 탄생하였으며, 남북한이 결정한 것이 아니라 유엔군과 중국이 함께 결정하여 국내법과 국제법의 중층적 규범체계가 서로 모순되고 충돌되는 것이 현실이다. 따라서 세계평화공원을 성공적으로 조성하기 위해서는 우선적으로 DMZ를 둘러싼 복잡한 법률관계를 모순과 충돌 없이 정합적으로 체계화시킴으로써 법제도적 장애를 제거해야 한다. 또한, 세계평화공원을 안정적으로 관리하고 유지·발전시키기 위해서는 세계평화공원을 조성하는 규범적 기준을 설정한 다음, 이에 따라 현행 법제도의 문제점을 개선하고 보완할 것이 요청된다.

나. 세계평화공원에 대한 규범적 근거

DMZ는 군사분계선을 기준으로 남북 각 2㎞ 지점을 연결한 지역으로서 남한의 경기도와 강원도, 북한의 개성직할시와 강원도를 포함하며, 길이는 총 248㎞이고, 면적은 총 907㎢이다. DMZ는 군사정전협정 제1조 제1항에서 "한 개의 군사분계선을 확정하고 쌍방이 이 선으로부터 각 2㎞씩 후퇴함으로써 적대군대 간에 한 개의 비무장지대를 설정한다. 한 개의 비무장지대를 설정하여 이를 완충지대로 함으로써 적대행위의 재발을 초래할 수 있는 사건의 발생을 방지한다"는 규정에 따라 설치되었다. 그러나 현실적으로 DMZ에는 박격포, 대전차포, 다연장로켓포를 비롯한 중무기가 집중적으로 설치되어 있으며, 남북한이 지리적 이점을 활용하기 위해 한계선에서 각각 전진적으로 철책선을 설치함으로써 그 범위도 많이 축소되었다. 또한, 북한은 1994년 4월 군사정전위원회 대표를 철수시켰으며, 2013년 3월에는 일방적으로 군사정전협정 무효화를 선언하여 DMZ의 규범적 근거인 군사정전협정은 그 실효적인 규범력이 약화되었다.

DMZ 세계평화공원을 조성하는 것은 정치군사적·생태환경적·경제문화적으로도 중요한 의미가 있지만, 헌법을 비롯한 법규범적 측면에서도 중요한 의미가 있다. DMZ가 설치되고 운영되어 온 경과와 세계평화공원의 취지를 고려할 때, DMZ에 세계평화공원을 조성하는 것은 기본적으로 우리 헌법정신에도 부합하는 것이라고 하겠다. 즉, 우리 헌법은 전문과 제4조, 제66조 등에서 평화통일을 기본원리로 규정하고 있으며, 전문과 제5조에서는 항구적인 세계평화와 국제평화주의를 천명하고 있다. 또한, 국민의 자유와 권리에 있어서도 제23조, 제34조 제6항, 제36조 등에서 국가는 개인의 안전과 자유와 행복을 확보하며, 그 재산권을 보장하고, 국민이 건강하고 쾌적한 환경에서 생활할 수 있도록 재해로부터 보호할 것을 규정하고 있다.

세계평화공원은 이러한 헌법적 가치와 국가목표를 실현하는 적절한 수단이 될 수 있다. 특히, DMZ에 대해서는 군사정전협정에 따라 군사정전위원회가 관할권을 보유하고 있는 것을 고려할 때, 세계평화공원은 동북아시아를 포함한 세계평화뿐만 아니라 국제사회의 법치주의 실현에도 기여할 수 있을 것이다. 나아가 세계평화공원을 조성하기 위해서는 남북한뿐만 아니라 유엔을 비롯한 국제사회의 협조가 필수적으로 요구되는데, 세계평화공원을 조성하기 위해 남북합의서가 체결될 경우에는 국제법질서의 틀 안에서 남북합의서의 규범력을 안정적으로 확보할 수 있는 기회로 활용할 수 있을 것이다.

남북한은 DMZ에 대해서 헌법규범적으로는 모두 자신의 영토에 속한다고 규정하고 있지만, 현실적으로는 군사분계선을 기준으로 하여 남한지역과 북한지역에 대해 각각 영토고권을 보유하고 있다. 남북한은 국제사회에서는 물론 남북한 사이에서도 헌법규범적으로 한반도의 분단상황을 전제로 통일을 지향하고 있어 상대방의 실체를 인정하고 있다. 이와 같이 DMZ에 대해서는 국내법적으로나 국제법적으로 단일한 규범적 기준을 적용할 수 없는 특수성을 가지며, 남북한특수관계론에 따라 법률적 모순과 충돌을 해결하는 규범적 기준을 마련해야 한다. 즉, DMZ에 대해서는 국제법적 측면에서는 군사정전협정에 따라 군사정전위원회가 실질적인 관할권(Jurisdiction)을 행사하고 있어 군사정전협정이 적용되고, 국내법적 측면에서는 남북한의 법률이 각각 적용되고 있으므로 DMZ 세계평화공원을 조성하기 위해서는 DMZ에 적용되는 법률관계를 통일적으로 체계화시키는 것이 반드시 필요하다.

2. DMZ를 규율하는 법률체계

가. 군사정전협정

DMZ를 직접적으로 규율하는 법규범은 군사정전협정이다. 군사정전협정은 전문과 본문 5개조 63개항으로 구성되어 있는데, DMZ의 설정, 출입제한, 구역 내에서의 행위제한 등에 대해 규정하고 있다. 군사정전협정은 군사분계선과 DMZ에 대한 경계획정에 대해서는 첨부한 지도와 지면에 표시한 북방경계선 및 남방경계선으로 확정하며(제1조 제2항, 제3항), 쌍방 사령관들은 적당한 표식물을 세우고, 군사정전위원회는 그 표식물의 건립을 감독하도록 하였다(제4항).

DMZ의 관할권에 대해서는 군사분계선 이남은 국제연합군 총사령관이, 그 이북은 조선인민군 최고사령관과 중국인민지원군 사령원이 공동으로 각각 책임지며(제10항), 상대방 지역사령관의 허가 없이는 군인이나 민간인이 출입할 수 없도록 엄격하게 제한하고 있다(제7~9항). 다만, 민사행정 및 구제사업의 집행에 관계되는 인원과 군사정전위원회의 특정한 허가를 얻고 들어가는 인원은 예외적으로 DMZ에 출입하는 것이 허용되지만, 이 경우에도 그 인원수는 각 사령관이 이를 결정하고, 어느 일방이 허가한 인원의 총수는 1,000명을 초과할 수 없도록 하였다(제10항). 이에 따라 남한에서 남한 관할지역으로 출입하기 위해서는 군사정전위원회의 특정한 허가를 받거나 민사행정 등을 이유로 유엔군사령관의 허가를 받아야 하며, 군사분계선을 통과하기 위해서는 별도로 군사정전위원회의 특정한 허가를 받아야 하고, 북한 관할지역으로 출입하기 위해서는 다시 중국군사령원과 북한군사령관의 허가를 받아야 한다.

DMZ 내에서는 물론 DMZ로부터 또는 DMZ를 향하여 어떠한 적대행위도 감행하지 못하며(제6항), 예외적으로 출입이 허용된 경우에도 인원과 물자의 이동의 자유는 보장되지만(제11항) 군사정전위원회의 특정한 허가 없이는 무기는 휴대할 수 없도록 규정하고 있다(제10항). 한편, 군사정전협정은 조인하고 12시간 이후부터 적대행위를 완전히 정지하며, 협정의 효력이 발생한 후 72시간 이내에 모든 군사역량, 보급 및 장비를 DMZ로부터 철거하고, 72시간이 지난 때부터 45일 이내에 모든 폭파물, 지뢰원, 철조망 등 위험물을 군사정전위원회의 지시와 감독에 따라 제거하도록 규정하고 있다(제2조 제13항). 세계평화공원을 조성할 경우에는 입지로 선정된 구역에 대해서는 지뢰 등 위험물을 제거해야 할 뿐만 아니라 다양한 시설물을 설치해야 할 것인데, 군사정전협정에는 이에 대해 아무런 규정을 두지 않고 있다.

헌법과 군사정전협정의 관계에 대해서는 앞에서 검토한 바와 같이 남북한특수관계론에 따라 규범조화적으로 해결할 수 있다. 즉, DMZ에 대한 헌법규범적 영토주권은 대한민국에 속하지만, 현실적인 인적·물적 관할권은 군사정전협정에 의해 구성된 국제기구인 군사정전위원회에 속하며 구체적으로는 쌍방의 군사령관에 의하여 행사된다고 할 수 있다. 군사정전협정은 기본적으로 남북관계가 국제법적 규범영역에서 적용되는 경우에 해당하고, 이때에는 국제사회에서 남북한이 각각 국제법의 주체로서 활동하고 있는 현실과 국내법을 이유로 국제법의 적용을 배제할 수 없다는 국제법 원칙을 고려하여 국제법 원칙이 적용된다고 할 것이다.

군사정전협정은 규범적으로나 사실적으로 그 법적 성격과 효력에 대해서는 논란이 있다. 즉, 우리 헌법은 제6조 제1항에서 "헌법에 의하여 체결·공포된 조약과 일반적으로 승인된 국제법규는 국내법과 같은 효력을 가진다"고 규정하고 있어 군사정전협정이 우리 헌법에 의하여 체결된 조약이라고 할 수 없으며, 대한민국이 군사정전협정의 직접 당사자가 아니어서 조약에 관한 국제법 원칙을 그대로 적용하기도 어렵다. 또한, 군사정전협정이 체결된 이후 군사정전위원회와 중립국 감시위원회의 활동 등 일부 조항이 사실상 그 규범력을 갖지 못한 상태에 있다. 군사정전협정의 법적 성격에 대해서는 국제법적으로 정전협정과 휴전협정의 개념을 구별하는지 여부, 협정이 당사자가 누구인지, 관련 당사자가 이를 준수할 의지가 있는지 여부 등을 기준으로 하여 다양한 입장이 있다.

DMZ에 대해서는 군사정전협정은 한국군의 작전지휘권이 유엔사령부에 이양된 상태에서 체결되었으며, 비록 형식적으로는 남한이 군사정전협정의 당사자는 아니지만 실질적으로 전쟁의 당사자로서 현재까지 정전협정의 이행을 담당하고 있다. 1992년 발효된 남북기본합의서는 제5조에서 "현 군사정전협정을 준수한다"고 규정하였고, 그 이후 유엔군사령부와 북한군이 DMZ 일부 구역을 개방하면서 체결한 합의서도 "정전협정에 따라" 체결하였다. 또한,

우리 자연환경보전법도 제2조에서 DMZ에 대해 대한민국이 실질적 관할권을 행사할 수 없으며, 군사정전협정에서 설정한 DMZ를 그대로 인정하는 것을 전제로 규정하고 있다. 이러한 점을 고려할 때 군사정전협정은 국제법상 조약으로서 실질적으로 규범력을 갖고 있으며, DMZ를 규율하는 가장 중요한 규범체계를 구성하고 있다고 하겠다.

나. 남북합의서

DMZ 세계평화공원을 조성할 경우에는 남북합의서의 체결이 반드시 필요할 것인데, 그 합의서는 그동안 체결된 남북합의서와 정합적이어야 한다. 2014년 3월 현재까지 남북한 사이에는 140여개의 합의서가 채택되었지만 DMZ 전체를 규율하는 남북합의서는 체결되지 않았다. 다만, 남북기본합의서는 제5조에서 "남과 북은 현 정전상태를 남북 사이의 공고한 평화상태로 전환시키기 위하여 공동으로 노력하며, 이러한 평화상태가 이룩될 때까지 현 군사정전협정을 준수한다"고, 제12조에서 "남과 북은 남북군사공동위원회에서 비무장지대의 평화적 이용문제 등을 협의·추진한다"고 각각 규정하여 간접적으로 DMZ에 관하여 규정하였다. 2000년 이후 남북한은 남북교류협력을 확대하기 위한 교통인프라를 구축하는 과정에서 처음으로 DMZ를 부분적으로 규율하는 합의서를 체결하였다.

2002년 9월 17일 남북한 사이에 체결된 '동해지구와 서해지구 남북관리구역 설정과 남과 북을 연결하는 철도·도로작업의 군사적 보장을 위한 합의서'는 그 체결과정과 내용에 있어서 DMZ에 관한 규범체계의 현실을 반영하고 있다. 당시는 6.15 공동선언에 따라 남북교류협력이 본격화되었는데, 육로를 통해 인적·물적 교류를 진행하기 위해서는 DMZ를 통과할 수밖에 없어 이에 대한 남북한 사이에 합의가 필요하였다. 당초 북한은 유엔군으로부터 DMZ 개방을 남한에 위임한다는 편지나 담보각서를 보내줄 것을 남한에 요청하였고, 유엔군이 경의선철도와 문산－개성간 도로 연결사업과 관련해 남한의 국방부가 유엔군을 대리해 DMZ 지뢰제거 및 공사에 필요한 안전보장대책을 협의할 권한을 가진다는 내용의 서한을 북한에 보냈다. 북한은 이에 대해 유엔군이 DMZ에 대한 협상권을 이미 남한에 넘긴 만큼, DMZ 남북관리지역의 남한지역에 대한 관할권 자체를 남한에 이양해야 한다고 주장하였으며, 유엔군은 관할권 자체의 이양은 불가능하고 행정적인 관리권을 남한에 넘겨줄 수 있다고 답신하였다.

2000년 11월 16일 유엔군과 북한은 유엔군이 DMZ 남북관리구역에 대한 행정적인 관리권을 남한에 이양한다는 데 합의하였고, 그 다음날 '비무장지대 일부 구역 개방에 대한 유엔군과 조선인민군간의 합의서'를 채택하였다. 이 합의서는 제1항에서 "쌍방은 정전협정에 따라 서울－신의주간 철도와 문산－개성간 도로가 통과하는 군사분계선과 비무장지대 일부구역을 개방하여 그 구역을 남과 북의 관리구역으로 한다"고, 제2항에서 "쌍방은 비무장지대 안의 일부구역 개방과 관련된 기술 및 실무적인 문제점들과 남과 북의 관리구역에서 제기되는 군사적인 문제들을 정전협정에 따라 남과 북의 군대들 사이에 협의하여 처리한다"고 각각 규정하였다. 이 합의서를 통해 'DMZ에 대한 관할권(Jurisdiction)' 이외에 '남북관리구역에 대한 관리권(Administration)'이라는 개념을 도출하였다. 즉, 군사정전위원회가 DMZ 전체에 대한 관할권을 그대로 보유하면서도 일부 구역을 지정하여 남북한이 관리권을 공동으로 행사하도록 하였다.

그 후 2002년 9월 17일 '동해지구와 서해지구 남북관리구역 설정과 남과 북을 연결하는 철도·도로작업의 군사적 보장을 위한 합의서'를 체결하였다. 이에 따라 동해지구에서는 폭 100m, 서해지구에서는 폭 250m의 남북관리구역이 설정되었고, 지뢰제거, 접촉과 통신, 작업장경비 및 안전보장 등 철도 및 도로 연결에 관련된 문제에 대한 군사적 보장조치들이 합의되었다. 그 이후 2002년 12월 6일 '남북 사이 차량의 도로운행에 관한 기본합의서'가, 2004년 4월 13일 '남북 사이 열차운행에 관한 기본합의서'가, 2007년 12월 13일에는 '동·서해지구 남북관리구역 통행·통신·통관의 군사적 보장을 위한 합의서'가 이와 같은 방식으로 각각 체결되었다. 이러한 남북합의서 이외에도 남북한은 2000년 이후 개성공단과 금강산관광사업을 추진하기 위해 이른바 '4개 경협합의서'를 비롯하여 다양한 합의서를 체결하였는데, 이들 남북합의서는 DMZ를 통일적으로 규율하고 있는 것이 아니라 필요한 영역에서 부분적으로 관련되어 있으며, 이러한 한도에서는 DMZ를 규율하는 규범으로 기능한다고 평가할 수 있다.

남북합의서의 법적 성격과 효력에 대해서도 논란이 있는데, 헌법재판소와 대법원은 남북기본합의서에 대해서는 일종의 공동성명 또는 신사협정에 준하는 성격을 가질 뿐 법적 구속력을 갖는 조약이 아니라고 판단하고 있다(헌법재판소 2000. 7. 20. 98헌바63, 대법원 1999. 7. 23. 98두14525). 그러나 4개 경협합의서를 비롯한 13개의 남북합의서는 국회의 사전동의를 거치는 등 법률적 효력을 갖는 조약에 필요한 절차에 따라 체결되었고, 남북관계발전에 관한 법률에서 그 법적 규범력을 부여하고 있어 법률적 효력을 갖는 조약이라고 판단된다. 한편, DMZ에 관하여 체결한 이들 남북합의서는 그 내용이 국민의 권리의무에 관하여 직접 규정하는 것이 아니고, 국회의 사전동의도 거치지 않아 법률적 효력을 갖는 조약이라고 인정하기는 어렵다. 다만, 남북기본합의서를 비롯한 남북합의서는 남북한 실질적인 책임자들이 합의한 사항으로서 남북교류협력과 평화통일을 달성하는 과정에서 지켜져야 될 약속으로서 중요한 의미를 가진다고 하겠다.

다. 남한의 법률

(1) 자연환경보전법

자연환경보전법은 제2조 제13호에서 "자연유보지역이라 함은 사람의 접근이 사실상 불가능하여 생태계의 훼손이 방지되고 있는 지역 중 군사상의 목적으로 이용되는 외에는 특별한 용도로 사용되지 아니하는 무인도로서 대통령령이 정하는 지역과 관할권이 대한민국에 속하는 날부터 2년간의 비무장지대를 말한다"고 규정하고 있다. 이는 DMZ를 기본적으로 사람의 접근이 사실상 불가능하여 생태계의 훼손이 방지되고 있는 지역이라는 것을 전제로 하여 자연유보지역의 대상에 포함시키고 있다. 그러나 남한의 법률인 자연환경보전법이 적용되는 현실적 조건을 고려하여 그 관할권이 대한민국에 속하는 날부터 2년간의 DMZ를 자연유보지역으로 인정하고 있다. 자연환경보전법이 보호대상으로 하는 자연환경이란 지하, 지표, 지상의 모든 생물과 이들을 둘러싸고 있는 비생물적인 것을 포함한 자연의 상태로서 생태계와 자연경관을 포함하는 개념이다. DMZ는 자연환경의 보호의 측면에서도 자연생태계의 보고로서 환경오염으로부터 보호하는 것은 물론, 남북한이 공동으로 보전하여야 할 자연유산으로서 기본적으로 이 법률의 적용대상이 된다고 하겠다. 다만, DMZ는 그 관할권이 대한민국에 속하지 않고 있는 상태이므로 현재로서는 자연유보지역에 포함되지 않는다고 해석된다.

자연환경보전법은 자연유보지역에 대해 환경부장관으로 하여금 관계중앙행정기관의 장 및 관할시·도지사와 협의하여 생태계의 보전과 자연환경의 지속가능한 이용을 위한 종합계획 또는 방침을 수립하도록 규정하고 있다(제22조 제1항). 따라서 환경부장관은 DMZ에 대하여도 종합계획 또는 방침을 수립할 법률적 의무가 있으나, 이는 그 관할권이 대한민국에 속하는 날부터 2년간의 DMZ를 대상으로 하므로 현재로서는 그 의무가 없다고 하겠다. 또한, 이 법은 자연유보지역에 대하여는 자연경관의 훼손행위 등의 행위제한, 금지행위, 중지명령 등에 대하여 특별규정을 두고 있으나, 예외적으로 DMZ에 대하여는 위와 같은 특례를 적용하지 않을 수 있도록 규정하고 있다. 즉, DMZ에서 남북한 간의 합의에 의하여 실시하는 평화적 이용사업과 통일부장관이 환경부장관과 협의하여 실시하는 통일정책 관련 사업에 대하여는 일정한 자연경관의 훼손행위의 금지, 중지명령 등이 적용되지 않도록 예외를 인정하고 있다(제22조 제2항). 이 규정에 따라 DMZ에 대하여는 남북한의 합의나 통일정책 관련 사업에 의한 개발행위를 할 수가 있고, 이는 세계평화공원을 조성함에 있어서 필요한 개발행위의 법적 근거가 될 수 있다. 그러나 이 규정도 자연환경보전법 제2조의 규정에 의하여 DMZ에 대한 관할권이 대한민국에 속하는 날부터 2년간 적용될 수 있다. 따라서 자연환경보전법의 관할권 유보규정을 개정할 경우에는 이 법이 그대로 적용될 수 있을 것이다. 그러나 이러한 경우에도 뒤에서 보는 바와 같이 DMZ의 북한지역에는 자연환경보전법이 적용되지 않는다고 할 것이다.

(2) 군사기지 및 군사시설 보호법

군사기지 및 군사시설 보호법은 군사기지 및 군사시설을 보호하고 군사작전을 원활히 수행하기 위하여 제정되었는데(제1조), 군사기지 및 시설보호구역에 DMZ가 포함되어 있어 DMZ에도 적용된다. 이 법은 군사기지 및 시설보호구역을 통제보호구역과 제한보호구역으로 구분하여 정하고 그 지역에서의 행위제한과 규제, 군사기지 및 군사시설 보호심의위원회, 보호구역 등 관리기본계획 수립 등에 대해 규정하고 있다. 이 법은 고도의 군사활동 보장이 요구되는 군사분계선의 인접지역에서 군사작전상 민간인의 출입을 통제하기 위하여 국방부장관이 지정하는 선을 민간인통제선으로 설정하고 있다(제2조 제7호).

민간인통제선은 군사분계선의 이남 10㎞ 범위 이내에서 지정할 수 있으며, 보호구역의 하나로서 군사기지 및 군사시설의 보호 등을 목적으로 일정한 행위를 제한하고, 그에 필요한 범위에서 토지의 매수 및 손실보상을 인정하고 있다. 나아가 보호구역 등의 지정으로 인하여 그 구역 안의 토지를 종래의 용도로 사용할 수 없어 그 효용이 현저하게 감소한 토지 또는 당해 토지의 사용·수익이 사실상 불가능한 토지의 소유자는 국방부장관에게 당해 토지의 매수를 청구할 수 있다(제17조). 또한, 국방부장관은 보호구역등의 지정목적을 달성하기 위하여 필요한 경우에는 토지소유자와 협의하여 그 구역 안의 토지 및 그 토지의 정착물을 매수할 수 있으며 (제19조), 보호구역 지정에 따른 각종 손실에 대해서는 정당한 보상을 하여야 한다(제20조).

민간인통제선 이북지역은 원칙적으로 통제보호구역에 해당하는데, DMZ도 이에 포함되어 일반인의 출입이 통제되고, 토지의 소유자라고 하더라도 건물을 짓거나 길을 내는 등 소유권 행사에 제한을 받게 된다. 다만, 예외적으로 통일정책의 추진에 필요한 지역, 취락지역 또는 안보관광지역 등으로서 대통령령이 정하는 기준에 해당하는 지역은 제한보호구역으로 지정할 수 있도록 하고 있다. 이 법 시행령 제5조는 제한보호구역으로 지정하는 기준에 대해 "대통령령으로 정하는 기준에 해당하는 지역이란 다음 각 호의 어느 하나에 해당하는 지역을 말한다. 1. 통일의 기반조성을 위하여 국가기관이 지정하여 개발하려는 지역 또는 남북교류·협력사업의 추진에 필요한 지역, 2. 취락지역으로서 관계 행정기관의 장이 해당 관할부대장 등과 협의하여 정하는 지역, 3. 국민의 안보의식을 고취하기 위하여 국가기관 또는 지방자치단체가 개발하는 안보관광지역으로서 관계 행정기관의 장이 해당 관할부대장 등과 협의하여 정하는 지역, 4. 국가기간산업 또는 지역사회발전을 위하여 대규모 개발이 계획된 지역, 5. 그 밖에 관할부대장 등이 작전에 미치는 영향이 경미하다고 인정하는 지역"이라고 규정하고 있다. 따라서 이 법에 의하더라도 DMZ 세계평화공원을 조성할 경우에는 그 해당지역은 제한보호구역으로 지정될 수 있을 것으로 판단된다. 한편, 군사분계선의 이남 25킬로미터 범위 이내의 지역 중 민간인통제선 이남지역은 원칙적으로 제한보호구역이지만, 예외적으로 중요한 군사기지 및 군사시설이 없거나 군사작전상 장애가 되지 아니하는 지역으로서 대통령령이 정하는 기준에 해당하는 지역은 제한보호구역의 지정에서 제외하도록 규정하고 있다(제5조 제1항 제1호, 제2호).

(3) 기타

국토기본법은 국토를 균형 있게 발전시키고 지속가능한 발전을 도모하고, 개발과 환경의 조화를 바탕으로 국토에 관한 계획 및 정책을 수립·시행하는 기본적인 사항을 규정하고 있다(제1조, 제2조). 국토의 계획 및 이용에 관한 법률은 국토의 이용·개발과 보전을 위한 계획의 수립 및 집행 등에 대해 규율하고, 국토의 용도를 기준으로 도시지역, 관리지역, 농림지역, 자연환경지역 등으로 구분하여 개발행위 등을 제한하고 있다. 또한, 환경영향평가법은 환경에 미치는 영향을 미치는 계획 또는 사업을 수립하고 시행함에 있어서 그 계획과 사업이 환경에 미치는 영향을 예측·평가하고 환경보전방안을 마련하기 위해 제정된 것이다(제1조). 이 법은 전략환경영향평가, 환경영향평가, 소규모 환경영향평가를 통해 보전과 개발이 조화와 균형을 이루는 지속가능한 발전을 도모하고 있으며, 국방부장관이 군사상 고도의 기밀보호가 필요하거나 군사작전의 긴급한 수행을 위하여 필요하다고 인정하여 환경부장관과 협의한 계획이나 사업과 국가정보원장이 국가안보를 위하여 고도의 기밀보호가 필요하다고 인정하여 환경부장관과 협의한 계획과 사업에 대해서는 전략환경영향평가와 환경영향평가의 대상에서 제외하도록 규정하고 있다(제10조, 제23조). DMZ에 세계평화공원을 조성할 경우에 DMZ 남한지역에는 환경영향평가법이 적용되며, 이 법 제10조와 제23조에 따라 전략환경영향평가와 환경영향평가의 대상에서 제외하는 사유에는 해당하지 않는다고 해석된다.

이러한 법률 이외에도 도로·하천·산림 등 국토를 대상으로 하는 다양한 법률들이 있는데, 이들은 모두 그 지역적 적용범위를 따로 제한하지 않고 있어 DMZ의 남한지역에 대해서도 적용된다고 할 것이다. 다만, DMZ 북한지역에 대해서는 헌법 제3조를 형식적으로 적용할 경우에는 이들 법률들이 직접 적용된다고 해석할 수도 있으나, 이들 법률의 입법취지와 내용에 비추어 남북한특수관계론에 따라 북한지역에는 적용되지 않는다고 할 것이다.

한편, 접경지역 지원특별법은 남북한 분단으로 인한 지역적 특수성으로 낙후된 접경지역의 경제발전 및 주민복지 향상을 지원하고, 접경지역의 자연환경을 체계적으로 보전·관리하며, 평화통일 기반조성을 위하여 제정되었다. 이 법은 DMZ의 설정과 밀접한 관련성이 있으나 접경지역의 적용대상에 DMZ를 제외하고 있어서 DMZ에 직접적으로 적용되지 않는다. 또한, 이 법은 접경지역 지원에 관한 사항에 대하여 다른 법률에 우선하여 적용되지만, 군사기지 및 군사시설 보호법에 따른 군사에 관한 사항에 대하여는 우선하여 적용되지 않는 것으로 규정하고 있어(제3조) DMZ를 규율하는 법률은 아니라고 하겠다.

3. DMZ 세계평화공원의 법제화

가. 법제화의 필요성

현재 DMZ를 규율하는 법률체계는 국제법과 국내법이 중층적으로 적용되고 있는데, 국제법적으로는 군사정전협정이 직접 규율하고, 국내법적으로는 군사기지 및 군사시설 보호법이 적용된다. 또한, 국토기본법을 비롯한 국토에 관한 다양한 법률들은 DMZ의 남한지역에만 적용될 뿐, 북한지역에는 적용되지 않는다. 이외에도 군사정전협정이 개정되어 DMZ에 대한 관할권이 대한민국에 속하는 경우에는 자연환경보전법이 적용될 수도 있을 것이다. 그리고 남북합의서도 개성공단사업 등 특정한 목적을 위해 DMZ의 일부 지역에 대해서만 철도 및 도로의 개설을 위해 제한적으로 남북한이 관리권을 행사할 수 있도록 규율하고 있다.

DMZ에 대한 이러한 규범체계의 구조는 헌법적 관점에서도 규범조화적으로 정당화될 수 있다고 해석된다. 즉, DMZ는 대한민국 영토의 일부분으로서 남한의 영토주권에 속하지만, DMZ에 대한 실질적인 통치권을 의미하는 관할권은 현실적으로 군사정전위원회에 속해 있다. 이 관할권은 쌍방 군사령관에 의하여 각각 행사되고 있으며, DMZ의 일부 지역에 대한 관리권만 남북한이 행사하고 있는 것이다. 한편, DMZ를 직접적으로 규율하고 있는 유일한 법률인 군사기지 및 군사시설 보호법은 군사적 목적으로 각종 행위를 금지하거나 제한하는 것을 주된 목적으로 하고 있어 DMZ에 세계평화공원을 조성하는 내용을 규율하기에는 적합하지 않다. 자연환경보전법을 비롯한 다양한 행정법률들도 DMZ의 남한지역에만 적용될 뿐만 아니라 실질적으로 남한지역에만 적용되는 것을 전제로 제정된 것이어서 북한지역을 포함하는 세계평화공원을 조성하기 위한 법적 근거로 활용하기에도 한계가 있다. 또한, 남북한이 체결한 DMZ에 대한 남북합의서도 특정한 목적으로 제한된 범위에서만 효력이 있어 세계평화공원을 조성하기 위해서는 별도의 남북합의서를 체결할 필요가 있다.

DMZ에 세계평화공원을 조성하기 위해서는 국제법적인 차원에서 DMZ에 대한 실질적 관할권 또는 관리권을 행사할 수 있도록 해야 하고, 국내법적으로도 공원조성에 장애가 되는 요소를 제거하며, 나아가 세계평화공원의 조성을 지원하는 법제도적 장치를 마련해야 할 것이다. 또한, 남북한 사이에도 DMZ에 세계평화공원을 조성하는 것을 내용으로 하는 남북합의서를 체결하는 것이 필수적이라고 판단된다.

나. 법제화의 기본방향

(1) 남북교류협력과 평화통일에 기여

DMZ에 세계평화공원을 조성하는 것은 분단 이후 계속되어 온 남북한의 대립과 갈등을 해소하고 남북한의 신뢰를 바탕으로 화해와 협력의 장을 마련하는 것이다. 남북한이 평화통일을 달성하는 과정에서 군사정전협정은 평화협정으로 대체되거나 개정되어야 할 것이지만, 현재의 남북관계의 상황에서 DMZ를 직접적으로 규율하면서 남북한의 정치군사적 긴장을 조정하는 역할을 담당하고 있다는 것은 존중되어야 할 것이다. 또한, 세계평화공원을 조성하는 법제도적 장치는 남북한의 화해를 기초로 교류협력을 증진시키는 방향으로 설계되어야 할 것이다. 남북통일이란 정치적 단일체를 형성하는 것에 그치는 것이 아니라 사회심리적 통합을 통하여 단일하고 동질적인 문화공동체를 창조하는 것이다. 이를 위해서는 통일의 과정에서 남북한이 인적·물적 교류를 확대하여 교류협력을 증진시킬 필요가 있다.

세계평화공원을 조성하는 법제도는 우리 헌법이 규정하는 평화통일의 원칙에도 부합하여야 한다. 남북통일의 방식에 대해서는 역사적 현실상황에 따라서 다양한 가능성을 상정할 수 있으나, 우리 헌법이 기본원리로 채택하고 있는 평화통일의 원칙에 따라 자유민주적 기본질서에 기초해야 한다. 우리 헌법은 전문, 제3조, 제4조, 제66조, 제69조, 제72조 등에서 통일에 대해 규정하고 있으나, 그 구체적인 의미는 헌법 제5조에서 천명하고 있는 국제평화주의와 조화를 이루어야 한다. 즉, 우리 헌법이 예정하고 있는 통일은 평화통일만 의미하며, 비평화적 통일은 배제하고 있다고 해석된다. 따라서 평화적 방법에 의한 통일은 임의로 선택할 수 있는 다양한 방법과 수단 중의 하나가 아니라 통일의 내용과 형식을 규정하는 개념적 요소라고 하겠다. 또한, 우리 헌법이 선언하고 있는 자유민주적 기본질서란 "모든 폭력적 지배와 자의적 지배, 즉 반국가단체의 일인독재 내지 일당독재를 배제하고 다수의 의사에 의한 국민의 자치, 자유·평등의 기본원칙에 의한 법치주의적 통치질서"를 의미한다(헌법재판소 1990. 4. 2. 89헌가113, 2000. 7. 20. 98헌바63, 2001. 9. 27. 2000헌마238·302). 따라서 세계평화공원을 조성하는 법적 기초는 우리 헌법이 지향하는 자유민주적 기본질서에 입각한 평화통일의 원칙에 부합하도록 설계되어야 한다.

(2) 국제법원칙의 존중과 세계평화의 증진

한반도의 분단에는 남북한 사이의 국내적 요인뿐만 아니라 국제적 요인이 깊이 관여되어 있다. 따라서 남북관계는 국제법적 성격을 가질 수밖에 없고, 남북교류협력과 평화통일의 과정에서도 국제법적으로 해결해야 할 과제가 많이 있다. 남한과 북한은 상호 상대방을 국가로서 인정하지 않고 있지만, 국제사회에서는 유엔에 동시에 가입하는 등 국가적 실체를 가지고 국제법의 주체로서 활동하고 있으며, 150여개 국가가 남북한을 동시에 국가승인을 하고 있다. 따라서 남북한이 평화통일을 지향하면서 화해와 협력의 동반자로서 교류협력을 하는 경우에는 국제법원칙을 인정할 필요가 있다. 특히, DMZ도 군사정전협정이라는 국제법적 효력이 있는 조약에 따라서 설정되었고, 그에 관한 법적인 관리나 권리의무도 국제법원칙에 따라서 규율되고 있다. 따라서 DMZ 세계평화공원을 조성하는 법제도는 헌법을 정점으로 한 국내법령의 체계에 정합하여야 할 뿐만 아니라 국제법원칙과도 조화되어야 현실적으로 시행될 수 있다.

DMZ는 6.25 전쟁의 결과로 탄생되어 60년 이상 남북한 사이의 분단과 갈등의 상징이었으며, 국제사회에서도 정치군사적 대립과 긴장의 상징으로 각인되고 있다. 이러한 DMZ에 세계평화공원을 조성하는 것은 남북한의 긴장완화와 화해협력뿐만 아니라 세계평화의 증진에도 기여할 수 있을 것이다. 특히, 세계평화공원에 대한 효율적 관리와 운영은 군사정전협정에서 보는 바와 같이 남한만의 계획과 실행만으로는 달성할 수 없는 한계를 가지고 있으므로 세계평화를 증진하기 위해 보편적으로 통용되는 국제법원칙을 토대로 하여 관련 법제도를 정비해야 한다. 이러한 노력은 남북관계를 국제사회의 틀 안에서 통일적이고 체계적으로 관리할 수 있는 계기를 마련하는 것으로서 남북관계를 안정적이고 지속가능하게 발전시키는 구조를 세우는 것이다.

그동안 남북관계는 정치적 여건의 변화에 따라서 갈등과 협력을 반복하였고, 이는 개성공단사업과 금강산관광사업 등 경제협력은 물론 이산가족의 상봉과 같은 인도적 지원사업의 안정적인 발전에 장애로 작용하였다. 또한, 남북한이 어렵게 체결한 남북합의서도 정치상황에 영향을 받아 제대로 이행되지 못했고, 그에 필요한 후속조치도 취하지 못했다. 이는 남북관계의 발전에도 불구하고 이를 법치주의의 틀 안에서 규율하지 못하고 정치현실에 좌우되도록 방기하는 결과를 초래하였으며, 남북합의서의 규범력을 저해하는 원인이 되었다. 따라서 DMZ에 세계평화공원을 조성함에 있어서 국제사회와 협력하여 남북관계를 발전시키는 규범적인 틀을 만들어 가는 것은 남북한의 평화통일과 세계평화에도 기여하는 것이 될 것이다.

(3) 남북관계의 특수성 반영

DMZ를 규율하는 법률체계는 국제법적 영역과 국내법적 영역이 혼재되어 있는데, 국제법적 측면을 강조할 경우에는 분단이 고착화되고 통일에 장애가 될 위험성이 있다. 한편, 국내법적 측면을 강조할 경우에는 남북한 분단상황에 비현실적인 규범만 강조하게 되어 남북교류협력의 발전에도 장애가 될 수가 있다. 따라서 DMZ에 세계평화공원을 조성하는 경우에도 국제법적 측면에서 국제사회와 협력하면서도 남북관계의 특수성을 적절히 반영할 필요가 있다. 남북관계는 나라와 나라 사이의 관계가 아니라 통일을 지향하는 과정에서 잠정적으로 형성되는 특수한 관계로서 그 규범영역에 따라서 상이한 법적 지위를 가진다. DMZ에 세계평화공원을 조성하는 종합계획의 수립과 법제도화에 있어서는 국내법만을 적용할 수도 없고 국제법만을 적용할 수도 없는 남북관계의 특수성을 반영함으로써 남북한의 분단을 고착화시키는 위험을 예방하고, 남북교류협력과 평화통일을 촉진시킬 수 있도록 조정할 필요가 있다.

남북관계의 특수성으로는 먼저 민족자결성을 들 수 있다. 민족자결의 원칙은 하나의 민족이 독립적인 주권국가를 건설하는 것을 포함하여 정치적 지위에 대한 자유로운 결정권을 갖는다는 국제법적 원칙으로서 20세기 근대 민족국가를 형성하는 근거로 작용하였으며, 법적 구속력을 갖는 강행규범으로 인정되고 있다. 남북한은 단일한 한(韓)민족으로서 통일한국의 완성에 있어서 그 절차, 형식, 내용을 자율적으로 결정할 수 있으며, 한반도의 일부인 DMZ에 대해서도 남북한이 그 최종적인 결정권을 보유해야 한다. 따라서 세계평화공원을 조성하는 것도 국제사회의 협조가 필수적으로 요구되지만, 그 구체적이고 최종적인 내용은 한민족으로서 남북한이 공동으로 합의하여 자율적으로 결정할 수 있어야 한다. 민족자결의 원칙은 남북합의서에서도 수차례 확인된 것으로서 남북한이 모두 수용하고 있어 국제법원칙을 적용함에 있어서 남북관계의 특수성을 반영할 수 있는 근거가 될 수 있다.

남북관계는 평화통일을 위한 화해와 협력에 있어서는 서로 대등한 자격을 가지므로 원칙적으로 상호주의에 기초하고 있다. 남북교류협력과 평화통일은 기본적으로 상대방의 실체를 인정하는 것을 기초로 추진되어야 하므로 세계평화공원을 성공적으로 조성하기 위해서는 원칙적으로 상호주의에 바탕을 두어야 할 것이다. 다만, 국제법적 규범영역에서는 상호주의가 제한될 수 있으며, 국내법적 규범영역에서도 북한이 반국가단체로 활동하는 경우에는 상호주의를 적용할 수 없을 것이다. 또한, 상호주의는 남북한의 법적 지위 또는 자격이 서로 동등하다는 것을 의미하는 것이지 남북관계에서 발생하는 모든 내용이 대등해야 한다는 것을 의미하지는 않는다. 따라서 DMZ에 세계평화공원을 조성하는 경우에는 상호주의를 원칙으로 하면서도 남북관계의 현실과 국제적 여건을 고려하여 남북한의 합의에 따라 상호주의를 완화하여 적용하는 것도 필요할 것이다.

남북한특수관계론은 통일을 지향하는 과정에서 잠정적으로 남북관계를 규율하는 법적 기초이므로 남북관계를 최종적으로 확정하는 것이 아니며, 남북관계의 변화에 따라 동태적 발전성을 가진다. 따라서 남북관계에서 발생하는 모든 법적 문제들은 평화통일의 원칙이라는 헌법적 가치를 바탕으로 하면서도 구체적인 내용에 대해서는 개방되어 있다고 할 수 있다. DMZ에 세계평화공원을 조성하는 것도 남북한의 평화통일을 위한 임시적인 조치로서 통일한국에서는 새로운 규범적 의미를 가질 것을 예정하고 있으며, 세계평화공원의 관리와 운영 등 발전모델도 남북관계의 변화에 따라 다양하게 발전될 수 있다는 것을 유의해야 할 것이다.

4. DMZ 세계평화공원에 대한 법적 장애의 제거

가. 관할권 조정

세계평화공원이 조성될 사업부지를 어디로 선정할 것인지는 남북한, 그리고 유엔군과 협의하여 결정될 것이지만, DMZ의 남한지역과 북한지역을 포함하여 결정될 것으로 예상된다. 현재 세계평화공원의 사업부지를 포함한 DMZ에 대한 관할권은 군사정전위원회에 귀속되어 있고, 남한지역과 북한지역에 있어서는 유엔군과 북한군이 각각 관할권을 행사하고 있으며, DMZ 내부의 출입과 개발사업 등도 엄격하게 제한되어 있다. 남한 또는 남북한이 세계평화공원을 조성하는 계획을 세우더라도 군사정전위원회 또는 유엔군과 북한군의 허가가 없이는 그 사업을 추진할 수가 없다. 따라서 세계평화공원을 조성하기 위해서는 DMZ 또는 최소한 세계평화공원의 사업부지에 대한 관할권을 남한 또는 남북한이 자율적으로 행사할 수 있도록 해야 한다.

먼저, 관할권을 조정하는 범위에 대해서는 세계평화공원의 사업부지를 선정하고, 그 범위에서 관할권을 조정하는 방안과 세계평화공원을 포함하여 DMZ 전체에 대한 관할권을 조정하는 방안이 있다. 이에 대해서는 정전협정의 당사자인 유엔군사령부, 북한, 중국과 남한이 합의하여 결정할 사안이지만, 우선적으로는 세계평화공원의 사업부지에 대해서만 관할권을 조정하는 것이 현실적이라고 생각한다. 향후 그 운영성과에 따라서 그 범위를 확대하여 한반도 평화정착을 위한 상황이 성숙되면 DMZ 전체에 대한 평화협정체제로 전환할 수 있을 것이다. 이는 세계평화공원이 DMZ 전체의 극히 일부분에 조성될 것으로 예상되는 점, 이 사업은 기본적으로 군사정전협정의 규범력을 인정하는 것을 기초로 하고 있는 점, 현재의 남북관계는 군사정전협정을 대체하여 평화협정을 체결할 수 있는 상황은 아닌 점 등을 고려한 것이다.

세계평화공원의 사업부지에 대한 관할권을 조정하는 방식에 있어서도 다양한 가능성을 상정할 수 있다. 첫째, 유엔군과 북한군이, 유엔군이 그 사업부지의 남한지역에 대한 관할권 또는 관리권을 남한군에 이양한다는 합의서를 체결하고, 그에 기초하여 남한군과 북한군이 세계평화공원을 조성하기 위해 필요한 지역에 대해 군사보장에 관한 남북합의서를 체결하는 방안, 둘째, 유엔군, 북한군, 남한군 3자가 함께 세계평화공원을 조성하기 위한 사업에 대해 군사정전협정에 대한 특별법적 성격을 갖는 다자간 합의서를 체결하는 방안, 셋째, 남한과 북한이 세계평화공원에 대한 남북합의서를 체결하고 유엔군이 이를 보증하거나 확인하는 방안, 넷째, 군사정전협정의 당사자인 유엔군, 중국군, 북한군, 그리고 실질적 당사자인 남한군이 함께 참여하여 군사정전협정을 일부 개정하는 방안 등을 고려할 수 있다. 이에 대해서는 남북한이 DMZ의 일부 지역에 대한 군사적 보장을 위한 합의서를 체결한 선례가 있고, 현재의 군사정전협정을 최대한 존중하면서도 남북한이 '남북관리구역에 대한 관리권'을 실효적으로 행사할 수 있는 것으로 충분하므로 첫 번째 방안이 현실적이고 유용한 방법이라고 판단된다.

나. 토지소유권의 확정

DMZ는 6.25 전쟁 등을 겪으면서 토지대장 등 관련 서류가 소실되고 전후에도 토지소유관계를 정리하지 않아 토지소유권을 확정하기 어려운 상황이다. DMZ에 세계평화공원을 안정적으로 조성하기 위해서는 그 사업부지에 대한 소유권을 둘러싼 분쟁이 발생하지 않도록 정리되어야 한다. 이에 관한 법적 쟁점은 다음과 같다.

첫째, 세계평화공원의 사업부지에 대해 토지소유권을 확정해야 하고, 이를 기초로 해당 토지를 사업부지로 이용할 수 있는 법적 장치를 마련해야 한다. 이에 대해서는 해당 토지를 국유화하는 방안과 개인의 토지소유권을 그대로 인정하면서 그 토지의 이용과 처분 등을 제한하는 방안을 고려할 수 있다. 우리 헌법은 제23조 제3항에서 "공공필요에 의한 재산권의 수용·사용 또는 제한 및 그에 대한 보상은 법률로써 하되, 정당한 보상을 지급하여야 한다"고 규정하여 재산권 행사에 있어 사회적 의무성의 한계를 넘는 수용·사용·제한과 그에 대한 보상원칙을 선언하고 있다. DMZ의 세계평화공원의 사업부지에 대해서는 공용수용의 필요성에 관한 요건이 문제될 수 있는데, 그 사업추진을 위해서는 국유화 이외에 소유권의 이용·처분의 제한을 통해서도 그 목적을 달성할 수 있다는 주장이 가능하기 때문이다. 세계평화공원을 효율적이고 안정적으로 관리·운영하기 위해서는 그 사업부지에 대해 사용과 제한만으로는 부족하고 국유화하는 것이 타당하다고 생각한다. 이때 DMZ를 국유화하는 것이 군사정전협정이나 DMZ를 규율하는 다른 법률과 모순되거나 충돌되지 않는지가 문제될 수 있다. DMZ를 국유화하는 것은 그 토지소유권을 국가로 귀속시키는 것일 뿐, 국가가 사용·수익하는 것을 전제로 하는 것이 아니므로 현재의 군사정전협정에 따라 군사정전위원회가 여전히 관할권을 행사할 수 있으며, 군사기지 및 군사시설 보호법과도 모순되거나 충돌되지 않는다고 하겠다. 2010년 5월 국토해양부가 DMZ에 대한 지적공부 정리사업을 추진하기 위하여 'DMZ 주변 미복구토지 조사 및 지적공부 등록지침(국토해양부 예규 제166호)'을 제정한 것도 지적공부와 등기부에 토지소유권의 귀속관계를 변경하여 기재하는 것이므로 군사정전협정 등과 모순되거나 충돌하는 것이 아니라고 하겠다.

둘째, 세계평화공원의 사업부지를 국유화하는 구체적인 방식에 대해서는 공용수용 이외에도 다양한 방안이 고려될 수 있다. 먼저, 토지소유자로 하여금 매수청구권을 인정하여 그가 매수청구권을 행사한 경우에 국가가 이에 응해야 하는 방안이 있다. 이 방안은 개발제한구역의 지정 및 관리에 관한 특별조치법 등 개별 법률에서 인정되고 있는데, 토지소유자의 의사가 존중되고 재산권을 보장한다는 장점이 있으나, 소유자의 매도의사가 있어야 하고, 국가가 토지를 매수하기 위한 예산이 확보되어야 한다는 단점이 있다. 다음으로, 국가가 토지소유자의 매수청구에 대하여 일정한 기준에 따라서 매수 여부를 결정할 수 있는 제한적 매수청구권을 인정하는 방안이 있다. 이 방안은 토지소유자의 의사를 존중하고 예산의 확보 등을 함께 고려하여 국가가 매수여부를 결정할 수 있다는 장점이 있으나, 소유자의 매도의사가 있어야 하고 국가가 매수를 거부한 경우에는 재산권 침해가 될 수 있다는 단점이 있다. 대법원이 금강수계 물관리 및 주민지원 등에 관한 법률에 관련하여 제한된 매수청구권을 인정한 사례가 있다(2009. 9. 10. 2007두20638). 이외에도 국가가 토지소유자와 계약에 의하여 매수하는 협의매수의 방안을 고려할 수도 있다. 이 방안은 국가와 토지소유자의 매매계약에 의한 것이므로 별도의 법률적 근거가 필요없다는 장점이 있으나, 소유자가 매도할 의사가 있어야 가능하다는 단점이 있다.

이러한 방안에 대해서는 DMZ에 대한 효율적 관리, 국가재정, 이해관계자의 의사 등을 종합적으로 고려하여 다양한 방법을 선택할 수 있을 것이나 세계평화공원을 효율적이고 안정적으로 조성하고 운영하기 위해서는 공용수용의 방식을 채택하는 것이 바람직하다고 판단된다. 세계평화공원의 사업부지에 대해 공용수용을 할 경우에는 공용수용에 관한 일반법인 '공익사업을 위한 토지 등의 취득 및 보상에 관한 법률'에 따라야 할 것이다. 이와 같이 공용수용의 방식을 채택하더라도 DMZ는 약 60년간 개인의 소유권의 행사가 사실상 불가능했던 지역으로 그 재산권 가치가 낮게 평가될 수 있다는 점을 고려할 때 공용수용의 필요성에 대한 판단기준이 현저히 자의적이라거나 비례성을 벗어난 것이라고 할 수 없어 헌

법에도 부합한다고 판단된다. 우리 헌법재판소도 공용수용의 필요
성과 그 수단의 선택에 대해 "일차적으로 입법자의 몫으로, 그것
이 현저히 자의적이거나 비례성을 벗어난 것이라고 보이지 않는
한 이를 존중하여야 할 것이고, 그 중 국민의 재산권에 대한 제약
의 정도가 큰 국유화의 방법을 채택하였다 하더라도 보다 효율적
인 하천관리 및 이용이라는 중대한 공익 목적에 비추어 볼 때 적
정한 보상이 수반되는 한 이를 두고 현저히 자의적이라거나 비례
성을 벗어난 것이라고 할 수는 없다"고 결정하였다(2010. 2. 25. 2008
헌바6).

세계평화공원의 사업부지를 국유화하는 구체적인 절차에 대해
서는 DMZ를 직접적으로 규율하는 군사기지 및 군사시설 보호법
을 참고할 수 있다. 이 법은 제한된 경우에 토지소유자의 매수청
구권을 인정하고, 국가가 토지소유자와의 협의를 통해 매수하는
방법도 인정하고 있다. 이 법은 제17조 제3항에서 "토지를 종래의
용도로 사용할 수 없어 그 효용이 현저하게 감소한 토지 또는 당
해 토지의 사용·수익이 사실상 불가능한 토지"에 대해 매수청구
권을 인정하면서도 "매수청구를 받은 토지가 … 기준에 해당되는
때에는 예산의 범위 내에서 매수하여야 한다"고 규정하여 예산의
범위 내에서만 매수할 의무를 부과하고 있다. 이는 보상금 지급
등 국가재정능력을 고려한 것이지만, 우리 헌법재판소는 "종래의
지목과 토지현황에 의한 이용방법에 따른 토지의 사용도 할 수 없
거나 실질적으로 사용·수익을 전혀 할 수 없는 예외적인 경우에
도 아무런 보상 없이 이를 감수하도록 하고 있는 한, 비례의 원칙
에 위반되어 당해 토지소유자의 재산권을 과도하게 침해하는 것으
로서 헌법에 위반된다"고 결정한 사례가 있어 국가의 예산범위 안

에서만 매수할 의무를 부과한 것은 헌법에 위반될 소지가 있다고 판단된다(1998. 12. 24. 89헌마214). 따라서 세계평화공원의 사업부지를 국유화할 경우에는 헌법 제23조 제3항에서 규정하는 재산권을 침해하지 않도록 법률적 근거를 마련하고 정당한 보상을 지급해야 할 것이다.

셋째, 세계평화공원을 위하여 국유화를 할 경우에는 DMZ의 남한지역은 위와 같이 공용수용을 하더라도 이와 별도로 북한지역에 대한 토지소유권에 대한 확정과 보상 등이 문제될 수 있다. 이에 대해서는 북한지역은 북한의 법률이 적용되어 이미 국유화된 상태이므로 이를 존중하여 별도의 국유화 조치가 필요 없다는 입장과 북한지역이라도 원래의 토지소유권자를 확인하여 보상하는 것이 재산권 보장에 부합한다는 입장으로 나뉠 수 있다. 이 문제는 통일 이후 북한지역의 토지소유권을 어떻게 확정하고, 몰수재산을 어떻게 처리할 것인지에 관한 정책적 과제와 직접적으로 관련된다. 이에 대해서는 통일 이후에 토지소유권을 확정하고 경제질서를 재건함에 있어서 중요한 선례가 될 수 있다는 점을 고려할 때, 그 사업부지에 대해 남한주민의 토지소유권이 몰수된 것으로 확인된 경우에는 일정한 범위에서 보상하는 것이 타당하다고 생각한다.

넷째, 세계평화공원의 사업부지를 국유화하는 경우에도 최종적으로 토지소유자를 확정할 수 없을 때에는 이를 어떻게 처리할 것인지가 문제될 수 있다. 법무부가 1997년 경기도 파주, 연천지역의 DMZ 내 토지소유현황을 조사한 결과에 따르면, 16%가 사유지, 6%가 국유지, 78%가 소유자 불명지로 파악되었는데, DMZ 지역은 6.25전쟁을 겪으면서 토지대장 등 관련 문서가 소실되어 토지소유권의 확정이 어려운 것이 현실이다. 현행 법령으로는 부동산등기법 제130조, 측량·수로조사 및 지적에 관한 법률 시행령 제61조 제1항, 국토해양부의 '비무장지대 주변 미복구 토지 조사 및 지적공부 등록 지침' 제20조에 따라서 지적공부를 복구하면서 국가를 소유권자로 등록하는 방안을 고려할 수 있다. 이 방안은 DMZ의 특수성을 잘 반영하고 있으나, 권리의무에 관한 입법사항임에도 법률의 근거가 없어 재산권을 침해할 수 있고, 그 대상이 멸실 또는 훼손된 지적공부에 제한된다는 단점이 있다. 국유재산법 제252조 제2항에서 규정하는 바와 같이 그 사업부지를 무주부동산으로 보아 국유재산으로 취득하는 방안도 있다. 이 방안은 무주의 부동산을 전제로 하므로 진정한 소유자가 나타날 경우에는 국유화가 불가능하다는 단점이 있다. 다만, 국가가 10년의 등기부시효취득을 통해 국유화할 수는 있을 것이다. 이외에도 공익사업을 위한 토지 등의 취득 및 보상에 관한 법률 제40조에서 규정하는 내용에 따라 보상금 공탁 후 수용하는 방안도 있다. 이 방안은 국가가 토지소유권을 원시취득하고 공탁금을 통해 재산권 침해를 예방할 수 있다는 장점이 있으나, 공탁금을 마련해야 한다는 단점이 있다. 이들 방식들은 토지소유권의 최종적 확정, 재산권에 대한 침해 여부, 보상금의 재원, 재산권 보장의 실효성 등에서 차이가 있다. DMZ의 특수한 상황과 세계평화공원의 안정적인 조성을 위해서는 토지소유권을 완전하게 확보하는 것이 우선적으로 요구되므로 보상금 공탁 후 수용하는 방식이 바람직하다고 생각한다. 이 경우에는 국민의 권리의무에 관한 입법사항을 규율하는 것이므로 법률에 의하여 그 요건, 절차, 효력 등을 명확하게 규정해야 할 것이다. 대법원은 위 법률에서 규정하는 공탁금제도에 대해 공익을 위해 예외적으로 인정하는 절대적 불확지공탁이므로 국가가 공탁을 할 경우에도 채권자에 관한 사항을 기재하지 않는 것도 가능하다고 판단하였다(1997. 10. 16. 96다11747).

다. 지뢰 등 군사시설의 제거

DMZ는 비무장지대임에도 불구하고 중무기가 설치되어 있으며, 6.25 전쟁 이후 설치한 지뢰가 다량으로 매설되어 있다. 세계평화공원을 조성하기 위해서는 지뢰를 비롯한 군사시설을 제거하는 것이 반드시 필요한데, 이를 실천하기 위한 법적 근거가 전혀 없는 상태이다. 군사정전협정은 협정의 효력이 발생한 후 72시간이 지난 때부터 45일 이내에 지뢰 등 위험물을 군사정전위원회의 지시와 감독에 따라 제거하도록 규정하고 있으나(제2조 제13항), 제대로 이행되지 않았다.

세계평화공원을 조성할 경우에는 그 사업부지와 남한 또는 북한지역에서 출입하는 통로에 대해서는 지뢰 등 군사시설을 제거하는 작업이 선행되어야 한다. 이를 위한 법적 장치로서는 현행 군사정전협정의 규정을 고려하여 군사정전위원회 또는 유엔군과 북한군의 지시와 감독에 따라 지뢰 등을 제거하는 방안과 남북한이 합의서를 체결하는 방안이 고려될 수 있다. 이에 대해서는 관할권의 조정에서 검토한 방식에 따라 남북한이 합의서를 체결하여 환경과 조화로운 방식을 채택하고 이행하는 것이 바람직하다고 생각한다.

5. DMZ 세계평화공원에 대한 법적 인프라의 구축

가. 남북합의서의 체결

세계평화공원을 조성하기 위해서는 남북합의서를 체결하는 것이 필수적이다. 즉, 세계평화공원의 사업부지에 대한 관할권을 조정하기 위하여 남한군과 북한군이 체결하는 군사보장에 관한 남북합의서와는 별도로 세계평화공원에 대한 남북합의서가 필요하다. 남북합의서가 체결될 경우에는 그 합의서가 규범력을 가지고 이행될 수 있는 법적 장치가 수반되어야 하는데, 그동안 체결된 남북합의서는 그 법적 성격과 효력이 불완전한 상태이므로 세계평화공원에 대한 남북합의서는 절차적으로나 실체적으로 법률적 효력을 가지고 실효적으로 적용될 수 있도록 해야 한다. 즉, 절차적인 면에서는 헌법 제6조 제1항과 남북관계발전에 관한 법률의 규정에 따라야 하는데, 세계평화공원에 대한 특별법은 그 사안의 중대성이나 내용에 비추어 볼 때 남북관계발전에 관한 법률이 규정하고 있는 '국가나 국민에게 중대한 재정적 부담을 지우는 조약' 또는 '입법사항에 관한 조약'에 해당하며, 잠정적이긴 하지만 국민의 '주권의 제약에 관한 조약' 등에 해당할 수도 있으므로 헌법 제60조 제1항과 남북관계발전에 관한 법률 제21조 제3항에 따라서 국회의 동의절차를 거쳐야 할 것으로 판단된다. 또한, 세계평화공원에 대한 남북합의서를 체결하는 경우에는 비록 UN에 기탁하는 것이 의무사항이 아니고 대항요건에 불과할 뿐 효력발생요건이 아니지만 국제사회의 협조와 국제법원칙에 부합하는 안전장치로 활용할 수 있으므로 UN에 기탁하는 것도 적극적으로 검토할 필요가 있다.

남북한이 남북합의서를 체결할 경우에는 세계평화공원이 안정적이고 효율적으로 관리되고 운영될 수 있도록 세계평화공원에 대한 기본원리, 남북한 공동의 관리기구의 구성과 임무·운영에 관한 기본절차, 구성원의 활동과 신분보장, 재정에 대하여 규정하여야 한다. 또한, 세계평화공원에 대한 종합계획의 수립에 관한 책무와,

종합계획의 시행에 관한 책무를 구체적으로 규정할 필요가 있다. 특히, 세계평화공원에 대한 법률적용과 관련하여 장소적·인적·시간적 효력범위를 설정함에 있어서 남북한의 법제도적 차이로 인한 모순과 충돌을 해결하기 위한 기준을 제시할 필요가 있다. 이는 세계평화공원에 적용되는 법제도를 확정하는 것인데, 남북한 일방의 법제도를 그대로 인정하는 것은 비현실적이고 바람직하지도 않다. 이에 대해서는 남북공동위원회가 별도의 법제도를 제정하여 시행하는 방안, DMZ의 남한관리구역에는 남한의 법제도를 적용하고, 북한관리구역에는 북한의 법제도를 적용하면서 서로 모순과 충돌이 발생할 경우에는 국제법원칙을 적용하도록 하는 방안을 고려할 수 있을 것이다. 전자는 남북한의 법제도적 차이점이 커서 단일한 법제도를 창출하기 어렵고, 세계평화공원에 적용되는 모든 법제도를 제정하는 것이 불가능하다는 문제점이 있다. 따라서 비록 남한지역과 북한지역에 상이한 법제도를 적용하는 것이 세계평화공원을 종합적이고 통일적으로 이용하는 목적에 부합하지 않는다는 단점이 있으나, 현재의 남북관계의 여건에서 채택할 수 있는 것은 기본적으로 두 번째 방안이 현실적이라고 생각한다. 다만, 남북공동관리기구를 구성할 경우에는 법제도의 적용을 보완할 수 있을 것이다.

세계평화공원은 개성공단과 달리 남북한 지역을 포함하고 남북한 주민은 물론 외국인도 함께 생활하는 것을 예정하고 있으므로 그곳에 체류하는 사람들의 신변안전보장이 매우 중요하다. 이와 함께 세계평화공원에서는 그 운영 과정에서 다양한 법적 분쟁이 발생할 가능성이 농후하므로 법적 분쟁을 합리적이고 효율적으로 해결할 수 있는 법제도적 장치도 마련하여야 한다. 이를 위해서는 신변안전에 대한 특별한 보장, 질서유지대의 운영, 분쟁해결기구의 설치 등도 남북합의서에 포함되어야 할 것이다. 여기에서는 개성공단사업의 운영에 있어서 남북한이 체결한 '출입체류합의서', '상사분쟁해결을 위한 합의서', '상사중재위원회 구성·운영에 관한 합의서', '상사중재위원회 구성·운영에 관한 합의서 이행을 위한 부속합의서'를 참고할 수 있을 것이다. 이외에도 세계평화공원에 대한 특별한 행정적·재정적 지원에 대해서도 규정할 필요가 있는데, 세계평화공원을 위한 개발과 투자에 대한 보호와 지원, 사회간접자본 등 물적 시설에 대한 보호와 지원, 통일교육의 지원, 자연환경의 보전과 그 대책 등이 이에 해당한다. 세계평화공원의 효율적인 이용을 위해서는 남북한 주민의 원활한 출입과 체류, 세계평화공원과 남북한 지역 사이의 우편물·전기통신 등의 보장, 세계평화공원과 남북한 지역 사이의 물자의 반·출입과 차량통행 등에 대해서도 남북교류협력에 관한 법률에서 규정하는 엄격한 절차를 완화하여 적용할 수 있도록 하는 특별규정을 두어야 할 것이다. 세계평화공원에 대한 특별법을 제정할 경우에는 이러한 내용을 남북합의서가 아닌 그 법률에 규정할 수도 있을 것이다.

나. 법제도화의 방식

세계평화공원을 조성하는 것은 DMZ를 평화적으로 이용하고 통일국가의 모델을 설정하는 중요한 선례가 될 것이므로 일정한 규범적 기준에 따라서 추진되어야 한다. 즉, 세계평화공원을 조성하는 과정에서 예상되는 지뢰 등 제거와 개발행위는 자연경관과 생태환경을 훼손할 우려가 있고, 지방자치단체와 민간단체 등 다양한 주체가 경쟁적으로 사업에 참여할 경우에는 효율적인 관리도 어렵게 될 가능성이 있다. 현재 DMZ를 규율하는 법률이 체계화되어 있지 않고 있으므로 생태계 보전과 환경친화적인 공원을 조성하기 위해서는 규범적 기준을 구체적으로 마련할 필요가 있다. 세계평화공원에 대한 기본적인 사항은 남북합의서에 규정될 것이지만, 남북합의서를 구체적으로 이행하기 위해서는 별도의 법률이 필요할 것이다. 이러한 법률은 남한의 국내법이므로 원칙적으로 세계평화공원의 남한지역에 대해서만 적용되고, 북한지역에 대해서는 적용되지 않는다는 한계를 가진다. 하지만, 개성공단사업의 경우, 남북한이 남북합의서를 체결하고 개성공단에 적용되는 개성공업지구법을 제정하였음에도 국내법으로 개성공업지구지원에 관한 법률을 제정하여 개성공단에 진출한 기업에 대해 행정적·재정적으로 지원한 것을 참고할 수 있을 것이다. 이와 함께 북한에 대해서도 세계평화공원에 대한 특별법을 제정할 것을 촉구하여 남북한의 특별법이 서로 정합적이 될 수 있도록 할 필요가 있다.

　세계평화공원을 조성하는 법률을 제정하는 방식으로는 세계평화공원을 조성하기 위한 특별법을 제정하는 방안, DMZ 전체의 평화적 이용을 위한 기본법을 제정하는 방안, 새로운 법률을 제정하지 않고 현재 DMZ를 규율하는 법률을 개정하여 세계평화공원을 조성하는 내용을 포함시키는 방안을 고려할 수 있다. 이에 대해서는 입법의 필요성과 효율성을 고려할 때 첫 번째 방안이 적절하다고 생각한다. 앞에서 검토한 바와 같이 DMZ 전체를 규율할 필요성이 크지 않고, 군사기지 및 군사시설 보호법이나 접경지역지원법 등 DMZ에 관련된 법률들은 그 입법취지와 내용에 있어서 세계평화공원에 대한 종합적이고 체계적인 법률로서는 적합하지 않다고 하겠다. 세계평화공원에 대한 특별법을 제정하는 경우에는 공개적이고 투명한 절차에 따라 도출된 국민적 합의를 기초로 해야 하며, 세계평화공원의 관리와 운영에 관한 기본적 사항에 대해서는 반드시 국회에서 결정해야 하며, 행정부는 그 범위 내에서 법률의 집행을 위한 구체적인 내용을 행정명령으로 정할 수 있을 것이다.

다. 특별법의 기본방향

세계평화공원에 대한 특별법은 세계평화공원에 대한 종합적이고 체계적인 보존과 이용계획을 수립하고 운용하는 규범적 기준을 의미하므로 세계평화공원의 종합계획의 수립과 집행, 그리고 이를 위한 행정적 조직에 대한 법률적 근거가 포함되어야 한다. 이 특별법은 남북합의서를 충실히 이행할 수 있는 내용이 포함되어야 하며, 기본적으로 개인의 기본권을 보장하면서도 사익과 공익을 조화시킬 수 있는 방향에서 제정되어야 한다. 특히, DMZ는 자연생태계가 잘 보존되어 있어서 세계평화공원을 조성하는 과정에서 지역주민이나 국민의 환경권을 침해하지 않도록 유의해야 한다. 우리 헌법은 제35조 제1항에서 "모든 국민은 건강하고 쾌적한 환경에서 생활할 권리를 가지며, 국가와 국민은 환경보전을 위하여 노력하여야 한다"고, 제2항에서 "환경권의 내용과 행사에 관하여는 법률로 정한다"고 각각 규정하여 환경권의 구체적인 내용이나 행사에 대하여는 입법사항으로 남겨두고 있다.

우리 대법원은 쾌적한 환경에서 생활할 주민들의 권리를 법률상의 권리보다 한 차원 높은 가치로 인정하여 환경권의 중요성을 명시적으로 인정하면서도 구체적인 사건에서 사법상의 권리로서 환경권이 인정되려면 그에 관한 명문의 법률규정이 있거나 관계 법령의 규정취지나 조리에 비추어 권리의 주체, 대상, 내용, 행사방법 등이 구체적으로 정립될 수 있어야 한다고 판단하고 있다(1996. 7. 12. 95누11665, 1995. 5. 23. 94마2218). 이러한 명문규정이 없는 한, 헌법상의 환경권 조항에 근거하여 직접 방해배제청구권을 인정할 수 없다고 판단하였으며(1999. 7. 27. 98다47528), 환경소송에서의 원고적격에 대하여도 엄격하게 제한하고 있다(2006. 3. 16. 2006두330). 따라서 세계평화공원을 조성하더라도 이것만으로 국민의 환경권이 침해받는 것이라고 할 수는 없다. 하지만, 특별법을 제정함에 있어서는 개인의 환경권을 보다 구체화할 수도 있을 것이며, DMZ의 무분별한 개발을 방지하고 자연환경을 체계적으로 보전하기 위하여 기초조사를 실시하고, 이를 기초로 자연환경 보전대책을 수립·시행함으로써 환경친화적이고 지속가능한 지역관리모형을 개발할 수 있도록 해야 할 것이다.

한편, 세계평화공원을 조성하는 것은 국민의 헌법상 기본권을 보장하는 것뿐만 아니라 국토의 균형 있는 개발과 보전이라는 헌법원칙과 규범적으로 조화를 이루어야 한다. 우리 헌법은 제120조 제2항에서 "국토와 자원은 국가의 보호를 받으며, 국가는 그 균형 있는 개발과 이용을 위하여 필요한 계획을 수립한다"고, 제122조에서 "국가는 국민 모두의 생산 및 생활의 기반이 되는 국토의 효율적이고 균형 있는 이용·개발과 보전을 위하여 법률이 정하는 바에 의하여 그에 관한 필요한 제한과 의무를 과할 수 있다"고 각각 규정하고 있다. 따라서 개인의 재산권, 거주이전의 자유, 직업의 자유, 환경권 등 기본권은 헌법 제37조 제2항에 따라 제한하는 것이 헌법적으로 정당화되므로 그 법률적 근거를 마련해야 하고, 구체적인 내용에 있어서는 사익과 공익을 이익형량하여 균형과 조화를 이루도록 해야 할 것이다.

색 인

저자 약력

1987년 서울대학교 법과대학 졸업
1990년 서울대학교 대학원 법학석사
1991년 제33회 사법시험 합격
1994년~2007년 서울중앙지검, 법무부 특수법령과, 대검찰청 검찰연구관 등 검사
1999년 독일 베를린자유대학교 연수(검사)
2006년 서울대학교 대학원 법학박사
2006년 독일 연방헌법재판소 연수(검사)
2007년~현재 서울대학교 법학전문대학원 교수

주요 저서

남북교류협력의 규범체계, 경인문화사, 2006.
주요국가의 변호사 윤리규범(공저), 소화, 2011.
헌법소송론(공저), 법문사, 2012.
판례로 보는 남북한관계, 서울대학교 출판문화원, 2012.
판례로 본 미국의 변호사윤리(공저), 소화, 2012.
North Korea Reforestation(공저) 정민출판사, 2012.
한국사회의 부패(공저), 박영사, 2013.
세계비교헌법(공저), 박영사, 2014.
Law and Policy on Korean Unification : Analysis and Implications(공저),
　　통일연구원, 2014.
개성공단(공저), 진인진, 2015.
한국의 정치 70년(공저), 한국학중앙연구원 출판부, 2015.
통일헌법의 이해, 박영사, 2016.

개정판
통일법의 이해

| 초판발행 | 2014년 3월 30일 |
| 개정판발행 | 2018년 4월 30일 |

| 지은이 | 이효원 |
| 펴낸이 | 안종만 |

편 집	한두희
기획/마케팅	조성호
표지디자인	권효진
제 작	우인도·고철민

펴낸곳	**(주) 박영사**
	서울특별시 종로구 새문안로3길 36, 1601
	등록 1959. 3. 11. 제300-1959-1호(倫)
전 화	02)733-6771
f a x	02)736-4818
e-mail	pys@pybook.co.kr
homepage	www.pybook.co.kr
ISBN	979-11-303-3210-9 94360
	979-11-303-3209-3 (세트)

copyright©이효원, 2018, Printed in Korea

정 가   28,000원